高等学校交通运输与工程类专业规划教材

公路建设项目投资与融资

张 擎 编著

人民交通出版社股份有限公司
China Communications Press Co.,Ltd.

内 容 提 要

公路建设项目投资与融资是研究公路建设项目投资与融资管理理论及方法的重要课程,也是公路工程管理专业的主干课程之一。本书依据公路建设项目的程序及特点,结合我国公路建设投融资改革与创新实践,阐述了我国公路建设项目投资与融资的发展历程、投资决策理论、经济评价方法、投资控制方法及要点、公路建设项目融资结构、融资模式、融资风险、融资信用保证结构等内容,并对国外工程建设投融资的最新发展进行了总结。

本书可作为高等院校工程管理专业本科及研究生教学用书,也可作为土木工程及道路工程管理专业选修课教学用书,还可供工程建设单位、咨询单位及承包单位的管理人员学习参考。

图书在版编目(CIP)数据

公路建设项目投资与融资/张擎编著.—北京:
人民交通出版社股份有限公司,2015.4
 ISBN 978-7-114-11986-6

Ⅰ.①公… Ⅱ.①张… Ⅲ.①道路工程—基本建设投资—中国—高等学校—教材 ②道路工程—基本建设项目—项目融资—中国—高等学校—教材 Ⅳ.①U415.13

中国版本图书馆 CIP 数据核字(2015)第 064534 号

高等学校交通运输与工程类专业规划教材

书　　名:	公路建设项目投资与融资
著 作 者:	张　擎
责任编辑:	郑蕉林　李　娜
出版发行:	人民交通出版社股份有限公司
地　　址:	(100011)北京市朝阳区安定门外外馆斜街 3 号
网　　址:	http://www.ccpress.com.cn
销售电话:	(010)59757973
总 经 销:	人民交通出版社股份有限公司发行部
经　　销:	各地新华书店
印　　刷:	北京盈盛恒通印刷有限公司
开　　本:	787×1092　1/16
印　　张:	17.75
字　　数:	436 千
版　　次:	2015 年 4 月　第 1 版
印　　次:	2015 年 4 月　第 1 次印刷
书　　号:	ISBN 978-7-114-11986-6
定　　价:	36.00 元

(有印刷、装订质量问题的图书由本公司负责调换)

前言
FOREWORD

2013年,我国公路通车总里程达435.62万km,公路网密度达45.38km/百km²,全国等级公路里程375.56万km,高速公路里程达10.44万km,跃居世界第一。改革开放30多年,公路建设跨越式发展,取得了举世瞩目的成就,有力地支撑了国民经济健康快速发展。

30多年来,公路交通的高速发展得益于我国国民经济快速增长对公路基础设施建设长期持续的巨大投入。1978年,全国公路建设投资总额只有5.76亿元;2003年,公路建设投资达到3 321.9亿元;2013年投资达到13 692.2亿元,相当于1978年投资的2 300余倍。2013年,全国实现公路通车里程11.87万km,其中高速公路建成通车超过5 000km,公路建设投资长期增长是推动我国公路建设发展的重要保障。面对新世纪重大机遇,交通运输部在"2013—2030年国家公路网规划"中再次提出,"十二五"末,公路规划总里程将突破450万km,基本建成国家高速公路网;2030年,中国普通国道和国家高速公路规划总规模要达到约40万km,预计投资4.7万亿元。确保公路建设投资长期稳定将是实现我国公路建设新的跨越式发展目标的基本保证。

公路建设投资体制及融资模式的创新发展是确保我国公路建设投资长期增长的有效途径。改革开放以前,我国采取计划经济体制进行公路交通建设投资,公路建设投资长期依赖于国家预算内中央和地方政府计划拨款,受经济发展水平所限,公路交通发展缓慢,严重滞后于国民经济建设需求。1978年改革开放后,为推动公路交通建设发展,我国进行了一系列公路建设项目投融资制度的改革与创新。在投资领域先后推行了国家投资的专用项目或大型公共设施实施"代建制"、工程建设项目法人制、招投标制、合同制、项目监理制等一系列现代工程项目管理制度。这些制度及法规的颁布推行明确了公路建设各级管理部门的权责,规范了项目建设管理过程,强化了公路项目投资控制与监管,提高了项目投资效益,促进了工程项目质量及管理水平的提高。在融资领域内,为满足公路建设资金大幅增长的需求,国家实施了融资体制创新,出台了各类政策和措施,鼓励各类资金进入公路交通建设领域,先后推行了公路项目"贷款修路,收费还贷"的收费公路政策,BOT、BT、TOT、ABS、PPP等"项目融资"模式。融资体制的创新发展拓宽了公路项目投资渠道,吸引了大量社会资金进入公路建设领域,为公路建设投资长期持续增长提供了强有力的保证。

面对21世纪我国公路交通建设新的跨越式发展战略目标,公路建设资金的缺口依然很大,依靠国家和各级政府部门的投资、商业银行贷款的公路投融资发展模式很难支撑起未来公路交通建设的发展。创新与发展公路建设投资与融资体制,广泛吸收我国巨大的民间资本储备进入公路建设领域,完善公路多元化的投融资管理模式仍将是我国公路发展面临的巨大挑战。

立足我国公路建设投融资长期实践,分析总结国际工程投融资管理成功经验,进一步创新我国公路建设项目投融资管理体制,完善公路建设项目融资模式,拓宽项目资金渠道,推动公路建设项目投资多元化,化解投资风险,规范公路项目投融资市场管理是今后我国公路建设项目投融资管理发展的一项紧迫任务。

在本书的编写过程中,长安大学王选仓教授对本书大纲进行了审核,并对全书编写给予了指导。马志博、樊艳冬两位研究生承担了大量的资料收集及整理工作,在此表示感谢。为更好地支撑课程教学,编者向采用本教材的教师免费提供教学课件,需要者可与人民交通出版社股份有限公司联系。谨以此书献给我国公路交通建设行业的各位同仁,也献给公路工程管理专业的各位老师和学生。

由于编者水平有限,本书中难免存在不足之处,恳请各位读者多提宝贵建议,来信可联系 zhangqcd@sohu.com。

作者
2015年1月

目录 CONTENTS

第一章　公路建设项目投资与融资导论	1
第一节　公路建设发展回顾	1
第二节　公路建设项目投资	7
第三节　公路建设项目融资	15
本章小结	26
复习思考题	26
第二章　公路建设项目评价	27
第一节　工程经济分析基础	27
第二节　公路建设项目财务评价	40
第三节　公路建设项目国民经济评价	65
第四节　公路建设项目社会评价	73
第五节　公路建设项目环境评价	75
本章小结	81
复习思考题	81
第三章　公路建设项目投资决策	82
第一节　工程项目投资决策基础	82
第二节　公路建设项目可行性研究	84
第三节　公路建设项目投资估算	86
第四节　公路建设项目不确定性分析	115
第五节　实物期权在公路建设项目决策中的应用	121
本章小结	126
复习思考题	127
第四章　公路建设项目投资控制	128
第一节　公路建设项目投资控制概述	128
第二节　公路决策阶段投资控制	132

    第三节　公路设计阶段投资控制 …………………………………………… 134
    第四节　公路建设项目招投标阶段投资控制 ……………………………… 142
    第五节　公路建设阶段投资控制 …………………………………………… 146
    第六节　公路建设项目竣工验收阶段的投资控制 ………………………… 156
    第七节　公路建设项目投资控制实例 ……………………………………… 158
    本章小结 ………………………………………………………………………… 162
    复习思考题 ……………………………………………………………………… 163

第五章　公路建设项目融资结构 ………………………………………………… 164
    第一节　公路建设项目融资体制 …………………………………………… 164
    第二节　公路建设项目权益融资 …………………………………………… 171
    第三节　公路建设项目债务融资 …………………………………………… 179
    第四节　公路建设项目融资结构分析 ……………………………………… 186
    本章小结 ………………………………………………………………………… 190
    复习思考题 ……………………………………………………………………… 191

第六章　公路建设项目融资模式 ………………………………………………… 192
    第一节　公路建设项目 BOT 融资 ………………………………………… 192
    第二节　公路建设项目 PPP 融资 ………………………………………… 204
    第三节　公路建设项目 ABS 融资 ………………………………………… 209
    第四节　融资租赁 …………………………………………………………… 213
    第五节　公路建设项目其他融资模式 ……………………………………… 220
    本章小结 ………………………………………………………………………… 232
    复习思考题 ……………………………………………………………………… 233

第七章　公路建设项目融资风险管理 …………………………………………… 234
    第一节　项目融资风险理论 ………………………………………………… 234
    第二节　公路建设项目融资风险管理 ……………………………………… 245
    本章小结 ………………………………………………………………………… 256
    复习思考题 ……………………………………………………………………… 256

第八章　公路建设项目融资信用保证结构 ……………………………………… 257
    第一节　项目融资信用保证概述 …………………………………………… 257
    第二节　公路建设项目融资信用保证主要形式 …………………………… 265
    第三节　公路建设项目融资担保实例 ……………………………………… 270
    本章小结 ………………………………………………………………………… 273
    复习思考题 ……………………………………………………………………… 274

参考文献 …………………………………………………………………………… 275

第一章
公路建设项目投资与融资导论

【学习目的与要求】

通过本章学习,了解我国公路建设项目投融资发展历程,熟悉公路建设项目投融资程序、"项目代建制"、国际工程承包融资模式及其特点。掌握公路建设项目投融资管理体制,熟悉公路建设项目融资主体构成、公路建设项目融资模式。

本章内容主要包括我国公路建设项目投融资发展历史,"项目代建制",国际工程承包市场发展;公路建设项目投资概念,公路建设项目基本程序,项目投资管理体制及模式,公路建设项目投资阶段划分;公路建设项目融资、有限追索、无限追索及完全追索概念,国外项目融资发展回顾,项目融资主要模式及类型。

第一节 公路建设发展回顾

一、我国公路建设发展回顾

改革开放以前,我国公路建设投资主要来源于国家预算内的财政性资金,即中央和地方政府计划拨款。这一时期国家总体经济规模小,政府财税收入水平低,公路建设资金长期匮乏,如1978年全国公路建设资金仅有5.76亿元。至1978年底,我国公路累计通车里程仅89万km,全国初步建成公路运输网骨架,实现了从"无路"到"有路"的跨越。

改革开放以后,国民经济进入快速发展时期,交通需求逐年增大,公路交通基础设施滞后经济发展的矛盾日益尖锐。虽然全国公路建设的投资逐年增长,但仍然不能满足公路建设高速发展的需求,公路建设投资不足,融资模式单一,成为困扰公路建设发展的首要问题。

为转变政府职能,推进公路建设投资决策科学化,拓宽投资渠道,吸收社会资金进入公路建设领域,加快公路发展,我国政府先后提出了一系列政策措施,如允许通过集资和贷款修建公路和桥梁,采用"贷款修路,收费还贷"的收费公路政策,积极引进BOT(Build-Operate-Transfer)、BT(Build-Transfer)、TOT(Transfer-Operate-Transfer)、ABS(Asset-Backed-Sercuritization)、PPP(Public-Private-Partnership)等"项目融资"模式,实施公路建设"项目代建制"等,这些政策的实施推动了公路建设市场投资多元化,拓宽了融资渠道,使得国内外商业银行、投资公司、民营资本、证券市场资金大量涌入公路建设领域,公路建设实现了投资大幅增长,有力地支撑了我国公路交通跨越式的发展。2013年,我国公路总投资额达到13 692.2亿元,比1978年增长2 300余倍;全国公路通车总里程达435.62万km,等级公路里程375.56万km,国省干线公路技术等级大幅提升,路况及服务水平大为改善,公路网密度显著提高,达到45.38km/百km^2;全国高速公路里程10.44万km,一级公路里程7.95万km,二级及以下公路里程357.17万km。公路建设投资与融资模式创新发展有力地支撑了我国公路建设跨越式的发展。2000—2013年我国交通固定资产投资见表1-1。

2000—2013年我国交通固定资产投资   表1-1

年份	交通固定资产投资额（亿元）	公路建设资金（亿元）	内河建设资金（亿元）	沿海建设资金（亿元）	其他建设资金（亿元）
2000	2 571.70	2 315.80	54.50	80.30	121.10
2001	2 968.29	2 670.70	50.50	123.79	123.30
2002	3 491.50	3 211.70	39.95	129.85	110.00
2003	4 136.17	3 714.91	53.80	240.56	126.90
2004	5 314.07	4 702.28	71.39	336.42	203.99
2005	6 445.04	5 484.97	112.53	576.24	271.30
2006	7 383.82	6 231.05	161.22	707.97	283.58
2007	7 776.82	6 489.91	166.37	720.11	400.44
2008	8 335.42	6 880.64	193.85	793.49	467.44
2009	11 142.80	9 668.75	301.57	758.32	414.16
2010	13 212.78	11 482.28	334.53	836.87	559.10
2011	14 464.21	12 596.36	397.89	1 006.99	462.97
2012	14 512.49	12 713.95	489.68	1 004.14	304.72
2013	22 190.67	13 692.20	545.97	982.49	312.51

数据来源:交通运输部《交通运输行业发展统计公报》。

面对21世纪的机遇与挑战,交通运输部提出"交通运输'十二五'发展规划"及"2013—2030年国家公路网规划"。规划指出"十二五"末,全国公路总里程要达到450万km,基本建成国家高速公路网,高速公路总里程达到10.8万km,二级及以上公路里程达到65万km,农村公路总里程达到390万km。2030年普通国道和国家高速公路总规模约为40万km,总投资约为4.7万亿元。

面对新时期我国公路建设新的发展目标,现有公路建设投融资体制及模式很难满足我国公路建设未来投资的需求。其主要原因在于中央及地方政府仍然是公路投资的主体,民间资本参与程度不高,资金缺口较大;项目资金结构不尽合理,资本金比例偏低,项目抗风险能力不足;项目投资决策仍需进一步完善,部分经营性公路项目效益不高,还贷压力过大。因此,研究国际工程投融资管理成功经验,拓宽项目资金渠道,推动公路建设项目投资多元化,化解投资风险,规范公路投融资市场管理已成为当前我国公路发展的一项紧迫任务。

二、我国公路建设项目代建制

"代建制"是我国政府投资项目委托管理制度的特定称谓,是指通过投资方、管理方、实施方之间的市场化运作而进行的建设程序,是政府投资项目的委托管理制度。代建人依据工程建设法律、法规及委托合同,通过招标等方式,选择专业化的项目管理单位,对项目工期和质量等进行科学严格地管理,全面实现优质高效的建设目标。代建制有利于实现政府投资效率最大化,项目建成后将移交给使用单位管理。

公路建设代建制体现了公路建设市场中政府、项目法人和代建单位三位一体的新型关系:政府委托项目法人承担公路建设的职责;项目法人通过招标选择代建单位;政府依据法律法规对代建单位的代建行为实施有效的市场监管。公路建设市场化的程度在一定程度上取决于项目法人将多少公路建设的权利和职责、收益和风险转移给了代建单位。

代建制的实施对提高政府投资项目效率发挥了重要作用。公路建设项目代建制改变了传统管理体制,促进了政府职能转变,规范了政府行为,提高了公路建设管理的质量,促进了公路建设项目投资效益和建设管理水平的提高。

三、国际工程成本市场发展回顾

1. 概述

国际工程承包是一项综合性商务活动和国际经济交往活动。按国际工程业主(发包人)的要求,国际承包人通过国际的招标、投标、议标或其他协商,以提供技术、资本、劳务、管理、设备材料、许可权等方式,进行工程项目建设或从事其他有关经济活动,并按事先商定的合同条件收取费用的国际经济技术合作方式。同国内工程承包相比,国际工程承包中业主和承包人都来自不同国家,具有以下特点:

(1)国际工程承包内容广泛,形式多样。承包内容包括工程设计、可行性研究、勘测、施工、安装、试车等,还包括技术、机械设备、原材料及各种能源动力的采购和供应,另外还可能会包括人员的培训和资金的融通等。

(2)国际工程承包合同金额巨大,承建周期长,风险也较大。国际工程承包,工程项目的交易金额通常较大,且承建周期也比较漫长,业主及工程所在国的政治、经济、文化、自然环境都可能发生巨大改变,承包人面临的各种风险高。

(3)国际工程承包差异性大。大型国际工程项目建设可能涉及多个国家,项目所在国的地理位置、社会制度、风俗习惯、自然条件、法律法规等存在较大差异,工程项目的性质、设计标准、要求不同,施工方法也各有特点。

(4)国际工程承包市场一般采用国际招标,竞争激烈。

(5)国际工程承包项目多为政府主导投资型。建设资金一般来源于工程所在国政府,支付货币主要采用当地货币,由工程所在国政府根据国际金融组织制定的项目采购规则进行国际公开招标,选定中标人并经国际金融组织批准实施工程项目。

2. 国际工程承包市场的发展

根据美国出版的《工程新闻纪录》杂志(Engineering News Record,简称ENR)发布的数据显示,近几年国际工程承包业务呈现出迅猛发展的态势。2008年以来,面对全球范围的国际金融危机、金属价格大跌、石油价格波动,西方发达国家和地区市场持续表现萎靡,但国际工程承包市场仍保持较快速度增长,全球225家国际领先承包人的国际营业额总计达到3 900.1亿美元,较2007年增长25.7%。2012年全球承包人250强营业收入总和为14 041.50亿美元,国际工程收入总和为4 953.35亿美元,新增合同额为16 514.10亿美元。其中前225强的营业收入总和与国际工程收入总和一如既往地保持增长态势,但新增合同额则出现了轻微下降。2012年,国际承包人250强在九大区域性市场展开了激烈的竞争,在各个市场上实现的承包收入情况如表1-2所示。

2012年全球最大承包人250强业务分布情况 表1-2

业务领域	2012年营业收入(亿美元)	比重(%)
房屋建筑	4 271.69	30.42
交通基础设施	3 763.53	26.80
石油化工/工业	2 759.87	19.66
电力	1 274.31	9.08
制造业	405.30	2.88
水利	297.97	2.12
电信	211.31	1.50
排水/废弃物	188.59	1.34
有害废物处理	71.10	0.51

近5年来,共有14家新公司进入到国际承包人前10强行列,如表1-3所示。

2009—2013年度国际承包人前10强排名 表1-3

公司名称	年份				
	2013	2012	2011	2010	2009
西班牙ACS集团	1	2	12	18	20
德国霍克蒂夫公司	2	1	1	1	1
美国柏克德集团公司	3	5	3	4	5
法国万喜公司	4	3	2	2	2
美国福陆集团	5	7	7	9	11

续上表

公司名称	年份				
	2013	2012	2011	2010	2009
奥地利斯特伯格公司	6	4	8	3	3
法国布依格公司	7	8	4	5	6
意大利萨伊伯姆公司	8	6	6	7	7
瑞典斯堪斯卡公司	9	9	5	6	4
中国交通建设股份有限公司	10	10	11	13	17
法国德希尼布集团	11	11	9	10	9
西班牙营建集团	14	12	10	11	12
德国比尔芬格柏格建筑公司	16	14	13	8	8
澳大利亚联盛集团	33	38	16	14	10

根据 2013 年度 ENR 国际承包人排名统计，250 家最大国际承包人共完成海外营业额 5 110.5 亿美元，从地区市场看，海外业绩主要来自亚太(1 388.14 亿美元)、欧洲(1 022.62 亿美元)和中东(913.18 亿美元)市场，分别占 27.2%、20% 和 17.9% 的份额。从专业领域分布看，250 家最大国际承包人在交通运输(1 307.1 亿美元)、石油化工(1 197.73 亿美元)和房屋建筑(1 032.6 亿美元)三个领域的营业额仍居专业排名前三位，分别占 25.6%、23.4% 和 20.2% 的份额，工业领域(421.16 亿美元)占比增幅最大。

3. 国内企业国际工程承包业务发展

20 世纪 90 年代以来，我国国际工程承包合同额以每年 10% 的速度增长，远远高于同期国民经济和进出口贸易的增长速度。近年来，我国国际工程承包的建设领域和业务范围继续扩大，承包区域已遍及五大洲、180 多个国家和地区。2008 年中国国际承包业务首次超过日本，居欧洲、美国之后，排名第 3 位。2013 年 55 家中国企业入选全球 250 强榜单，共完成海外工程营业额 671.75 亿美元，入选的中国企业最低海外营业额为 1.54 亿美元，排名第 235 位。其中共有 52 家企业排名列在前 225 名，共完成海外工程营业额 666.9 亿美元，比去年的 627.08 亿美元增加了 6.35%，前 52 家企业平均营业额达到 12.83 亿美元，相比上年平均营业额的 12.06 亿美元增长了 6.38%。2009—2013 年中国公司进入全球承包人 225 强的情况见表 1-4。

2009—2013 年中国公司进入全球承包人 225 强的情况　　　　表 1-4

年份	企业数量		全球营业收入(亿美元)	比重(%)
	进入 225 强(家)	进入 10 强(家)		
2009	33	5	2 231.67	21.30
2010	37	5	2 915.50	27.12
2011	39	5	3 801.63	33.39
2012	40	5	4 383.04	34.48
2013	45	5	4 996.91	36.07

依据商务部统计资料,2009—2013年中国国际工程承包市场新签合同额和完成额情况如图1-1所示。

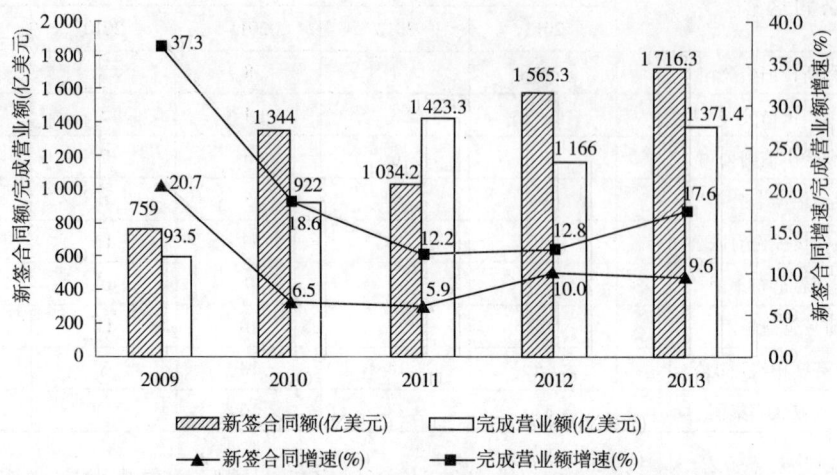

图1-1 2009—2013年中国国际工程承包市场新签合同额和完成营业额及增速

资料来源:中国商务部。

中国自进入国际承包市场以来,经过几十年的发展,基本形成了以亚太地区为主,发展非洲市场、恢复中东市场、开拓欧美等其他地区市场的多元化市场格局,如图1-2所示。对外工程承包企业不仅在非洲市场表现良好,而且在亚洲、拉美、欧洲和北美市场也取得了实质性进展。

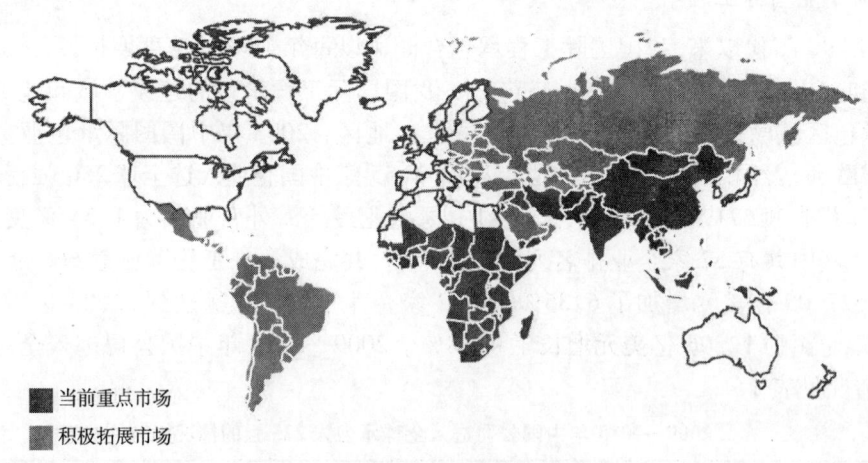

图1-2 中国企业国际工程承包拓展足迹

(1)亚洲/澳大利亚地区。该地区一直是我国对外工程承包的重点市场。近10年来,该地区对外承包业务比重保持在20%左右。

(2)非洲地区。非洲市场在我国对外承包中长期占据重要地位。2004年以来,非洲以21.4%的份额首次超过亚洲15%的份额,成为我国对外承包第一大市场。近几年该地区业务发展迅猛,业务量占对外承包总业务量的40%左右。从造价5亿美元的阿尔及利亚水电站大坝到造价62.5亿美元的阿尔及利亚东西公路项目,再到造价83亿美元的尼日利亚现代化铁路项目,中国企业在非洲不断刷新海外单项工程的承包纪录。

(3)中东地区。该地区是我国对外承包市场的第三大区域。2002年,我国企业在该地区完成营业额731.1亿美元,占总营业额的10.26%;2011年,完成营业额62 776.1亿美元,占总营业额的17.95%。中东市场主要是欧美和日本企业的传统优势区域,中国企业的市场占有率没有明显增加,基本保持在5%左右。

(4)欧美地区。我国企业在欧洲和美国市场所占比重保持在1%左右。作为世界上最成熟的建筑市场,欧美地区有严格的技术标准、市场准入及劳工政策,我国承包企业在这一市场面临诸多挑战。但是,仍有一批中国企业表现出色,如中国建筑总公司进入美国市场后连续中标纽约市的哈莱姆公园、布鲁克林西8街地铁站等项目,山东电力集团公司总承包美国宾夕法尼亚州毛榉电厂项目。

4. 国际工程承包市场融资模式

国际工程融资能力是承包人国际竞争力的一项重要指标,也是赢得国际工程项目合同,顺利完成国际项目的重要保证。国际工程对承包人的融资能力要求表现在两个方面:

(1)财务能力。承包人为保证项目正常实施应具有足够的流动资金。

(2)承包人具有协助业主完成项目融资的能力。国际工程承包市场融资模式主要有EPC(Engineering-Procurement-Construction)模式和BOT模式两种形式。

5. 我国企业参与国际工程融资特点

截至2013年11月底,我国对外承包工程业务累计签订合同额11 413亿美元,完成营业额7 653亿美元。我国对外承包工程业务范围继续扩大,承包业务规模快速增长,同时,对外承包工程项目的技术含量也在不断提高。我国对外承包工程整体的发展特点是:模式不断创新发展,产业分工体系深化,国际承包人综合实力不断增强。对外承包主体不仅有大型央企与地方骨干国企,还有众多民营企业。项目承包类型既有国际完全竞争性招投标项目,也包括国家"走出去"战略投资合作项目。项目合同类型既有设计、施工承包合同,也涵盖EPC(设计—采购—建设总承包)、BOT(建设—运营—转让)、BOOT(Build-Own-Operate-Transfer,即建设—运营—拥有—转让)等高端项目。

第二节 公路建设项目投资

一、公路建设项目投资概念及特点

(一)公路建设项目

1. 项目

项目有广义和狭义之分。广义的项目泛指在一定约束条件(如资源、技术、资金、时间、空间、政策、法规等)下,投资主体为获得预期投资目标,将货币资本或实物资本投入营利性或非营利性的事业中。狭义的项目是指在社会经济活动中,具有明确目标的一次性活动。项目在不同领域具有不同类型,如在生产经营领域,有企业经营性战略项目、新产品开发项目、技术引进项目、设备更新项目等;在流通领域,有以物资流通为内容的销售网络项目;在建设领域,有以投资建设活动为内容的建设工程项目。

2. 工程项目

工程项目是指依据特定工程建设程序,以建筑物或构筑物为目标产出物,按照一定的技术标准、功能和要求,在一定时间范围内,所进行的一次性建设工程活动。

3. 公路建设项目

公路建设项目也称公路基本建设项目,包含以下内容:

(1)路线工程。

根据公路网规划,依据公路技术标准,考虑公路所处地形及地质条件,确定公路所选取的具体地理位置。路线工程包括公路路线的中线位置、高程、路线长度、路线技术标准等。

(2)路基工程。

公路路基是在天然地面上修筑的路堤(填方路段)或路堑(挖方路段)带状构筑物。公路路基主要承受路面上部荷载及环境因素的作用,是上部路面结构的支撑结构。路基工程包括基床处理、边坡工程、支挡工程、路基填筑、路基排水工程和附属设施等。

(3)路面工程。

公路路面是用各种铺面材料,分层铺筑在路基顶面,供车辆行驶的结构物。路面结构包括垫层、基层(底基层)、面层、磨耗层、中央分隔带、面层排水设施,路面材料包括沥青、水泥、二灰稳定料、粒料及各类添加剂等。

(4)桥梁工程。

桥梁是公路跨越江、河、湖、海及不良地质地段时,修筑的上跨结构物,供车辆及行人通行。桥梁工程包括桥梁下部结构、桥梁上部结构、桥头引道、调治构造物以及监测、照明、安全设施等。

(5)隧道工程。

隧道根据其所在位置可分为山岭隧道、水下隧道和城市隧道三大类。隧道工程包括隧道两端洞口、洞身辅助坑道以及隧道的通风、防火、照明设施等。

(6)防护工程。

公路防护与加固工程包括公路边坡坡面防护加固工程、沿河路堤防护与加固工程以及湿软地基的加固处治。

(7)交通工程。

公路交通工程主要包括交通管理设施、交通安全设施、交通监控设施、交通服务设施。主要有交通标志、标线、防撞设施、隔离栅、视线诱导设施、防眩设施、桥梁防抛网、里程标、百米标、公路界碑、收费站和服务区等。

4. 公路项目建设程序

(1)项目建议书阶段。项目建议书是建设单位向国家提出的要求建设某一建设项目的建议文件,是对建设项目的轮廓设想,是对拟建公路项目的建设必要性及可能性的分析论证。

(2)可行性研究阶段。可行性研究是在技术和经济上对公路建设项目是否可行进行的科学分析和论证工作,为项目最终决策提供依据。可行性研究的主要任务是通过分析和比较路线方案的经济性和技术性,提出公路项目最佳建设方案。

(3)设计阶段。项目设计是在批准的项目可行性研究基础上进行的公路项目勘察及设计工作。一般工业与民用建筑设计分为初步设计和施工图设计两个阶段;对于技术上复杂而又缺乏设计经验的项目,分为初步设计、技术设计和施工图设计三个阶段。

(4)建设准备阶段。初步设计已经批准的项目,列为预备项目。建设准备主要内容包括:征地、拆迁和场地平整;设备、材料订货;组织招投标,选定施工、监理、设备供应单位。

(5)建设实施阶段。经批准开工,建设项目便进入建设实施阶段。新建项目开工时间,是指建设项目设计文件中规定的任何一项永久性工程第一次破土开槽开始施工的日期。项目建设应按照技术规范、设计文件、合同条款、项目预算,完成工程项目的质量、工期、费用、安全等目标。

(6)竣工验收交付使用阶段。公路项目完成所有建设任务,提交交竣工资料后,业主组织设计、施工、监理、质监单位,按照公路技术标准进行鉴定验收。项目通过竣工验收,开始进入运营阶段。

(二)投资

根据《辞海》的定义:投资是指企业或个人以获得未来收益为目的,投放一定量的货币或实物,以经营某项事业的行为。根据《经济大辞典》的定义:投资是指经营性事业预先垫付一定量的资本或其他实物。广义的投资概念,是指投资主体为了特定目的,将资源投放到某项计划以达到预期效果的一系列经济行为。狭义的投资是指投资主体在社会经济活动中为实现某种预定的生产、经营目标而预先垫付资金的经济行为。投资具有明确的主体性和目标性,是主体有目标的经济行为,它表示投入资源的数量,通常用货币单位来表示。

(三)公路建设项目投资

公路建设项目投资是依据公路建设基本程序,按照公路定额取费标准,所进行的公路建设项目投资活动。公路建设项目具有公共基础设施的属性,公路建设项目投资效益包括经济效益、社会效益及环境综合效益多个方面。

1. 经济效益

公路建设作为一项大规模的固定资产投资活动,在建设期间将拉动地区经济发展,推动地区GDP增长,带动地区产业结构调整,增加地区劳动力就业,增加居民收入,推动地区工业发展。另外,公路建成后还将改善沿线地区交通条件,提高运输效率,改善地区经济发展的基础设施,降低出行时间,节约出行费用,减少运输燃油消耗,降低整个地区产品客货运输成本,提高地区的经济实力和竞争力,促进未来经济可持续发展。改善公路运输条件的同时,还将改善公路沿线投资环境,促进土地资源开发利用,加速土地增值,带动地区经济发展。

2. 社会效益

公路项目建设,能够推动人才、资金、信息等资源的流动,推进沿线地区工商业、旅游业发展,加快人流、物流、信息流交换,提高地区人民物质文化水平,缩小城乡差别等。此外,公路运输的发展,对边远地区交通条件的改善、缩小地区间发展水平差距、促进社会发展公平、增强国防能力等多个方面都有促进作用。

3. 环境影响

公路建设项目需要占用大量土地、消耗大量资源,将对公路沿线自然环境及生态环境产生较大影响,具体表现为公路沿线大气环境、声环境、地表及地下水环境、土壤环境、路线沿线景观环境、野生动植物栖息环境等多个方面。这些影响在不同的阶段具有不同的表现形式。如噪声影响在施工期间表现为施工机械产生的噪声对周围居民居住环境的影响,在公路运营期间则表现为车辆行驶噪声及尾气对沿线居民生活的影响。

(四)公路建设项目投资特点

1. 大额性

公路建设项目占用资源多,投资量巨大,工程项目的费用有时多达数亿、十几亿,甚至达到数百亿。

2. 单件性

公路建设项目是一次性单项投资活动,是在具体的地点,按照公路发展规划,依据公路技术标准建设的一次性的实体工程。

3. 阶段性

公路建设项目涉及面广、规模大,建设内容多、周期长,需要将公路建设划分成不同阶段,确定不同阶段的工作重点。

4. 风险性

公路建设存在许多不确定性因素,不同建设阶段存在不同的风险。公路建设项目风险包括政治风险、融资风险、建设风险、市场风险、技术风险、运营风险、管理风险等。

二、公路建设项目投资管理体制

(一)投资管理体制的概念

投资活动内容包括投资主体、投资结构、资金筹措、项目决策、效益评估等。投资管理体制是指国家组织和管理投资的制度、政策、模式及方式的总称,它包括投资管理机构组成及设置、投资管理权限和职责划分、投资管理方式等。投资管理体制的模式与不同时期国民经济体制一致。

我国基础设施投资管理体制一直随国家经济体制的改革与创新不断发展变化,投资管理体制也经历了由计划经济到市场经济,由单一投资主体到多元化投资的变革。不同时期的社会经济制度和经济模式下,投资管理体制的模式也不相同,投资管理体制不是一成不变的,是随社会生产力的发展及经济模式的转换而调整变化的。

(二)项目投资管理体制的构成

投资管理体制由投资主体的层次和结构、资金筹集和运行方式、投资市场各类经济实体的关系等要素组成。

1. 投资主体

在投资管理体制中,投资主体是核心要素,它是指实施投资行为的法人或自然人,在投资活动中具有独立的决策权,是筹集与运用投资资金的责、权、利相结合的统一体。投资主体是独立的经济实体,具有行为独立性和自我约束性。投资主体拥有独立的财产决策权,直接参与社会生产活动,具有追求经济利益最大化的内在冲动,享受独立的民事权利和承担民事义务。行为独立性是指围绕投资活动的产权一经确立,投资主体可以在合法范围内开展经营的经营活动,承担项目风险。自我约束性是投资主体在投资活动中约束自己的行为,以使其符合法律、政策及市场经济规律。

不同的投资主体会有不同的投资动机和投资范围。政府投资是以公益性基础性投资为目的,投资范围是社会公共领域。企业或个人投资主体是以获得投资收益为目标,其投资范围是经营性投资项目。

2. 资金筹集和运行

资金筹集和运行是投资主体筹集资金的渠道方式,资金筹集和运行与投资主体的结构密切相关。计划经济体制下投资决策权集中于国家,则资金来源主要为国家及地方财政,投资运行方式主要是财政拨款。市场经济中投资主体是多元化的,资金来源有多种渠道,投资决策表现为多层次化,投资方式也是多样化的,可以是国家财政拨款、银行贷款、债券、股票等多种方式。

3. 经济实体之间的相互关系

投资领域内各类经济实体之间的关系,主要由投资主体的层次与结构决定,并受投资方式影响。投资主体与投资方式单一,经济实体之间关系单一。计划经济体制下各经济实体之间是行政隶属关系;市场经济中投资主体表现为多元化形式,投资方式多样,投资领域内各经济实体之间是商品经济关系,更多地带有市场特征。

(三)项目投资管理模式

投资管理模式分为集权式、分散式和分权式。

集权式投资管理体制中,国家是单一的投资主体,投资方式是财政计划拨款,投资领域内各经济实体之间是行政关系,项目计划、审批和投资由政府制定,我国在改革开放前以集权式投资管理体制为主。

分散式投资管理体制是投资决策权高度分散的投资模式。该模式中多个投资主体各自拥有投资决策权,投资主体进行投资活动主要为获取投资收益。该模式有利于激发微观经济主体投资积极性,但易导致宏观投资比例失调及资源浪费。西方国家早期大多采用分散式投资管理体制。

分权式投资管理体制包括中央政府、地方政府和企业三个层次的投资主体。中央政府负责国家公共建设领域(如基础设施、基础产业和公益项目等)和关键性竞争领域投资,并负责宏观经济调控。地方政府负责地方经济发展建设领域和关键性竞争领域投资,并对地区经济结构和投资规模进行调控。企业则是市场投资主体,按照市场规律及企业目标进行投资决策。投资领域内的调控主要是市场直接调控和政府间接调控,西方发达国家大多建立分权式投资管理体制。

分权式投资管理体制的优势表现为:一是分权式投资控制体系是以现代企业为主要投资主体的多元化和多层次市场调控投资体系,政府与市场投资范围界定明确,中央与地方政府的投资事权划分明确,地方政府在拥有投资决策权的同时也承担相应责任风险,企业拥有自主投资决策权;二是分权式投资管理体制鼓励企业自主投资、自主经营,市场对资源配置起主导作用;三是宏观经济调控主要采用财政、信贷、利率、税收等经济手段,市场经济化程度较高。改革开放以来,随着我国国民经济逐步从计划经济向市场经济过渡,在投资管理体制改革中逐步向分权式投资管理体制发展。公路建设投资管理体制建立应有利于在宏观层面实现公路建设投资总量规模和投资结构的调控,并制定出符合我国国情的公路发展规划和产业政策。在地方政府和行业投资管理中,通过制定合理的地区或行业长远投资规划,指导企业和投资者进行市场投资。

三、公路建设项目投资阶段划分

公路建设项目投资可以划分为项目决策、项目准备、项目实施、项目竣工验收及运营使用几个阶段。依据我国公路项目建设规律及建设程序,考虑公路建设项目投资特点,从投资的角度出发,将公路建设项目投资划分为投资决策期、投资建设期和投资回收期三个管理阶段。公路建设项目阶段划分如图1-3所示。

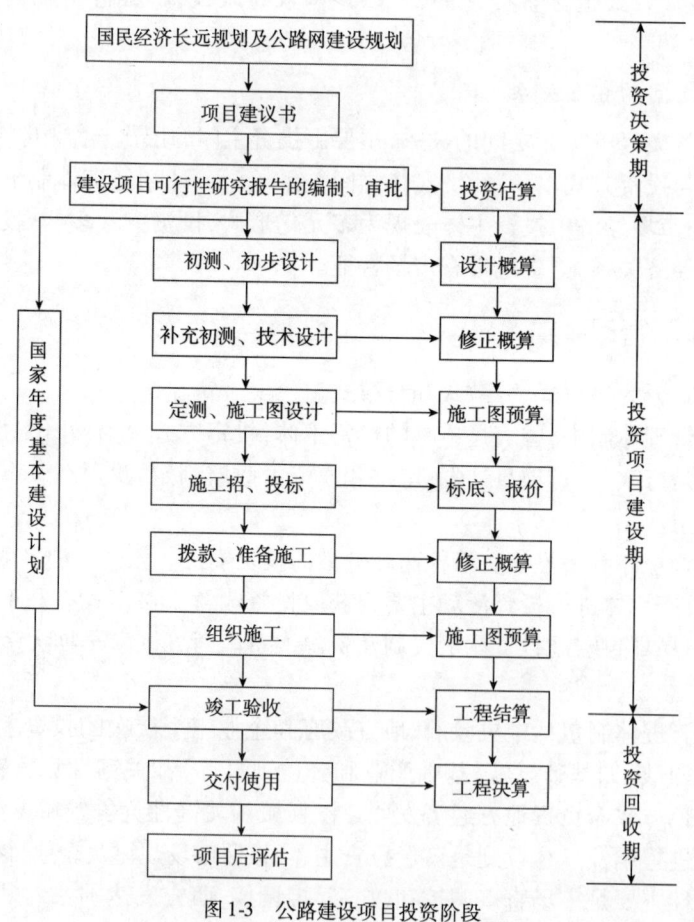

图1-3 公路建设项目投资阶段

(一)投资决策期

投资决策期包括机会研究、初步可行性研究、项目建议书、可行性研究、项目评估与决策5个阶段。

1. 机会研究

投资机会研究是一系列投资活动的起点,是通过政治、市场环境及需求分析,寻找投资机会,鉴别投资方向,确定投资目标。机会研究是初步可行性研究的基础,研究内容包括市场调查、投资环境客观分析、企业经营目标和战略分析、企业内部资源条件评价、投资初步方向及目标。

2. 初步可行性研究

初步可行性研究也称为"预可行性研究",是对项目方案技术经济分析论证,对项目是否可行进行初步判断。初步可行性研究工作位于机会研究和可行性研究的中间,其研究内容与可行性研究内容相似,区别在于获得的资料的详细程度及各项目方案论证深度有所不同。

公路建设项目初步可行性研究阶段,主要是在经审查批准的公路网规划基础上,深入研究建设项目的功能与作用以及建设必要性,初步论证其标准、规模、路线走向及主要控制点,初步测算投资效益,为项目建议书提供基础。高等级公路预可行性研究,要从公路网规划和整个路线布局全局出发,研究公路绕避城镇模式和衔接方式,多方征求意见,反复比较论证,提出推荐方案。

3. 项目建议书

项目建议书是各部门、地区、企业根据国民经济长远规划、行业规划、地区规划乃至城镇规划目标和要求,在投资策划基础上,初步调查、预测、分析某项具体投资必要性和可行性而编制建议文件,对拟建项目提出的总体轮廓设想。项目建议书需按国家规定的权限向有关部门申报审批。大、中型项目由国家发展和改革委审批,重大项目由国家发展和改革委审核后报国务院审批。小型项目按隶属关系,由各主管部门或省、自治区、直辖市、计划单列市发改委审批,报国家发展和改革委及有关部门备案。

4. 可行性研究

可行性研究是在项目建议书的基础上,对项目有关的社会、经济、技术、财务、组织等各方面的情况进行深入调查研究,论证公路项目建设的必要性,并对各种可能的建设方案进行技术经济分析、比较、优化,对项目建成后经济效益和社会效益进行科学的预测和评价,综合论述项目的合理性,然后提出该项目建设是否可行的结论性意见。

5. 项目评估与决策

项目评估与决策是由投资决策部门组织或授权于有关咨询机构或专家,代表委托方对项目可行性研究报告进行全面的审核和再评价,分析判断项目可行性研究的可靠性、真实性和客观性,编写项目评估报告,由投资决策部门做出最终投资决策。

6. 编制设计任务书

设计任务书是确定公路建设项目及其建设方案的基本文件,又称计划任务书,是建设项目决策和编制设计文件的主要依据,是可行性研究成果和最终投资决策结果的综合体现,也是进一步编制设计文件,确定项目投资目标、进度目标、质量目标的主要依据。

设计任务书的编制单位是拟建项目的建设单位或主管部门,由项目法人委托具备相应资质的工程咨询机构或组织有关专家对设计任务书中的重大问题进行咨询论证,设计单位根据咨询论证意见,对设计任务书进行补充、修改、优化。设计任务书经项目法人组织审查后,按国家规定向主管部门申报审批,大中型项目按隶属关系由主管部门或省、自治区、直辖市发改委审批,并报国家发展和改革委员会备案。设计任务书批准后,如果在建设规模、产品方案、建设地点、主要协作关系以及投资控制数等方面有变动,则需报经原建设单位批准同意。设计任务书的批准标志着整个项目的立项和建设方案的确定。

(二)投资项目建设期

投资项目建设期包括项目准备、项目实施和项目竣工验收三个阶段。准备阶段包括项目招投标组织与合同签订、工程设计;项目实施阶段包括施工建设和安装;项目竣工验收阶段包括试运营和交竣工验收。

公路建设项目投资建设期工作内容包括项目融资、建设准备、勘察设计、工程建设和竣工验收。

1. 项目融资

公路项目建设期的首要工作是项目融资,即确定项目融资结构、项目资本金构成及来源、项目债务资金来源及构成、项目债务偿还计划等。

资本金即权益资金。公路项目资本金是指公路建设项目总投资中由投资者认缴的,以控制项目控股权和收益权而投入的资金。资本金不需要偿还或支付利息,是项目债务融资的基础。

债务资金指项目公司或项目发起人通过金融机构贷款或在资本市场上发行债券而筹集的资金。债务资金包括国内银行的长期和短期贷款、国外政府及国际金融机构贷款、出口信贷、国家或企业债券等。

2. 建设准备

公路建设项目准备工作主要包括:

(1)征地拆迁,施工用水、电,交通便道及通信线路畅通,施工场地平整,生产、生活临时工程建设等。

(2)设备、材料订货,落实协作配套条件。

(3)招标投标择优选定设计单位、监理单位和施工承包单位等。

公路工程建设项目招标按招标形式,分为公开竞争性招标和邀请招标两种;按照招标内容,分为设计招标、施工招标、监理招标、材料及施工设备采购招标。公路建设实际招标制是控制工程投资,提高投资效益的有效途径。

3. 项目设计

公路建设项目设计包括初步设计和施工图设计两个阶段,对于技术复杂而又缺少经验的项目,可增加技术设计阶段。公路项目设计方案对项目投资有直接影响,也对项目运营期间维修养护费用有直接影响,从项目全寿命周期理念出发,采用价值工程、限额设计和标准设计是控制工程投资的有效方法。

4. 工程建设

工程建设阶段是公路实体工程实现的过程,也是项目投资花费最多的阶段。这一阶段项目管理的重点是进度、质量、费用及安全。施工阶段投资控制的重点是做好项目合同管理,加强工程计量和工程价款支付管理,严格控制项目变更和索赔。

5. 竣工验收

竣工验收是工程建设项目建设过程中的最后一个环节，是有关各方依据项目合同、图纸及验收规范对工程进行验收竣工，是保证工程设计及施工质量，实现工程顺利投入生产或交付使用的最后环节，也是项目建设投资控制的重要阶段。按照竣工验收标准，严格工程竣工决算管理是投资控制的重要内容。

（三）投资回收期

在项目投资回收期，公路建设项目正式竣工投产，通过运营获得投资经济（国民经济）效益、社会效益和环境效益。

1. 运营管理

项目运营应做好项目运营管理工作，包括公路收费管理、运营安全与监控管理、基础设施维修养护管理、公路项目资产管理等。公路项目运营收费是项目投资收益的主要回报形式，是项目债务偿还的主要渠道，也是项目运营维护资金的主要来源，应做好收费管理工作。

2. 项目后评价

项目后评价是指对已完成项目的目的、执行过程、效益、作用和影响进行系统、客观地分析；通过对项目实践活动的检查总结，确定项目预期目标是否达到，项目是否合理有效，效益指标是否实现；通过分析评价找出成败的原因，总结经验教训；通过及时有效的信息反馈，为提高未来新项目的决策水平和管理水平提供科学依据；对项目实施运营中出现的问题提出改进建议，从而达到提高投资效益的目的。

第三节　公路建设项目融资

一、项目融资概念

（一）公路建设项目融资

项目融资首先出现在美国，随后被推广到欧洲，近十几年又在发展中国家广泛采用。广义上，所有为建设一个新项目、收购一个现有项目或者对已有项目进行债务重组所进行的融资活动都可称为项目融资。狭义上，只有有限追索或无追索形式的融资活动才称为"项目融资"。公路建设项目融资是指只依靠项目资产及项目未来收益作为项目债务资金偿还的保证的公路建设项目资金筹集的形式。项目融资结构图如图1-4所示。

根据公路建设项目投资主体的类型及项目运营是否收费，公路项目可分为公益性项目和经营性项目两大类。公益性公路项目的投资主体主要是各级政府，但有时也吸引部分社会资本投入项目建设，公路建成实行免费通行，不收取任何通行费用，项目运营养护费用也主要由政府财政负担。经营性公路建设项目中政府投入少量资本金，采用债务融资或项目融资的形成筹集剩余大部分建设资金，项目建成后收取道路通行费偿还各项债务，并获取投资收益。目前，我国新建二级及以下等级公路采用公益性项目，高速公路及一级公路采用经营性项目形式。

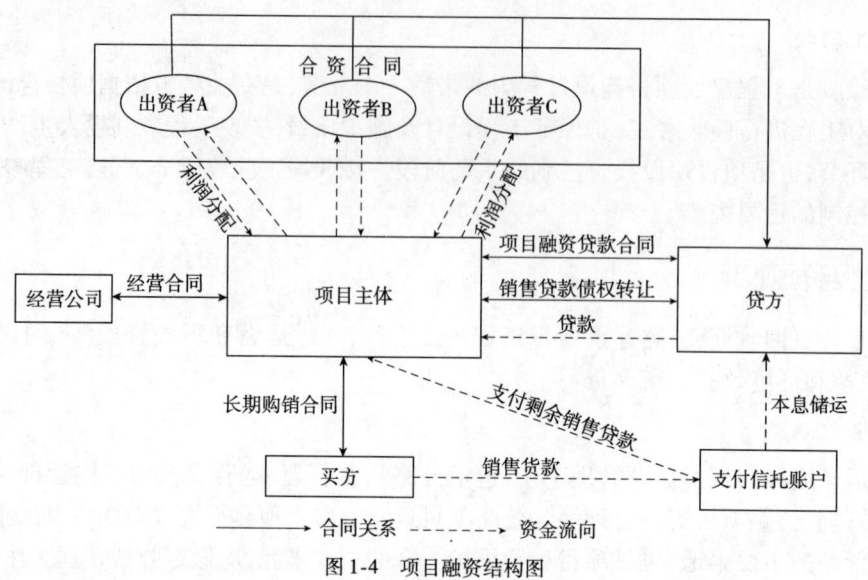

图 1-4 项目融资结构图

(二)追索

追索是指在借款人未按期偿还债务时,贷款人要求借款人以除抵押资产之外的其他资产偿还债务的权力。追索的形式包括有限追索、无追索和完全追索。

完全追索融资不依赖项目经济强度,在贷款人对项目基本认可的条件下,项目公司为借款人,项目投资者(股东)以直接担保、间接担保或其他形式在贷款期内提供信用保证。

有限追索是指项目贷款人可以在贷款的某个特定阶段(如项目建设开发阶段和试生产阶段)对项目借款人实行追索,或者在一个规定的范围内(包括金额和形式限制)对项目借款人实行追索。有限追索权是国际项目融资的专业术语,其特点在于贷款人的追索权是有限的,也就是说项目借款人仅以投入到项目中的资产为限,贷款人对项目借款人没有完全的追索权。除了本项目的收益和资产外,贷款人会要求拥有项目实体的第三方提供担保,一旦项目失败,如果项目收益及资产仍然无法还清贷款时,贷款人有权向第三方担保人追索,但担保人承担的项目债务责任以其提供的担保金额为限。

有限追索的极端是"无追索",即融资百分之百地依赖于项目的经济强度,在融资的任何阶段,贷款人均不能追索到除项目之外的资产。然而,在实际工作中无追索融资对于贷款人风险太高,一般均不采用这样的融资结构。

贷款人对借款人的追索形式和追索程度是区分融资是属于项目融资还是属于传统形式融资的重要标志。传统形式融资中,贷款人为项目借款人提供的是完全追索形式的贷款,贷款人更注重借款人自身的资信情况,而不是项目的经济强度;项目融资中,贷款人更多关注的是项目未来收益水平和资产结构,贷款人对项目借款人的追索只限于项目资产及项目投产后产生的现金流量。

(三)项目融资主体

项目融资主体即项目投融资参与方,包括项目发起人、贷款人、政府及其他第三方等,各参与者之间的基本关系如图 1-5 所示。

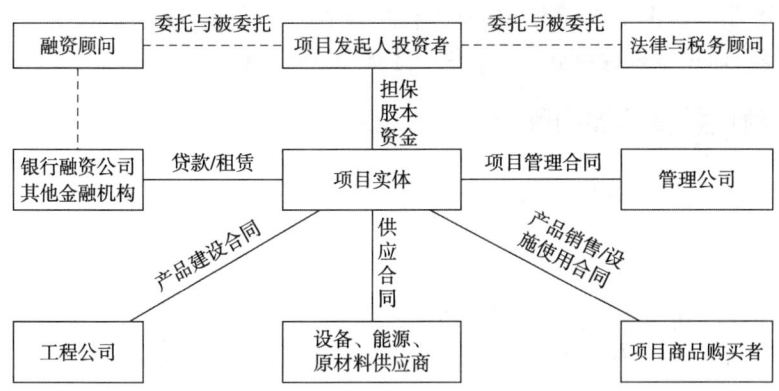

图 1-5 项目投融资主要参与者之间的基本关系

1. 项目发起人

(1)项目发起方,又称为项目主办方,直接参与项目投资和管理,负责项目前期筹备,承担项目债务责任及项目风险。项目主办方可以是单独的项目投资者,也可以是由多个投资人组成的联合体。

(2)项目公司。项目融资需要成立项目法人公司作为项目的直接主办人,称为项目公司。项目公司可以是一个实体,具体负责项目的融资、设计、生产、采购、组织、运营。项目公司也可以只是法律上拥有项目资产、实际运作委托具有丰富管理经验的项目管理公司。

(3)借款人。在大多数情况下,项目公司负责项目债务资金的筹集,就是项目借款人。但某些情况下,项目运行受到多种因素的影响,如东道国的税收制度、担保制度、法律诉讼的可行性等,项目借款人会发生变化,可能不止项目公司一家,项目承包人、经营公司、原材料供应商及产品销售对象都可能充当借款人。

2. 贷款人

(1)商业银行、非银行金融机构(如租赁公司、财务公司、某种类型的投资基金等)和一些国家的出口信贷机构,都可以为项目提供贷款。项目贷款人可以是一家商业银行,也可是多家银行组成的银团。

(2)国际金融机构。主要指境外世界银行、地区开发银行及其他境外金融机构。

3. 各级政府

政府在项目投融资中的角色主要是监督和管理,通过政策引导、行业监管、特许经营授予等多种形式来发挥其作用;或通过代理机构投入权益资金或充当项目产品的最大买主或用户。此外,政府还可为项目开发提供土地、基础设施、能源供应,减少项目的建设风险和经营风险;为项目提供条件优惠的出口信贷和其他类型的贷款或贷款担保,促成项目顺利完工。

4. 其他第三方

(1)承包人。负责工程项目设计与施工,通常通过招投标获得项目承包合同。

(2)供应商。包括设备供应商、原材料供应商等。通过材料、设备采购招标或询价方式获得合同。

(3)产品销售或服务对象。项目正常投产运营后,项目通过为销售对象提供产品或服务获得投资收益。提早签订产品或服务合同有利于降低项目后期市场风险。

(4)保险公司。项目融资、建设、运营过程中存在诸多不确定性因素,会给项目投产及运营收益带来风险,通过签订保险合同,可将项目部分风险转移。

二、国外项目融资发展回顾

(一)国外项目融资的产生及发展过程

1. 项目融资萌芽

1929年世界经济危机以前,银行贷款依据是借款人的良好信誉和充实还款能力,贷款偿还均是以企业抵押资产作为还款来源。经济危机爆发后,企业大批破产和衰败,资产负债水平普遍过高。企业即使发现一些好的投资项目,由于负债水平过高,也难以获得银行贷款支持,加之企业经营现状不佳,会错失一些项目投资机会。通过项目资产及项目未来收益作为项目贷款偿还保证的思路为拓宽项目投资提供了新的途径,项目融资正是在这一背景下产生发展起来的。

2. 项目融资早期形式

项目融资的早期形式主要是石油项目中出现的产品支付方式,后来,逐渐产生了预期产品支付方式。以20世纪60年代中期在英国北海油田开发中使用有限追索项目贷款为标志,项目融资开始受到人们的广泛重视,被视为国际金融的一个新型融资方式。

3. 项目融资成熟阶段

20世纪70年代以后,世界经济快速发展、人口逐年增加、城市化发展对交通、能源、供水等基础设施的需求急剧膨胀;经济危机和巨额赤字使政府投资能力大为降低;债务危机使许多国家特别是拉美国家借贷能力锐减,赤字和债务负担迫使一些国家在编制财务预算时实行紧缩政策,工程项目建设转而寻求私人企业投资。各国逐渐重视私营机构投资能力,快速利用私营机构资金进行基础设施建设。在这种情况下,项目融资在一些国家得以迅速推广。

1984年,土耳其总理厄扎尔首先提出了BOT融资方式,筹划利用BOT方式建造一座电厂,这一项目融资模式立刻引起了世界各国的注意,各国都将其看成是减少公共部门借款、降低政府投资负担、吸引外资和私人资本投资基础设施的一种有效方式。项目融资将政府和国外、私人投资者通过大型项目联系在一起,为国际及私人资本在政府传统的公共职能领域寻求投资机会提供了较好的平台,促进了资本在国内和国际的流动。

近30年来,项目融资在世界各国的基础设施项目中得到了广泛的运用,并不断发展创新,已从最初的BOT一种模式发展到TOT、ABS、PPP等多种模式。

(二)国外公路项目融资发展回顾

1. 美国

美国高速公路发展一直保持世界领先地位,第二次世界大战后,到20世纪90年代初完成州际公路体系建设。美国公路建设和管理体制可归纳为联邦资助、地方所有分权式体制,这与我国现阶段中央补助、地方建设管理为主的公路建设体制类似。

美国高速公路建设大体经历了3个阶段,即制订计划及初期建设、大规模建设和路网建成阶段。20世纪20年代,美国第一条高速公路在纽约建成。第二次世界大战前后十年中,美国经济发展较快,传统工业跃居世界首位,汽车生产量和保有量明显增加。在美国的各种运输方式中,公路运输比重日渐提高,公路运输量成倍增长。在这种情况下,迫切要求发展公路基础设施,特别是州际公路建设。这一时期高速公路建设资金全部来源于政府财政预算。

进入 20 世纪 50 年代,美国《联邦资助公路法案》颁布后,高速公路开始大规模兴建。此阶段联邦政府主要采取两个措施提供公路建设资金,即规划国家干线公路系统和建立干线公路的联邦资助制度。1956 年以前,政府财政预算是高速公路建设资金的唯一来源。

1956 年美国通过《公路税收法》,并规定利用汽车燃油税、轮胎税、卡车购置税和重型车辆使用税的收入建立联邦公路信托基金,资助联邦政府公路建设,而在此前公路建设资金来源于一般预算收入。《公路税收法》与《联邦资助公路法案》规定,联邦政府利用联邦公路信托基金向各州提供资助,建设州际公路高速公路系统。州际公路项目投资联邦政府资金约占 90%,州政府资金约占 10%。

20 世纪 80 年代以后,美国修建高速公路的速度显著降低,高速公路已实现连接各州首府(阿拉斯加除外)和人口在 5 万以上的城市,并与加拿大和墨西哥相通。1992 年美国国会通过的另一项法案,明确指出此后 30 年公路建设的重点是完善公路与航空、铁路及水运等各种运输方式之间的联运。到 1999 年,美国建成了 89 702km 高速公路,其中的 7 600km,约 8.6% 的高速公路是收费的。

美国公路建设资金来源主要以国家投入为主,资金来源主要有:联邦公路信托基金、公路建设债券、共同投资基金、银行贷款、私人投入等。美国公路建设主要依赖于各级政府的税收,用于公路建设的税收占公路总资金的比例接近 90%,发行债券和通行费收入等非税收比例仅为 10% 左右。

美国政府对公路及高速公路投入的主体主要有联邦政府、州政府和地方政府。联邦政府负责征收和使用的公路信托基金,主要用于资助州际公路系统和主干道建设及管理。州政府和地方政府,除了征收部分公路使用者税收外,也以普通税收和财产税等专项税收等方式,通过拨款、通行费收入及发行债券资助公路建设。地方政府公路资金来源以普通税收为主,其比重达到 90% 以上;燃油税及车辆税仅占 6%。

2. 英国

英国公路建设投入基本上以政府投资为主,采用政府财政拨款模式。公路用户税是政府投资的主要来源,在公路建设的不断发展中,逐渐形成一套完整的公路建设投融资体系。该体系是以燃油税为主要税种,长期、稳定的公路用户费税制度。如英国公路用户税主要税目包括燃油税、增值税以及车辆税。对机动车征收的车辆税包括车购税、等级税、牌照税等。由于英国公路建设采取国家融资模式,即中央财政投入,融资主体是政府。公路建设资金相对缺乏,造成其公路发展尤其是高速公路发展缓慢。

以高速公路建设为例,英国第一条高速公路在 1958 年就已经开始建设,到 1970 年全国仅建成高速公路 1 022km,1971 年才提出干线公路网建设计划,远落后同期的德国、法国和意大利等国家。

3. 法国

法国公路建设融资模式丰富,绝大多数高速公路(约占 90%)由特许经营公司建设,其余

10%由政府投资兴建免费使用。法国虽然设立了公路投资特别基金,但数额十分有限,政府难以对高速公路建设提供足够资金。

为满足高速公路建设的迫切需要,法国于1955年颁布了旨在建立收费公路新体制的《高速公路法》。高速公路特许经营公司利用收取通行费的模式偿还贷款和预付款。由于政府规定公共机构必须在特许经营公司中持有多数股份,因此公司所有制为"国有"模式。

1969年法国对《高速公路法》进行了修订,规定政府可向任何被授予高速公路特许经营权的公司提供担保,不论其是否符合公共机构持多数股份要求。私营特许经营公司的成立,吸引了大量私人资本投资高速公路建设,很大程度上缓解了法国高速公路建设资金不足的矛盾,但同时这些特许经营公司承受着巨额债务负担。

为此,法国政府于1982年对采取特许经营方式的高速公路融资和管理制度进行改革,成立了"法国高速公路公共机构",由其收购私营公司股权,并给予资金帮助。目前法国高速公路特许经营制度已经逐渐步入良性循环,日趋完善。

4. 德国

德国是世界上第一个修建高速公路的国家,高速公路实行免费通行,高速公路建设资金主要是以国家征收的税源作为投资保证。1955年通过《交通财政法》,将与汽车有关联的车辆税和燃油税的一部分作为特定资金,用来建设高速公路,并依靠提高汽车的各种附加税来增加高速公路建设投资。高速公路建设资金不仅来源于税收资金,也通过发行债券来筹措,但政府提供信贷担保,用特定资金偿还债务。

5. 日本

20世纪50年代初,日本开始制定现代公路发展政策,并确定了国道和地方道路归国家和地方政府分别管辖的公路管理体制。日本建立了专项税收和收费公路制度为公路建设融资,专项税收主要用于普通公路建设,高等级公路建设资金引入收费公路制度筹集,一般财政预算则作为公路建设的补充,促进了公路建设的稳步发展,如图1-6所示。

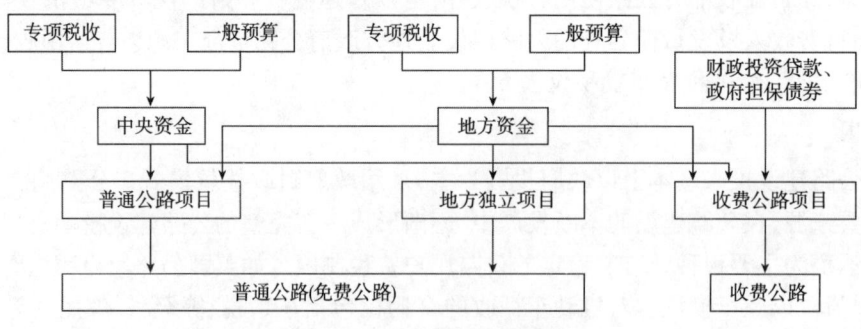

图1-6 日本公路建设资金来源

考虑到国家预算资金难以保证公路建设加快发展的需求,日本在1952年制定了《道路建设特别措施法》,建立了由国家及金融机构贷款负责建设投资,公路建成通车后收取通行费偿还贷款的收费公路制度。1953年日本制定了《关于道路建设费用的财源等临时措施法》,把汽油税收入作为道路建设专门资金;1957年制定了汽油税法,道路建设资金不断增长。

所有有关汽车的税种,涉及购买、保有和使用环节,全部被转移至一个专用账户,作为公路建设和维护的专项税收(表1-5),税率可根据公路项目造价适当调整。

日本公路建设与维护专项税收构成　　　　　表1-5

征税环节 汽车种类	购买环节	保有环节	使用环节
汽油车辆	车辆购置税 （地方税）	汽车吨位税 （中央地方共享税）	汽油税（中央税）
柴油车辆			柴油交易税（地方税）
液化石油气车辆			液化石油税（中央地方共享税）

三、公路建设项目融资特点

现阶段我国公路建设项目融资的主要特点是：

(1)中央投入在国家干线公路建设中发挥了基础先导作用。

车购税资金占公路建设总投资的比例一直保持在10%左右,且有逐年渐增的趋势,2012年车购税资金占公路投资总额的17%。国债资金对公路建设的投入稳中有升。中央投资在公路建设中特别是国家干线公路建设中发挥了重要作用。在全国重点公路项目建设资金中,中央车购税投资占20%左右,干线公路资本金中,中央投资接近50%,在西部公路建设中,中央投资也超过了50%。

(2)地方投资仍占主导地位,但比例有所下降。

近几年,地方直接投资(含交通规费)占公路建设投资总额的比例基本保持在40%左右。若按照投融资主体划分,公路建设投资除中央财政性资金外,其他投资都属地方投资,则地方投资占公路建设总投资的80%以上。从2008年开始,受美国次贷危机影响,地方自筹比例有所下降。

(3)国内贷款比重较大。

从"九五"到"十二五",国内贷款的比重越来越大。"九五"期间占总投资的比例为30%,2013年国内贷款占总投资的比例为36.4%。目前全国公路建设银行贷款债务总规模已超过5万亿元,公路建设债务负担过重已成为公路可持续发展需要解决的主要问题。

(4)融资渠道不畅,缺乏有效政策手段吸引民间资金。

目前我国公路建设投资市场各项法规仍不健全,公路融资的渠道还不畅通,民营资本投资公路建设的热情不高,大量居民资金仍储蓄在各大商业银行。2012年城乡居民人民币储蓄存款年底余额已达到399 551.0亿元,如表1-6所示。另一方面,我国公路建设仍然面临资金投入不足的窘境,如何吸引民营资本,吸收民间资金投入公路建设,仍是我国公路建设亟须解决的问题。

2012年各地区城乡居民人民币储蓄存款(年底余额)(单位:亿元)　　　　表1-6

地区	数额	地区	数额	地区	数额
全国	399 551.0	江苏	30 057.2	广西	7 900.8
北京	21 644.9	浙江	26 406.8	海南	2 172.7
天津	7 055.4	安徽	11 178.6	重庆	8 361.6
河北	20 665.1	福建	10 507.4	四川	19 438.3
山西	11 997.0	江西	8 471.9	贵州	4 806.1

续上表

地区	数额	地区	数额	地区	数额
内蒙古	6 597.2	山东	26 343.3	云南	7 744.7
辽宁	17 785.9	河南	17 469.0	西藏	403.9
吉林	6 875.1	湖北	13 419.7	陕西	10 770.0
黑龙江	9 269.2	湖南	12 578.3	甘肃	5 050.1
上海	19 506.7	广东	45 533.8	青海	1 275.3
宁夏	1 679.4	新疆	5 281.8		

资料来源:《2013 年中国统计年鉴》。

四、公路建设项目融资程序

项目融资一般要经过 5 个阶段,即投资决策、融资决策、融资结构设计、融资谈判和项目融资执行阶段。

1. 投资决策

项目建设之初,都需要经过规范科学的投资分析,包括宏观经济形势预判、行业发展趋势,以及项目在行业中的竞争性分析、项目建设的可行性研究、项目投资估算、投资收益及投资风险分析等。通过对投资项目建设必要性、经济可行性、技术合理性、建设条件等综合对比分析,结合行业发展,确定对项目是否进行投资。

2. 融资决策

确定项目投资建设后,还需要进一步确定项目投资组成,设计项目的融资方案。在这个阶段,项目发起人需要根据项目性质、出资人背景及能力,确定项目投资人、项目资本构成、项目融资方案及融资模式、项目建设管理模式及项目公司的类型等。项目融资模式及筹资渠道主要依据项目类型、项目融资成本、融资风险、融资可获得的难易程度及可靠性等因素来确定。

3. 融资结构设计

项目融资结构设计是项目顺利筹集建设资金的重要保证。这一阶段的主要工作内容包括:确定项目资本金和债务资金的比例,项目资本金组成及资金来源,项目债务资金组成及来源,项目融资风险分析和评估,项目融资信用保证结构设计等。项目融资结构设计需要项目投资者对项目风险因素进行全面分析和判断,确定项目投资收益及债务水平、项目风险可承受能力,将项目收益与项目风险在项目参与方之间均衡合理分配。项目融资信用结构是获得项目融资的基础。

4. 融资谈判

融资谈判是指贷款人与借款人双方就如何提供贷款资金,提供资金担保等方面进行的谈判。谈判常常涉及融资的条件、融资的成本、支付的方法、担保的范围等问题。融资谈判需要经历融资沟通与谈判的准备,现场陈述与沟通,补充完善资料和政策征询,进一步沟通并确定融资合作的意向,实质性谈判,融资协议的签订等。

5. 项目融资执行

正式签署项目融资协议后,项目融资就进入了执行阶段。在传统的融资方式中,一旦进入贷款执行阶段,借贷双方的关系就变得相对简单明了,借款人只要求按照贷款协议支取项目贷款,偿还贷款的利息和本金。在项目融资中,贷款银团通过其经理人(一般由项目融资顾问担任)将经常性地监督项目的进展,根据融资文件的规定,参与部分项目的决策和管理。

项目融资各阶段的主要工作如图1-7所示。

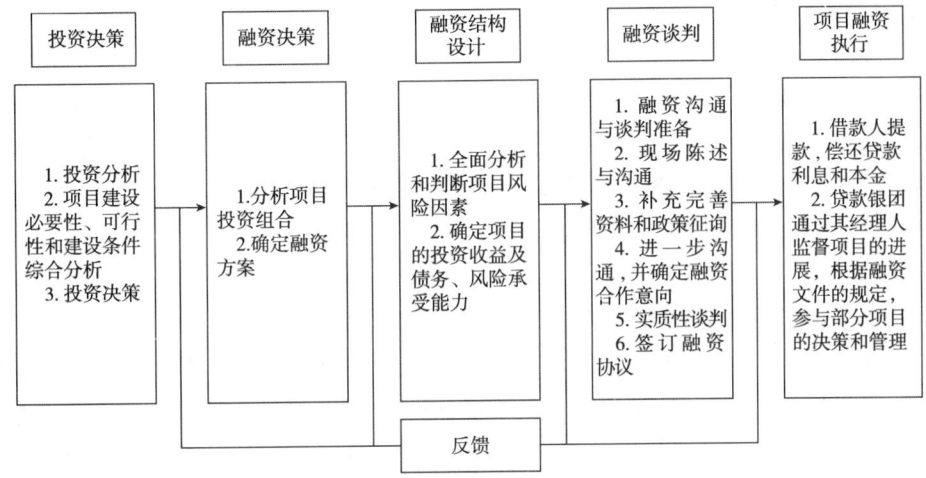

图1-7 项目融资各阶段的主要工作

五、公路建设项目主要融资模式

公路项目的融资模式有多种,主要有政府投资、国内银行贷款、国外贷款、公路企业债券融资、股票融资和项目融资等。图1-8为2012年我国高速公路投资结构。

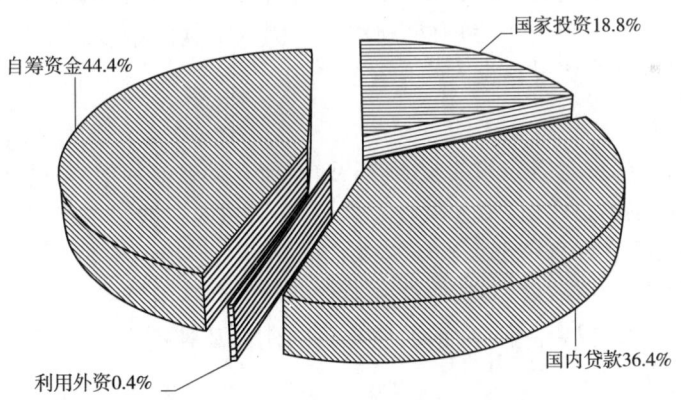

图1-8 2012年我国高速公路投资结构饼图

1. 政府投资

公路作为国家重要的基础设施,具有公共属性和公益性质。我国政府主要通过以下3个途径来投资公路建设:一是各级政府预算内的资金;二是公路建设基金,主要由交通规费和车辆购置附加费等专项资金组成,费改税后形成的交通资金属性不变、资金用途不变、地方预算程序不变、地方事权不变;三是国债资金,始于1998年,中央实行积极财政政策,为扩大内需,通过加大基础设施和国家重点项目建设,由中央财政发行的债券(国债)募集的资金。三部分加在一起占公路建设资金的25%左右。

2. 国内银行贷款

国内银行贷款是指国内商业银行借贷。采用国内商业银行贷款筹集公路建设资金具有诸多优点，如筹集资金数量大、还款期限长、融资成本低、融资风险小。但商业银行贷款需要严格的定期还本付息，并只向收益稳定的公路项目发放贷款，这些不利条件增加了项目还款压力，增大了项目融资的难度。

目前，国内商业银行贷款已成为我国公路建设资金最主要的来源，约占公路总投资的40%，并且今后相当长的一段时期内仍将是我国公路建设资金的主要来源。当前，我国公路行业的贷款负债率已达到很高水平，其中隐含的"债务偿还"危机问题已经引起业内广泛关注。深化公路行业融资体制改革，采取多渠道方式筹集建设资金，是解决目前银行贷款占比过高，推动公路建设持续快速发展的根本途径。

3. 国外贷款

国外贷款包括国际金融组织贷款和国外政府贷款。国际金融组织贷款主要是世界银行、亚洲开发银行和国际开发协会等组织贷款，这类组织一般只承担项目建设所需的部分费用，最高为50%。外国政府贷款又称双边贷款，带有政治性因素和援助性质。国际金融组织和外国政府贷款具有融资量大、使用期限长、资金成本低等特点，特别适合贷款量大的高等级公路建设。这些贷款对项目前期准备、中期监控以及后期评价都有严格要求和程序，而且不少项目还附有技术援助赠款，有利于提高我国公路建设和管理水平。在目前我国外汇储备充足、外债结构合理的情况下，利用国外贷款是一种理想的融资方式。

1985年，我国与世界银行签订了第一个公路项目——国道断头路贷款合同，揭开了利用国际金融组织的序幕。到目前我国已争取到大量资金，建设了较多项目，如京津塘、济青、广东的佛开、深汕西、京珠北等高速公路建设项目。但近年来，我国经济实力不断增强，国外对我国发放的优惠贷款计划越来越少，公路项目利用国外优惠贷款的难度越来越大，2012年我国公路建设引进外资只占公路建设总投入的0.4%。

4. 公路债券融资

债券融资包括发行政府债券和企业债券。政府债券是政府利用其掌握的基金或委托金融机构发行债券，发行主体是政府，债务由政府承担，融资风险一般很小，对于广大投资者而言投资风险几乎等于零，而且利息免征个人所得税。企业债券是指由参与公路项目建设的企业发行债券，在规定的期限内由政府贴息，本金和贴息期后的利息由筹资企业偿还。通过发行债券为公路项目进行融资时，投资主体不变，公路项目的建设及管理方式也不会改变，公众也比较容易接受债券融资方式。

在很多发达国家，债券融资在公路建设投资中占据较大比重，表现最为突出的是美国和韩国。这些国家公路建设债券的发行得到了政府的大力支持，通过各种扶植政策和所得税等优惠措施，债券成为保证公路建设的主要资金来源。公路项目的收费收益一般比较稳定，在当前我国经济健康、持续增长的大背景下，公路交通量的稳定、持续增长是完全有保障的，具有良好的资信度。政府主管部门通过提供一定形式的政策支持甚至直接提供担保，使公路债券完全可以达到高级别信用等级进行发行。

5. 股票融资

股票融资是通过发行股票为公路建设项目筹集资金，高速公路股票融资指通过对高速公路资产存量重组和股份化改造,在境内外上市筹集公路建设资本金。

股票融资是项目资本金的筹集,因而不需要还本付息,可永久使用,适合公路项目融资资金量大的需求。近年来我国资本市场不断发展壮大,为高速公路股票融资创造了良好环境,股票融资在降低公路债务资金比例、优化公路资本结构、增强公路项目抗风险能力等方面有着积极的作用,目前,我国已经有20余家公路上市公司通过股票融资成功为公路项目筹集了建设资金,如深圳高速、华北高速、沪宁高速、海南高速等,公路上市公司的蓬勃发展对我国资本市场快速提供了新的投资渠道。

6. 项目融资

项目融资是近年出现的新型融资形式,具有融资规模大、融资收益高、风险分散的特点,已在我国公路建设中推广使用。目前,我国高速公路建设项目融资方式(图1-9)主要有以下几种:

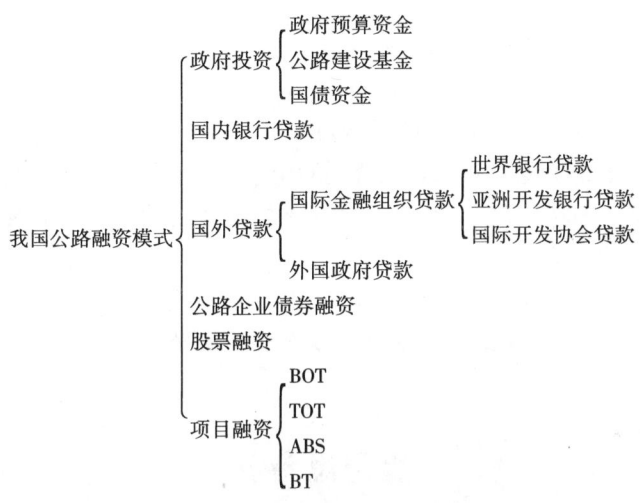

图1-9 我国公路建设主要融资模式

(1) BOT融资模式。

BOT,即"建设—经营—转让",其基本含义是政府与项目发起人签订特许权转让协议,项目发起人组织成立项目法人公司,并负责经营性公路项目的融资、设计、建设、运营和维护工作。在规定的特许经营期内,项目公司拥有该项目的所有权并收取费用,通过公路运营收取道路通行费获得投资收益,偿还项目债务及支付维修养护费用。在特许经营期结束后,将项目无偿转交给政府。我国广深珠高速公路、成渝高速公路等项目建设中均采用了BOT模式。

(2) TOT融资模式。

TOT,即"移交—经营—移交",是指经有关部门批准,由交通运输主管部门或授权项目公司通过合同形式,将经营性公路一定时期的全部或部分经营权(或收费权)转让给具有法人资格的经营单位经营,转让期满后,受让方再将该经营性公路无偿地、完好地交还给交通运输主管部门(转让方)。利用TOT进行融资在我国已经有了一些成功的实例,如成渝高速公路重庆段和陕西省西临高速公路等。

(3) ABS融资模式。

ABS,即"资产证券化"。它是将缺乏流动性,但能够产生稳定、可预见现金流收入的资产,通过担保等信用增级手段,转换成在金融市场上可以出售和流动的证券的行为。具体来说,它是以项目资产可以带来的预期收益为保证,通过一套提高信用等级计划在资本市场发行债券来募集资金的一种项目融资方式。ABS 融资方式已在珠海高速公路建设筹资中获得成功。

(4) BT 融资模式。

BT,即"建设—移交",是政府利用非政府资金来进行基础设施建设的一种融资模式,BT 模式是 BOT 模式衍生出的新的形式,是指政府或授权单位经过法定程序,选定拟建基础设施或公用事业项目的投资人,由投资人在工程建设期内组建 BT 项目公司进行投资、融资和建设。在竣工建成后按合同将工程移交给政府,政府从项目运营中获取收益,并分期支付项目投资人建设费用的融资模式。

本 章 小 结

1978 年以前,我国实行计划经济体制,采用以地方为主的分级管理体制进行公路交通建设,公路建设投资主要来源于国家预算内财政性资金。改革开放后,我国政府先后提出公路建设"项目代建制"、"贷款修路,收费还贷"收费公路政策及 BOT 等"项目融资"模式。

本章还介绍了项目及公路建设项目投资的概念,公路项目建设基本程序,投资特点,项目投资管理体制及模式,公路建设项目投资阶段划分及主要内容。分权式投资管理模式已成为我国改革开放以来的主要投资管理模式。

项目融资部分介绍了公路建设项目融资、有限追索、无追索及完全追索等概念,国外项目融资的产生及发展过程,美国等国外公路项目融资发展回顾,项目融资阶段,公路建设项目主要融资模式等内容。

复习思考题

1. 投资与融资在公路建设项目中的作用是什么?试分析投资和融资之间的区别和联系。
2. 国际工程承包市场的特点是什么?如何做好国际工程承包市场的投融资管理?
3. 简述我国公路建设项目投资管理体制。查阅资料,试分析我国公路建设项目投资管理体制存在的问题及对策。
4. 简述我国公路建设项目投资阶段的划分。
5. 国外公路建设融资发展为我国的公路项目融资提供了哪些借鉴?
6. 我国公路建设项目融资模式有哪些?分别有何特点?

第二章
公路建设项目评价

【学习目的与要求】

通过本章学习,熟悉工程项目经济评价基本理论、基本概念、评价指标及评价方法,掌握公路建设项目财务评价与国民经济评价内容、指标及方法。熟悉公路建设项目社会评价主要内容与方法、环境影响评价要素及评价方法。

公路建设项目评价包括财务评价、国民经济评价、社会评价和环境评价。本章主要内容包括工程经济学基本概念,项目经济评价指标及方法;公路建设项目财务评价内容及流程,国民经济评价方法及指标,影子价格,转移支付概念;公路建设项目社会评价主要内容与方法;公路建设项目环境影响评价要素及评价方法。

第一节　工程经济分析基础

公路建设项目作为基础性公益性项目对地方经济、社会发展、自然生态环境及国民经济发展均有重要影响,公路建设不仅应满足交通运输发展需求,还应考虑项目建设及运营对周边环境、社会发展的影响,在追求最佳投资效益的同时,也追求项目与自然环境、生态环境和社会环境的协调统一,实现项目投资效益最大化。因此,开展公路建设项目经济分析与评价,分析公路建设项目对社会、经济、环境的影响,提高公路项目投资效益,是公路建设项目投资决策的重要条件。

一、工程经济学基础

(一)资金的时间价值

资金的时间价值,是指一定量资金随着时间推移产生新的价值,也就是资金在投资和再投资过程中随着时间推移而发生的价值增值。资金的价值与时间相关,资金的价值随时间推移而增长。

利息和利率是资金时间价值在现实生活中的一种表现形式。储户将资金交予银行,银行回报给储户一定比例的资金,这部分增加的资金称为利息。在这个过程中,储户放弃存入银行资金的时间价值,银行将储户的资金进行投资,产生了价值增值。作为对储户的回报,银行将投资收益中的一部分资金以利息的形式返回给储户,利息就是资金时间价值的一种具体表现形式。项目投资存在着风险和机会成本,投资人投入一部分资金,当投资收益超过投资成本时,投资产生价值增值,这部分增加的资金就是利润,利润也是随时间增加而产生的,也是资金时间价值的一种表现形式。

利息和利率是衡量资金时间价值的绝对尺度,其多少和投资额有关。在项目技术经济分析中,往往用利率作为衡量资金时间价值的相对尺度。在实践中,社会平均的资金收益率通常用作资金时间价值的衡量尺度,用 R 表示。

$$R = R_1 + R_2 + R_3 \tag{2-1}$$

式中:R_1——考虑时间因素补偿的收益率;
R_2——考虑通货膨胀因素补偿的收益率;
R_3——考虑风险因素补偿的收益率。

1. 利息

利息是占用资金所付代价或放弃使用资金所获报酬,它是资金时间价值的一种体现,它是资金在某一固定时间间隔后(一般为1年)所得到的增值。在借贷过程中,债务人支付给债权人超过本金的部分就是利息。

2. 利息的计算

按照计算方法的不同,利息的计算可以分为单利计息方式和复利计息方式。

(1)单利计息方式。

单利是指在计算利息时,仅对投入的本金计算利息,上一个计息周期产生的利息在下一个计息周期不再计算,即不考虑利息的资金时间价值。利息计算公式为:

$$I = P \times i \tag{2-2}$$

n 期期末利用单利计算的本利和 F 等于本金加上利息,即

$$F = P(1 + i \times n) \tag{2-3}$$

式中:F——本利和;
n——计息周期的次数。

(2)复利计息方式。

为了使借款及投资活动中所有的货币都按同样标准产生资金时间价值,则未支付的利息同样也计算利息,即"利生利"、"利滚利",这种计算方法就是复利。复利计算公式为:

$$I_t = I \times F_{t-1} \tag{2-4}$$

式中:I_t——第 t 个计息周期的利息;

F_{t-1}——第 $(t-1)$ 期期末的本息和。

n 期期末利用复利计息方式计算的本利和 F 可表示为:

$$F = P(1+i)^n \tag{2-5}$$

3.利率

利率是指在一定时期内所得利息额与借贷本金的比率。利率期间通常以 1 年为期,也有小于 1 年的(如半年、季、月或天)。用以表示利率的时间单位称为计息周期(计息期)。

在工程经济分析中,复利计算通常以年为计息周期。但在实际经济活动中,计息周期有半年、季、月、周、日等多种。当利率的时间单位与计息期不一致时,就出现了名义利率和实际利率的概念。

(1)名义利率。

名义利率是指计息周期利率 i 与利率计息周期数 m 的乘积。名义利率为年利率,用 r 表示。

$$r = i \times m \tag{2-6}$$

若月利率为 1%,则年名义利率为 12%。很显然,名义利率计算实质是单利的计算方式。

(2)实际利率。

实际利率的实质是复利计算方式,即考虑计息周期内利息产生的利息。根据利率的概念,即可推导出名义利率和实际利率的关系。

若利率的时间单位为年,在 1 年内计息 m 次,则年名义利率为 r,计息周期利率为 r/m。设年初有本金 P,根据复利的计算公式,一年后的本利和为:

$$F = P\left(1 + \frac{r}{m}\right)^m \tag{2-7}$$

年利息 I:

$$I = F - P = P\left(1 + \frac{r}{m}\right)^m - P = P\left[\left(1 + \frac{r}{m}\right)^m - 1\right] \tag{2-8}$$

年实际利率 R:

$$R = \frac{I}{P} = \left[\left(1 + \frac{r}{m}\right)^m - 1\right] \tag{2-9}$$

式中:m——计息次数。

设年名义利率 r 为 10%,则年、半年、季、月、日的年实际利率如表 2-1 所示。

年 实 际 利 率 表 2-1

年名义利率 r	计息期	年计息次数 m	计息期利率 $i = r/m$(%)	年实际利率 R(%)
10%	年	1	10	10
	半年	2	5	10.25

续上表

年名义利率 r	计息期	年计息次数 m	计息期利率 $i=r/m(\%)$	年实际利率 $R(\%)$
10%	季	4	2.5	10.38
	月	12	0.883	10.47
	日	365	0.0274	10.52

(二)现金流量及现金流量图

1. 现金流量

项目实施过程中存在大量资金进出流动,这些不断流动的资金构成资金流量。为便于经济分析,通常将现金流入、流出发生时间定在一段时期的期末,即把这一段时间内所有的流入现金和流出现金累积计到该期期末。这样处理对经济分析结果影响不大,但便于统计分析。

现金流量包括现金流入量、现金流出量和净现金流量。

(1)现金流入量(CI)。

现金流入量是指在研究期内流入的现金。如年销售收入、固定资产报废时的回收残值等。第 t 年的现金流入用 CI_t 表示。

(2)现金流出量(CO)。

现金流出量是指在研究期内流出的现金。如企业投入的自有资金、销售税金及附加、经营成本等。第 t 年的现金支出用 CO_t 表示。

(3)净现金流量(NCF)。

当项目在某段时期内既有现金流入,又有现金流出,需计算其净现金流量。净现金流量是第 t 年发生的现金收入与现金支出的代数和,用符号 NCF_t 表示。

$$NCF_t = CI_t - CO_t \tag{2-10}$$

2. 现金流量图

把现金流量按照现金流入时间绘制到二维图中,这就是现金流量图,如图2-1所示。运用现金流量图,就可以全面、形象、直观地反映一个项目或经济体资金流动的状态。现金流量图画法如下:

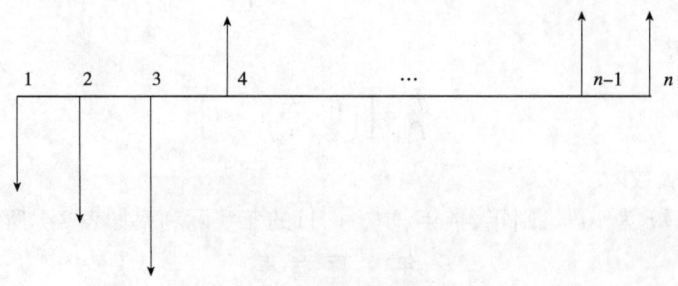

图2-1 现金流量图

绘制现金流量图,必须把握好现金流量的三要素。即现金流量大小、资金流向、资金发生的时间点。

(1)横轴表示时间轴,将横轴分为 n 等份,每一等份代表一个时间单位,可以是年、半年、季、月或天,第$(n-1)$期终点和第 n 期的始点是重合的。

(2)垂直横轴方向绘制代表资金流量的箭头,箭头向下代表现金流出,箭头向上代表现金流入,箭头长度表示现金流量大小。

(3)现金流量箭头与时间轴的交点即表示现金流量发生的时间。

(三)资金等值换算公式

1. 资金等值

项目经济分析与评价中需要对比不同方案的经济收益水平,即不同方案产生现金流量的大小。项目方案不同,项目投资规模及收益产生的现金流量大小及时间点均不同,很难进行比较,需要将不同时间点产生的现金流量折算到统一的一个时间点,才能进行对比,这就需要对资金进行等值变换。当一个时间点上的一笔资金与另一个时间点上的一笔资金价值相等时,这两笔资金称为资金等值。将一个时点上的资金换算到另一个时间点上价值相等的资金,这个过程称为资金等值变换。通过资金等值变换,可以把任一时间点上的资金变换为另一特定时间点上价值相等的资金,这两个时间点上的两笔不同数额的资金在价值上是相等的。影响资金等值的因素有 3 个,即资金额大小、计息期数、利率大小。

2. 等值变换公式

(1)基本概念。

①时值。时值就是在项目研究期某时刻点上发生的现金流量的额度。

②现值。现值指项目初始点的资金总值,一般用 P 表示。项目现值一般指将研究期内的不同时间点上的现金流量折算到项目初始时间点的资金额度,该资金额度即为项目现值,广义而言,将一个时刻点上的资金"由后往前"等值换算为初始投资时间点的资金额度也是现值。

③终值。终值指项目投资期末的资金总值,一般用 F 表示。项目终值一般是将研究期内的所有现金流量折算到该项目期末时间点的资金额度,该资金额度即为其终值。广义而言,将一个时刻点上的资金"由前往后"等值换算为期末时刻点上的资金额度也是终值。

④年金。研究期内每年的现金流量折算到每年末等额的现金流量称为年金,用 A 表示。在项目经济分析计算中,一般约定 A 发生在期末,如第一年末、第二年末、…、第 n 年末等。

(2)一次支付终值公式。

$$F = P(1+i)^n = P(F/P,i,n) \tag{2-11}$$

式中:$P(F/P,i,n)$——一次支付终值系数或简称为复利系数,表示现值 P 经过 n 年后,在收益率为 i 的条件下得到终值 F。

(3)一次支付现值公式。

$$P = F(1+i)^{-n} = F(P/F,i,n) \tag{2-12}$$

式中:$F(P/F,i,n)$——现值系数。表示终值 F 已知,收益率为 i 的条件下,求现值 P。

(4)等额支付系列年金终值公式。

$$F = A\left[\frac{(1+i)^n - 1}{i}\right] \tag{2-13}$$

等额支付系列年金终值用符号$(F/A,i,n)$表示,表示从第 1 个期末到第 n 期期末每期均产生等额年金 A,则项目期末的终值为 F。

可把等额序列视为 n 个一次支付的组合,利用一次支付终值公式推导出等额分付终值公式:

$$F = A + A(1+i) + A(1+i)^2 + \cdots + A(1+i)^{n-2} + A(1+i)^{n-1}$$
$$= A[1 + (1+i) + (1+i)^2 + \cdots + (1+i)^{n-2} + (1+i)^{n-1}] \quad (2\text{-}14)$$

利用等比数列求和公式,求得:

$$F = A\left[\frac{(1+i)^n - 1}{i}\right] \quad (2\text{-}15)$$

实例:若每年末公积金存款 2.0 万元,连续 20 年,存款利率 3%,复利计息,试求 20 年末的本息和。

解:
$$F = A\left[\frac{(1+i)^n - 1}{i}\right]$$
$$= 2.0 \times \left[\frac{(1+0.03)^{20} - 1}{0.03}\right] = 2.0 \times 26.870 = 53.74(\text{万元})$$

也可以查复利系数表得$(F/A,3\%,20) = 26.870$。

(5)等额支付系列累计基金公式。

等额支付系列累计 $F(A/F,i,n)$ 是在利率(或收益率)为 i,在 n 期末能一次收入 F 数额的终值,则在这 n 期内连续每期末等额积累年金值 A,它是等额支付系列终值公式的逆运算。

$$A = F\left[\frac{i}{(1+i)^n - 1}\right] = F(A/F,i,n) \quad (2\text{-}16)$$

实例:小张想在 5 年后从银行提取 20 万元购买住房。若银行年存款利率为 5%,复利计息,小张现在开始应在每年末存入银行多少元?

解: 年存款 $A = F(A/F,i,n)$
$$= 20(A/F,0.05,5) = 20 \times 0.1810 = 3.62(\text{万元})$$

(6)等额支付系列年金现值公式。

$$P = A\frac{(1+i)^n - 1}{i(1+i)^n} = A(P/A,i,n) \quad (2\text{-}17)$$

式中:$\frac{(1+i)^n - 1}{i(1+i)^n}$——等额支付系列年金现值系数,用符号$(P/A,i,n)$表示,特别地,由于

$$\lim_{n \to \infty} \frac{(1+i)^n - 1}{i(1+i)^n} = \frac{1}{i}$$,即当周期数 n 足够大时,可近似认为:

$$P = \frac{A}{i} \quad (2\text{-}18)$$

(7)等额支付系列资金回收公式。

等额支付系列资金回收公式现金流量图如图 2-2 所示。

等额支付系列资金回收公式是等额支付系列年金现值公式的逆公式,A 值为:

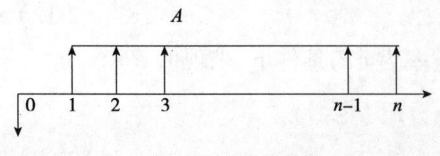

图 2-2 现金流量图

$$A = P\left[\frac{i(1+i)^n}{(1+i)^n - 1}\right] = P(A/P, i, n)$$

式中：$\frac{i(1+i)^n}{(1+i)^n - 1}$——等额支付系列资金回收系数，用符号$(A/P, i, n)$表示，其系数值可以从复利系数表中查得。

实例：某公路项目从银行贷款 100 万元，用于购买某设备，若偿还期为 8 年，每年末偿还相等的金额，贷款利率为 7.2%，试计算每年末应偿还多少？

解：这是一个已知现值，求年值的问题，所以有：

$$A = P(A/P, i, n)$$

$$A = P(A/P, i, n) = P(A/P, 7.2\%, 8) = 100 \times \frac{0.072(1+0.072)^8}{(1+0.072)^8 - 1} = 16.88(万元)$$

二、项目经济分析基本方法

（一）重要概念

1. 基准收益率

基准收益率也称基准折现率，是行业或投资者以动态的观点所确定的、可接受的项目投资最低标准的收益水平。基准收益率是进行项目经济分析的重要指标，基准收益率受投资的机会成本、项目风险及通货膨胀率等因素影响。基准收益率的确定既要考虑行业发展现状，又要考虑投资者的主观愿望。基准收益率设定应避免出现两个情况：一是基准收益率定得过高，可能会使许多经济效益好的项目被拒绝；二是设定的过低，则可能接受一些经济效益不佳的项目。

2. 资金成本

资金成本是指为筹集和使用资金而付出的代价，包括资金筹集费用和资金占用费用两部分。项目资金成本具体表现为个别资金成本、综合资金成本和边际资金成本。

3. 机会成本

机会成本是指投资者把资金不用于该项目而用于其他项目所能获得的最大收益。一种经济资源往往具有多样用途，选择了一种用途，必然要丧失其他用途的机会，后者可能带来的最大收益就是前者的机会成本。投资者总是希望得到最佳的投资机会，从而使有限的资金获得最大经济回报。因此，项目投资的基准收益率应大于机会成本，而投资的机会成本应高于资金成本，否则，投资活动就没有必要了。

（二）价值性指标

价值性指标是以货币额度反映项目的经济效益状况，典型的评价指标有净现值、净年值和净终值等。

1. 净现值（NPV）

在设定的基准收益率下，将工程项目在整个计算期内各年的收益、支出折算为现值，即为净现值。

(1)计算公式。

净现值一般的计算公式为:

$$NPV(i_c) = \sum_{t=0}^{n} CI_t \times (P/F, i_c, n) - \sum_{t=0}^{n} CO_t \times (P/F, i_c, n)$$
$$= \sum_{t=0}^{n} (CI - CO)_t (1 + i_c)^{-t} \tag{2-19}$$

(2)评价标准。

净现值评价标准如表2-2所示。

净现值评价标准 表2-2

情形	经济性是否可行	含义
NPV > 0	可行	收益现值大于支出现值,投资收益率超过基准收益率
NPV = 0	可行	收益现值等于支出现值,投资收益率等于基准收益率
NPV < 0	不可行	收益现值小于支出现值,投资收益率低于基准收益率

当 NPV = 0 时,方案不盈不亏。例如,某项目年初投资100万元,基准收益率12%,项目的净现值 NPV = 0,它表明项目刚好达到投资者12%的预期水平,此项目当然可行。

(3)优缺点。

净现值的优点,首先是考虑了资金的时间价值因素,并全面考虑了项目在整个计算期的经营效益;其次,是直接以货币额度代表项目的收益大小,经济意义明确直观。缺点是计算净现值时,须事先确定基准收益率,基准收益率对项目净现值影响较大。基准收益率越大,净现值越小;基准收益率越小,净现值越大。

2. 净年值(NAV)

在设定的基准收益率下,通过等值变换将项目计算期内的净现值分摊到计算期内各年的等额年值,称为净年值。

(1)计算公式。

净年值一般的计算公式为:

$$NAV = NPV(A/P, i_c, n) = [\sum_{t=0}^{n} (CI - CO)_t (P/F, i_c, t)](A/P, i_c, n) \tag{2-20}$$

(2)评价标准。

净年值评价标准如表2-3所示。

净年值评价标准 表2-3

情形	经济性是否可行	含义
NAV > 0	可行	收益年值大于支出年值,投资收益率超过基准收益率
NAV = 0	可行	收益年值等于支出年值,投资收益率等于基准收益率
NAV < 0	不可行	收益年值小于支出年值,投资收益率低于基准收益率

3. 净终值(NFV)

在设定的基准收益率下,将各期的现金流量以计算期的最后一期的货币价值来计算,然后代数相加减,即为净终值。

(1)计算公式。

净终值一般的计算公式为:

$$\mathrm{NAV} = \sum_{t=0}^{n} (\mathrm{CI} - \mathrm{CO})_t (1 + i_c)^{n-1} \tag{2-21}$$

或

$$\mathrm{NFV} = \mathrm{NPV}(F/P, i_c, n) = \mathrm{NAV}(F/A, i_c, n) \tag{2-22}$$

(2)评价标准。

净终值评价标准如表2-4所示。

净终值评价标准   表2-4

情形	经济性是否可行	含义
NFV > 0	可行	收益终值大于支出终值,投资收益率超过基准收益率
NFV = 0	可行	收益终值等于支出终值,投资收益率等于基准收益率
NFV < 0	不可行	收益终值小于支出终值,投资收益率低于基准收益率

(3)净现值、净年值、净终值之间的关系。

就项目的评价结论而言,净现值、净年值、净终值是等效评价指标。在某些情况下,计算净年值可能会简单些。净终值立足于将来,反映项目投资末年总收益,当投资项目可能遇到高通货膨胀率时,净终值容易显示出通货膨胀的影响效果。此外,为了说服决策者投资于某个特定的方案,也可用净终值指标来增大方案较其他方案的优越程度。

对于计算期相同的项目 A、B,则下式成立:

$$\frac{\mathrm{NPV_A}}{\mathrm{NPV_B}} = \frac{\mathrm{NAV_A}}{\mathrm{NAV_B}} = \frac{\mathrm{NFV_A}}{\mathrm{NFV_B}} \tag{2-23}$$

(三)比率型指标

1. 内部收益率(IRR)

内部收益率指净现值等于零时所对应折现率。

$$\sum_{t=0}^{n} (\mathrm{CI} - \mathrm{CO})_t (1 + \mathrm{IRR})^{-t} = \sum_{t=0}^{n} (\mathrm{CI} - \mathrm{CO})_t (P/F, \mathrm{IRR}, t) = 0 \tag{2-24}$$

(1)评价标准。

内部收益率评价标准如表2-5所示。

内部收益率评价标准   表2-5

情形	经济性是否可行	含义
IRR > i_c	可行	投资收益超过基准收益率,收益大于支出
IRR = i_c	可行	投资收益等于基准收益率,收益等于支出
IRR < i_c	不可行	投资收益低于基准收益率,收益小于支出

(2)内部收益率优缺点。

IRR 考虑了资金的时间价值以及项目在整个计算期内的经济状况,反映了项目投资的收益程度,且 IRR 的大小完全取决于项目投资过程净现金流量的大小。不足之处是其仅适用于通常投资方案的经济评价。对于非常规项目,内部收益率往往不是唯一的,在某些情况下甚至不存在。

(3)内部收益率计算。

求解内部收益率的过程是解以折现率为未知数的多项高次方程。当各年的净现金流量不等且计算期较长时,内部收益率求解复杂。通常采用净现值曲线"线性内插法"求解内部收益率的近似值。

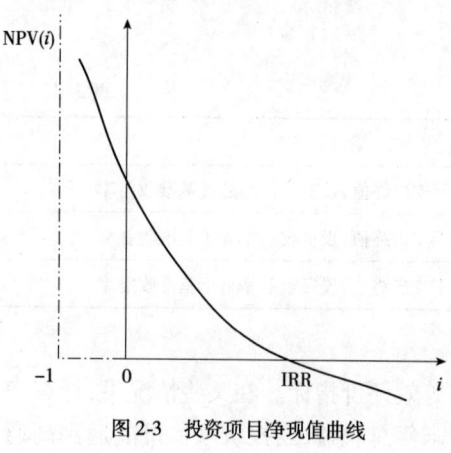

图 2-3 投资项目净现值曲线

净现值曲线表示净现值 NPV(i) 与折现率 i 关系的曲线。对于常规型投资项目(即在项目初期有一次或若干次投资支出,其后净现金流量为正的投资项目),在其定义域 $-1 < i < \infty$ 区间,净现值曲线是一条单调递减曲线,且必在 $i > 0$ 的某个折现率上与横轴相交,交点即为内部收益率,如图 2-3 所示。

即根据净现值曲线的特点,经过试算,可先选取一个接近 IRR 的横坐标点 i_1,计算出对应的纵坐标值 NPV_1($NPV_1 > 0$);再选取一个横坐标点 i_2,计算出对应的纵坐标值 NPV_2($NPV_2 < 0$),连接这两个点成直线与横轴的交点可近似表示 IRR。

$$IRR = i_1 + \frac{NPV_1}{NPV_1 + |NPV_2|}(i_2 - i_1) \tag{2-25}$$

当 $i_2 - i_1 < 2\%$ 时,可认为计算所得的 IRR 满足精度要求,若不满足,则在 (i_1, i_2) 范围内,重新设定 i_1、i_2 值,将新设定的 i_1、i_2 值再次代入式(2-25),计算 IRR,直到 IRR 满足精度要求。

2. 净现值率(NPVR)

净现值率是指项目净现值与总投资现值的比率,是一种动态投资收益指标,用于衡量不同投资方案的获利能力大小,说明项目单位投资现值所能实现的净现值大小。净现值率小,单位投资的收益就低,净现值率大,单位投资的收益就高。

(1)计算公式。

净现值率的经济含义是单位投资现值所能带来的净现值,是一个考察项目单位投资盈利能力的指标,常作为净现值的辅助评价指标。计算式为:

$$NPVR = \frac{NPV}{K_P} = \frac{NPV}{\sum_{t=0}^{n} K_t (1 + i_c)^{-t}} \tag{2-26}$$

式中:NPVR——净现值率;

K_P——方案全部投资的现值;

K_t——方案第 t 年的投资额。

(2)评价标准。

用净现值率决策方案时,当 NPVR≥0 时,方案可行;当 NPVR < 0 时,方案不可行。用净现值率优选方案时,以净现值率大者为优。对于资金有约束的项目,当考虑单位投资经济效果时,用 NPVR 指标较合适。

(四)时间性指标

时间性指标常用的是投资回收期。按是否考虑资金时间价值,分为静态投资回收期和动态投资回收期。

1. 静态投资回收期

静态投资回收期,是指不考虑资金时间价值的情况下,用年净收益回收全部投资所需的时间,一般以年为单位。对工程项目来说,投资回收期从项目开工建设开始年计算。

(1)计算公式。

静态投资回收期满足下式:

$$\sum_{t=0}^{P_t}(\text{CI}-\text{CO})_t = 0 \qquad (2-27)$$

式中:P_t——投资回收期。

静态投资回收期一般根据全部投资现金流量表中的累计净现金流量计算求得,计算式为:

$$P_t = T - 1 + \frac{|第(T-1)年的累计净现金流量|}{第 T 年的净现金流量} \qquad (2-28)$$

式中:T——累计净现金流量首次出现正值或零的年份。

(2)评价标准。

用静态投资回收期评价项目时,需将静态投资回收期与投资者设定的基准投资回收期(P_c)比较。当 $P_t \leq P_c$ 时,接受投资方案;反之,当 $P_t > P_c$ 时,不接受投资方案。

实例:某项目现金流量如图2-4所示,行业基准投资回收期为6年,从回收资金的角度,分析该项目的可行性。

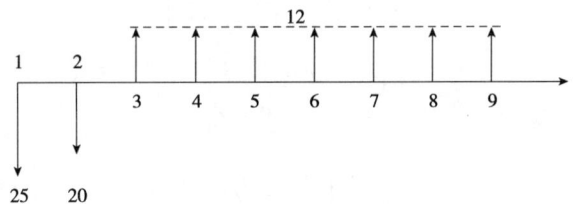

图2-4 现金流量

解:项目各年累计净现金流量计算结果,如表2-6所示。

现金流量 表2-6

年份	0	1	2	3	4	5	6	7	8	9
净现值流量	−25	−20	12	12	12	12	12	12	12	12
累计净现值流量	−25	−45	−33	−21	−9	3	15	27	39	51

各年累计净现值流量首次出现正值的年份为 $T=5$ 年,该年的净现值流量为12万元,上年(即第4年)对应的净现金流量绝对值是9万元。则静态回收期为:

$$P_t = (5-1) + \frac{9}{12} = 4.75(年)$$

$P_t \leq P_c$,从回收投资快慢的角度看,可以接受该投资方案。

(3)优缺点。

静态投资回收期意义明确、直观,计算简便,在一定程度上反映了项目方案经济效果的优劣。缺点是指标只考虑投资回收之前的效果,不能反映回收投资之后的情况,无法反映项目整体盈利水平,且不考虑资金时间价值,无法正确地辨识项目的优劣。

2.动态回收期

动态投资回收期是指在考虑资金时间价值条件下,用项目收益回收项目投资所需要的时间,通常以年为单位。

(1)计算公式。

动态投资回收期满足下式:

$$\sum_{t=0}^{P_d}(\text{CI}-\text{CO})(P/F,i_c,t)=0 \qquad (2\text{-}29)$$

式中:P_d——动态投资回收期。

在实际计算中,动态投资回收期是直接从财务现金流量表中计算净现金流量现值累计值求出。其计算式为:

$$P_d = T - 1 + \frac{|第(T-1)年的累计净现金流量现值|}{第 T 年的净现金流量现值} \qquad (2\text{-}30)$$

式中:T——项目各年累计净现金流量现值首次出现正值或零的年份。

项目投资为 I,以后各年的净收益均为 R,寿命为 n,则在 P_d 期内的收益折现后与投资 I 等值。则:

$$I = R(P/A, i_c, P_d) \qquad (2\text{-}31)$$

$$I = R\left[\frac{(1+i_c)^{P_d}-1}{i_c(1+i_c)^{P_d}}\right] \qquad (2\text{-}32)$$

$$(1+i_c)^{P_d} = \frac{1}{1-\frac{I}{R}i_c} \qquad (2\text{-}33)$$

$$P_d = \frac{\ln\left(1-\frac{I}{R}i_c\right)}{\ln(1+i_c)} \qquad (2\text{-}34)$$

(2)评价标准。

如静态投资回收期决策准则,当 $P_d \leq P_c$ 时,从回收资金快慢的角度,可以接受投资方案;反之,当 $P_d > P_c$ 时,不接受投资方案。

以静态投资回收期内的实例为例,基准收益率为10%,计算上例该项目的动态投资回收期。各年净现金流量见表2-7。

各年净现金流量 表2-7

年份	0	1	2	3	4	5	6	7	8
净现值流量	−25	−20	12	12	12	12	12	12	12
$(P/F,10\%,t)$	1.00	0.91	0.83	0.75	0.68	0.62	0.56	0.51	0.47
净现值流量现值	−25.00	−18.18	9.92	9.02	8.20	7.45	6.77	6.16	5.60
累计净现值流量现值	−25.00	−43.18	−33.26	−24.25	−16.05	−8.60	−1.83	4.33	9.93

各年累计净现金流量现值首次出现正值的年份 $T=7$ 年,该年对应的净现金流量现值为 6.16 万元,$(T-1)=6$ 年对应的累计净现金流量现值绝对值为 1.83 万元。动态投资回收期为:

$$P_\mathrm{d} = 7 - 1 + \frac{|-1.83|}{6.16} = 6.30(年)$$

三、项目方案比选

项目分析评价过程中,除分析拟建项目单个备选方案经济是否可行外,还需在拟建项目若干个备选方案中筛选最优方案。

1. 净现值法

分别计算各方案经济净现值总量,以净现值大的方案为优。

2. 净现值率法

分别计算各方案经济净现值率,以净现值率大的方案为优。

3. 差额投资财务内部收益率法

差额投资财务内部收益率($\Delta\mathrm{FIRR}$)是两个方案各年净现金流量差额的现值之和等于零时的折现率。计算公式为:

$$\sum_{t=1}^{n}[(\mathrm{CI}_{2t}-\mathrm{CO}_{2t})-(\mathrm{CI}_{1t}-\mathrm{CO}_{1t})](1+\Delta\mathrm{FIRR})^{-t}=0 \qquad (2-35)$$

式中:CI_{2t}、CO_{2t}——投资较大方案第 t 年的现金流入与流出量;

CI_{1t}、CO_{1t}——投资较小方案第 t 年的现金流入与流出量;

$\Delta\mathrm{FIRR}$——差额投资财务内部收益率。

当差额投资财务内部收益率($\Delta\mathrm{FIRR}$)大于或等于财务基准收益率(I_c)时,以投资大的方案为优,反之,投资小的方案为优。

4. 投资增额净现值法

(1)含义及计算公式。

用投资额大的方案(代号为 A 方案)的现金流量减去投资额小的方案(代号为 B 方案)的现金流量,得到一组增额投资的现金流量,计算其净现值,称为增额投资净现值法。

计算公式为:

$$\Delta\mathrm{NPV}_{(\mathrm{A-B})} = \sum_{t=0}^{n}[(\mathrm{CI}_\mathrm{A}-\mathrm{CO}_\mathrm{A})_t-(\mathrm{CI}_\mathrm{B}-\mathrm{CO}_\mathrm{B})_t](1+i_\mathrm{c})^{-t} \qquad (2-36)$$

(2)决策准则。

投资增额净现值决策方法见表 2-8。

投资增额净现值决策方法 表 2-8

指标	结果	含义
$\Delta\mathrm{NPV}$	>0	表明增额投资带来的收益率水平超过基准收益率,投资额大的方案优
	=0	表明增额投资带来的收益率水平等于基准收益率,投资额大的方案优
	<0	表明增额投资带来的收益率水平小于基准收益率,投资额小的方案优

增额投资净现值只是检验增额投资的效果。$\Delta NPV \geq 0$ 只表明追加的投资部分所带来的收益满足投资者要求,并不表明全部投资带来的收益满足投资者要求。因此,在采用增额净现值法进行多方案优选时,必须保证优选的最终方案是可行方案。

在实际优选时,对于需要比较的多个互斥方案,首先将它们按投资额从小到大排序,然后按此顺序比选。每比选一次就淘汰一个方案,直至得到最优方案。

第二节 公路建设项目财务评价

一、项目财务评价概述

财务评价是在国家现行财税制度和价格体系的前提下,从项目的角度出发,计算项目范围内的财务效益和费用,编制财务分析报表,分析项目的盈利能力和清偿能力,评价项目在财务上的可行性。

对于中外合资公路建设项目、世界银行贷款公路建设项目以及其他必须偿还贷款的公路建设项目,必须进行财务评价。财务评价考察的对象是项目本身的直接效益和直接费用。项目财务评价内容包括财务效益和费用估算、项目盈利能力分析、清偿能力分析及财务生存能力分析。

项目财务评价以市场价格体系为基础,对整个计算期内投入物与产出物的价格进行预测,也就是要对价格的变动情况进行预测。影响价格变动的原因有两类:一是由于市场供求、价格政策、劳动生产率变化等引起的商品价格的相对变化;二是由于通货膨胀或通货紧缩引起的所有商品价格的普遍变化。

根据财务价格所考虑变动因素的不同,财务价格的形式可分为以下3类:

(1)固定价格。是指在项目生产运营期内不考虑价格相对变动和通货膨胀等因素对价格的影响,价格固定,即用基准年的价格水平。

(2)只考虑相对变动因素的变动价格。这种价格只考虑相对价格变动因素,不考虑通货膨胀的影响。

(3)既考虑相对变动因素,又考虑通货膨胀因素的变动价格。

由于在投资估算中已经预留了建设期涨价预备费,因此,可采用固定价格计算投资费用。生产运营期的投入物与产出物可根据具体情况选取合适的财务价格形式进行财务评价。

财务分析中,盈利能力分析原则上应采用只考虑相对变动因素的变动价格,计算不含通货膨胀因素的盈利性指标,不考虑通货膨胀因素对盈利能力的影响;进行项目清偿能力分析,预测计算期内可能存在较为严重的通货膨胀时,采用的财务价格既要考虑相对变动因素,又要考虑通货膨胀因素。

二、项目财务评价指标与方法

(一)财务评价参数

财务评价指标包括两类:一类是计算项目财务费用效益的各类计算参数;另一类是衡量项目财务指标合理性的判据参数。

(1) 计算参数。

财务计算参数主要用于计算项目财务费用和效益,具体包括建设期价格指数、各种取费系数或比率、税率、利率和汇率,项目投产运营后产品(服务)价格等。

(2) 判据参数。

财务评价的判据参数主要用于衡量项目财务效益的高低,比较和筛选项目,判断项目的财务可行性。判断项目盈利能力的参数主要包括财务基准收益率以及总投资收益率、资本金利润率等指标的基准值和参考值;判断项目偿债能力的参数主要包括利息备付率、偿债备付率、资产负债率等指标。

财务基准收益率在财务评价中是最关键的判据参数,它是计算财务净现值时使用的折现率,也是项目财务内部收益率指标的基准与判据,是项目在财务上是否可行的最低标准。

国家行政主管部门统一测定并发布的行业财务基准收益率,在政府投资项目以及按政府要求进行经济评价的建设项目中必须采用。国家有关部门(行业)发布的供项目财务分析使用的总资产收益率、项目资本金利润率、利息备付率和偿债备付率等指标的基准或参考值,可作为建设项目经济评价的参考。

非政府投资项目也可参照国家行政主管部门发布的行业财务基准收益率进行财务评价。若本行业没有发布行业基准收益率,可依据一定时期国家和行业发展战略、发展规划、产业政策、资源供给,结合行业特点、资本构成等因素综合测定。财务基准收益率可采用资本资产定价模型法、加权平均资金成本法、典型项目模拟法、德尔菲法等方法进行测定。

(二) 财务效益和费用估算

财务效益与费用估算是财务分析重要的基础工作。项目财务效益是指项目建成投入使用所获得的营业收入,财务费用是指项目建设及运营所支付的成本,包括项目建设投资、运营成本、利息及税金支出。在确定项目融资方案前,可先对项目投资(不含建设期贷款利息)、营业收入和经营成本进行估计。当需要继续进行融资后财务分析时,可在初步融资方案的基础上再进行建设期利息的估算,计算各期利息。

1. 财务效益与费用估算原则

公路建设项目财务效益和费用估算应遵循"有无对比"原则,费用与效益计算范围对应一致的原则。所谓"有项目"是指实施项目后的将来状况,"无项目"是指不实施项目时的未来状况。"有无对比"法是项目评价中费用与效益识别的基本原则,可以排除由于项目以外的原因产生的效益和费用。在识别项目的效益和费用时,有无对比差额(即增量效益和增量费用)才是项目投入产生的净收益。公路建设项目经济费用效益分析的运营期按20年计算。

2. 运营期财务效益估算

对于经营性项目来说,运营期的财务效益是指销售产品取得的销售收入,或提供劳务、服务取得的营业收入,即相当于《企业会计制度》所称的主营业务收入。对于国家鼓励发展的经营性项目,可以获得增值税的优惠,先征后返的增值税应记作补贴收入,作为财务效益进行核算。

计算销售与营业收入首先要正确估计各年的生产能力利用率,在此基础上合理确定产品或服务的价格,并确定产品或服务适用的流转税率。对于适用增值税的项目,估算运营期内投入与产出时,可采用不含增值税的价格,也可采用含增值税的价格。营业收入、营业税金及附加和增值税估算表如表2-9所示。

营业收入、营业税金及增值税估算　　　　　　　　　　表2-9

序号	项目	合计	计算期					
			1	2	3	4	…	n
1	营业收入							
1.1	产品A营业收入							
	单价							
	数量							
	销项税额							
1.2	产品B营业收入							
	单价							
	数量							
	销项税额							
	…							
2	营业税金与附加							
2.1	营业税							
2.2	消费税							
2.3	城市维护建设税							
2.4	教育附加税							
3	增值税							
	销项税额							
	进项税额							

3. 成本费用估算

成本费用是指项目生产运营支出的各种费用。按成本与产量的关系,成本费用可分为固定成本和变动成本;按财务评价的特定要求,成本费用有总成本费用和经营成本之分。

(1)总成本费用估算。

总成本费用是指在运营期内的一定时期(项目评价中一般指1年)为生产和销售产品提供劳务发生的全部费用。在项目评价中,总成本费用的估算方式有如下两种:

①生产成本加期间费用估算法。

$$总成本费用 = 生产成本 + 期间费用$$
$$生产成本 = 直接材料费 + 直接燃料和动力费 + 直接工资 + 其他直接支出 + 制造费用$$
$$期间费用 = 管理费用 + 营业费用 + 财务费用$$

采用这种方法估算总成本费用时,需要先将各类生产费用分配给各种产品,然后再估算管理费用、营业费用和财务费用,并相加。

②生产要素估算法。

$$总成本费用 = 外购原材料、燃料和动力费 + 工资及福利费 + 折旧费 + 摊销费 + 修理费 + 财务费 + 其他费用$$

这种方法是从估算各种生产要素费用入手,汇总为总成本费用,不需要将各种要素费用分配给各种产品,不必计算各生产环节之间的成本转移,较容易计算可变成本和固定成本。

(2)经营成本。

经营成本是财务分析中的现金流量分析所使用的特定概念,是项目现金流量表中运营期现金流出的主体部分。经营成本是指总成本费用扣除固定资产折旧费、摊销费、财务费用后的成本费用。其构成如下:

$$经营成本 = 外购原材料、燃料和动力费 + 工资及福利费 + 修理费 + 其他费用$$

式中,其他费用是指从制造费用、管理费用和营业费用中扣除折旧费、摊销费、修理费、工资及福利费后的其他部分。

(3)固定成本和变动成本的估算。

在进行盈亏平衡分析时,需要将总成本费用分解为固定成本和可变成本。固定成本是指不随产品产销量变化而变化的成本费用,包括折旧费、摊销费、修理费、工资福利费、运营期发生的贷款利息等。可变成本是指随产品产销量变化而变化的成本费用,包括外购原材料、燃料及动力费和计件工资等。

(4)成本费用估算表。

分项估算上述各项成本费用后,就可编制相应的成本费用估算表,包括总成本费用估算表和各分项成本估算表。采用生产要素法编制的总成本费用估算如表2-10所示。此外,需要编制的辅助报表还有外购原材料估算表、外购燃料和动力费估算表、固定资产折旧费估算表、无形资产和其他资产摊销估算表和工资及福利费估算表等。

成本费用估算 表2-10

序号	项目	合计	计算期					
			1	2	3	4	…	n
1	外购原材料费							
2	外购燃料及劳动费							
3	工资及福利费							
4	维修费							
5	其他费用							

(三)盈利能力分析

项目财务盈利能力分析指标包括财务内部收益率、财务净现值、投资回收期、总资产收益率、资本金净利润率等。在进行财务分析时,可根据项目的特点和分析目的选用指标。

1.财务内部收益率

财务内部收益率(FIRR)是指项目在整个计算期内各年净现金流量现值累计等于零时的折

现率,用以反映项目所占用资金的盈利率,是考察项目盈利能力的主要动态指标。其表达式为:

$$\sum_{t=1}^{n}(CI-CO)_t(1+FIRR)^{-t}=0 \quad (2-37)$$

式中: CO——现金流出量;
$(CI-CO)_t$——第 t 年的净现金流量;
n——计算期。

项目投资财务内部收益率、项目资本金财务内部收益率和投资各方财务内部收益率都可依据式(2-37)计算,但是,所用的现金流入和现金流出有所不同。

将财务内部收益率与设定的判别基准 i_c(即基准收益率)进行比较,当 $FIRR \geq i_c$ 时,项目在财务上可以考虑接受。项目投资财务内部收益率、项目资本金财务内部收益率和投资各方财务内部收益率可有不同的判别基准。

2. 财务净现值

财务净现值(FNPV)是指按指定的折现率 i_c 计算的项目计算期内各年净现金流量的现值之和,用以反映项目在满足按设定折现率条件下的盈利能力。

财务净现值可按下式计算:

$$FNPV = \sum_{t=1}^{n}(CI-CO)_t(1+i_c)^{-t} \quad (2-38)$$

财务净现值大于或等于零,表明项目的盈利能力超过或达到按设定折现率的盈利水平,项目方案在财务上可考虑接受。

3. 投资回收期

投资回收期(P_t)是指以项目的净收益偿还项目全部投资所需要的时间。在财务评价中,一般采用静态投资回收期,并从项目建设起始年算起。若从项目投产年算起,应予以特别注明。投资回收期表达式为:

$$\sum_{t=1}^{n}(CI-CO)_t=0 \quad (2-39)$$

投资回收期越短,表明项目的盈利能力和抗风险能力越好。投资回收期的判别标准是基准投资回收期,其取值可根据行业水平或者投资者的要求设定。

4. 总投资收益率

总投资收益率(ROI)是指项目达到设计能力后正常年份的年息税前利润或经营期内年平均息税前利润与项目总投资的比率,它表示项目总投资的盈利水平。其计算公式如下:

$$ROI = \frac{EBIT}{TI} \times 100\% \quad (2-40)$$

式中:EBIT——项目正常年份的年息税前利润或经营期内年平均息税前利润;
TI——项目总投资。

将总投资收益率指标与同行业收益率指标进行对比,可判断项目总投资的获利能力和水平。

5. 项目资本金利润率

项目资本金利润率(ROE)是指项目达到设计能力后正常年份的年净利润或运营期内年平均净利润与项目资本金的比率,用于反映项目资本金的盈利水平。从项目资本金角度分析,其对应的收益应扣除债权人应得利息和上缴的所得税,因此,用净利润计算。项目资本金利润

率的计算公式为

$$ROE = \frac{NP}{EC} \times 100\% \quad (2\text{-}41)$$

式中：NP——项目正常年份的年净利润或经营期内年平均净利润；
   EC——项目资本金。

与总投资收益率指标类似，项目资本金利润率指标可与同行业利润率指标进行对比，以判断项目资本金的获利能力和水平。

6. 效益费用比

效益费用比（R_{BC}）是指在计算期内效益流量现值与费用流量现值的比率。计算公式如下：

$$R_{BC} = \frac{\sum_{t=1}^{n} B_t (1+i_s)^{-t}}{\sum_{t=1}^{n} C_t (1+i_s)^{-t}} \quad (2\text{-}42)$$

式中：R_{BC}——效益费用比；
   B_t——第 t 期的经济效益；
   C_t——第 t 期的经济费用。

若效益费用比大于1，说明该项目的资源配置效率达到了可接受的水平。

(四)偿债能力分析

项目偿债能力分析指标主要包括利息备付率、偿债备付率和资产负债率。

1. 利息备付率

利息备付率（ICR）是指在项目借款偿还期内，各年用于支付利息的息税前利润与当期应付利息费用的比值，它从付息资金来源的充足性角度反映项目偿付债务利息的保障程度。其计算公式为

$$ICR = \frac{EBIT}{PI} \times 100\% \quad (2\text{-}43)$$

式中：EBIT——息税前利润；
   PI——计入总成本费用的应付利息。

利息备付率一般可按年计算。利息备付率较高，即表明利息偿付的保障程度高。对于正常运营的企业，利息备付率应大于1，否则表示付息能力保障程度不足。具体的衡量标准应结合债权人的要求确定。

2. 偿债备付率

偿债备付率（DSCR）是指在项目借款偿还期内，用于计算还本付息的资金与当期还本付息金额的比值，表示偿还借款本息的保障程度。其计算公式为

$$DSCR = \frac{EBITAD - T_{AX}}{PD} \quad (2\text{-}44)$$

式中：EBITAD——息税前利润加折旧和摊销；
   T_{AX}——企业所得税；
   PD——当期应还本付息金额。

可用于还本付息的资金还可以表示为税后净利润加上折旧、摊销和计入总成本费用中的利息;当期应还本付息的金额包括当期应还贷款本金和计入总成本费用的全部利息。

偿债备付率一般可按年计算,该指标较高,表明可用于还本付息的资金保障程度较高。在正常情况下,偿债备付率应当大于1。当指标小于1时,表示当年资金来源不足以偿付当期债务,需要通过短期借款偿付已到期债务。

3. 资产负债率

资产负债率(LOAR)是指各期末负债总额同资产总额的比率,其计算公式为:

$$\text{LOAR} = \frac{\text{TL}}{\text{TA}} \times 100\% \tag{2-45}$$

式中:TL——期末负债金额;

TA——期末资产总额。

该指标反映项目总体偿债能力。该比率越低,则项目的偿债能力越强。

从项目债权人的立场上看,债权人最关心的是其贷款的安全程度,因此,债务比例越低越好,项目的偿债能力越强越好。然而,从项目的权益投资者立场上看,当总投资收益率高于借款利息率时,负债比例增大会提高资本金利润率。总的来看,项目适度的负债可以兼顾权益投资者和债权人的利益。

(五)财务生存能力

1. 财务生存能力分析报表

财务生存能力分析旨在分析考察项目整个计算期内的资金充裕程度,分析财务可持续性。判断财务生存能力,应编制财务计划现金流量表,见表2-11。

财务生存能力表　　　　表2-11

序号	项目	合计	计算期					
			1	2	3	4	…	n
1	经济活动现金流量(1.1-1.2)							
1.1	现金流入							
1.1.1	营业收入							
1.1.2	增值税销项税额							
1.1.3	补贴收入							
1.1.4	其他流入							
1.2	现金流出							
1.2.1	经营成本							
1.2.2	增值税进项税额							
1.2.3	营业税金及附加							
1.2.4	增值税							
1.2.5	所得税							
1.2.6	其他流出							
2	投资活动净现金流量(2.1-2.2)							
2.1	现金流入							

续上表

序号	项 目	合计	计算期					
			1	2	3	4	...	n
2.2	现金流出							
2.2.1	建设投资							
2.2.2	维持运营投资							
2.2.3	流动资金							
2.2.4	其他流出							
3	筹资活动净现金流量(3.1-3.2)							
3.1	现金流入							
3.1.1	项目资本金投入							
3.1.2	建设投资借款							
3.1.3	流动资金借款							
3.1.4	债券							
3.1.5	短期借款							
3.1.6	其他流入							
3.2	现金流出							
3.2.1	各种利息支出							
3.2.2	偿还债务本金							
3.2.3	应付利润(股利分配)							
3.2.4	其他流出							
4	净现金流量(1+2+3)							
5	累计盈余资金							

注:1.对于新建法人项目,本表投资活动的现金流入为零。

2.对于既有法人项目,可适当增加科目。

3.必要时,现金流出中可增加应付优先股股利科目。

4.对外商投资项目应将职工奖励与福利基金作为经营活动现金流出。

财务计划现金流量表是国际上通用的财务报表,用以反映计算期内各年的投资活动、融资活动和经营活动所产生的现金流入、现金流出和净现金流量,考察资金平衡和余缺情况,是表示财务状况的重要财务报表。

2.财务生存能力分析

财务生存能力分析应结合偿债能力进行分析。

(1)分析是否有足够的净现金流量维持正常运营。

①在项目运营期间,只有从各项经济活动中得到足够的净现金流量,项目才能持续生存。财务生存能力分析应依据财务计划现金流量表,考察项目计算期内各年投资活动、融资活动和经营活动所产生的各项现金流入和流出,计算净现金流量和累计盈余资金,分析项目是否有足够的净现金流量维持正常运营。

②拥有足够的经营净现金流量是财务上可持续的基本条件,特别是在运营初期。一个项

目具有较大的经营净现金流量,说明项目方案比较合理,实现自身资金平衡的可能性大,不会过分依赖短期融资来维持运营;反之,一个项目不能产生足够的经营净现金流量,或经营净现金流量为负值,说明维持项目正常运行会遇到财务困难,实现自身资金平衡的可能性小,有可能需要短期融资来维持运营,有些项目可能需要政府补助来维持运营。

③通常因运营期前期的还本付息负担较重,故应特别注重运营期前期的财务生存能力分析。如果拟安排的还款期过短,致使还本付息负担过重,导致为维持资金平衡筹借的短期借款过多,可以设法调整还款期,或寻求更有利的融资方案,减轻各年还款负担。

(2) 各年累计盈余资金不出现负值是财务上可持续的必要条件。

各年累计盈余资金不出现负值是财务上可持续的必要条件。在整个运营期间,允许个别年份的净现金流量出现负值,但不能容许任一年份的累计盈余资金出现负值。一旦出现负值时,应适时进行短期融资,该短期融资应体现在财务计划现金流量表中,同时短期融资的利息也应纳入成本费用和其后的计算。较大的或较频繁的短期融资,有可能导致以后的累计盈余资金无法实现正值,致使项目难以持续运营。

三、公路建设项目财务评价流程

1. 估算项目的财务基础数据

估算项目的财务基础数据包括对项目总投资、资金筹措方案、利息、流动资金、产品成本费用、营业收入、税金和利润以及其他与项目有关的财务数据进行分析、确定和评估。首先对可行性研究报告提出的数据进行分析审查,然后与所掌握的信息资料进行对比分析,必要时可重新进行估算。

2. 选取财务分析指标和参数

项目财务分析研究结果准确与否,一方面取决于基础数据的可靠性,另一方面取决于所选取指标和参数的合理性。必须选取了正确的指标和参数,项目财务评估的结果才能与客观实际情况相一致,才能得出正确的评估结论。

3. 融资前分析

进行财务评价首先要进行融资前分析,分析中不考虑项目融资影响,主要方向为项目盈利能力。如分析结果表明项目效益符合要求,再考虑融资方案,继续进行融资后分析;如果分析结果不满足要求,可通过调整方案,修改项目设计,必要时甚至可放弃项目。

4. 融资后分析

项目通过融资前分析,拟订融资方案,进行融资后分析。融资后分析主要分析项目的盈利能力、偿债能力以及项目的财务生存能力,进而判断项目方案在融资条件下进行投资的合理性。融资后分析是项目投资者最终进行融资决策的依据。可行性研究阶段必须进行融资后分析,但只是阶段性的。实践中,在可行性研究报告完成之后,还需要进一步融资后分析,才能完成最终融资决策。

具体过程如图2-5所示。

四、财务评价报表的编制

财务分析需编制一系列报表,以此为基础计算各种评价指标。按照《建设项目经济评价方法与参数》(第三版)的规定,用于财务评价的基本报表包括各类现金流量表、利润与利润分配表、财务计划现金流量表、借款还本付息计划表和资产负债表等。

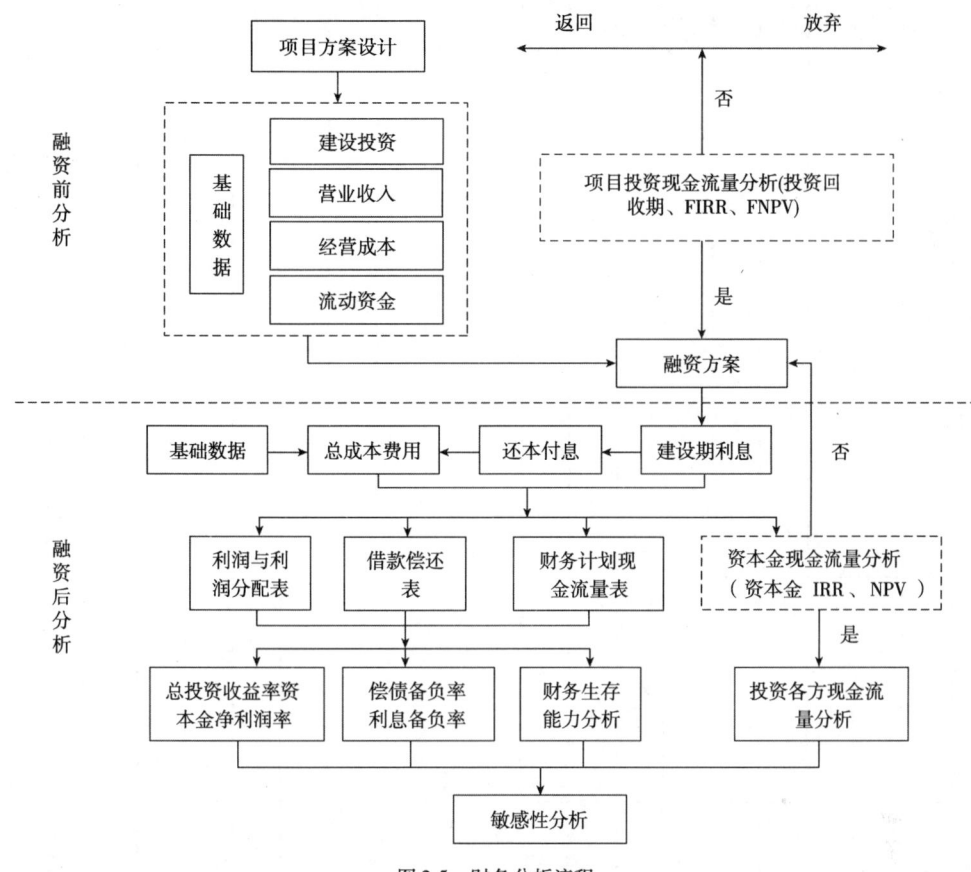

图 2-5　财务分析流程

1. 现金流量表

建设项目现金流量表是将项目计算期内各年的现金流入和现金流出按照各自发生的时点顺序排列,用表格的形式反映,用以计算各项财务评价指标,进行项目财务盈利能力分析。

财务分析中使用的现金流量表包括如下三类。

(1)项目投资现金流量表见表 2-12。项目投资现金流量表是融资前现金流量分析使用的报表。融资前项目投资现金流量分析时,现金流量应主要包括营业收入、建设投资、流动资金、经营成本、营业税及附加和所得税。由于融资前财务分析的现金流量不考虑项目融资方案,因此,剔除利息影响,采用不含利息的经营成本作为现金流出,而不是总成本费用。

融资前现金流量分析是以全部投资为计算基础的,考察的是项目全部投资的盈利能力。因此,融资前现金流量分析又称全部投资现金流量分析。

(2)项目资本金现金流量表见表 2-13。项目资本金现金流量表是在项目融资后,从项目权益投资者的整体角度编制的现金流量表,用以考察项目给权益投资者带来的收益水平。表中将各年投入项目的资本金作为现金流入,各年还本付息作为现金流出。依据该表可计算项目资本金盈利能力指标。

项目投资现金流量表

表 2-12

序号	项 目	建设期				运 营 期									
		1	2	3	4	5	6	7	8	9	10	11	12	13	14
1	现金流入:														
1.1	收费收入														
1.2	回收资产残余值														
1.3	其他收入														
2	现金流出:														
2.1	建设投资(不含建设期利息)														
2.2	经营成本														
2.2.1	运营管理费														
2.2.2	养护费														
2.2.3	大中修费														
2.3	营业税金及附加														
2.4	所得税														
3	净现金流量(1-2)														
4	累计净现金流量														
5	所得税前净现金流量(3+2.4)														
6	所得税前累计净现金流量														

所得税后 ($I_c =$)　　　所得税前 ($I_c =$)

财务内部收益率
财务净现值
投资回收期
效益费用比

项目资本金现金流量表

表 2-13

序号	项 目	建设期					运 营 期								
		1	2	3	4	5	6	7	8	9	10	11	12	13	14
1	现金流入:														
1.1	收费收入														
1.2	回收资产残余值														
1.3	其他收入														
2	现金流出:														
2.1	项目资本金														
2.2	借款本金偿还														
2.3	借款利息偿还														
2.4	经营成本														
2.5	营业税金及附加														
2.6	所得税														
2.7	其他费用														
3	净现金流量(1−2)														
4	累计净现金流量														
5	所得税前净现金流量(3+2.4)														
6	所得税前累计净现金流量														

所得税前 所得税后

资本金财务内部收益率
资本金财务净现值 ($I_c = $) ($I_c = $)
资本金投资回收期
资本金效益费用比

2. 利润与利润分配表

利润分配表是反映项目计算期内各年营业收入、总成本费用、利润总额等情况以及缴纳所得税后利润的分配，主要用于计算项目盈利能力指标。利润与利润分配表的格式见表2-14。

利润与利润分配表　　　　　　　表2-14

序号	项目	运营期								
		1	2	3	4	5	6	7	8	9
1	收费收入									
2	营业税及附加									
3	其他收入									
4	总成本									
4.1	经营成本									
4.2	折旧									
4.3	运营期利息支付									
4.4	其他费用									
5	利润总额(1−2+3−4)									
6	弥补以前年度亏损									
7	应纳税所得额(5−6)									
8	所得税									
9	净利润(5−8)									
10	期初未分配利润									
11	可供分配利润(9+10)									
12	提取法定盈余公积金									
13	可供投资者分配利润(11−12)									
14	应付优先股股利									
15	提取任意盈余公积金									
16	应付优先股股利(13−14−15)									
17	各投资方利润分配 其中：××方 　　　××方									
18	未分配利润(13−14−15−17)									
19	息税前利润(利润总额+利息支出)									
20	息税折旧摊销前利润(息税前利润+折旧+摊销)									

3. 财务计划现金流量表

财务计划现金流量表反映项目计算期内各年的投资、融资及经营活动的现金流入和现金流出,用于计算累计盈余资金,分析项目的财务生存能力。财务计划现金流量表的格式见表2-15。

财务计划现金流量表　　　　　　　　表2-15

序号	项目	建设期			运营期				
		1	2	3	4	5	6	7	8	9
1	经营活动净现金流量(1.1－1.2)									
1.1	现金流入									
1.1.1	营业收入									
1.1.2	增值税销项税额									
1.1.3	补贴收入									
1.1.4	其他收入									
1.2	现金流出									
1.2.1	经营成本									
1.2.2	增值税进项税额									
1.2.3	营业税及附加									
1.2.4	增值税									
1.2.5	所得税									
1.2.6	其他流出									
2	投资活动净现金流量(2.1－2.2)									
2.1	现金流入									
2.2	现金流出									
2.2.1	建设投资									
2.2.2	维持运营投资									
2.2.3	流动资金									
2.2.4	其他流出									
3	筹资活动净现金流量(3.1－3.2)									
3.1	现金流入									
3.1.1	项目资本金投入									
3.1.2	建设投资借款									
3.1.3	流动资金借款									
3.1.4	债券									
3.1.5	短期借款									
3.1.6	其他流入									
3.2	现金流出									
3.2.1	各种利息支出									
3.2.2	偿还债务本金									
3.2.3	应付利润(股利分配)									
3.2.4	其他流出									
4	净现金流量(1＋2＋3)									
5	累计盈余资金									

4. 借款还本付息计划表

借款还本付息计划表是反映项目计算期内各年借款本金偿还和利息支付情况的报表,用于计算偿债能力指标。格式见表2-16。

借款还本付息计划表　　　　　　　　表2-16

序号	项目	建设期				运营期			
		1	2	3	4	5	6	7	8	9
1	借款1									
1.1	期初借款余额									
1.2	当期还本付息									
	其中:还本									
	付息									
1.3	期末借款余额									
2	借款2									
2.1	期初借款余额									
2.2	当期还本付息									
	其中:还本									
	付息									
2.3	期末借款余额									
3	债券									
3.1	期初债务余额									
3.2	当期还本付息									
	其中:还本									
	付息									
3.3	期末债务余额									
4	借款和债券合计									
4.1	期初余额									
4.2	当期还本付息									
	其中:还本									
	付息									
4.3	期末余额									
计算指标	利息备付率									
	偿债备付率									

5. 资产负债表

资产负债表表明项目计算期内各年末资产、负债和所有者权益的增减变化及对应关系,用以分析项目资产、负债、所有者权益的结构是否合理。资产负债表的编制依据"资产 = 负债 + 所有者权益"。格式见表2-17。

资产负债表 表2-17

序号	项目	计算期						
		1	2	3	4	5	...	n
1	资产							
1.1	流动资产总额							
1.1.1	货币资金							
1.1.2	应收账款							
1.1.3	预付账款							
1.1.4	存货							
1.1.5	其他							
1.2	在建工程							
1.3	固定资产净值							
1.4	无形及其他资产净值							
2	负债及所有者权益							
2.1	流动负债总额							
2.1.1	短期借款							
2.1.2	应付账款							
2.1.3	预收账款							
2.1.4	其他							
2.2	建设投资借款							
2.3	流动资金借款							
2.4	负债小计(2.1+2.2+2.3)							
2.5	所有者权益							
2.5.1	资本金							
2.5.2	资本公积							
2.5.3	累计盈余公积金							
2.5.4	累计未分配利润							
计算指标 资产负债率(%)								

五、财务评价实例

(一)项目概况

某公路建设项目投资现金流量表、项目资本金现金流量表、项目财务计划现金流量表、利润与利润分配表如表2-18~表2-21所示。

(二)财务评价

首先进行融资前评价,在融资前评价结论满足要求的情况下,初步设定融资方案,再进行融资后评价。

表 2-18 项目投资现金流量表(单位:万元,财务基准折现率 4.2%)

年份	现金流入			现金流出							净现值	净现值累计	税前净现值	税前净现值累计
	合计	公路收费	回收固定资产	合计	公路建设投资	运营成本			营业附加税	所得税				
						养护大修费用	管理费用	隧道通风照明费						
2010				307 045	307 045						-295 804	-295 804	-295 804	-295 804
2011				395 968	395 968						-367 507	-663 311	-367 507	-663 311
2012				275 309	275 309						-246 166	-909 477	-246 166	-909 477
2013	36 738	36 738		4 939		638	1 914	1 175	1 212		27 392	-882 086	27 392	-882 086
2014	39 126	39 126		5 093		651	1 952	1 199	1 291		28 244	-853 842	28 244	-853 842
2015	40 968	40 968		5 230		664	1 991	1 222	1 352		28 573	-825 269	28 573	-825 269
2016	45 474	45 474		5 456		677	2 031	1 247	1 501		30 823	-794 446	30 823	-794 446
2017	50 477	50 477		5 700		691	2 072	1 272	1 666		33 226	-761 220	33 226	-761 220
2018	56 029	56 029		5 964		704	2 113	1 297	1 849		35 790	-725 431	35 790	-725 431
2019	62 192	62 192		6 250		718	2 155	1 323	2 052		38 527	-686 903	38 527	-686 903
2020	68 167	68 167		6 531		733	2 199	1 350	2 250		40 895	-646 008	40 895	-646 008
2021	74 302	74 302		6 819		748	2 243	1 377	2 452		43 135	-602 873	43 135	-602 873
2022	80 990	80 990		14 658		8 294	2 287	1 404	2 673		40 846	-562 027	40 846	-562 027

续上表

年份	现金流入			现金流出								净现值	净现值累计	税前净现值	税前净现值累计
	合计	公路收费	回收固定资产	合计	公路建设投资	运营成本				营业附加税	所得税				
						养护大修费用	管理费用	隧道通风照明费							
2023	143 634	143 634		9 283		777	2 333	1 432		4 740		79 704	-482 323	79 704	-482 323
2024	156 561	156 561		16 767		793	2 380	1 461		5 167	6 967	79 897	-402 427	83 879	-398 445
2025	169 033	169 033		23 498		809	2 427	1 490		5 578	13 193	80 133	-322 294	87 397	-311 047
2026	177 485	177 485		29 533		825	2 476	1 520		5 857	18 855	78 481	-243 813	88 483	-222 565
2027	186 359	186 359		34 273		842	2 525	1 550		6 150	23 205	77 721	-166 092	89 580	-132 985
2028	195 677	195 677		45 089		858	2 576	1 581		6 457	33 616	74 138	-91 954	90 688	-42 297
2029	205 461	205 461		48 529		876	2 628	1 613		6 780	36 633	74 433	-17 521	91 808	49 511
2030	215 734	215 734		51 428		893	2 680	1 645		7 119	39 090	75 077	57 557	92 939	142 450
2031	226 521	226 521		54 470		911	2 734	1 678		7 475	41 672	75 738	133 295	94 083	236 532
2032	342 075	237 554	104 521	57 581		929	2 788	1 712		7 839	44 313	120 652	253 947	139 445	375 977
税后,内部收益率 FIRR:	5.70%			净现值 FNPV:	253 947				效益费用比 R_{BC}:	1.22		投资回收期(含建设期):	20.23		
税前,内部收益率 FIRR:	6.42%			净现值 FNPV:	375 977				效益费用比 R_{BC}:	1.37		投资回收期(含建设期):	19.46		

项目资本金现金流量表（单位：万元，财务基准折现率4.2%）

表 2-19

年份	现金流入			现金流出								净现值	净现值累计	税前净现值	税前净现值累计
	合计	公路收费	固定资产回收	合计	公路建设投资	运营成本			借款本金偿还	借款利息支付	营业附加税	所得税				
						养护大修费用	管理费	隧道通风照明								
2010				94 069	94 069								−90 625	−90 625	−90 625	−90 625
2011				125 426	125 426								−116 410	−207 036	−116 410	−207 036
2012				94 069	94 069								−84 111	−291 147	−84 111	−291 147
2013	34 901	34 901		34 901		670	2 010	1 234		29 836	1 152		0	−291 147	992	−290 155
2014	37 170	37 170		37 170		683	2 050	1 258		31 952	1 227		0	−291 147	1 018	−289 137
2015	38 920	38 920		38 920		697	2 091	1 284		33 564	1 284		0	−291 147	1 027	−288 110
2016	43 201	43 201		43 201		711	2 133	1 309		37 622	1 426		0	−291 147	1 098	−287 012
2017	47 953	47 953		47 953		725	2 175	1 335		42 134	1 582		0	−291 147	1 174	−285 838
2018	53 228	53 228		53 228		740	2 219	1 362	752	46 398	1 757		0	−291 147	1 256	−284 582
2019	59 083	59 083		59 083		754	2 263	1 389	6 373	46 353	1 950		0	−291 147	1 343	−283 240
2020	64 759	64 759		64 759		770	2 309	1 417	12 152	45 975	2 137		0	−291 147	1 418	−281 822
2021	70 587	70 587		70 587		785	2 355	1 446	18 420	45 253	2 329		0	−291 147	1 489	−280 333
2022	76 940	76 940		76 940		8 709	2 402	1 474	17 657	44 159	2 539		0	−291 147	1 564	−278 769
2023	136 453	136 453		136 453		816	2 450	1 504	84 070	43 110	4 503		0	−291 147	2 671	−276 098

续上表

年份	现金流入			现金流出									净现值	净现值累计	税前净现值	税前净现值累计
	合计	公路收费	固定资产回收	合计	公路建设投资	运营成本			借款本金偿还	借款利息支付	营业附加税	所得税				
						养护大修费用	管理费	隧道通风照明								
2024	148 733	148 733		148 733		833	2 499	1 534	100 844	38 116	4 908		0	−291 147	2 805	−273 293
2025	160 582	160 582		169 651		849	2 549	1 565	118 194	32 126	5 299	9 069	−4 994	−296 141	2 918	−270 375
2026	168 611	168 611		182 918		866	2 600	1 596	132 879	25 105	5 564	14 307	−7 589	−303 730	2 952	−267 423
2027	177 041	177 041		195 144		884	2 652	1 628	148 823	17 212	5 842	18 103	−9 251	−312 981	2 986	−264 438
2028	185 893	185 893		190 491		901	2 705	1 660	140 947	8 372	6 134	29 771	−2 264	−315 245	15 413	−249 024
2029	195 188	195 188		45 898		919	2 759	1 694		0	6 441	34 085	70 808	−244 437	90 030	−158 995
2030	204 947	204 947		48 660		938	2 814	1 728		0	6 763	36 418	71 413	−173 024	91 144	−67 850
2031	215 195	215 195		51 558		956	2 870	1 762		0	7 101	38 867	72 034	−100 989	92 270	24 420
2032	330 197	225 676	104 521	54 521		976	2 928	1 797		0	7 447	41 373	116 912	15 923	137 617	162 036
税后, 内部收益率 FIRR:	4.08%			净现值 FNPV:	15 923				效益费用比 R_{BC}:	1.01			投资回收期（含建设期）:	22.86		
税前, 内部收益率 FIRR:	6.25%			净现值 FNPV:	162 036				效益费用比 R_{BC}:	1.14			投资回收期（含建设期）:	21.74		

财务计划现金流量表（单位：万元）

表 2-20

年份	经营活动净现金流量	现金流入	营业收入	现金流出	运营成本	营业及附加税	所得税	投资活动净现金流量	现金流入	现金流出	建设投资	融资活动净现金流量	现金流入	资本金投入	建设投资借贷	现金流出	利息及融资费用支出	偿还长期债务本金	净现金流量	累积盈余资金
2010								−313 564	0	313 564	313 564	313 564	313 564	94 069	219 495				0	0
2011								−418 085	0	418 085	418 085	418 085	418 085	125 426	292 660				0	0
2012								−313 564	0	313 564	313 564	313 564	313 564	94 069	219 495				0	0
2013	31 799	36 738	36 738	4 939	3 727	1 212						−31 799				31 799	31 799		0	0
2014	34 033	39 126	39 126	5 093	3 802	1 291						−34 033				34 033	34 033		0	0
2015	35 738	40 968	40 968	5 230	3 878	1 352						−35 738				35 738	35 738		0	0
2016	40 019	45 474	45 474	5 456	3 955	1 501						−40 019				40 019	40 019		0	0
2017	44 777	50 477	50 477	5 700	4 034	1 666						−44 777				44 777	44 777		0	0
2018	50 065	56 029	56 029	5 964	4 115	1 849						−50 065				50 065	45 651	4 414	0	0
2019	55 943	62 192	62 192	6 250	4 197	2 052						−55 943				55 943	45 389	10 554	0	0
2020	61 637	68 167	68 167	6 531	4 281	2 250						−61 637				61 637	44 762	16 874	0	0
2021	67 484	74 302	74 302	6 819	4 367	2 452						−67 484				67 484	43 760	23 724	0	0
2022	66 331	80 990	80 990	14 658	11 986	2 673						−66 331				66 331	42 351	23 980	0	0
2023	134 352	143 634	143 634	9 283	4 543	4 740						−134 352				134 352	40 926	93 425	0	0
2024	139 794	156 561	156 561	16 767	4 634	5 167	6 967					−146 761				146 761	35 377	111 384	−6 967	−6 967
2025	145 535	169 033	169 033	23 498	4 726	5 578	13 193					−158 729				158 729	28 761	129 968	−13 193	−20 160
2026	147 952	177 485	177 485	29 533	4 821	5 857	18 855					−166 807				166 807	21 041	145 766	−18 855	−39 016
2027	152 087	186 359	186 359	34 273	4 917	6 150	23 205					−175 292				175 292	12 382	162 910	−23 205	−62 221
2028	150 588	195 677	195 677	45 089	5 016	6 457	33 616					−48 246				48 246	2 705	45 541	102 341	40 120
2029	156 932	205 461	205 461	48 529	5 116	6 780	36 633												156 932	197 053
2030	164 306	215 734	215 734	51 428	5 218	7 119	39 090												164 306	361 359
2031	172 051	226 521	226 521	54 470	5 323	7 475	41 672												172 051	533 409
2032	179 973	237 554	237 554	57 581	5 429	7 839	44 313												179 973	713 382

第二章 公路建设项目评价

利润与利润分配表（单位：万元）

表 2-21

年份	收费收入	运营期总成本					利润总额	弥补以前年度亏损	应纳税所得额	缴纳所得税	税后利润	公积金	息税前利润	息税折旧前利润
		成本合计	运营成本	营业附加税	折旧费	运营期利息								
2013	36 738	83 773	3 727	1 212	47 035	31 799	-47 035				-47 035	0	-15 236	31 799
2014	39 126	86 161	3 802	1 291	47 035	34 033	-47 035				-47 035	0	-13 001	34 033
2015	40 968	88 003	3 878	1 352	47 035	35 738	-47 035				-47 035	0	-11 296	35 738
2016	45 474	92 509	3 955	1 501	47 035	40 019	-47 035				-47 035	0	-7 016	40 019
2017	50 477	97 511	4 034	1 666	47 035	44 777	-47 035				-47 035	0	-2 258	44 777
2018	56 029	98 650	4 115	1 849	47 035	45 651	-42 621				-42 621	0	3 031	50 065
2019	62 192	98 673	4 197	2 052	47 035	45 389	-36 481				-36 481	0	8 908	55 943
2020	68 167	98 328	4 281	2 250	47 035	44 762	-30 160				-30 160	0	14 602	61 637
2021	74 302	97 613	4 367	2 452	47 035	43 760	-23 311				-23 311	0	20 449	67 484
2022	80 990	104 044	11 986	2 673	47 035	42 351	-23 054				-23 054	0	19 297	66 331
2023	143 634	97 244	4 543	4 740	47 035	40 926	46 391	46 391			46 391	4 639	87 317	134 352
2024	156 561	92 212	4 634	5 167	47 035	35 377	64 350	36 481	27 869	6 967	57 383	5 738	99 727	146 761
2025	169 033	86 100	4 726	5 578	47 035	28 761	82 933	30 160	52 773	13 193	69 740	6 974	111 694	158 729
2026	177 485	78 753	4 821	5 857	47 035	21 041	98 732	23 311	75 421	18 855	79 877	7 988	119 772	166 807
2027	186 359	70 484	4 917	6 150	47 035	12 382	115 875	23 054	92 821	23 205	92 670	9 267	128 257	175 292
2028	195 677	61 213	5 016	6 457	47 035	2 705	134 464		134 464	33 616	100 848	10 085	137 169	184 204
2029	205 461	58 931	5 116	6 780	47 035	0	146 530		146 530	36 633	109 898	10 990	146 530	193 565
2030	215 734	59 372	5 218	7 119	47 035	0	156 362		156 362	39 090	117 271	11 727	156 362	203 396
2031	226 521	59 832	5 323	7 475	47 035	0	166 688		166 688	41 672	125 016	12 502	166 688	213 723
2032	237 554	60 303	5 429	7 839	47 035	0	177 251		177 251	44 313	132 938	13 294	177 251	224 286

1. 融资前评价

（1）盈利能力分析。

通过对项目财务盈利能力分析可得出财务评价指标及敏感性分析结果如表 2-22 和表 2-23 所示。

（2）敏感性分析。

对于公路项目而言，影响其财务评价结果的是效益和费用的变动，为此对项目进行敏感性分析，测算其在收费收入增加、财务费用减少等情况下，项目财务评价指标的变化，为项目决策提供依据。具体分析结果见表 2-24。

财务评价指标显示，正常情况下项目投资及项目资本金的财务内部收益率大于其财务基准折现率，表明项目从财务角度考虑是可行的；财务敏感性分析结果显示，项目投资及项目资本金在费用增加 5%，同时收入下降 5% 的最不利情况下，财务内部收益率仍大于其财务基准折现率，表明项目具有一定的抗风险能力。

2. 融资后评价

融资方案：项目总投资 104.52 亿元，其中拟申请国内银行贷款 73.16 亿元，约占总投资的 70%，项目法人自筹 31.36 亿元作为资本金，约占总投资的 30%。

（1）盈利能力分析。

资本金现金流量见表 2-19。具体计算结果见表 2-25。

（2）敏感性分析。

对于公路项目而言，影响其财务评价结果的是效益和费用的变动，为此对项目进行敏感性分析，测算其在收费收入增加、财务费用减少等情况下，项目财务评价指标的变化，为项目决策提供依据。具体分析结果见表 2-26。

财务评价指标显示，正常情况下项目投资及项目资本金的财务内部收益率大于其财务基准折现率，表明项目从财务角度考虑是可行的；财务敏感性分析结果显示，项目投资及项目资本金在费用增加 5%，同时收入下降 5% 的最不利情况下，财务内部收益率大于其财务基准折现率，表明项目有一定的抗风险能力。

项目全线通车后的第 16 年即 2028 年，可还清全部贷款本息，表明项目具有一定的贷款偿还能力，贷款偿还能力表见表 2-22。计算表明项目从 2028 年起净现金流为正值，说明项目财务生存能力一般。

（三）财务评价结论

财务评价指标显示，正常情况下项目投资及项目资本金的财务内部收益率大于其财务基准折现率，表明项目从财务角度考虑是可行的；财务敏感性分析结果显示，项目投资在费用增加 5%，同时收入下降 5% 的最不利情况下，财务内部收益率仍大于其财务基准折现率；项目资本金在费用增加 5% 同时收入下降 5% 最不利情况下，财务内部收益率都大于其财务基准折现率，表明项目有一定的抗风险能力。

第二章 公路建设项目评价

贷款偿还能力分析表

表 2-22

年份	当年收入	运营成本	营业附加税	当年可用于还款金额	年初借款累计	当年借款支用	本年应计利息	本年支付利息	当年还本额	年末借款累计	利息备付率（%）	偿债备付率（%）
2010						219 495	6 519	6 519		219 495		
2011					219 495	292 660	21 730	21 730		512 154		
2012					512 154	219 495	36 941	36 941		731 649		
2013	36 738	3 727	1 212	31 799	731 649		43 460	31 799		743 310	−76	5
2014	39 126	3 802	1 291	34 033	743 310		44 153	34 033		753 430	−65	5
2015	40 968	3 878	1 352	35 738	753 430		44 754	35 738		762 445	−58	6
2016	45 474	3 955	1 501	40 019	762 445		45 289	40 019		767 715	−43	6
2017	50 477	4 034	1 666	44 777	767 715		45 602	44 777		768 541	−30	6
2018	56 029	4 115	1 849	50 065	768 541		45 651	45 651	4 414	764 127	−21	5
2019	62 192	4 197	2 052	55 943	764 127		45 389	45 389	10 554	753 574	−10	5
2020	68 167	4 281	2 250	61 637	753 574		44 762	44 762	16 874	736 699	0	6
2021	74 302	4 367	2 452	67 484	736 699		43 760	43 760	23 724	712 976	11	7
2022	80 990	11 986	2 673	66 331	712 976		42 351	42 351	23 980	688 995	5	7
2023	143 634	4 543	4 740	134 352	688 995		40 926	40 926	93 425	595 570	140	14
2024	156 561	4 634	5 167	146 761	595 570		35 377	35 377	111 384	484 186	192	18
2025	169 033	4 726	5 578	158 729	484 186		28 761	28 761	129 968	354 218	272	24
2026	177 485	4 821	5 857	166 807	354 218		21 041	21 041	145 766	208 451	409	35
2027	186 359	4 917	6 150	175 292	208 451		12 382	12 382	162 910	45 541	764	63
2028	195 677	5 016	6 457	184 204	45 541		2 705	2 705	45 541	0	3 827	
2029	205 461	5 116	6 780	193 565	0		0	0	0	0		
2030	215 734	5 218	7 119	203 396	0		0	0	0	0		
2031	226 521	5 323	7 475	213 723	0		0	0	0	0		
2032	237 554	5 429	7 839	224 286	0		0	0	0	0		

财务评价指标表 表2-23

评价指标	内部收益率 FIRR(%)	净现值 FNPV(万元)	效益费用比 R_{BC}	投资回收期 P_t(年)
项目投资(税前)	6.42	375 977	1.37	19.46
项目投资(税后)	5.70	253 947	1.22	20.23

注:财务基准折现率为4.2%。

财务敏感性分析表 表2-24

指标		收入不变 费用(1+5%)	费用不变 收入(1-5%)	费用(1+5%) 收入(1-5%)
税前	FIRR(%)	6.40	6.01	5.99
	FNPV(万元)	373 132	310 956	308 111
	R_{BC}	1.37	1.31	1.30
	P_t(年)	19.49	20.01	20.04
税后	FIRR(%)	5.82	5.37	5.35
	FNPV(万元)	273 578	206 434	204 157
	R_{BC}	1.25	1.19	1.18
	P_t(年)	20.05	20.76	20.79

资本金盈利能力分析指标表 表2-25

评价指标	内部收益率 FIRR(%)	净现值 FNPV	效益费用比 R_{BC}	投资回收期 P_t(年)
项目资本金(税前)	7.16	238 440	1.21	21.02
项目资本金(税后)	4.97	72 031	1.05	22.40

注:财务基准折现率为4.2%。

财务敏感性分析表 表2-26

指标		收入不变 费用(1+5%)	费用不变 收入(1-5%)	费用(1+5%) 收入(1-5%)
税前	FIRR(%)	7.12	6.29	6.25
	FNPV(万元)	235 040	165 437	162 036
	R_{BC}	1.20	1.14	1.14
	P_t(年)	21.05	21.70	21.74
税后	FIRR(%)	5.25	4.12	4.08
	FNPV(万元)	91 107	18 755	15 923
	R_{BC}	1.007	1.01	1.01
	P_t(年)	22.26	22.84	22.86

第三节　公路建设项目国民经济评价

一、公路建设项目国民经济评价概述

公路建设项目国民经济评价是项目经济评价重要组成部分。国民经济评价是在宏观层面上,通过对项目的直接效益、直接费用以及间接效益、间接费用的分析,考察项目的经济合理性,为项目决策提供必要的依据。

(一)国民经济评价概念

国民经济评价是站在宏观经济的立场上,从国家整体利益的角度出发,计算项目对国民经济的贡献,分析项目的经济效率、效果和对社会的影响,评价项目在宏观经济上的合理性。国民经济评价通常是在财务评价的基础上进行,也可以独立进行。国民经济评价应遵循定量分析与定性分析相结合时,以定量分析为主原则;动态分析与静态分析相结合时,以动态分析为主原则。

对于国民经济评价和财务评价都可行的项目,予以通过。对于事关公共利益、国家安全和市场不能有效配置资源的经济和社会发展项目,如果国民经济评价结论可行,但财务评价结论不可行,应重新考虑方案,必要时可提出经济优惠措施的建议,使项目具有财务生存能力,予以通过。

(二)国民经济评价的范围

具体来说,以下项目应进行国民经济评价:
(1)具有垄断特征的项目,如电力、基本通信、交通运输等项目。
(2)产出具有公共产品属性的项目。
(3)具有明显的外部效益的项目。项目外部效益指间接经济效益与间接经济费用,是项目对国民经济做出的贡献与以国民经济为项目付出的代价中,在直接效益与直接费用中未反映出的那部分效益与费用。
(4)国家战略资源的开发项目,如石油、稀有矿藏开采项目。
(5)涉及国家经济安全的项目。
(6)受过度行政干预的项目。

国民经济评价内容主要是识别国民经济效益与费用,计算和选取影子价格,编制国民经济报表,计算国民经济评价指标,并进行方案比选。

二、影子价格

(一)影子价格概念

影子价格是进行项目国民经济评价、计算国民经济效益与费用时采用的价格,是指依据一定原则确定的,能够反映投入物和产出物的真实价值,反映市场供求状况和资源稀缺程度,使资源得到合理配置的价格。进行国民经济评价时,项目的主要投入物和产出物价格,都应采用影子价格。

影子价格以资源的稀缺性为价值依据,以资源的边际效益为价值尺度,反映了资源对目标值的边际贡献、资源在最优决策下的边际价值,以及资源的市场供求关系、稀缺程度。它表示对某种资源效用价值的估价,这种估价不是该资源的市场价格,而是根据该资源在特定的经济结构中做出的贡献所做的估价。

影子价格是国民经济评价中的一个关键参数。国民经济评价是通过考虑项目的效益和费用来评价项目对国民经济的净贡献,合理确定影子价格是保证项目国民经济效益和费用真实衡量的重要前提。如果影子价格失真,则项目国民经济效益和费用的衡量必然失实,从而导致错误的投资决策,造成有限资源的浪费。依靠市场价格体系很难正确衡量项目的费用和效益,而必须采用影子价格。

(二)影子价格计算

1. 市场定价货物的影子价格

货物市场价格可以近似反映其真实价格。在进行国民经济评价时,可以将市场价格加上或者减去运杂费等作为项目投入物或产出物的影子价格。

(1)外贸货物影子价格。外贸货物是指其生产或使用将直接或间接影响国家进出口的货物。包括:项目产出物中直接出口、间接出口和替代出口者;项目投入物中直接进口、间接进口或减少出口者。外贸货物的影子价格应以可能发生的口岸价格为基础确定。计算公式为:

$$出口产出物影子价格(出厂价) = 离岸价(FOB) \times 影子汇率 - 出口费用$$

$$进口投入物影子价格(到厂价) = 到岸价(CIF) \times 影子汇率 + 进口费用$$

式中,进口或出口费用是指货物进出口环节在国内所发生的所有相关费用,包括运输储存、装卸、运输保险等各种费用支出及物流环节的各种损失、损耗等。

(2)非外贸货物影子价格。非外贸货物是指其生产或使用将不影响国家进出口的货物。非外贸货物的影子价格以国内市场价格为基础计算。计算公式如下:

$$投入物影子价格(到厂价) = 市场价格 + 国内运杂费$$

$$产出物影子价格(出厂价) = 市场价格 - 国内运杂费$$

2. 政府调控价格货物影子价格

某些产品或服务并不完全由市场机制调控价格,如电价、铁路运价和水价等。政府调控价格形式包括政府定价、指导价、最高限价和最低限价等。政府调控价格不能真实反映产品或服务的价值。因此,在国民经济评价中,这些产品或服务的价格不能简单地以政府调控价格来确定,而应采取特殊方法。测定政府调控价格货物影子价格的方法有:

(1)成本分解法。对某种货物成本进行分解,分解成本包括货物的制造生产所耗费的全部社会资源的价值,计算分解成本,确定影子价格。

(2)消费者支付意愿法。按消费者为获得某种商品或服务所愿意付出的最高价格,确定影子价格。

(3)机会成本法。产品或服务的机会成本是指将其用于本项目以外的其他替代方案时,所有替代方案产生的最大收益。

3. 特殊投入物的影子价格

项目特殊投入物主要包括项目在建设和运营中使用的劳动力、土地和自然资源等。这些特殊投入物影子价格确定方法如下：

（1）劳动力影子价格——影子工资。影子工资是指国民经济为项目使用的劳动力所付出的真实代价，由劳动力机会成本和劳动力转移而引起的新增资源耗费两部分构成。劳动力机会成本是指若劳动力不就业于该项目，而从事其他生产经营活动所创造的最大效益；新增资源耗费是指项目使用的劳动力因就业或迁移而增加的城市管理费和城市交通等基础设施投资费用。

（2）土地影子价格。土地用于拟建项目后，不能再用于其他用途。土地影子价格就是指由于土地不能用于其他用途而放弃的国民经济效益，以及国民经济为其增加的资源消耗。应该注意，项目占用的土地不论是否支付费用，均应计算影子价格。项目占用的农业、林业、牧业、渔业以及其他生产性用地，其影子价格应按照其未来对社会可提供的消费产品的支付意愿及改变土地用途而发生的新增资源消耗进行计算；项目所占用的住宅、休闲用地等非生产性用地，若市场完善，应根据市场交易价格估算其影子价格，无市场交易价格或市场机制不完善的，应根据意愿支付价格估算其影子价格。

（3）自然资源影子价格。项目使用的矿产资源、水资源、森林资源等都是对国家资源的占用和消耗。项目投入的自然资源，无论在财务上是否付费，在经济费用效益分析中都必须测算其经济费用，即影子价格。矿产等不可再生资源的影子价格按资源的机会成本计算，水和森林等可再生资源的影子价格按资源再生费用计算。

三、公路建设项目国民经济效益与费用分析

项目国民经济效益是指项目对国民经济所做的贡献，包括项目的直接效益和间接效益；项目的国民经济费用是指国民经济为项目付出的代价，包括项目的直接费用和间接费用。

1. 直接效益和直接费用

直接效益是指由于项目产出物直接生成，并在项目范围内直接产生的经济效益，一般表现为项目产出物或服务数量满足国内需求的效益；替代效益较低的相同或类似企业的产出物或服务，使被替代企业减产或停产从而减少国家有用资源的耗费或损失而获得的效益；增加出口或减少进口从而增加或节约的外汇等。

直接费用是指由于项目使用投入物，并在项目范围内直接投入的费用。一般表现为其他部门为本项目提供投入物；需要扩大生产规模所耗费的资源费用；减少对其他项目或最终消费投入物的供应而放弃的效益；增加进口或减少出口从而耗用或减少的外汇等。

2. 间接效益和间接费用

间接效益与间接费用，或称外部效益，是指项目对国民经济做出的贡献与国民经济为项目付出的代价，在直接效益与直接费用中未反映的那部分效益与费用。外部效果应包括以下几个方面：

（1）产业关联效果。例如建设一个水电站，除发电、防洪灌溉和供水等直接效果外，还必然会带来养殖业和水上运动以及旅游业的发展等间接效益。此外，农牧业还会因土地淹没而

遭受一定的损失(间接费用),这些都是兴建水电站而产生的产业关联效果。

（2）环境和生态效果。例如发电厂排放的烟尘会使附近田园的作物产量减少,质量下降,化工厂排放的污水会使附近江河的鱼类资源骤减。

（3）技术扩散效果。技术扩散和示范效果是由于建设技术先进的项目会培养和造就大量的技术人员和管理人员。除了为本项目服务外,他们的流动和技术交流给整个社会经济发展也会带来好处。

技术性外部效果反映了社会生产和消费的真实变化,这种真实变化必然引起社会资源配置的变化,所以应在国民经济评价中加以考虑。

为防止外部效果计算扩大化,项目的外部效果一般只计算一次相关效果,不应连续计算。

3. 转移支付

项目某些财务收益和支出,从国民经济的角度看,并没有造成资源的实际增加或者减少,而只是国家资源内部的"转移支付",不应计入项目国民经济效益与费用。转移支付主要内容如下：

（1）税金。

在财务分析中,税金包括销售税和所得税,对企业来说,这些税金都是财务支出。但是,对国民经济整体而言,企业纳税并未减少国民收入,只不过是将企业的这笔资金收入转移到政府手中而已,是收入的再分配。税金既然是国民收入的再分配,并不伴随资源的变动,那么在国民经济评价中既不能把税金列为收益,也不能把税金列为费用。

（2）补贴。

补贴是一种货币流动方向与税金相反的转移支付。政府如果对某些产品实行价格补贴,可能会降低项目投入的支付费用,或者会增加项目的收入,从而增加项目的净收益。但是这种收益的增加仍然是国民收入从政府向企业的一种转移,它使资源的支配权发生变动,既未增加社会资源,也未减少社会资源,因而补贴不被视作国民经济评价中的费用和收益。

（3）国内贷款的还本付息。

项目的国内贷款及其还本付息也是一种转移支付,在项目投资的财务评价中被视作财务支出。但从国民经济的角度看,情况则不同,还本付息并没有减少国民收入,这种货币流动过程仅仅代表资源支配权的转移,社会实际资源并未增加或减少,因而在国民经济评价中,不被视为费用。

四、公路建设项目国民经济评价指标体系

1. 社会折现率

社会折现率是整个社会资金投资所得的收益水平,是整个社会对资金时间价值的预测,是从整个国民经济角度设定的投资收益率的标准值。适当的社会折现率有助于合理分配建设资金,引导资金投向对国民经济贡献大的项目,调节资金供需关系,促进资金在短期和长期项目间的合理配置。社会折现率体现国民经济发展目标和宏观调控意图。根据我国目前的投资收益水平、资金机会成本、资金供需情况,2006年国家发展与改革委员会、住房和城乡建设部发布的《建设项目经济评价方法与参数》(第三版)中将社会折现率规定为8%,供各类建设项目评价时统一采用。

2. 经济净现值

经济净现值(ENPV)是指按照社会折现率将计算期内各年的经济净效益流量折现到建设期初的现值之和,它是反映项目对国民经济所做贡献。计算公式如下：

$$\text{ENPV} = \sum_{t=0}^{n}(B-C)_t(1+i_s)^{-t} \tag{2-46}$$

式中：B——国民经济效益流量；

C——国民经济费用流量；

i_s——社会折现率。

在国民经济费用效益分析中,若项目的经济净现值大于或等于零,表明项目可以达到社会折现率的效率水平,项目从经济资源配置的角度来说是可以被接受的。ENPV 等于零,表示项目投入可以得到符合社会折现率要求的社会盈余；ENPV 大于零,表明项目除了可得到符合社会折现率要求的社会盈余之外,还可以得到超额盈余。ENPV 小于零,则不接受该项目方案。

3. 经济内部收益率

经济内部收益率(EIRR)是指项目在计算期内净效益流量的现值累计等于零时对应的折现率,它表示项目占用资金所获得的动态收益率。其表达式为：

$$\sum_{t=1}^{n}(B-C)_t(1+\text{EIRR})^{-t}=0 \tag{2-47}$$

将经济内部收益率与基准 i_s(即社会折现率)进行比较,当 $\text{EIRR} \geq i_s$ 时,项目在财务上可以考虑接受。

4. 经济效益费用比

经济效益费用比(R_{BC})是指在计算期内效益流量的现值与费用流量的现值的比率,是国民经济费用效益分析的辅助评价指标。计算公式如下：

$$R_{BC} = \frac{\sum_{t=1}^{n}B_t(1+i_s)^{-t}}{\sum_{t=1}^{n}C_t(1+i_s)^{-t}} \tag{2-48}$$

式中：R_{BC}——效益费用比；

B_t——第 t 期的经济效益；

C_t——第 t 期的经济费用。

若效益费用比大于1,说明从国民经济角度分析,该项目的资源配置效率达到了可接受的水平。

五、国民经济评价报表

国民经济评价的主要报表是项目投资经济效益和费用流量表,反映项目计算期内的经济效益流量和经济费用流量,用于计算项目的经济内部收益率(EIRR)、经济净现值(ENPV),考察项目对国民经济的贡献。项目投资经济效益和费用流量可以直接进行识别和计算,见表2-27。也可以在财务报表的基础上进行识别和计算。国民经济费用效益流量表有以下两种编制方法。

国民经济费用效益流量表

表 2-27

序号	项目	合计	计算期					
			1	2	3	4	…	n
1	效益流量							
1.1	项目销售(营业)收入							
1.2	回收固定资产余值							
1.3	回收流动资金							
1.4	项目间接费用							
2	费用流量							
2.1	建设投资							
2.2	流动资金							
2.3	经营费用							
2.4	项目间接费用							
3	净效益流量(1-2)							

计算指标:经济内部收益率　　　%
经济净现值($i_s=$　%)　　万元

1. 在财务评价基础上编制项目投资经济效益和费用流量表

以财务评价为基础编制项目投资经济效益和费用流量表,应注意合理调整费用与效益的范围和内容。

(1)剔除财务现金流量中的通货膨胀因素,得到以实价反映的财务现金流量。

(2)剔除财务现金流量表中不反映资源流量变动的转移支付。

(3)用影子价格、影子汇率调整建设投资的各项目组成部分。

(4)调整流动资金,将流动资产和流动负债中不反映资源实际消耗的有关现金、应收款项、应付款项、预收款项、预付款项,从流动资金中剔除。

(5)调整经营成本,用影子价格、影子工资等参数调整外购原材料、燃料动力、工资及福利费等费用要素。

(6)调整营业收入,对于有市场价格的产出物,以市场价格为基础计算其影子价格;对于无市场价格的产出物,以支付意愿或接受补偿原则计算其影子价格。

(7)调整外汇价值,国民经济评价各项销售收入和费用中的外汇部分,应用影子汇率进行调整,计算外汇价值。

(8)计算项目外部效益和外部费用。

2. 编制项目投资经济效益和费用流量表

有些项目需要直接进行国民经济评价,判断项目的经济合理性,可按以下步骤直接编制项目投资经济效益和费用流量表:

(1)确定国民经济计算范围。

(2)测算各种投入物和产出物的影子价格,并在此基础上对各项国民经济效益和费用进行估算。

(3)编制国民经济费用和效益流量表。

六、国民经济评价实例分析

某公路建设项目在进行国民经济评价时采用了两种方案进行比选。国民经济评价采用"有项目"和"无项目"情况对比法,即将拟建项目建设的情况下发生的各种费用和效益与假定拟建项目不实施的情况下发生的各种费用和效益两者进行比较,来确定拟建项目费用与效益。

1. 主要参数的选取

(1) 项目评价期。

拟建项目评价计算年限等于建设年限加建设后预测年限。项目建设期为2013~2015年,2016年初开通运营。经济评价时,建设后预测年限按规定取20年,即2016~2035年。

(2) 社会折现率。

社会折现率表示从国家角度对资金机会成本和资金时间价值的估量,是建设项目国民经济评价的重要参数。根据国家计委有关文件规定,社会折现率取8%。

(3) 影子汇率(SER)。

影子汇率即外汇的影子价格,反映外汇对国家的真实价值,按下列公式计算:

$$SER = OER \times CF_1 \tag{2-49}$$

式中:OER——国家外汇牌价(买入卖出中间价);

CF_1——影子汇率换算系数。

项目OER采用国家外汇管理局2012年2月公布的人民币外汇牌价1美元=6.30元人民币,CF_1根据《建设项目经济评价方法与参数》取1.08。影子汇率1美元=6.30×1.08元人民币=6.80元人民币。

(4) 贸易费用率(SWCR)。

贸易费用是指各商贸部门花费在货物流通过程中以影子价格计算的费用,贸易费用率是贸易费用相对于货物影子价格的综合比率,贸易费用率取6%。

(5) 影子工资(SWR)。

影子工资按下式计算:

$$SWR = MWR \times CF_2 \tag{2-50}$$

式中:MWR——财务评价中的工资;

CF_2——影子工资系数。

影子工资系数与项目所使用的地方劳动力的状况、结构及当地就业水平有关。项目在建设期需使用一定数量的民工,民工的影子工资换算系数为0.5,其他人员影子工资换算系数为1.0,人工构成中民工按50%考虑,影子工资系数为0.75。

(6) 残值。

根据交通运输部有关规定,项目的残值取建设费用的50%,在评价期末以负值计入经济费用。

2. 经济费用调整

项目建设的经济费用是在投资估算的基础上调整确定的。在分析计算时,将建设费用中的主要材料费、人工费、土地占用费等费用调整为影子费用,并扣除税金、供电补贴费、国内银行贷款利息等项,其他投入物按实际财务费用考虑,不进行经济费用调整。

(1) 主要材料费用调整。

建设费用中的主要材料包括钢材、高强钢丝、原木、锯材、水泥和沥青。其中水泥为非外贸货物,其影子价格为出厂价加国内运费和贸易费;其他主要材料为外贸货物,其影子价格的测算以口岸价为基础,考虑国内运费和贸易费。

进口货物的影子价格(SP)计算公式为:

$$SP = c.i.f. \times SER + (T_{sp} + T_b) \tag{2-51}$$

式中:c.i.f.——货物到岸价;

T_{sp}——运输费用影子价格;

T_b——贸易费用。

非外贸货物影子价格的计算公式为:

$$SP = SPF + (T_{sp} + T_b) \tag{2-52}$$

式中:SPF——货物出厂影子价格;

其他符号意义同上。

(2) 土地费用调整。

土地影子价格应按下式计算:

$$土地影子价格 = 土地机会成本 + 新增资源消耗$$

其中:土地机会成本按拟建项目占用土地而使国民经济为此放弃的该土地"最佳替代用途"的净效益计算;土地改变用途而发生的新增资源消耗主要包括拆迁补偿费、农民安置补助费等。在实践中,土地平整等开发成本通常计入工程建设费用中,在土地影子价格中不再重复计算。

(3) 项目运营期养护、大修及管理经济费用。

根据调查,项目日常养护费用为 6 万元/km。大修每十年进行一次,大修财务费用约为 102 万元/km。项目设 2 处主线收费站(30 人/站),人均年度费用为 2.5 万元,水电等杂费按各站管理费的 50% 计。根据国民经济评价的规定,应对这些费用做出调整,根据工程建设费经济费用的调整系数,可得出项目养护、管理与大修费的经济费用与财务费用。

(4) 汽车运输成本调整。

降低汽车运输成本所带来的效益是新建项目的主要效益之一,影响汽车运输成本的主要因素为道路条件和交通条件。运输成本的降低是由于实施了拟建项目而改善了项目所在地区的道路和交通条件,致使组成运输成本的各项基本易耗材料(如燃料、轮胎、汽车配件等)消耗减少,各项费用支出降低。

确定汽车运输经济成本时,首先按照汽车在特定道路及交通条件下(基准条件下)的运营状况,确定汽车运输的基本消耗及基本费用。然后,根据项目道路条件和各特征年的交通状况,调整基本消耗及费用。汽车经济运输成本包括两部分,一部分与汽车行驶距离有关,另一部分与使用时间有关。与行驶距离有关的包括燃油消耗、润滑油消耗、轮胎消耗、维修费用和部分汽车折旧费用;与汽车使用时间有关的包括部分汽车折旧费用、人员工资、保险费用、执照费、税费和管理费用。

3. 经济效益计算

经济效益应包括直接经济效益和间接经济效益。由于目前对间接经济效益尚无统一规范的方法进行定量计算,因此,在对公路项目进行国民评价时,只能计算项目完成给公路用户带来的直接经济效益。

直接经济效益包括：

(1)降低运营成本效益。包括拟建项目晋级效益和原有公路减少拥挤效益。

(2)旅客时间节约效益。包括使用拟建项目和原有公路旅客时间节约效益。

(3)交通事故减少效益。包括拟建项目和原有公路交通事故减少产生的效益。

三项效益计算的基本方法是"有无对比法"，即计算"项目存在"与"项目不存在"情况下项目所在地区整个路网上道路使用者的总费用，两者之差即为本项目建成后带来的社会经济效益。

4. 经济费用效益分析指标计算

在对拟建项目的建设费用、成本费用按经济费用调整之后，根据项目完成后经济效益的计算结果，即可得出项目的国民经济效益评价结果。表2-28为经济分析指标表。

经济分析指标表　　　　　　　　　　　　　　表2-28

方案	内部收益率(%)	净现值(万元)	动态投资回收期(年)	效益费用比
A方案	14.08	185 944.51	15.92	2.08
B方案	13.25	171 497.57	16.63	1.91

从上述分析中可以看出：在正常条件下，项目的各方案国民经济评价内部收益率高于国民经济评价基准内部收益率(8%)，其他三项指标的结果也良好，说明项目从国民经济角度分析是可行的。

第四节　公路建设项目社会评价

从社会发展的角度，建设项目仅考虑经济效益是远远不够的，还应该考察项目与社会、环境的相互适应性，即项目与自然、社会协调发展。

一、公路建设项目社会评价概述

(一)项目社会评价概念

项目社会评价是通过系统地调查，项目相关社会因素和社会数据收集，分析拟建项目对当地社会的影响和当地社会对项目的适应性和可接受程度，评价项目的社会可行性。

社会评价旨在系统调查和预测拟建项目的建设、运营产生的社会影响与社会效益，分析项目所在地区的社会环境对项目的适应性和可接受程度，通过分析项目涉及的各种社会因素，评价项目的社会可行性，提出项目与当地社会协调措施，规避社会风险，促进项目顺利实施。项目社会评价有利于实现国民经济发展目标与社会发展目标协调统一，有利于项目发展与所在地区利益协调统一，防止项目单纯追求经济效益带来的不利社会影响，有利于避免或减少项目建设和运营的社会风险，提高项目整体投资效益。

（二）项目社会评价目的

项目社会评价包括宏观和微观两个层面。

(1) 从宏观角度考察,建设项目社会评价目的有:

①实现经济和社会的稳定、持续和协调发展。

②满足人们的基本需求。

③保证不同地区间的公平分配。

④充分利用地方资源、人力、技术和知识。

⑤减少或避免项目建设和运行可能导致的社会问题。

(2) 从项目角度考察,建设项目社会评价目的有:

①提出合理方案,完成项目目标。

②保证项目收益在项目所在地区不同群体间的公平分配。

③预测潜在风险并减少不可预见的不良社会后果和影响。

④改进优化项目设计方案。

⑤增强项目所在地区民众自力更生的能力与项目效果的持续性。

⑥防止或尽量减少项目对地区社会文化的损毁。

二、公路建设项目社会评价主要内容

（一）社会影响分析

公路建设项目对社会环境的影响取决于公路项目及所在地区社会环境的特点,建设项目和社会环境条件的不同,社会影响评价范围和内容也不同。

公路建设项目社会环境评价范围首先取决于公路建设项目的规模、等级和标准等;其次取决于公路所在区域的社会环境状况。在公路建设项目具体规模和等级确定的情况下,确定影响评价范围时,应根据社会环境和自然环境的特点,尽可能把对社会环境有较大影响的社会功能区域和敏感区包括在内。一般包括直接影响区、间接影响区和公路沿线范围三类评价范围。

社会环境影响评价内容极其广泛,应把项目引起的范围广、影响大、不可逆的影响因素尽可能列入评价的工作内容,同时也需要防止其内容过多过杂,避免掩盖主要矛盾和加大不必要的工作量。

公路建设项目社会影响评价一般内容包括:公路所在区域社会环境状况分析;公路建设可能对社会结构产生的变化分析;公路建设对影响区域中的工业、农业和其他产业的影响,以及对社会和经济发展计划和规划影响的分析;公路建设对区域居民生活质量、健康质量、文化教育和社会服务等影响的分析;公路项目的环境美学质量评价,公路建设对影响区域文物、名胜景观等影响的分析;公路建设对沿线基础设施的影响分析;公路建设征地拆迁和再安置问题分析,分割沿线村庄和单位、阻碍民众生产和生活往来影响分析;环境保护措施的经济分析;对公众意见分析。

（二）互适性分析

互适性分析是分析项目能否为当地的社会环境、人文条件所接纳,以及当地政府、居民支

持项目存在与发展的程度,考察项目与当地社会环境的相互适应关系,主要内容包括:

(1)分析与项目直接相关的利益群体对项目建设和运营的态度及参与程度,选择可以促进项目成功的各利益群体的参与方式,对可能阻碍项目存在与发展的因素提出防范措施。

(2)分析项目所在地区的各类组织对项目建设和运营的态度,可能在哪些方面、在多大程度上对项目给予支持和配合。

(3)分析预测项目所在地区现有技术、文化状况能否适应项目建设和发展。

(三)社会风险分析

项目社会风险分析是对可能影响项目的各种社会因素进行识别和排序,选择影响面大、持续时间长,并容易导致较大矛盾的社会因素进行预测,分析可能出现这种风险的社会环境和条件。

三、公路建设项目社会评价方法

公路项目社会评价涉及内容广泛,面临社会问题复杂,能够量化的尽量进行定量分析,不能量化的则要根据项目地区的具体情况和投资项目本身的特点进行定性分析。对于经济和环境方面的评价,现在已经形成了一套比较系统的数量评价指标,而对社会方面的评价而言,则主要还是以定性分析为主。主要方法有以下3种:

(1)有无对比分析法。有无对比分析法首先要调查在没有拟建项目的情况下,项目地区的社会状况,并预测项目建成后对该地区社会状况的影响,通过对比分析,确定拟建项目所引起的社会变化,即各种效益与影响的性质和程度。

(2)逻辑框架分析法。社会评价用逻辑框架分析法分析事物的因果关系,通过分析项目的一系列相关变化过程,明确项目的目标及其相关联的先决条件,来改善项目的设计方案。

(3)利益群体分析法。利益群体是指与项目有直接或间接关系,并对项目的成功与否有直接或间接影响的项目有关各方,如项目的收益人、受害人与项目有关的政府组织和非政府组织等。利益群体分析法首先要确定项目利益群体一览表,然后评估利益群体对项目成功所起的重要作用,并根据项目目标对其重要性做出评价,最后提出实施过程中对各利益群体所应采取的措施。

第五节 公路建设项目环境评价

一、公路建设项目环境评价概述

环境影响评价是在环境质量现状监测和调查的基础上,运用模型计算、类比分析等技术手段进行分析、预测和评估,提出预防和减缓不良环境影响措施的技术方法。环境影响评价制度是我国环境保护的一项基本法律制度,是从源头控制环境污染和生态破坏的法律手段。

环境影响评价作为一种环境管理制度,是解决发展中的环境问题,促进经济发展和环境保护相协调,实现经济、环境、社会可持续发展的主要手段,是推动循环经济发展,落实科学发展观,建设资源节约型和环境友好型社会的重要环节。

二、公路建设项目环境评价主要内容

根据现行国家标准,我国公路建设项目环境影响评价划分为社会环境、生态环境、水土保持、声环境、地表水环境、环境空气、景观环境七个方面。

(一)社会环境影响

社会环境是指人类活动已构筑的社会环境所产生的相互依存、相互制约和相互发展的环境。根据《公路建设项目环境影响评价规范》(JTG B03—2006)中的规定,社会环境影响主要包括:社区发展影响、居民生活质量影响、基础设施影响、征迁安置影响、资源利用影响以及发展规划影响等。

(二)生态环境影响

生态环境是指生物本身的生存条件和生存环境,即指生物赖以生存的物质基础。公路建设对生态环境的影响包括以下几个方面:

1. 对野生动植物及栖息地的影响

(1)施工期间对野生动植物及栖息地的影响。

修建公路须取土填筑路堤,开挖岗丘形成路堑,必将破坏原有植被及土体原有的自然结构和水的循环路径,破坏土体的自然平衡,干扰动物栖息环境,影响动物生长活动规律,阻碍生态系统蔓延,改变部分野生动植物的栖息、繁殖、迁徙场所,这将不同程度地威胁到它们的生存与繁殖,从而影响该区域的生物资源。一些有特殊要求的生物和种群向偏僻地方或其他地区迁移,使动物的活动区域缩小,领地被重新划分,导致种群变小和种群间交流减少。修建高速公路对湿地动植物及其栖息地也会产生影响。由于公路阻隔,造成地表水及地下水径流方向改变,对洄游性水生生物及动物栖息迁移方式造成影响,如分割动物群,减少动物种类等;施工中改变河道,造成水流速度改变,也会破坏水生生物的栖息场所和繁殖地。

(2)公路运营对野生动植物及栖息地的影响。

公路通道相交或阻碍会导致使用这些通道的动物失去原有的生活条件,进而迁移到别处生存或死亡。而且,公路对生物生存空间的分割,使公路附近的动物容易被汽车撞伤、压死。此外,由于汽车废气、噪声、有害物质的产生,会使生物栖息的生态环境(空气、水、土壤)逐渐恶化,引起生物发育不良,繁殖机能减退,疾病增多,抗病能力下降,从而造成种群数量减少(特别是珍稀物种),有时可能会影响到整个生物群落。

2. 对生态敏感区的影响

由于公路具有跨越一切地域或环境要素的特点,使得公路建设可能会破坏一些特殊的、敏感的生态系统,如原始森林、自然保护区、风景名胜区以及水源保护区等,这些生态系统孕育的物种特别丰富,其损失会导致较多的生物物种灭绝或灭绝威胁。如果对这些生态系统的重要性认识不够,那么公路建设活动会严重影响这些重要的生态系统,最终会造成无法挽回的损失。

(三)水土流失影响

公路建设中路堑开挖、路堤填筑、桥基施工、隧道开挖、取(弃)土石、修施工便道、服务设施建设等活动,破坏了公路沿线原有地貌和植被,扰动了土体结构,致使土体抗蚀能力降低,从而导致在上述施工实施过程中引起多种形式的新增水土流失,加剧水土流失的危害。

公路运营期初期仍然存在一定程度的水土流失现象。但是相比施工阶段,这一侵蚀程度要轻很多。随着公路水土保持生态措施的逐渐恢复和改善,公路建设造成的水土流失量将逐渐减少,直至达到新的稳定状态。

(四)声环境影响

1. 施工期声环境影响

公路施工机械化作业会产生噪声,对施工人员与附近居民点、学校及医院等正常工作和生活造成影响。但是相对运营期而言,建设期施工噪声影响是短期的、暂时的,而且具有局部路段特性。施工期噪声主要来自:

(1)施工现场运输机械、筑路机械和其他施工机械以及进行爆破等作业时产生的噪声。

(2)各种施工拌和、拌和站及料场工作时产生的噪声。

2. 运营期声环境影响

营运期噪声主要来自道路通行车辆产生的噪声。噪声对敏感点的影响强度与车辆的流量、车型、车速、路面、线形、公路两侧的环境特征及敏感点的距离有关。交通噪声也将形成高速公路两侧200～300m范围内的噪声污染带。当前,噪声污染是道路交通中不可忽视的问题。

运营期交通噪声强度高、影响范围广、持续时间长,将对沿线居民正常工作和生活带来许多不利影响,如干扰正常休息和睡眠,使人感到神经紧张、心情烦躁、注意力不易集中、容易疲劳等,长期作用会导致中枢神经功能性障碍,引起头痛、头晕、失眠等植物性神经衰弱症候群。另外,交通噪声还会影响到沿线经济发展,使房地产、工厂、商业大厦等的经济效率和生产效率有不同程度的下降。

(五)地表水环境影响

1. 施工期造成的水污染

(1)道路施工中的弃土、弃渣等固体废物直接排入水体,将会造成水质浑浊,降低透明度,若固体物质大量沉积河底,会改变原有底栖生物的生存环境,对水生生物造成危害,而且还会影响河流水文条件,降低河流泄洪能力等。

(2)大桥施工时对河流的污染主要是向水体弃渣,向水体抛、冒、滴、漏有毒化学物,如各类桥面防渗使用的化学材料等。

(3)施工驻地产生的生活污水和生活垃圾以及施工产生的废水排放等所造成的水污染。

2. 运营期造成的水污染

(1)公路服务区产生的生活污水、洗车台的污水、加油站的地面冲洗水、路段管理处及收费站的生活污水等。

(2)路面固体废物随雨水流入水体而造成污染。一般地,路面径流不会对水体和土壤造成大面积的污染。当公路距自然保护区、水源保护地、水产养殖区或对水质有特殊要求的水体较近时,就应考虑其对水环境的污染。

(3)运输化学有害物质的车辆因交通事故或储存容器损坏泄漏而污染河流,有的甚至威胁到人民的生命。

(六)环境空气影响

1. 施工期环境空气影响

在公路施工过程中对环境空气产生的污染主要有:

(1)公路建筑材料中的石灰、水泥、粉煤灰等含有大量的粉尘,在运输和施工过程中如果不采取适当措施,会产生大量的扬尘,对周围空气造成污染。

(2)施工中所使用的便道,特别是在干旱季节,经施工车辆多次碾压后,路面泥土变成粉末状,也会造成扬尘,对周围空气造成污染。

(3)沥青加热过程中产生的有害气体。

2. 营运期环境空气影响

公路营运期间对环境空气的污染主要来自车辆交通排放的污染物,污染物包括一氧化碳(CO)、二氧化氮(NO_2)、碳氢化合物(HC)、二氧化硫(SO_2)、固体颗粒物、二氧化碳(CO_2)等。

(七)景观环境影响

公路景观是指公路路线、路面、沿线构造物、沿线设施、附属设施等人工构造物同公路通过地带的自然景观与人文景观相互融合后构成的景观。公路建设对景观格局产生的影响包括:

(1)地表植被被大量破坏,使景观要素发生变化,景观斑块的比例结构也就发生相应的变化;

(2)在原来的景观系统中融入新的景观要素,增加了景观的碎裂度,出现新的景观斑块;

(3)由于公路是大型构筑物,因此在景观相邻组分之间增加了一道屏障,对景观造成分裂效果。

此外,挖方和填方路段由片石砌成的不能进行生态处置的边坡以及开山取石破坏了山体的植被和自然曲线,对景观也有一定的影响。特别是,随着公路向山区发展,大量的自然景观遭到破坏,树木被毁、岩石裸露、高山变得千疮百孔,严重影响了路容美观。因此,公路景观应注重公路构造物与自然景观和人文景观的相互协调,并且更多地关注自然、关注生态。

(八)节能评价

公路工程的能源消耗主要有施工期间的能源消耗和运营过程的车辆燃料消耗。

1. 施工期间的能源消耗

公路建设项目在施工期间的能源消耗主要表现在沥青、水泥、集料等建筑材料的生产、运输、拌和、碾压、养生等过程中的资源消耗,土石方的填挖的资源消耗等。

2. 运营期间的能源消耗

运营期间的能源消耗主要指车辆燃油、轮胎及磨损消耗。道路线性、设计指标、路面使用状况等是影响车辆消耗主要因素。此外，道路交通条件及管理水平也对车辆消耗有一定影响。

三、公路建设项目环境评价方法

公路建设项目环境影响评价的方法主要有以下几种。

1. 综合指数法

此法又称巴特尔环境评价系统，由美国 Battelle Colambus 研究所于 1972 年提出。它的特点是将各种复杂的环境影响参数转换成环境质量等级值——某种指数或评价值，来表示建设项目对环境的影响，并据此确定出供选择的方案。一般在单因子指数的基础上进行环境影响的综合评价。

首先，确定单因子指数：

$$p_{ij} = \frac{c_{ij}}{c_{sij}} \tag{2-53}$$

式中：p_{ij}——单因子指数；

c_{ij}——某环境要素 i 第 j 个环境因子环境质量现状监测值或环境影响预测值；

c_{sij}——某环境要素 i 第 j 个环境因子的环境质量标准值。

其次，要根据环境因子的主次关系和重要程度确定各因子的权重。

第三步，确定环境影响综合指数：

$$p = \sum_{i=1}^{m} w_i \left(\sum_{j=1}^{n} w_j p_{ij} \right) \tag{2-54}$$

式中：p——环境影响综合指数；

p_{ij}——单因子指数；

w_i——要素 i 中第 j 个环境因子的权重；

w_j——第 i 个要素的权重。

最后通过各种方案的评分比较就可以对选择方案做出抉择。

此种评价方法是一种条理清理、选择性强的评价方法，它能够全面系统地识别各种关键性变化，但是对有关社会经济方面的评价显得有些不足。

2. 图形叠置法

此法由 Mc Harg(1968、1969 年)提出，因此也称 Mc Harg 图示法。该法首先将所研究的地区划分成若干个环境单元，再搜集每一个单元的有关环境要素特征（如土地利用状况、植被状况、生态状况、美学等），分别做出各种环境要素的单幅环境图，然后将这些单环境图叠置起来，做出一个复合图，以表示地区的综合环境特征。该图能反映出建设项目对环境的影响范围、影响性质及影响的相对大小。据此可进行综合分析，判断环境影响的范围、性质和程度。

通过图上所表示的不同颜色以及阴影的深浅等色相来表示影响的大小。

这种方法使用简便，但对环境影响不能做出定量评价，也不能在图上表示出加权的含义，对社会经济因素在图上很难表示清楚。因此，要辅以文字叙述、表格或补充材料等，才能完成综合评价的要求。这种方法能反映各种环境因素的分布状况，所以，它最适于应用在与线路和位置的选择有关的方案比较上。

例如,铁路、公路、输油管线、输电线等的选线,各种工厂和大型工程的位置选择等。

3. 清单法

根据环境影响识别过程,有关专家在1971年提出了根据可能受开发方案影响的环境因子和可能产生的影响性质,核查在一张表上所列出的识别方法,故亦称"列表清单法"或"一览表法"。

清单法是环境影响评价的基本方法之一。清单法的基本表达形式是一个包含大量与建设项目有关的环境因素的一览表,通过对影响值的运算进行影响评价。通过专业判断,以比较不同方案对各环境因素的相对影响,并按照影响的程度、好坏分成等级。然后,通过分析不同方案对各环境因素影响的程度以影响值给出,通过影响值的运算来评价各方案的优劣。

一张适用于所有计划、行动和环境条件的,包括一切影响的清单过于庞大和烦琐。同时,也因包含的资料太广泛反而不能充分说明影响的性质。因此,可进一步制定适用于具体管辖范围内的各种特定行动的影响清单,如适用于住宅工程、公路、污水处理设施、核电厂、机场等的影响清单。

4. 矩阵法

矩阵以建设项目的各种活动为行,以各种环境参数为列,即可能影响的自然环境、经济、社会、文化和土地利用规划等各方面的环境因素。这样,可以通过相应的行和列的交点来确定实际的开发活动和环境变化之间的各种可能情况与影响。它包括:

(1)简单矩阵:这是表示项目活动与环境参数关系的二维图表。

(2)定量分级矩阵:这是一种模式化的简单矩阵。通过应用分级系统,可以把影响的"等级"和"重要程度"在矩阵中表示出来。

列昂波特(L. B. Leopold)最早开展了这方面的工作,并建立了Leopold矩阵,该矩阵几乎适用所有类型的基建项目。表2-29是Leopold矩阵的示例。

Leopold 矩阵示例 表2-29

环境因素	施工期					运营期			
	清理场地	开挖地面	物料运输	施工机械	…	废气	废水	噪声	…
大气环境	-1S	-1S	-2S			-1L			
水环境				-1S			-2L		
声环境		-1S	-1S	-2S				-2L	

注:"-"——不利影响;"S"——短期影响;"L"——长期影响;"1,2…"——影响程度依次增大。

矩阵方法和清单法的相似处在于,都是在专家们经验的基础上进行评价,可以十分有效地向非专业人员提供直观信息,但矩阵本身不能为决策提供合适的判断依据,该方法注重产生影响的活动和受此影响的环境行为要素之间的直接影响,不能反映间接影响和累积影响。

5. 其他方法

随着科学技术的发展,计算机应用的普及,预测和评价的方法越来越多,各种新的环境评价方法相继出现。其中有:灰色分析、灰色聚类方法、灰色关联模型、灰色预测模型GM、模糊聚类方法、模糊综合评价方法、层次分析等,这些方法在环境评价中各有优势。

本 章 小 结

公路建设项目评价包括财务评价、国民经济评价、社会评价和环境评价。

工程经济基本概念包括资金的时间价值、利息、利润、单利、复利、现金流量、现金流量图、资金等值、基准收益率、资金成本、机会成本。资金等值变换是项目经济分析的基础,需要重点掌握。项目经济评价指标包括净现值、净年值、内部收益率、投资回收期。

公路建设项目的经济评价分为经济费用分析和财务分析。

财务评价是在国家现行财税制度和价格体系的前提下,从项目的角度出发,计算项目范围内的财务效益和费用,编制财务分析报表,分析项目的盈利能力和清偿能力,评价项目在财务上的可行性。

公路建设项目财务评价流程包括:分析和估算项目的财务基础数据;选取财务分析指标和参数;融资前分析;融资后分析。财务评价基本报表包括各类现金流量表、利润与利润分配表、财务计划现金流量表、资产负债表和借款还本付息估算表等。

国民经济评价是在宏观层面上,通过对项目的直接效益、直接费用以及间接效益和间接费用的分析,考察项目的经济合理性。影子价格包括市场定价货物的影子价格、政府调控价格货物的影子价格、特殊投入物的影子价格三类。国民经济效益与费用计算时应别除转移支付。公路建设项目国民经济评价指标包括社会折现率、经济净现值、经济内部收益率、经济效益费用比。

公路建设项目社会评价主要内容包括社会影响评价、互适性分析、社会风险分析。社会评价方法包括有无对比分析法、逻辑框架分析法、利益群体分析法。

公路建设项目环境影响评价划分为社会环境、生态环境、水土保持、声环境、地表水环境、环境空气、景观环境七个方面。环境影响评价的方法主要有类比法、专家调查法、环境影响模型分析法。

复习思考题

1. 简述公路建设项目评价的内容。
2. 简述项目经济分析的指标及其计算方法。
3. 简述公路建设项目经济评价指标及方法。
4. 公路建设项目是如何进行项目财务评价的?论述公路建设项目财务评价的主要内容。
5. 试对比分析国民经济评价和财务评价的不同。
6. 如何进行公路建设项目国民经济评价?
7. 简述公路建设项目社会评价的目的和内容。
8. 试分析公路建设项目进行环境评价的必要性,并介绍公路建设项目环境评价的内容。

第三章
公路建设项目投资决策

【学习目的与要求】

通过本章学习,掌握公路建设项目投资决策理论、内容及方法。熟悉公路建设项目可行性研究程序及内容,掌握公路项目投资估算计算、不确定性分析方法,了解实物期权理论,并能将其灵活应用到公路建设项目投资决策中。

公路建设项目决策分为初步可行性研究、项目建议书、工程可行性研究以及项目评估与决策4个阶段。本章内容包括可行性研究工作程序及主要内容;项目投资估算类型及其估算方法;不确定性分析类型及方法;实物期权理论及在公路建设投资决策中的应用。

第一节 工程项目投资决策基础

公路建设项目投资决策阶段,公路建设主管部门或建设单位根据国家交通发展规划及社会发展需求,按照公路建设程序,通过项目建设建议书、可行性研究、投资估算分析,提出项目投资建设方案建议。

一、公路建设项目投资决策目标

项目投资决策指公路建设项目发起人(通常指政府及其他投资人),通过对公路项目的必要性、投资目标、投资结构、融资模式、投资成本与收益、投资经济及社会效益等投资活动中的重大问题进行分析、判断和选择,最终确定投资方案的过程。投资决策核心在于分析各个投资方案的预期收益和预期成本,确定最佳投资方案。项目投资决策要求在一定资源条件下,用尽可能小的投资成本实现项目预期投资目标。项目投资决策的重要特性之一是投资具有风险性。

公路建设项目成功与否,很大程度上取决于项目建设时机是否合适,规模是否合理,技术标准和建设方案选择是否适用、可靠,项目投融资方案是否可行。全面详细的现场调查与资料收集,科学合理的评价程序与方法,准确的投资估算测算和可行的融资方案设计是公路建设项目投资科学决策的保证。

二、工程项目投资决策阶段

项目决策一般分为4个阶段:预可行性研究、项目建议书、工程可行性研究以及项目评估与决策。

(一)预可行性研究

预可行性研究亦被称为初步可行性研究,或前可行性研究,是在机会研究的基础上,依据项目所在地区域经济社会发展规划、交通发展规划和其他相关规划,通过实地踏勘和调查,重点研究项目建设必要性和建设时机,初步确定建设项目的通道或走廊带,并对项目建设规模、技术标准、建设资金、经济效益等进行必要分析论证,并编制预可行性研究报告,作为项目建议书的依据。

(二)项目建议书

根据国家国民经济和社会发展的战略目标和长远规划、行业发展战略和规划及地区发展规划的要求,通过拟建地区交通运输经济发展需求分析,确定公路建设项目的必要性和可行性条件,对拟建项目提出框架性的总体设计。项目建议书工作内容一般包括:项目建设背景、意义、公路运输发展需求、项目建议方案、投资估算、投资方式和资金来源、经济效益、建设条件初步论证及项目风险等。项目建议书依据的数据资料较为笼统,研究结论比较粗略,该阶段投资估算误差范围为±30%,所需费用占投资总额的0.1%~1%。项目建议书论证表明投资项目可行,即可进行工程可行性研究阶段。

(三)工程可行性研究

交通运输部《公路建设项目可行性研究报告编制办法》明确指出,公路建设项目可行性研究,是对项目建设的必要性、技术可行性、经济合理性和实施可能性进行综合研究论证的工作,是公路建设项目前期工作的重要组成部分,是建设项目建设的主要依据。项目建设必要性是对可行性研究报告中提出的项目建设基础条件的分析和评估。技术可行性一方面是指项目采用现代技术是否可靠,能否实现,另一方面是指完成项目需要何种新技术的论证。项目经济合理性是可行性研究的核心,经济合理性由费用—效益分析(即经济评价)来反映。实施可能性是对建设项目的主客观条件所作的分析和结论。工程可行性研究阶段投资估算和资金来源也是需要重点研究的内容,投资估算的误差范围为项目最终结算的±30%,小型项目所需费用占投资总额的 1%~3%,大型复杂的项目所需费用占投资总额的 0.2%~1%。

公路项目工程可行性研究的主要内容包括社会经济调查、分析与预测,交通调查、分析与预测,建设条件与建设方案研究,投资估算,经济与财务评价,环境评价等。公路建设项目可行性研究的核心内容是交通量预测、经济及技术方案比选。批准的工可是项目初步设计的依据。

(四)项目评估与决策

项目评估是由投资决策部门组织或授权于有关咨询机构或专家,代表委托方对项目可行性研究报告进行全面的审核和再评价,分析判断项目可行性研究的可靠性、真实性和客观性,编写项目评估报告,由投资决策部门做出最终投资决策。

第二节　公路建设项目可行性研究

公路建设项目可行性研究是对项目建设的必要性、技术可行性、经济合理性和实施可能性进行综合性研究论证的工作,是公路建设项目前期工作的重要组成部分,是建设项目决策的主要依据。公路建设项目可行性研究,按其工作阶段可分为预可行性研究和工程可行性研究。

一、适用范围及要求

公路建设项目可行性研究适用于各类公路建设项目(含长大桥梁、隧道等独立工程建设项目),小型公路建设项目可适当简化,对于实行核准制或备案制的项目,其项目申请报告或资金申请报告的相关内容可参照执行。

公路建设项目预可行性研究要求通过实地踏勘和调查,重点研究项目建设的必要性和建设时机,初步确定建设项目的通道或走廊带,并对项目的建设规模、技术标准、建设资金、经济效益等进行必要的分析论证,编制研究报告,作为项目建议书的依据。公路建设项目工程可行性研究要求进行充分的调查、研究,通过必要的测量和地质勘察,对可能的建设方案从技术、经济、安全、环境等方面进行综合比选论证,研究确定项目起、终点,提出推荐方案明确建设规模、确定技术标准、估算项目投资、分析投资效益,编制研究报告。工程可行性研究报告一经批准,即为初步设计应遵循的依据。

公路建设项目预可行性研究,应在对可能的工程建设方案进行初步比选的基础上,筛选出有比较价值的方案,进一步做同等深度的技术、建设费用、经济效益比选。工程可行性研究阶段应进行必要的地质勘探,对长大桥梁、隧道等控制性工程,可采用遥感、物探、地质调绘等进行专项的地质勘探和调查,地质条件复杂时需进行必要的钻探分析。初步设计概算与工程可行性研究投资估算之差,应控制在投资估算的 10% 以内。

二、公路建设项目可行性研究内容

公路建设项目的可行性研究通过必要的测量、地质勘查、社会经济分析等,在充分调查和分析的基础上,对不同建议方案从经济、技术等角度进行综合论证,提出推荐建设方案,审批后作为编制初步设计的依据。公路建设项目可行性研究主要研究内容有以下几点:

（1）公路项目建设的依据、规划及背景。

（2）建设项目地理位置、地形地貌、地质、地震、气候、水文等自然特征调查分析。

（3）分析建设地区综合运输网络的交通运输现状、原有公路的技术状况及适应程度和建设项目在交通运输网络的地位及作用。

（4）阐述建设项目所在地区的经济特征，研究建设项目与经济发展的内在联系，预测交通量、运输量的发展水平。

（5）分析论证建筑材料来源及运输条件。

（6）论证不同建设方案的路线起讫点和主要控制点、建设规模、标准，提出推荐意见。

（7）评价建设项目对环境的影响。

（8）测算主要工程量、征地拆迁数量、估算投资，提出资金筹措方式。

（9）提出公路建设项目初步勘察设计方案、施工建设计划安排等。

（10）确定运输成本及相关经济参数，进行经济评价、敏感性分析，对收费公路还需做出财务分析。

（11）从项目经济、环保、节能、安全等方面评价推荐方案，并提出存在的问题和相关建议。

三、公路建设项目可行性研究报告编制办法

（1）编制预可行性研究报告，应以项目所在地区域经济社会发展规划、交通发展规划和其他相关规划为依据；编制工程可行性研究报告，原则上以批准的项目建议书为依据。

（2）公路建设项目预可行性研究，要求通过实地踏勘和调查，重点研究项目建设的必要性和建设时机，初步确定建设项目的通道或走廊带，并对项目规模、技术标准、建设资金、经济效益等进行必要的分析论证，编制研究报告，作为项目建议书的依据。公路建设项目可行性研究，要求进行充分的调查研究，通过必要的测量和地质勘察，对可能的建设方案从技术、经济、安全、环境等方面进行综合比选论证，研究确定项目的起、终点，提出推荐方案，明确建设规模，确定技术标准，估算项目投资，分析投资效益，编制研究报告。工程可行性研究报告一经批准，即为初步设计应遵循的依据。

（3）公路建设项目可行性研究报告的主要内容应包括项目经济社会及交通运输的现状与发展、交通量预测、建设的必要性、技术标准、建设条件、建设方案及规模、投资估算及资金筹措、经济评价、实施安排、土地利用评价、工程环境评价、节能评价、社会评价等，对于特殊复杂的重大项目，还应进行风险分析。

（4）公路建设项目可行性研究报告，应在对可能的工程建设方案进行初步比选的基础上，筛选出有比较价值的方案，进一步做同等深度的技术、建设费用、经济效益比选。二级及以上公路的预可行性、工程可行性研究阶段的路线方法，应分别在1:50 000、1:10 000或更大比例尺地形图上进行研究，其中特殊困难路段需分别在1:10 000、1:2 000地形图上进行研究；工程可行性研究阶段应进行必要的地质勘探，对长大桥梁、隧道等控制性工程，可采用遥感、物探、地质调绘等进行专项的地质勘探和调查，地质条件复杂时需进行必要的钻探分析。工程可行性研究阶段投资估算与初步设计概算之差，应控制在投资估算的10%以内。

（5）编制可行性研究报告，必须遵守国家的各项政策、法规并执行交通运输部颁布的相关标准、规范、规定等。研究工作必须科学、客观、公正。

(6)公路建设项目可行性研究报告应由具备相应的工程咨询资质的机构编制。编制单位对报告的质量负责。多个编制单位共同承担项目时,应确定一个主办单位。主办单位应负责协调有关参加单位承担的工作,各个部分工作相互衔接,内容统一。主办单位应对研究报告全面负责。

(7)公路建设项目可行性研究报告编制完成后,经项目负责人、编制单位的技术负责人和单位主管签字后报送主管部门或委托单位。

公路建设项目可行性研究报告的审批按国家有关规定办理。需中央政府审批的项目先由地方政府进行预审,提出预审意见,对报告进行修改完善后再上报审批。已完成的公路建设项目可行性研究报告,其基础依据有重大变化时,应及时修改完善或重新编制;已经批复的报告,应重新报批。

第三节 公路建设项目投资估算

公路建设项目投资估算是可行性研究阶段重要组成文件,是对拟建公路项目未来投资费用的估计,是后期项目初步设计概算的控制指标,是项目融资及贷款计划的依据,也是准确核算国民经济效益及项目财务指标的重要依据。

一、公路建设项目投资估算

(一)公路建设项目投资估算编制原则

公路建设项目投资估算应根据项目建议书和工程可行性研究报告的工作深度,核实工程项目及其数量,结合工程所在地建设条件,按现行《公路工程估算指标》(JTG/T M21—2011)和投资估算办法规定编制。投资估算编制必须严格执行国家的方针、政策和有关规定,并应符合公路工程行业标准、规范和规定。投资估算文件应达到规定质量要求。投资估算应由具有相应资质的设计、工程(造价)咨询单位负责编制。编制、审核人员必须持有公路工程造价人员执业资格证书,并对工程造价文件的编制质量负责。当一个建设项目由两个以上设计(咨询)单位共同承担设计时,各设计(咨询)单位应负责编制所承担设计的单项或单位工程投资估算。主体设计(咨询)单位应负责编制原则和依据、工程设备与材料价格、取费标准等的协调与统一,汇编总估算,并对全部估算的编制质量负责。

(二)公路项目投资估算编制依据

(1)国家发布的有关法律、法规、规章、规程等。

(2)现行《公路工程估算指标》(JTG/T M21—2011)、《公路工程概算定额》(JTG/T B06-01—2007)、《公路工程预算定额》(JTG/T B06-2—2007)、《公路工程机械台班费用定额》(JTG/T B06-03—2007)等。

(3)工程所在地省级交通运输主管部门发布的补充计价依据。

(4)批准的项目建议书等有关资料。

(5)项目建议书或工程可行性研究、图纸等设计文件。

(6)工程所在地的人工、材料、机械及设备预算价格等。
(7)工程所在地的自然、技术、经济条件等资料。
(8)工程实施方案。
(9)有关合同、协议等。
(10)其他有关资料。

(三)投资估算项目

公路建设项目中的互通式立体交叉、辅道、支线,当工程规模较大时,也可按投资估算项目表单独编制建筑安装工程费,然后将其建筑安装工程总金额列入路线的总估算表中相应的项目内。

投资估算项目主要包括以下内容:
第一部分:建筑安装工程费。
第一项:临时工程;
第二项:路基工程;
第三项:路面工程;
第四项:桥梁涵洞工程;
第五项:交叉工程;
第六项:隧道工程;
第七项:公路设施及预埋管线工程;
第八项:绿化及环境保护工程;
第九项:管理、养护及服务房屋。
第二部分:设备及工具、器具购置费。
第三部分:工程建设其他费用。

(四)投资估算意义及作用

公路建设项目投资估算是公路建设决策阶段的核心任务,是项目建议书和工程可行性研究报告中不可或缺的组成部分,也是后期项目初步设计、投资控制的依据。投资估算的准确程度,直接影响项目投资决策的正确性,初步设计概算和施工图预算的编制,以及项目融资方案设计。因此,公路建设项目投资合理估算对实现项目科学决策极为重要。

(1)投资估算是项目投资决策依据,公路项目建设单位根据拟建项目工程可行性研究结论及相应投资估算额,分析、评估、筛选项目最优方案,确定公路项目建设方案;
(2)公路建设项目投资估算是初步设计概算依据,公路建设项目采用限额设计,要求初步设计概算不得突破批准的投资估算的10%;
(3)投资估算是项目后续融资方案设计及银行贷款计划的重要参考指标;
(4)投资估算在核算项目固定资产投资和编制固定资产投资计划方面起着重要作用。

二、公路建设项目投资估算构成

公路建设项目投资估算包括建筑安装工程费、设备工具、器具及家具购置费、预备费和工程建设其他费用,各部分的费用组成见图3-1~图3-5。

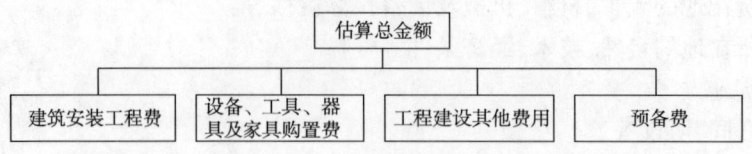

图 3-1　估算总金额的组成

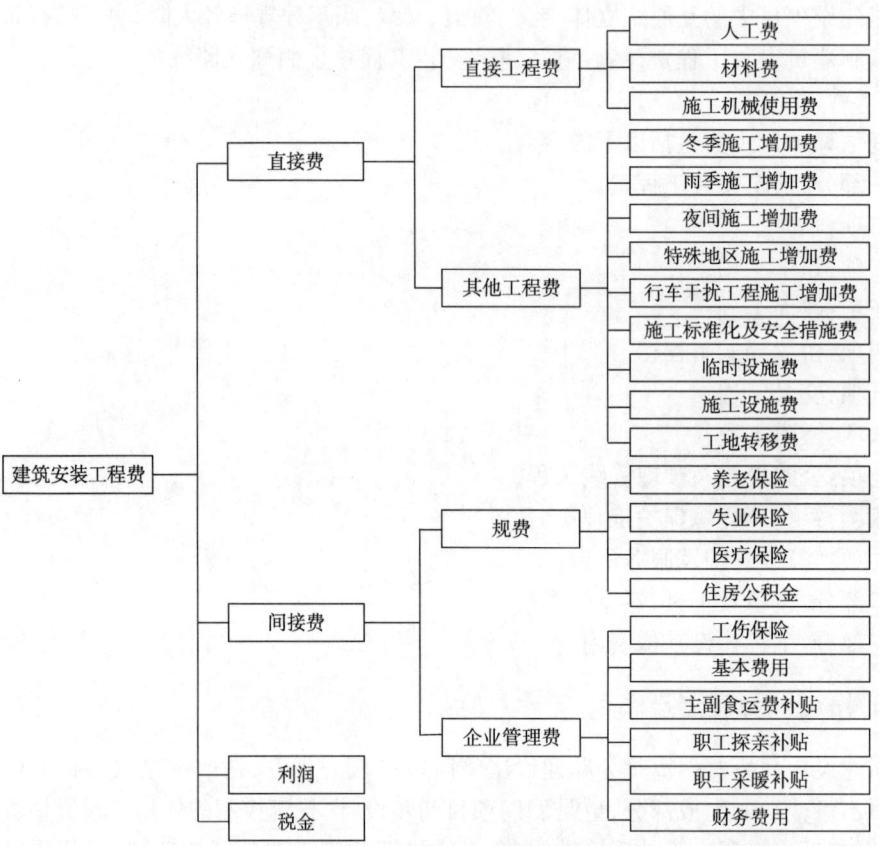

图 3-2　建筑安装费用的组成

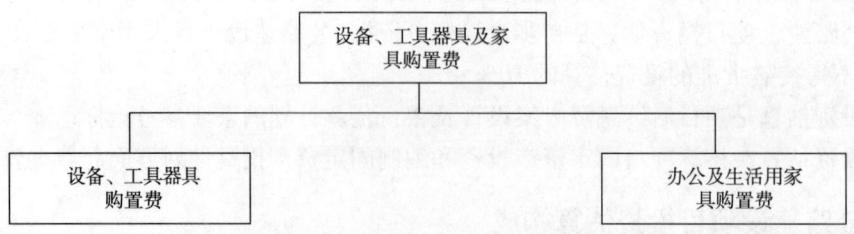

图 3-3　设备、工具器具及家具购置费的组成

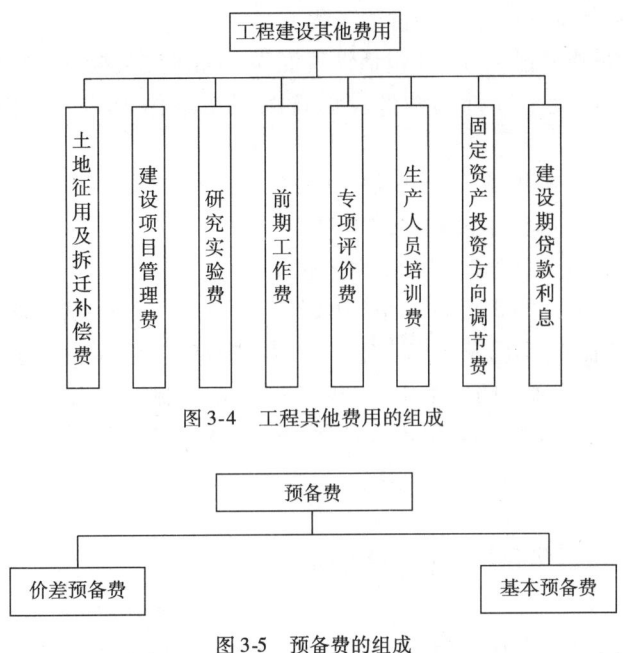

图 3-4 工程其他费用的组成

图 3-5 预备费的组成

三、建筑安装工程费估算

建筑安装工程费包括直接费、间接费、利润及税金。其中直接费包括直接工程费和其他工程费,间接费包括规费和企业管理费。

(一)工程类别的划分

其他工程费及间接费取费标准的工程类别划分如下:

(1)人工土方:系指人工施工的路基、改河等土方工程,以及人工施工的砍树、挖根、除草、平整场地、挖盖山土等工程项目,并适用于无路面的便道工程。

(2)机械土方:系指机械施工的路基、改河等土方工程,以及机械施工的砍树、挖根、除草等工程项目。

(3)汽车运输:系指汽车、拖拉机、机动翻斗车等运送的路基、改河土(石)方路面基层和面层混合料、水泥混凝土及预制构件、绿化苗、木等。

(4)人工石方:系指人工施工的路基、改河等石方工程,以及人工施工的挖盖山石项目。

(5)机械石方:系指机械施工的路基、改河等石方工程(机械打眼即属机械施工)。

(6)高级路面:系指沥青混凝土路面、厂拌沥青碎石路面和水泥混凝土路面的面层。

(7)其他路面:系指除高级路面以外的其他路面面层,各等级路面的基层、底基层、垫层、透层、黏层、封层,采用结合料稳定的路基和软土等特殊路基处理等工程,以及有路面的便道工程。

(8)构造物Ⅰ:系指无夜间施工的桥梁、涵洞、防护(包括绿化)及其他工程,交通工程及沿线设施工程[设备安装及金属标志牌、防撞钢护栏、防眩板(网)、隔离栅、防护网除外],以及临时工程中的便桥、电力电信线路、轨道铺设等工程项目。

(9)构造物Ⅱ:系指有夜间施工的桥梁工程。

(10)构造物Ⅲ:系指商品混凝土(包括沥青混凝土和水泥混凝土)的浇筑和外购构件及设备的安装工程。商品混凝土和外购构件及设备的费用不作为其他工程费和间接费的计算基数。

(11)技术复杂大桥:系指单孔跨径在120m以上(含120m)和基础水深在10m以上(含10m)的大桥主桥部分的基础、下部和上部工程。

(12)隧道:系指隧道工程的洞门及洞内土建工程。

(13)钢材及钢结构:系指钢桥及钢吊桥的上部构造,钢沉井、钢围堰、钢套箱及钢护筒等基础工程、钢索塔、钢锚箱、钢筋及预应力钢材、模数式及橡胶板式伸缩缝、钢盆式橡胶支座、四氟板式橡胶支座,金属标志牌、防撞钢护栏、防眩板网、隔离栅、防护网等工程项目。

购买路基填料的费用不作为其他工程费和间接费的计算基数。

(二)直接费

直接费是由直接工程费和其他工程费组成。

1.直接工程费

直接工程费是指施工过程中耗费的构成工程实体和有助于工程形成的各项费用,包括人工费、材料费、施工机械使用费。

(1)人工费。

人工费系指列入现行《公路工程估算指标》(JTG/T M21—2011)为直接从事建筑安装工程施工的生产工人开支的各项费用,内容包括:

①基本工资:系指发放生产工人的基本工资、流动施工津贴和生产工人劳动保护费,以及职工缴纳的养老、失业、医疗保险费和住房公积金等。

生产工人劳动保护费系指按国家有关部门规定标准发放的劳动保护用品的购置费及修理费、徒工服装补贴、防暑降温费、在有碍身体健康环境中施工的保健费用等。

②工资性补贴:系指按规定标准发放的物价补贴,煤、燃气补贴,交通补贴,地区津贴等。

③生产工人辅助工资:系指生产工人年有效施工天数以外非作业天数的工资,包括开会和执行必要的社会义务时间的工资,职工学习、培训期的工资,调动工作、探亲、休假期间的工资,因气候影响停工期间的工资,女工哺乳时间的工资,病假在六个月以内的工资及产、婚、丧假期的工资。

④职工福利费:系指按国家规定标准计提的职工福利费。

人工费以现行《公路工程估算指标》(JTG/T M21—2011)中人工工日数乘以人工费标准计算。

人工费标准按照本地区公路建设项目的人工工资统计情况并结合工种组成、定额消耗、最低工资标准以及公路建设劳务市场情况进行综合分析确定,由各省、自治区、直辖市交通运输厅(局)、委审批并公布。人工标准仅作为编制投资估算的依据,不作为施工企业实发工资的依据。

(2)材料费。

材料费系指施工过程中耗用的构成工程实体的原材料、辅助材料、构(配)件、零件、半成品、成品的用量和周转材料的摊销量,按工程所在地的材料预算价格计算的费用。

材料预算价格由材料原价、运杂费、场外运输损耗、采购及仓库保管费组成。按下式计算：

材料预算价格 =（材料原价 + 运杂费）×（1 + 场外运输损耗率）× (1 + 采购及保管费率) – 包装品回收价值

①材料原价。各种材料原价按以下规定计算。

外购材料：国家或地方的工业产品，按工业产品出厂价格或供销部门的供应价格计算，并根据情况加计供销部门手续费和包装费。如供应情况、交货条件不明确时，可采用当地规定的价格计算。

地方性材料：地方性材料包括外购的砂、石材料等，按实际调查价格或当地主管部门规定的预算价格计算。

自采材料：自采的砂、石、黏土等自采材料，按现行《公路工程预算定额》（JTG/T B06-01—2007）中开采单价加辅助生产间接费和矿产资源税（如有）计算。

材料原价应按实计取。各省、自治区、直辖市公路（交通）工程造价（定额）管理站应通过调查，编制本地区的材料价格信息，供编制投资估算使用。

②运杂费。运杂费系指材料自供应地点至工地仓库的运杂费用，包括装卸费、运费，如果发生，还应计囤存费及其他杂费（如过磅、标签、支撑加固、路桥通行等费用）。

通过铁路、水路和公路运输部门运输的材料，按当地交通部门规定的运价计算运费。

施工单位自办的运输，单程运距15km以上的长途汽车运输按当地交通部门规定的统一运价计算运费，单程运距5~15km的汽车运输按当地交通运输部门规定的统一运价计算运费，当工程所在地交通不便、社会运输力量缺乏时，允许按当地交通运输部门规定的统一运价加50%计算运费；单程运距5km及以内的汽车运输以及人力场外运输，按现行《公路工程预算定额》（JTG/T B06-01—2007）计算运费，其中人力装卸和运输另按人工费加计辅助生产间接费。

一种材料如有两个以上的供应点时，应根据不同的运距、运量、运价采用加权平均的方法计算运费。

由于汽车运输台班已考虑工地便道特点，因此平均运距中汽车运输便道里程不得乘调整系数，也不得在工地仓库或堆料场之外再加场内运距或二次倒运的运距。

有容器或包装的材料及长大轻浮材料，应按表3-1规定的毛重计算。桶装沥青、汽油、柴油按每吨摊销一个旧汽油桶计算包装费（不计回收）。

材料毛重系数及单位毛量　　　　　表3-1

材料名称	单位	毛重系数	单位毛重
爆破材料	t	1.35	—
水泥、块状沥青	t	1.01	—
铁钉、铁件、焊条	t	1.10	—
液体沥青、液体燃料、水	t	桶装1.17，油罐车装1.00	—
木料	m^3	—	1.000t
草袋	个	—	0.004t

③场外运输损耗。场外运输损耗系指有些材料在正常的运输过程中发生的损耗，这部分损耗应摊入材料单价内。材料场外运输操作损耗率见表3-2。

材料场外运输操作损耗率(单位:%)　　　　表 3-2

材料名称		场外运输(包括一次装卸)	每增加一次装卸
块状沥青		0.5	0.2
石屑、碎砾石、砂砾、燃料、工业废渣、煤		1.0	0.4
砖、瓦、桶装沥青、石灰、黏土		3.0	1.0
草皮		7.0	3.0
水泥(袋装、散装)		1.0	0.4
砂	一般地区	2.5	1.0
	多风地区	5.0	2.0

注:汽车运水泥如运距超过500km时,增加损耗率:袋装0.5%。

④采购及保管费。材料采购及保管费系指材料供应部门(包括工地仓库以及各级材料管理部门)在组织采购、供应和保管材料过程中,所需的各项费用及工地仓库的材料储存损耗费用。

材料采购及保管费,以材料的原价加运杂费及场外运输损耗的合计数为基数乘以采购保管费率计算。材料的采购及保管费费率为2.5%。

外购的构件、成品及半成品的预算价格,其计算方法与材料相同,但构件(如外购的钢桁梁、钢筋混凝土构件及加工钢材等半成品)的采购保管费率为1%。

商品混凝土预算价格的计算方法与材料相同,但其采购保管费率为0。

(3)施工机械使用费。施工机械使用费系指列入现行《公路工程估算指标》(JTG/T M21—2011)的施工机械台班数量,按相应的机械台班费用定额计算的施工机械使用费和小型机具使用费。

施工机械台班预算价格应按现行《公路工程机械台班费用定额》(JTG/T B06-03—2007)计算,台班单价由不变费用和可变费用组成。不变费用包括折旧费、大修理费、经常修理费、安装拆卸及辅助设施费等;可变费用包括机上人员人工费、动力燃料费、养路费及车船使用税。可变费用中的人工工日数及动力燃料消耗量,应以机械台班费用定额中的数值为准。台班人工费标准同生产工人人工费标准。动力燃料费用则按材料费的计算规定计算。

当工程用电为自行发电时,电动机械每千瓦时(度)电的单价计算公式为:

$$A = \frac{K}{N} \tag{3-1}$$

式中:A——每千瓦时电单价(元);

K——发电机组的台班单价(元);

N——发电机组的总功率(kW)。

2. 其他工程费

其他工程费系指直接工程费以外施工过程中发生的直接用于工程的费用。内容包括冬季施工增加费、雨季施工增加费、夜间施工增加费、特殊地区施工增加费、行车干扰工程施工增加费、施工标准化与安全措施费、临时设施费、施工辅助费、工地转移费等九项。公路工程中的水、电费及因场地狭小等特殊情况而发生的材料二次搬运等其他工程费已包括在现行《公路工程估算指标》(JTG/T M21—2011)中,不再另计。

(1)冬季施工增加费。

冬季施工增加费系指按照冬季施工时为保证工程质量和安全生产所需采取的防寒保温设施、工效降低和机械作业率降低以及技术操作过程的改变等所增加的有关费用。

冬季施工增加费的内容包括：

①因冬季施工所需增加的人工、机械与材料的费用；

②施工机具所需修建的暖棚(包括拆、移)，增加油脂及其他保温设备费用；

③因施工组织设计确定需增加的保温、加温及照明等有关费用；

④与冬季施工有关的其他各项费用，如清除工作地点的冰雪等费用。

冬季气温区的划分是根据气象部门提供的满15年以上的气温资料确定的。每年秋冬第一次连续5天出现室外日平均温度在5℃以下，日最低温度在-3℃以下的第一天算起，至第二年春夏最后一次连续5天出现同样温度的最末一天为冬季期。冬季期内平均气温在-1℃以上者为冬一区，-1～-4℃者为冬二区，-4～-7℃者为冬三区，-7～-10℃者为冬四区，-10～-14℃者为冬五区，-14℃以下为冬六区。冬一区内平均气温低于0℃的连续天数在70天以内的为Ⅰ副区，70天以上的为Ⅱ副区，冬二区内平均气温低于0℃的连续天数在100天以内的为Ⅰ副区，100天以上的为Ⅱ副区。

气温高于冬一区，但砖石混凝土工程施工须采取一定措施的地区为准冬季区，准冬季区分两个副区，简称准一区和准二区。凡一年内日最低气温在0℃以下的天数多于20天的，日平均气温在0℃以下的天数少于15天的为准一区，多于15天的为准二区。

冬季施工增加费的计算方法，是根据各类工程的特点，规定各气温区的取费标准。为了简化计算手续，采用全年平均摊销的方法，即不论是否在冬季施工，均按规定的取费标准计取冬季施工增加费。一条路线穿过两个以上的气温区时，可分段计算或按各区的工程量比例求得全线的平均增加率，计算冬季施工增加费。

冬季施工增加费以各类工程的直接工程费之和为基数，按工程所在地的气温区选用表3-3的费率计算。

冬季施工增加费费率(单位:%) 表3-3

工程类别	冬季期平均温度(℃)								准一区	准二区
	-1以上		-1～-4		-4～-7	-7～-10	-10～-14	-14以下		
	冬一区		冬二区		冬三区	冬四区	冬五区	冬六区		
	Ⅰ	Ⅱ	Ⅰ	Ⅱ						
人工土方	0.28	0.44	0.59	0.76	1.44	2.05	3.07	4.61		
机械土方	0.43	0.67	0.93	1.17	2.21	3.14	4.71	7.07		
汽车运土	0.08	0.12	0.17	0.21	0.40	0.56	0.84	1.27		
人工石方	0.06	0.10	0.13	0.15	0.30	0.44	0.65	0.98		
机械石方	0.08	0.13	0.18	0.21	0.42	0.61	0.91	1.37		
高级路面	0.37	0.52	0.72	0.81	1.48	2.00	3.00	4.50	0.06	0.16
其他路面	0.11	0.20	0.29	0.37	0.62	0.80	1.20	1.80		

续上表

工程类别	冬季期平均温度(℃)								准一区	准二区
	-1以上		-1~-4		-4~-7	-7~-10	-10~-14	-14以下		
	冬一区		冬二区		冬三区	冬四区	冬五区	冬六区		
	Ⅰ	Ⅱ	Ⅰ	Ⅱ						
构造物Ⅰ	0.34	0.49	0.66	0.75	1.36	1.84	2.76	4.14	0.06	0.15
构造物Ⅱ	0.42	0.60	0.81	0.92	1.67	2.27	3.40	5.10	0.08	0.19
构造物Ⅲ	0.83	1.18	1.60	1.81	3.29	4.46	6.69	10.03	0.15	0.37
技术复杂大桥	0.48	0.68	0.93	1.05	1.91	2.58	3.87	5.81	0.08	0.21
隧道	0.10	0.19	0.27	0.35	0.58	0.75	1.12	1.69		
钢材及钢结构	0.02	0.05	0.07	0.09	0.15	0.19	0.29	0.43		

(2)雨季施工增加费。

雨季施工增加费系指雨季期间施工时为保证工程质量和安全生产所需采取的防雨、排水、防潮和防护措施,工效降低和机械作业率降低以及施工作业过程的改变等增加的有关费用。

雨季施工增加的内容包括:

①因雨季施工所需增加的工、料、机费用,包括工作效率的降低及易被雨水冲毁的工程所增加的工作内容等(如基坑坍塌和排水沟等堵塞的清理、路基边坡冲沟的填补等);

②路基土方工程的开挖和运输,因雨季施工(非土壤中水影响)而影响的黏附工具,降低工效所增加的费用;

③因防止雨水必须采取的防护措施的费用,如挖临时排水沟,防止基坑坍塌所需的支撑、挡板等;

④材料因受潮、受湿的耗损费用;

⑤增加防雨、防潮设备的费用;

⑥其他有关雨季施工所需增加的费用。如因河水高涨致使工作困难而增加的费用等。

雨量区和雨季期的划分是根据气象部门提供的满 15 年以上的降雨资料确定的。凡月平均降雨天数在 10 天以上,月平均日降雨量在 3.5~5mm 之间者为Ⅰ区,月平均日降雨量在 5mm 以上者为Ⅱ区。

雨季施工增加费的计算方法,是将全国划分为若干雨量区和雨季期,并根据各类工程的特点规定各雨量区和雨季期的取费标准,采用全年平均摊销的方法,即不论是否在雨季施工,均按规定的取费标准计取雨季施工增加费。

一条路线通过不同的雨量区和雨季期时,应分别计算雨季施工增加费或按工程量比例求得平均的增加率,计算全线雨季施工增加费。

雨季施工增加费以各类工程的直接工程费之和为基数,按工程所在地的雨量区、雨季期选用表 3-4 的费率进行计算。

室内管道及设备安装工程不计雨季施工增加费。

表 3-4

雨季施工增加费费率（单位：%）

雨季期（月数）	1	1.5		2		2.5		3		3.5		4		4.5		5		6		7	8
	I	I	II	I	II	I	II	I	II	I	II	I	II	I	II	I	II	I	II	II	II
人工土方	0.04	0.05	0.07	0.07	0.11	0.09	0.13	0.11	0.15	0.13	0.17	0.15	0.2	0.17	0.23	0.19	0.26	0.21	0.31	0.36	0.42
机械土方	0.04	0.05	0.07	0.07	0.11	0.09	0.13	0.11	0.15	0.13	0.17	0.15	0.2	0.17	0.23	0.19	0.27	0.22	0.32	0.37	0.43
汽车运土	0.04	0.05	0.07	0.07	0.11	0.09	0.13	0.11	0.16	0.13	0.19	0.15	0.22	0.17	0.25	0.19	0.27	0.22	0.32	0.37	0.43
人工石方	0.02	0.03	0.05	0.05	0.07	0.06	0.09	0.07	0.11	0.08	0.13	0.09	0.15	0.1	0.17	0.12	0.19	0.15	0.23	0.27	0.32
机械石方	0.03	0.04	0.06	0.06	0.1	0.08	0.12	0.1	0.14	0.12	0.16	0.14	0.19	0.16	0.22	0.18	0.25	0.2	0.29	0.34	0.39
高级路面	0.03	0.04	0.06	0.06	0.1	0.08	0.13	0.1	0.15	0.12	0.17	0.14	0.19	0.16	0.22	0.18	0.25	0.2	0.29	0.34	0.39
其他路面	0.03	0.04	0.06	0.06	0.09	0.08	0.12	0.09	0.14	0.1	0.16	0.12	0.18	0.14	0.21	0.16	0.24	0.19	0.28	0.32	0.37
构造物 I	0.03	0.04	0.05	0.05	0.08	0.06	0.09	0.07	0.11	0.08	0.13	0.1	0.15	0.12	0.17	0.14	0.19	0.16	0.23	0.27	0.31
构造物 II	0.03	0.04	0.05	0.05	0.08	0.07	0.1	0.08	0.12	0.09	0.14	0.11	0.16	0.13	0.18	0.15	0.21	0.17	0.25	0.3	0.34
构造物 III	0.06	0.08	0.11	0.11	0.17	0.14	0.21	0.17	0.25	0.2	0.3	0.23	0.35	0.27	0.4	0.31	0.45	0.35	0.52	0.6	0.69
技术复杂大桥	0.03	0.05	0.07	0.07	0.1	0.08	0.12	0.1	0.14	0.12	0.16	0.14	0.19	0.16	0.22	0.18	0.25	0.2	0.29	0.34	0.39
隧道	—	—	—	—	—	—	—	—	—	—	—	—	—	—	—	—	—	—	—	—	—
钢材及钢结构	—	—	—	—	—	—	—	—	—	—	—	—	—	—	—	—	—	—	—	—	—

(3)夜间施工增加费。

夜间施工增加费系指必须在夜间连续施工而发生的工效降低、夜班津贴以及有关照明设施(包括所需照明设施的安拆、摊销、维修及油燃料、电)等增加的费用。

夜间施工增加费按夜间施工工程项目(如桥梁工程项目包括上、下部构造全部工程)的直接工程费之和为基数,按表3-5的费率计算。

夜间施工增加费费率(单位:%)　　　　　　表3-5

工程类别	费率	工程类别	费率
构造物Ⅱ	0.35	技术复杂大桥	0.35
构造物Ⅲ	0.70	钢材及钢结构	0.35

设备安装工程及金属标志牌、防撞钢护栏、防眩板(网)、隔离栅、防护网等不计夜间施工增加费。

(4)特殊地区施工增加费。

特殊地区施工增加费包括高原地区施工增加费、风沙地区施工增加费和沿海地区施工增加费三项。

①高原地区施工增加费。高原地区施工增费系指在海拔高度1 500m以上地区施工,由于受气候、气压的影响,致使人工、机械效率降低而增加的费用。该费用以各类工程人工费和机械使用费之和为基数,按表3-6的费率计算。

高原地区施工增费费率(单位:%)　　　　　　表3-6

工程类别	海拔高度(m)							
	1 501~2 000	2 001~2 500	2 501~3 000	3 001~2 500	3 501~4 000	4 001~4 500	4 501~5 000	5 000以上
人工土方	7.00	13.25	19.75	29.75	43.25	60.00	80.00	110.00
机械土方	6.56	12.60	18.66	25.60	36.05	49.08	64.72	83.80
汽车运土	6.50	12.50	18.50	25.00	35.00	47.50	62.50	80.00
人工石方	7.00	13.25	19.75	29.75	43.25	60.00	80.00	110.00
机械石方	6.71	12.82	19.03	27.01	38.50	52.80	69.92	92.72
高级路面	6.58	12.61	18.69	25.72	36.26	49.41	65.17	84.58
其他路面	6.73	12.84	19.07	27.15	38.74	53.17	70.44	93.60
构造物Ⅰ	6.87	13.06	19.44	28.56	41.18	56.86	75.61	102.47
构造物Ⅱ	6.77	12.90	19.17	27.54	39.41	54.18	71.85	96.03
构造物Ⅲ	6.73	12.85	19.08	27.19	38.81	53.27	70.57	93.84
技术复杂大桥	6.70	12.81	19.01	26.94	38.37	52.61	69.65	92.27
隧道	6.76	12.90	19.16	27.50	39.35	54.09	71.72	95.81
钢材及钢结构	6.78	12.92	19.20	27.66	39.62	54.50	72.30	96.80

一条路线通过两个以上(含两个)不同的海拔高度分区时,应分别计算高原地区施工增加费或按工程量比例求得平均的增加率,计算全线高原地区施工增加费。

②风沙地区施工增加费。风沙地区施工增加费系指在沙漠地区施工时,由于受风沙影响

为保证工程质量和安全生产而增加的有关费用,内容包括防风、防沙及气候影响的措施费,材料费,人工、机械效率降低增加的费用,以及积沙及风蚀的清理修复等费用。

风沙地区的划分,根据《公路自然区划标准》(JTJ 003—1986)的公路自然区划和沙漠公路区划,结合风沙地区的气候状况将风沙地区分为三区九类:半干旱、半湿润沙地为风沙一区,干旱、极干旱寒冷沙漠地区为风沙二区,极干旱炎热沙漠地区为风沙三区;根据覆盖度(沙漠中植被、戈壁等覆盖程度)又将每区分为固定沙漠(覆盖度>50%)、半固定沙漠(覆盖度10%~50%)、流动沙漠(覆盖度<10%)三类,覆盖度由工程勘探设计人员在公路工程勘察设计时确定。

一条路线穿过两个以上不同风沙区时,按路线长度经过不同的风沙区加权计算项目全线风沙地区施工增加费。

风沙地区施工增加费以各类工程的人工费和机械使用费之和为基数,根据工程所在地的风沙区划及类别,按表 3-7 的费率计算。

风沙地区施工增加费费率(单位:%)　　　　　　　　　　　　　表 3-7

工程类别	风沙一区			风沙二区			风沙三区		
	沙漠类型								
	固定	半固定	流动	固定	半固定	流动	固定	半固定	流动
人工土方	6.00	11.00	18.00	7.00	17.00	26.00	11.00	24.00	37.00
机械土方	4.00	7.00	12.00	5.00	11.00	17.00	7.00	15.00	24.00
汽车运输	4.00	8.00	13.00	5.00	12.00	18.00	8.00	17.00	26.00
人工石方	—	—	—	—	—	—	—	—	—
机械石方	—	—	—	—	—	—	—	—	—
高级路面	0.50	1.00	2.00	1.00	2.00	3.00	2.00	3.00	5.00
其他路面	2.00	4.00	7.00	3.00	7.00	10.00	4.00	10.00	15.00
构造物Ⅰ	4.00	7.00	12.00	5.00	11.00	17.00	7.00	16.00	24.00
构造物Ⅱ	—	—	—	—	—	—	—	—	—
构造物Ⅲ	—	—	—	—	—	—	—	—	—
技术复杂大桥	—	—	—	—	—	—	—	—	—
隧道	—	—	—	—	—	—	—	—	—
钢材及钢结构	1.00	2.00	4.00	1.00	3.00	5.00	2.00	5.00	7.00

③沿海地区工程施工增加费。沿海地区工程施工增加费系指工程项目在沿海地区施工受海风、海浪和潮汐的影响,致使人工、机械效率降低等所需增加的费用。本项费用,由沿海各省、自治区、直辖市交通运输主管部门制定具体的适用范围(地区),并抄送交通运输部公路局备案。沿海地区工程施工增加费以各类工程的直接工程费之和为基数,按表 3-8 的费率计算。

沿海地区工程施工增加费费率(单位:%)　　　　　　　　　　　　　表 3-8

工程类别	费率	工程类别	费率
构造物Ⅱ	0.15	技术复杂大桥	0.15
构造物Ⅲ	0.10	钢材及钢结构	0.15

(5)行车干扰工程施工增加费。

行车干扰工程施工增加费系指由于边施工边维持通车,受行车干扰的影响,致使人工、机械效率降低而增加的费用。该费用以受行车影响部分的工程项目的人工费和机械使用费之和为基数,按表3-9的费率计算。

行车干扰工程施工增加费费率(单位:%)　　　　　　表3-9

工程类别	施工期平均每昼夜双向行车次数(汽车、兽力车合计)(次)							
	51~100	101~500	501~1 000	1 001~2 000	2 001~3 000	3 001~4 000	4 001~5 000	5 000以上
人工土方	1.64	2.46	3.28	4.1	4.76	5.29	5.86	6.44
机械土方	1.39	2.19	3	3.89	4.51	5.02	5.56	6.11
汽车运土	1.36	2.09	2.85	3.75	4.35	4.84	5.36	5.89
人工石方	1.66	2.4	3.33	4.06	4.71	5.24	5.81	6.37
机械石方	1.16	1.71	2.38	3.19	3.7	4.12	4.56	5.01
高级路面	1.24	1.87	2.5	3.11	3.61	4.01	4.45	4.88
其他路面	1.17	1.77	2.36	2.94	3.41	3.79	4.2	4.62
构造物Ⅰ	0.94	1.41	1.89	2.36	2.74	3.04	3.37	3.71
构造物Ⅱ	0.95	1.43	1.9	2.37	2.75	3.06	3.39	3.72
构造物Ⅲ	0.95	1.42	1.9	2.37	2.75	3.05	3.38	3.72
技术复杂大桥	—	—	—	—	—	—	—	—
隧道	—	—	—	—	—	—	—	—
钢结构	—	—	—	—	—	—	—	—

(6)施工标准化与安全措施费。

施工标准化与安全措施费系指工程施工期间为满足安全生产、施工标准化、规范化、精细化所发生的费用。该费用不包括施工期间为保证交通安全而设置的临时安全设施和标志、标牌的费用,需要时,应根据设计要求计算。该费用也不包括预制场、拌和站、临时便道、临时便桥的施工标准化费用,应根据施工组织标准化要求单独计算。施工标准化与安全措施费以各类工程的直接工程费之和为基数,按表3-10的费率计算。

施工标准化与安全措施费费率(单位:%)　　　　　　表3-10

工程类别	费率	工程类别	费率
人工土方	0.89	构造物Ⅰ	1.08
机械土方	0.89	构造物Ⅱ	1.17
汽车运输	0.32	构造物Ⅲ	2.36
人工石方	0.89	技术复杂大桥	1.29
机械石方	0.89	隧道	1.10
高级路面	1.50	钢材及钢结构	0.80
其他路面	1.50		

(7)临时设施费。

临时设施费系指施工企业为进行建筑安装工程施工所必需的生活和生产用的临时建筑物、构筑物和其他临时设施及其标准化的费用等,但不包括概、预算定额中的临时工程在内。

临时设施包括:临时生活及居住房屋(包括职工家属房屋及探亲房屋)、文化福利及公用房屋(如广播室、文体活动室等)和生产、办公房屋(如原材料、半成品、成品存放场及库房、加工厂、钢筋加工场、发电站、变电站、空压机站、停机棚等),工地范围内的各种临时的工作便道(包括汽车、畜力车、人力车道)、人行便道,工地临时用水、用电的水管支线和电线支线,临时构筑物(如水井、水塔等)以及其他小型临时设施。

临时设施费用内容包括:临时设施的搭设、维修、拆除费或摊销费。

临时设施费以各类工程的直接工程费之和为基数,按表3-11的费率计算。

临时设施费费率(单位:%)　　表3-11

工程类别	费率	工程类别	费率
人工土方	1.73	构造物Ⅰ	2.92
机械土方	1.56	构造物Ⅱ	3.45
汽车运输	1.01	构造物Ⅲ	6.39
人工石方	1.76	技术复杂大桥	3.21
机械石方	2.17	隧道	2.83
高级路面	2.11	钢材及钢结构	2.73
其他路面	2.06		

(8)施工辅助费。

施工辅助费包括生产工具用具使用费,检验试验费和工程定位复测、工程点移交、场地清理等费用。

生产工具用具使用费系指施工所需不属于固定资产的生产工具、检验、试验用具及仪器、仪表等的购置、摊销和维修费,以及支付给工人自备工具的补贴费。

检验试验费系指对建筑材料、构件和建筑安装工程进行一般鉴定、检查所发生的费用,包括自设试验室进行试验所耗用的材料和化学药品的费用,以及技术革新和研究试验费。但不包括新结构、新材料的试验费和建设单位要求对具有出厂合格证明的材料进行检验、对构件破坏性试验及其他特殊要求检验的费用。施工辅助费以各类工程的直接工程费之和为基数,按表3-12的费率计算。

施工辅助费费率(单位:%)　　表3-12

工程类别	费率	工程类别	费率
人工土方	0.89	构造物Ⅰ	1.30
机械土方	0.49	构造物Ⅱ	1.56
汽车运输	0.16	构造物Ⅲ	3.03
人工石方	0.85	技术复杂大桥	1.68
机械石方	0.46	隧道	1.23
高级路面	0.80	钢材及钢结构	0.56
其他路面	0.74		

(9)工地转移费。

工地转移费系指施工企业根据建设任务的需要,由已竣工的工地或后方基地迁至新工地的搬迁费用。

工地转移费的内容包括:

①施工单位全体职工及随职工迁移的家属向新工地转移的车费、家具行李运费、途中住宿费、行程补助费、杂费及工资与工资附加费等;

②公物、工具、施工设备器材、施工机械的运杂费,以及外租机械的往返费及本工程内部各工地之间施工机械、设备、公物、工具的转移费等;

③非固定工人进退场及一条路线中各工地转移的费用。

工地转移费以各类工程的直接工程费之和为基数,按表3-13的费率计算。

工地转移费率(单位:%)　　　　　　表3-13

工程类别	工地转移距离(km)					
	50	100	300	500	1 000	每增加100
人工土方	0.15	0.21	0.32	0.43	0.56	0.03
机械土方	0.50	0.67	1.05	1.37	1.82	0.08
汽车运输	0.31	0.40	0.62	0.82	1.07	0.05
人工石方	0.16	0.22	0.33	0.45	0.58	0.03
机械石方	0.36	0.43	0.74	0.97	1.28	0.06
高级路面	0.61	0.83	1.30	1.70	2.27	0.12
其他路面	0.56	0.75	1.18	1.54	2.06	0.10
构造物Ⅰ	0.56	0.75	1.18	1.54	2.06	0.11
构造物Ⅱ	0.66	0.89	1.40	1.83	2.45	0.13
构造物Ⅲ	1.31	1.77	2.77	3.62	4.85	0.25
技术复杂大桥	0.75	1.01	1.58	2.06	2.76	0.14
隧道	0.52	0.71	1.11	1.45	1.94	0.10
钢材及钢结构	0.72	0.97	1.51	1.97	2.64	0.13

转移距离以工程承包单位(如工程处、工程公司等)转移前后驻地距离或两路线中点的距离为准;编制概(预)算时,如施工单位不明确,则高速、一级公路及独立大桥、隧道按省城(自治区首府)至工地的里程,二级及以下公路按地(市、盟)至工地的里程计算工地转移费,工地转移里程数在表列里程之前时,费率可内插计算。工地转移距离在50km以内的工程不计取本项费用。

(三)间接费

间接费由规费和企业管理费两项组成。

1. 规费

规费系指法律、法规、规章规定施工企业必须缴纳的费用(简称规费)。规费包括：

(1)养老保险费。系指施工企业按规定标准为职工缴纳的基本养老保险费。

(2)失业保险费。系指施工企业按国家规定标准为职工缴纳的失业保险费。

(3)医疗保险费。系指施工企业按规定标准为职工缴纳的基本医疗保险费和生育保险费。

(4)住房公积金。系指施工企业按规定标准为职工缴纳的住房公积金。

(5)工伤保险费。系指施工企业按规定标准为职工缴纳的工伤保险费。

各项规定以各类工程的人工费之和为基数,按国家或工程所在地相关部门规定的标准计算。

2. 企业管理费

企业管理费由基本费用、主副食运费补贴、职工探亲路费、职工取暖补贴和财务费用五项组成。

(1)基本费用。

企业管理费基本费用系指施工企业为组织施工生产和经营管理所需的费用,内容包括：

①管理人员工资:系指管理人员的基本工资、工资性补贴、职工福利费、劳动保护费以及缴纳的养老、失业、医疗、生育、工伤保险费和住房公积金等。

②办公费:系指企业办公文具、纸张、账表、印刷、邮电、书报、会议、水、电、烧水和集体取暖(包括现场临时宿舍取暖)用煤(气)等费用。

③差旅交通费:是指职工因公出差和工作调动(包括随行家属的旅费)的差旅费,住勤补助费,市内交通及误餐补助费,职工探亲路费,劳动力招募费,职工离退休、退职一次性路费,工伤人员就医路费,以及管理部门使用的交通工具油料、燃料、牌照及养路费等。

④固定资产使用费:系指管理和试验部门及附属生产单位使用的属于固定资料的房屋、设备、仪器等的折旧、大修、维修或租赁费等。

⑤工具用具使用费:系指管理使用的不属于固定资产的生产工具、用具、家具、交通工具和检验、试验、测绘、消防用具等的购置、维修和摊销费。

⑥劳动保险费:系指企业支付离退休职工的易地安家补助费、职工退休金、六个月以上病假人员工资、职工死亡丧葬补助费、抚恤费,按规定支付给离休干部的各项经费。

⑦工会经费:系指企业按职工工资总额计提的工会经费。

⑧职工教育经费:是指企业为职工学习先进技术和提高文化水平,按职工工资总额计提的费用。

⑨保险费:系指企业财产保险、管理用车辆等保险费用。

⑩工程保修费:系指工程竣工交付使用后,在规定保修期以内的修理费用。

⑪工程排污费:系指施工现场按规定缴纳的排污费用。

⑫税金:系指企业按规定缴纳的房产税、车船使用税、土地使用税、印花税。

⑬其他:指上述项目以外的其他必要的费用支出,包括技术转让费、技术开发费、业务招待费、绿化费、广告费、投标费、公证费、定额测定费、法律顾问费、审计费、咨询费等。

基本费用以各类工程的直接费之和为基数,按表3-14的费率计算。

基本费用费率(单位:%) 表 3-14

工程类别	费率	工程类别	费率
人工土方	3.36	构造物Ⅰ	4.44
机械土方	3.26	构造物Ⅱ	5.53
汽车运输	1.44	构造物Ⅲ	9.79
人工石方	3.45	技术复杂大桥	4.72
机械石方	3.28	隧道	4.22
高级路面	1.91	钢材及钢结构	2.42
其他路面	3.28		

(2)主副食运费补贴。

主副食运费补贴系指施工企业在远离城镇及乡村的野外施工购买生活必需品所需增加的费用。该费用以各类工程的直接费之和为基数,按表 3-15 的费率计算。

主副食运费补贴费费率(单位:%) 表 3-15

工程类别	综合里程(km)										每增加10
	1	3	5	8	10	15	20	25	30	40	50	
人工土方	0.17	0.25	0.31	0.39	0.45	0.56	0.67	0.76	0.89	1.06	1.22	0.16
机械土方	0.13	0.19	0.24	0.30	0.35	0.43	0.52	0.59	0.69	0.81	0.95	0.13
汽车运输	0.14	0.20	0.25	0.32	0.37	0.45	0.55	0.62	0.73	0.86	1.00	0.14
人工石方	0.13	0.19	0.24	0.3	0.34	0.42	0.51	0.58	0.67	0.8	0.92	0.12
机械石方	0.12	0.18	0.22	0.28	0.33	0.41	0.49	0.55	0.65	0.76	0.89	0.12
高级路面	0.08	0.12	0.15	0.20	0.22	0.28	0.33	0.38	0.44	0.52	0.6	0.08
其他路面	0.09	0.12	0.15	0.20	0.22	0.28	0.33	0.38	0.44	0.52	0.61	0.09
构造物Ⅰ	0.13	0.18	0.23	0.28	0.32	0.40	0.49	0.55	0.65	0.76	0.89	0.12
构造物Ⅱ	0.14	0.20	0.25	0.30	0.35	0.43	0.52	0.60	0.70	0.83	0.96	0.13
构造物Ⅲ	0.25	0.36	0.45	0.55	0.64	0.79	0.96	1.09	1.28	1.51	1.76	0.24
技术复杂大桥	0.11	0.16	0.20	0.25	0.29	0.36	0.43	0.49	0.57	0.68	0.79	0.11
隧道	0.11	0.16	0.19	0.24	0.28	0.34	0.42	0.48	0.56	0.66	0.77	0.10
钢材及钢结构	0.11	0.16	0.20	0.26	0.3	0.37	0.44	0.5	0.59	0.69	0.8	0.11

粮食、燃料、蔬菜、水的运距均为全线平均运距。综合里程数在表列里程之间时,费率可内插。综合里程在 1km 以内的工程不计取本项费用。综合里程计算公式如下:

综合里程 = 粮食运距 ×0.06 + 燃料运距 ×0.09 + 蔬菜运距 ×0.15 + 水运距 ×0.70

(3)职工探亲路费。

职工探亲路费系指按照有关规定施工企业在探亲期间发生的往返车船费、市内交通费和途中住宿费等费用。该费用以各类工程的直接费之和为基数,按表 3-16 的费率计算。

职工探亲路费费率(单位:%)　　　　　　　　　　　　　　　表 3-16

工程类别	费率	工程类别	费率
人工土方	0.10	构造物Ⅰ	0.29
机械土方	0.22	构造物Ⅱ	0.34
汽车运输	0.14	构造物Ⅲ	0.55
人工石方	0.10	技术复杂大桥	0.20
机械石方	0.22	隧道	0.27
高级路面	0.14	钢材及钢结构	0.16
其他路面	0.16		

(4)职工取暖补贴。

职工取暖补贴系指按规定发放给职工的冬季取暖或在施工现场设置的临时取暖设施的费用。该费用以各类工程的直接费之和为基数,按工程所在地的气温区选用表 3-17 的费率计算。

职工取暖补贴费费率(单位:%)　　　　　　　　　　　　　　　表 3-17

工程类别	气温区						
	准二区	冬一区	冬二区	冬三区	冬四区	冬五区	冬六区
人工土方	0.03	0.06	0.10	0.15	0.17	0.26	0.31
机械土方	0.06	0.13	0.22	0.33	0.44	0.55	0.66
汽车运输	0.06	0.12	0.21	0.31	0.41	0.51	0.62
人工石方	0.03	0.06	0.10	0.15	0.17	0.25	0.31
机械石方	0.05	0.11	0.17	0.26	0.35	0.44	0.53
高级路面	0.04	0.07	0.13	0.19	0.25	0.31	0.38
其他路面	0.04	0.07	0.12	0.18	0.24	0.30	0.36
构造物Ⅰ	0.06	0.12	0.19	0.28	0.36	0.46	0.56
构造物Ⅱ	0.06	0.13	0.20	0.30	0.41	0.51	0.62
构造物Ⅲ	0.11	0.23	0.37	0.56	0.74	0.93	1.13
技术复杂大桥	0.05	0.10	0.17	0.26	0.34	0.42	0.51
隧道	0.04	0.08	0.14	0.22	0.28	0.36	0.43
钢材及钢结构	0.04	0.07	0.12	0.19	0.25	0.31	0.37

(5)财务费用。

财务费用系指施工企业为筹集资金而发生的各项费用,包括企业经营期间发生的短期贷款利息净支出、汇兑净损失、调剂外汇手续费、金融机构手续费,以及企业筹集资金发生的其他财务费用。

财务费用以各类工程的直接费之和为基数,按表 3-18 的费率计算。

财务费用费率(单位:%)　　　　　　　　表 3-18

工程类别	费率	工程类别	费率
人工土方	0.23	构造物Ⅰ	0.37
机械土方	0.21	构造物Ⅱ	0.40
汽车运输	0.21	构造物Ⅲ	0.82
人工石方	0.22	技术复杂大桥	0.46
机械石方	0.20	隧道	0.39
高级路面	0.27	钢材及钢结构	0.48
其他路面	0.30		

3. 辅助生产间接费

辅助生产间接费系指由施工单位自行开采加工的砂、石等自采材料及施工单位自办的人工装卸和运输的间接费。

辅助生产间接费按人工费的 5% 计。该项费用并入材料预算单价内构成材料费,不直接出现在投资估算中。

高原地区施工单位的辅助生产,可按其他工程费中高原地区施工增加费费率,以直接工程费为基数计算高原地区施工增加费(其中:人工采集、加工材料、人工装卸、运输材料按人工土方费率计算;机械采集、加工材料按机械石方费率计算;机械装、运输材料按汽车运输费率计算)。辅助生产高原地区施工增加费不作为辅助生产间接费的计算基数。

(四)利润

利润系指施工企业完成所承包工程应取得的盈利,利润按直接费与间接费之和扣除规费的 7% 计算。

(五)税金

税金系指按国家税法规定应计入建筑安装工程造价内的营业税,城市维护建设税及教育费附加。

税金计算公式为:

$$税金 = (直接工程费 + 间接费 + 利润) \times 综合税率$$

税金的综合税率按 3.41% 计算。

四、设备、工具、器具及家具购置费的估算

(一)设备购置费

设备购置费系为满足公路的运营、管理、养护需要,购置的达到固定资产标准的设备和虽低于固定资产标准但属于设计明确列入设备清单的设备的费用。包括渡口设备,隧道照明、消防、通风的动力设备,高等级公路的收费、监控、通信、供电设备,养护用的机械、设备和工具、器具等的购置费用。

设备购置费应由设计(咨询)单位列出计划购置的清单(包括设备的规格、型号、数量),以设备原价加综合业务费和运杂费,计算公式为:

设备购置费 = 设备原价 + 运杂费(运输费 + 装卸费 + 搬运费) × 运输保险费 + 采购及保管费

需要安装的设备,应在第一部分建筑安装工程费的有关项目内另计设备的安装工程费。

1. 国产设备原价构成及计算

国产设备原价一般是指设备制造厂的交货价,即出厂价或订货合同价。内容包括按专业标准规定的在运输过程中不受损失的一般包装费,及按产品设计规定配带的工具、附件和易损件的费用,计算公式为:

设备原价 = 出厂价(或供货地点价) + 包装费 + 手续费

2. 进口设备原价构成及计算

进口设备的原价是指进口设备的抵岸价,即抵达买方边镜港口或边境车站,且交完关税为止形成的价格。计算公式为:

进口设备原价 = 货价 + 国际运费 + 运输保险费 + 银行财务费 + 外贸手续费 + 关税 +
增值税 + 消费税 + 商检费 + 检疫费 + 车辆购置附加税

(1)货价:一般指装运港船上交货价(FOB,习惯称离岸价)。设备货价分为原币货价和人民币货价,原币货价一律折算为美元表示,人民币货价按原币货价乘以外汇市场美元兑换人民币的中间价确定。进口设备货价按有关生产厂商询价、报价、订货合同价计算。

(2)国际运费:即从装运港(站)到达我国抵达港(站)的运费。计算公式为:

国际运费 = 原币货价(FOB 价) × 运费费率

我国进口设备大多采用海洋运输,小部分采用铁路运输,个别采用航空运输。运费费率参照有关部门的规定执行,海运费费率一般为 6%。

(3)运输保险费:对外贸易货物运输保险是由保险人(保险公司)与被保险人(出口人或进口人)订立保险契约,在被保险人交付议定的保险费后,保险人根据保险契约的规定对货物在运输过程中发生的承保责任范围内的损失给予经济上的补偿。这是一种财产保险,计算公式为:

运输保险费 = [原币货价(FOB 价) + 国际运费] ÷ (1 − 保险费费率) × 保险费费率

保险费费率是按保险公司规定的进口货物保险费率计算,一般为 0.35%。

(4)银行财务费:一般指中国银行手续费,计算公式为:

银行财务费 = 人民币(FOB 价) × 银行财务费费率

银行财务费费率一般为 0.4% ~ 0.5%。

(5)外贸手续费:指按规定计取的外贸手续费,计算公式为:

外贸手续费 = [人民币货价(FOB 价) + 国际运费 + 运输保险费] × 外贸手续费费率

外贸手续费费率一般为 1% ~ 1.5%。

(6)关税:指海关对进口国境或关境的货物和物品征收的一种税。计算公式为:

关税 = [人民币货价(FOB 价) + 国际运价 + 运输保险费] × 进口关税税率

进口关税税率按我国海关总署发布的进口关税税率计算。

(7)增值税:是对从事进口贸易的单位和个人,在进口商品报关进口后征收的税种。按《中华人民共和国增值税条例》的规定,进口应税产品均按组成计税价格和增值税税率直接计

算,计算公式为:

增值税 = [人民币货价(FOB 价) + 国际运费 + 运输保险费 + 关税 + 消费税] × 增值税税率

增值税税率根据规定的税率计算,目前进口设备适用的税率为 17%。

(8)消费税:对部分进口设备(如轿车、摩托车等)征收。计算公式为:

$$应纳消费税税额 = [人民币货价(FOB 价) + 国际运费 + 运输保险费 + 关税] \div (1 - 消费税税率) \times 消费税汇率$$

消费税税率根据规定的税率计算。

(9)商检费:指进口设备按规定付给商品检查部门和进口设备检验鉴定费。计算公式为:

商检费 = [人民币货价(FOB 价) + 国际运费 + 运输保险费] × 商检费费率

商检费费率一般为 0.8%。

(10)检疫费:指进口设备按规定付给商品检疫部门的进口设备检验鉴定费。计算公式为:

检疫费 = [人民币货价(FOB 价) + 国际运费 + 运输保险费] × 检疫费费率

检疫费费率一般为 0.17%。

(11)车辆购置附加费:指进口车辆需缴纳的进口车辆购置附加费。计算公式为:

$$进口车辆购置附加费 = [人民币货价(FOB 价) + 国际运费 + 运输保险费 + 关税 + 消费税 + 增值税] \times 检疫费 \times 进口车辆购置附加费费率$$

在计算进口设备原价时,应注意工程项目的性质,有无按国家有关规定减免进口环节税的可能。

3. 设备运杂费构成及计算

国产设备运杂费指由设备制造厂交货地点起至工地仓库(或施工组织设计指定的需要安装设备的堆放地点)止所发生的运费和装卸费;进口设备运杂费指由我国到岸港口或边境车站起至工地仓库(或施工组织设计指定的需要安装设备的堆放地点)止所发生的运费和装卸费。设备运杂费费率见表 3-19,计算公式为:

运杂费 = 设备原价 × 运杂费费率

设备运杂费费率(单位:%)　　　　表 3-19

运输里程 (km)	100 以内	101 ~ 200	201 ~ 300	301 ~ 400	401 ~ 500	501 ~ 750	751 ~ 1 000	1 001 ~ 1 250	1 251 ~ 1 500	1 501 ~ 1 750	1 751 ~ 2 000	2 000 以上每增 250
费率	0.8	0.9	1.0	1.1	1.2	1.5	1.7	2.0	2.2	2.4	2.6	0.2

4. 设备运输保险费的构成及计算

设备运输保险费指国内运输保险费,设备运输保险费费率一般为 1%,计算公式为:

运输保险费 = 设备原价 × 保险费费率

5. 设备采购及保管费的构成及计算

设备采购及保管费指采购、验收、保管和收发设备所发生的各种费用,包括设备采购人员、保管人员和管理人员的工资、工资附加费、办公费、差旅交通费,设备部门办公和仓库所占固定资产使用费、工具用具使用费、劳动保护费、检验试验费等。计算公式为:

采购保管费 = 设备原价 × 采购保管费费率

需要安装的设备的采购保管费费率为2.4%,不需要安装的设备的采购保管费费率为1.2%。

(二)工器具购置费

工器具购置费系指建设项目交付使用后为满足初期正常运营必须购置的第一套不构成固定资产的设备、仪器、仪表、工卡模具、器具、工作台(框、架、柜)等的费用。不包括:构成固定资产的设备、工器具和备品、备件;已列入设备购置费中的专用工具和备品、备件。工器具购置应由设计(咨询)单位列出计划购置的清单(包括规格、型号、数量),购置费的计算方法同设备购置费。计算方法如下:

(1)项目建议书投资估算设备、工具、器具购置费可按《公路工程基本建设项目投资估算编制办法》(JTG M20—2011)规定的费率,以第一部分建筑安装工程费总额为基数计算。

(2)工程可行性研究报告投资估算的设备及工具、器具购置费按现行《公路工程估算指标》(JTG/T M21—2011)计算。

办公和生活用家具购置费系指为保证建设项目初期正常生产、使用和管理所必须购置的办公和生活用家具、用具的费用。范围包括:办公室、会议室、资料档案室、阅览室、宿舍及生活福利设施等的家具、用具。新建工程的办公和生活用家具购置费按表3-20的规定计算,改建工程按表3-20所列标准的80%计列。

办公和生活用家具购置费标准表 表3-20

工程所在地	路线(元/km)				有看桥房的独立大桥(元/座)	
	高速公路	一级公路	二级公路	三、四级公路	一般大桥	技术复杂大桥
内蒙古、黑龙江、青海、新疆、西藏	21 500	15 600	7 800	4 000	24 000	60 000
其他省、自治区、直辖市	17 500	14 600	5 800	2 900	19 800	49 000

五、工程建设其他费用估算

(一)土地征用及拆迁补偿费

土地征用及拆迁补偿费系指按照《中华人民共和国土地管理法》及《中华人民共和国土地管理法实施条例》、《中华人民共和国基本农田保护条例》等法律、法规的规定,为进行公路建设需征用土地所支付的土地征用及拆迁补偿费等费用。

1. 费用内容

(1)土地补偿费:指被征用土地地上、地下附着物及青苗补偿费,征用城市郊区的菜地等缴纳的菜地开发建设基金,租用土地费,耕地占用税,用地图编制费及勘界费,征地管理费等。

(2)征用耕地安置补助费:指征用耕地需要安置农业人口的补助费。

(3)拆迁补偿费:指被征用或占用土地上的房屋及附属构筑物、城市公用设施等拆除、迁建补偿费,拆迁管理费等。

(4)复耕费:指临时占用的耕地、鱼塘等,待工程竣工后将其恢复到原有标准所发生的费用。

(5)耕地开垦费:指公路建设项目占用耕地的,应由建设项目法人(业主)负责补充耕地所发生的费用;没有条件开垦或者开垦的耕地不符合要求的,按规定缴纳的耕地开垦费。

(6)森林植被恢复费:指公路建设项目需要占用、征用或者临时占用林地的,经县级以上林业主管部门审核同意或批准,建设项目法人单位按照有关规定向县级以上林业主管部门预缴的森林植被恢复费。

2.计算方法

(1)项目建议书投资估算阶段。

土地征用费按《公路工程项目建设用地指标》中规定的数量乘以工程所在地的征地单价进行计算。

(2)工程可行性研究报告投资估算阶段。

土地征用及拆迁补偿费应根据工程可行性研究报告编制的建设工程用地和临时用地面积及其附着物的情况,以及实际发生的费用项目,按国家有关规定及工程所在地的省(自治区、直辖市)人民政府颁发的有关规定和标准计算。

森林植被恢复费应根据审批单位批准的建设工程占用林地的类型及面积,按国家有关规定及工程所在地的省(自治区、直辖市)人民政府颁发的有关规定和标准计算。

当与原有的电力电信设施、水利工程、铁路及铁路设施互相干扰时,应与有关部门联系,商定合理的解决方案和赔偿金额,也可由这些部门按规定编制费用以确定赔偿金金额。

(二)建设项目管理费

建设项目管理费包括建设单位管理费、工程质量监督费、设计文件审查费和竣(交)工验收试验检测费。

1.建设单位管理费

建设单位管理费系指建设单位为建设项目的立项、筹建、建设、竣(交)工验收、总结等工作所发生的管理费用。不包括应计入设备、材料预算价格的建设单位采购及保管设备、材料所需的费用。

费用内容包括:工作人员的工资、工资性补贴、施工现场津贴、社会保障费用(基本养老、基本医疗、失业、工伤保险)、住房公积金、职工福利费、工会经费、劳动保护费、办公费、会议费、差旅交通费、固定资产使用费(包括办公及生活房屋折旧、维修或租赁费、车辆折旧、维修、使用或租赁费,通信设备购置、使用费,测量、试验设备仪器折旧、维修或租赁费,其他设备折旧、维修或租赁费等)、零星固定资产购置费、招募生产工人费、技术图书资料费、职工教育经费、工程招标费(不含招标文件及标底或造价控制值编制费),合同契约公证费、法律顾问费、咨询费,建设单位的临时设施费、完工清理费、竣(交)工验收费(含其他行业或部门要求的竣工验收费用)、各种税费(包括房产税、车船使用税、印花税等)、建设项目审计费、境内外融资费用(不含建设期贷款利息)、业务招待费和其他管理费性开支。

由施工企业建设单位办理"土地、青苗等补偿费"的工作人员所发生的费用,应在建设单位管理费项目中支付。当建设单位委托有资质的单位代理招标时,其代理费应在建设单位管理费中支出。

建设单位管理费以建筑安装工程费总额为基数,按表 3-21 的费率,以累进办法计算。

建设单位管理费费率(单位:%)　　　　　表 3-21

第一部分　建筑安装工程费(万元)	费率	算例(万元)	
		建筑安装工程费	建设单位管理费
500 以下	3.48	500	500×3.48% = 17.4
501~1 000	2.73	1 000	17.4+500×2.73% = 31.05
1 001~5 000	2.18	5 000	31.05+4 000×2.18% = 118.25
5 001~10 000	1.84	10 000	118.25+5 000×1.84% = 210.25
10 001~30 000	1.52	30 000	210.25+20 000×1.52% = 514.25
30 001~50 000	1.27	50 000	514.25+20 000×1.27% = 768.25
50 001~100 000	0.94	100 000	768.25+50 000×0.94% = 1 238.25
100 001~150 000	0.76	150 000	1 238.25+50 000×0.76% = 1 618.25
150 001~200 000	0.59	200 000	1 618.25+50 000×0.59% = 1 913.25
200 001~300 000	0.43	300 000	1 913.25+100 000×0.43% = 2 343.25
300 000 以上	0.32	310 000	2 343.25+10 000×0.32% = 2 375.25

水深大于 15m、跨度大于或等于 400m 的斜拉桥和跨度大于或等于 800m 的悬索桥等独立特大型桥梁工程的建设单位管理费按表 3-21 中的费率乘以 1.0~1.2 的系数计算;海上工程[指由于风浪影响,工程施工期(不包括封冻期)全年月平均工作日少于 15 天的工程]的建设单位管理费按表 3-21 中的费率乘以 1.0~1.3 的系数计算。

2. 工程监理费

工程监理费系指建设单位委托具有公路工程监理资格证书的单位,按施工监理办法进行全面的监督与管理所发生的费用。

费用内容包括:工作人员的基本工资、工资性津贴、社会保障费用(基本养老、基本医疗、失业、工伤保险)、住房公积金、职工福利费、工会经费、劳动保护费;办公费、会议费、差旅交通费、固定资产使用费(包括办公及生活房屋折旧、维修或租赁费,车辆折旧、维修、使用或租赁费,通信设备购置、使用费,测量、试验、检测设备仪器折旧、维修或租赁费,其他设备折旧、维修或租赁费等)、零星固定资产购置费、招募生产工人费;技术图书资料费、职工教育经费、投标费用;合同契约公证费、咨询费、业务招待费、财务费用、监理单位的临时设施费、各种税费和其他管理性开支。

工程监理费以建筑安装工程费总额为基数,按表 3-21 及表 3-22 的费率计算。

工程监理费费率(单位:%)　　　　　表 3-22

工程类别	高速公路	一级及二级公路	三级及四级公路	桥梁及隧道
费率	2.0	2.5	3.0	2.5

表 3-22 中的桥梁指水深大于 15m 的斜拉桥和悬索桥等独立特大型桥梁工程;隧道指水下隧道工程。

建设单位管理费和工程监理费均为实施建设项目管理费用,执行时可根据建设单位和施工监理单位所实际承担的工作内容和工作量统筹使用。

3. 设计文件审查费

设计文件审查费系指国家和省级交通主管部门在项目审批前,为保证勘察设计工作的质量,组织有关专家或委托有资质的单位,对设计单位提交的建设项目可行性研究报告和勘察设计文件以及对设计变更、调整概算进行审查所需要的相关费用。

设计文件审查费以建筑安装工程费总额为基数,按0.1%计算。

4. 竣(交)工验收试验检测费

竣(交)工验收试验检测费系指在公路建设项目交工验收和竣工验收前,由建设单位或工程质量监督机构委托有资质的公路工程质量检测单位按照有关规定对建设项目的工程质量进行检测,并出具检测意见所需要的相关费用。竣(交)工验收试验检测费按表3-23的规定计算。

(竣)交工验收试验检测费标准　　　　表3-23

项目	路线(元/公路公里)				独立大桥(元/座)	
	高速公路	一级公路	二级公路	三、四公路	一般大桥	技术复杂大桥
试验检测费	15 000	12 000	10 000	5 000	30 000	100 000

计算竣(交)工验收试验检测费时,高速公路、一级公路按四车道计算,二级及以下等级公路按两车道计算,每增加一条车道,按表3-23的费用增加10%。

(三)研究试验费

研究试验费系指为本建设项目提供或验证设计数据、资料进行必要的研究试验和按照设计规定在施工过程中必须进行的试验所需的费用,以及支付科技成果、先进技术的一次性技术转让费。不包括:

(1)应由科技三项费用(即新产品试制费、中间试验费和重要科学研究补助费)开支的项目;

(2)应由施工辅助费开支的施工企业对建筑材料、构件和建筑物进行一般鉴定、检查所产生的费用及技术革新研究试验费;

(3)应由勘察设计费或建筑安装工程费用中开支的项目。

计算方法如下:

(1)项目建议书投资估算的研究试验费按可《公路工程基本建设项目投资估算编制办法》(JTG M20—2011)规定的费率,以第一部分建筑安装工程费总额为基数计算。

(2)工程可行性研究报告的研究试验费按照设计提出的研究试验内容和要求进行编制,不需验证设计基础资料的不计本项费用。

(四)建设项目前期工作费

建设项目前期工作费系指委托勘察设计、咨询单位对建设项目进行可行性研究、工程勘察设计,以及设计、监理、施工招标文件及招标标底或造价控制值等文件编制时,按规定应支付的费用。包括：

(1)编制项目建议书(或预可行性研究报告)、可行性研究报告、投资估算,以及相应的勘察、设计、专题研究等所需的费用。

(2)初步设计和施工图设计的勘察费(包括测量、水文调查、地质勘探等)、设计费、概算及调整概算编制费等。

(3)设计、监理、施工招标文件及招标标底(或造价控制值或清单预算)文件编制费等。

计算方法如下：

(1)项目建议书投资估算前期工作费可按《公路工程基本建设项目投资估算编制办法》(JTG M20—2011)规定的费率,以第一部分建筑安装工程费总额为基数计算。

(2)工程可行性研究报告投资估算前期工作费依据委托合同计列,或按国家颁发的收费标准和有关规定进行编制。

(五)专项评价(估)费

专项评价(估)费系指依据国家法律、法规规定须进行评价(估)、咨询,按规定应支付的费用,包括环境影响评价费、水土保持评估费、地震安全性评价费、地质灾害危险性评价费、压覆重要矿床评估费、文物勘察费、通航认证费、行洪认证费、使用林地可行性研究报告编制费、用地预审报告编制费等费用。

计算方法如下：

(1)项目建议书投资估算的专项评价(估)费可按《公路工程基本建设项目投资估算编制办法》(JTG M20—2011)规定的费率,以第一部分建筑安装工程费总额为基数计算。

(2)工程可行性研究报告投资估算的专项评价(估)费依据委托合同计列,或按国家颁发的收费标准和有关规定进行编制。

(六)施工机构迁移费

施工机构迁移费系指施工机构根据建设任务的需要,经有关部门决定,承建之地(指工程处等)由原驻地迁移到另一地区所发生的一次性搬迁费用。不包括：

(1)应由施工企业自行负担的,在规定距离范围内调动施工力量以及内部平衡施工力量所发生的迁移费用；

(2)由于违反基建程序,盲目调迁队伍所发生的迁移费；

(3)因中标而引起施工机构迁移所发生的迁移费。

费用内容包括：职工及随同家属的差旅费,调迁期间的工资,施工机械、设备、工具、用具和周转性材料的搬运费。

计算方法：施工机构迁移费应经建设项目的主管部门同意按实计算。但计算施工机构迁移费后,如迁移地点即新工地地点(如独立大桥),则其他工程费内的工地转移费应不再计算；如施工机构迁移地点至新工地地点尚有部分距离,则工地转移费的距离,应以施工机构新地点为计算起点。

(七)联合试运转费

联合试运转费指新建、改(扩)建工程项目,在竣工验收前按照设计规定的工程质量标准,进行动(静)载荷载实验所需的费用,或进行整套设备带负荷联合试运转期间所需的全部费用抵扣试车期间收入的差额。不包括应由设备安装工程项下开支的调试费的费用。

费用内容包括:联合试运转期间所需的材料、油燃料和动力的消耗,机械和检测设备使用费,工具用具和低值易耗品费,参加联合试运转人员工资及其他费用等。

联合试运转费以建筑安装工程费总额为基数,独立特大型桥梁按0.075%、其他工程按0.05%计算。

(八)生产人员培训费

生产人员培训费指新建、改(扩)建公路工程项目,为保证生产的正常运行,在工程竣工验收交付使用前对运营部门生产人员和管理人员进行培训所必需的费用。

费用内容包括:培训人员的工资、工资性补贴、职工福利费、差旅交通费、劳动保护费、培训及教学实习费等。

生产人员培训费按设计定员和2 000元/人的标准计算。

(九)建设期贷款利息

建设期贷款利息系指建设项目中分年度使用国内贷款或国外贷款部分,在建设期间内应归还的贷款利息。费用内容包括各种金融机构贷款、企业集资、建设债券和外汇贷款等利息。

计算方法:根据不同的资金来源按需付息的分年度投资计算,计算公式:

建设期贷款利息 = ∑(上年末付息贷款本息累计 + 本年度付息贷款额÷2) × 年利率

$$S = \sum_{n=1}^{N} \left(F_{n-1} + \frac{b_n}{2} \right) \times i \tag{3-2}$$

式中:S——建设期贷款利息(元);

N——项目建设期(年);

n——施工年度;

F_{n-1}——建设期第$n-1$年末需付息贷款本息累计;

b_n——建设期第n年度付息贷款额(元);

i——建设期贷款年利率(%)。

六、预备费估算

预备费由价差预备费及基本预备费两部分组成。在公路工程建设期限内,凡需动用预备费时,属于公路交通部门投资的项目,需经建设单位提出,按建设项目隶属关系,报交通运输部或交通厅(局)基建主管部门核定批准。属于其他部门投资的建设项目,按其隶属关系报有关部门核定批准。

(一)价差预备费

价差预备费系项目建议书各可行性研究报告编制年至工程竣工年期间,第一部分费用的人工费、材料费、机械使用费、其他工程费、间接费等,第二、三部分费用由于政策、价格变化可能发生上浮而预留的费用及外资贷款汇率变动部分的费用。

(1)计算方法:价差预备费以投资估算第一部分建筑安装工程费总额为基数,按项目建议

书和可行性研究报告编制年始至建设项目工程竣工年的年数和年工程造价增长率计算,计算公式:

$$价差预备费 = P \times [(1+i)^{n-1} - 1] \tag{3-3}$$

式中:P——建筑安装工程费总额(元);

i——年工程造价增长率(%);

n——项目建议书和可行性研究报告编制年至建设项目开工年 + 建设项目建设期限(年)。

(2)年工程造价增长率按有关部门公布的工程投资价格指数计算,或由设计(咨询)单位会同建设单位根据该工程人工费、材料费、施工机械使用费、其他工程费、间接费以及第二、三部分费用可能发生的上浮因素,以第一部分建安费为基数进行综合分析预测。

(3)项目建议书和可行性研究报告编制至工程完工在一年以内的工程,不列此项费用。

(二)基本预备费

基本预备费系指在项目建议书和可行性研究报告及估算中难以预料的工程和费用,其用途如下:

(1)在进行初步设计(技术设计)、施工图设计和施工过程中,在批准的可行性研究报告和估算范围内所增加的工程费用;

(2)在设备订货时,由于规格、型号改变的价差;材料货源变更、运输距离或方式的改变以及因规格不同而代换使用等原因发生的价差;

(3)由于一般自然灾害所造成的损失和预防自然灾害所采取的措施费用;

(4)在项目主管部门组织竣(交)工验收时,验收委员会(或小组)为鉴定工程质量必须开挖和修复隐蔽工程的费用;

(5)投保的工程根据工程特点和保险合同发生的工程保险费用。

计算方法:以第一、二、三部分费用之和(扣除固定资产投资方向调节税和建设期贷款利息两项费用)为基数,项目建议书投资估算按费率11%计列,可行性研究报告投资估算按费率9%计列。

七、回收金额估算

投资估算指标所列材料一般不计回收,只对按全部材料计价的一些临时工程项目和由于工程规模或工期限制达不到规定周转次数的拱盔、支架及施工金属设备的材料计算回收金额。回收率如表3-24所示。

回收率(单位:%) 表3-24

项目	使用年限成周转次数				计算基数
	一年或一次	二年或二次	三年或三次	四年或四次	
临时电力、电信线路	50	30	10	—	材料原价
拱盔、支架	60	45	30	15	
施工金属设备	65	65	50	30	

注:施工金属设备指钢壳沉井、钢护筒等。

八、估算费用计算程式及方法

公路工程建设各项费用的计算程序及计算方式如表 3-25 所示。

公路工程建设各项目费用的计算程序及计算方式　　　　表 3-25

代号	项目	说明及计算式
一	直接工程费（即工、料、机费）	按编制年工程所在地的预算价格计算
二	其他工程费	（一）×其他工程费综合费率或各类工程人工费和机械费之和×其他工程费综合费率
三	直接费	（一）+（二）
四	间接费	各类工程人工费×规费综合费率+（三）×企业管理费综合费率
五	利润	[（三）+（四）−规费]×利润率
六	税金	[（三）+（四）+（五）]×综合税率
七	建筑安装工程费	（三）+（四）+（五）+（六）
八	设备、工具、器具购置费（包括备品备件）	Σ（设备、工具、器具购置数量×单价+运杂费）×（1+采购保管费率）
八	办公和生活用家具购置费	按有关规定计算
九	工程建设其他费用	
九	土地征用及拆迁补偿费	按有关规定计算
九	建设单位（业主）管理费	（七）×费率
九	工程监理费	（七）×费率
九	设计文件审查费	（七）×费率
九	竣（交）工验收试验检测费	按有关规定计算
九	工程监理费	按有关规定计算
九	研究试验费	按有关规定计算
九	前期工作费	按有关规定计算
九	专项评价（估）费	按有关规定计算
九	施工机构迁移费	按实计算
九	供电贴费	按有关规定计算
九	联合试运转费	（七）×费率
九	生产人员培训费	按有关规定计算
九	固定资产投资方向调节税	按有关规定计算
九	建设期贷款利息	按资金筹措方案贷款数及利率计算
十	预备费	包括价差预备费和基本预备费两项
十	价差预备费	按规定的公式计算
十	基本预备费	[（七）+（八）+（九）−固定资产投资方向调节税−建设期贷款利息]×费率
十一	建设项目总费用	（七）+（八）+（九）+（十）

第四节 公路建设项目不确定性分析

一、基本概念

1. 项目不确定性

不确定性是指人们对事物未来的状态不能确定地掌握的特性。公路建设项目经济评价中，所采用的数据大部分来自预测和估算，具有一定程度的不确定性。

为减少项目建设风险，有必要进行不确定性分析。公路建设项目不确定性分析主要是通过对拟建公路项目具有较大影响的不确定因素进行分析，考察项目投资、公路建成后的运营成本、预测的交通量、项目建设期等因素变化对公路建设项目经济评价指标产生的影响，计算出其增减变化引起的项目财务或经济效益指标变化，确定敏感因素及其临界点。公路建设项目不确定性分析包括盈亏平衡分析、敏感分析和概率分析。

2. 公路建设项目风险

一般认为，风险是指未来发生不确定事件的概率及带来的后果。发生不确定性的可能性越大，项目的风险就越大。它可以用不同结果出现的概率来描述。风险带来的结果可能是好，也可能是坏，坏的结果出现的概率越大，则风险越大。从更深层次的含义来讲，风险不仅可以带来超出预期的损失，也可能带来超出预期的收益。更准确的风险定义为：风险是预期结果的不确定性。风险不仅包括负面的不确定性，还包括正面的不确定性。

建设项目风险是指由于不确定性的存在导致项目实施后偏离预期项目财务目标和国民经济目标的可能性。项目风险分析是通过对项目建设、融资、运营过程中风险因素的识别，采用定性或定量的方法估计各风险因素发生的可能性，提出规避风险对策，降低风险损失。

公路建设项目的投资风险主要包括以下四个方面：

（1）外部社会环境风险，包括国家政策、法律、政局变动，经济发展变化、金融市场波动、运输市场需求变动以及公路所在地区竞争公路的出现等。

（2）公路所处地区自然条件风险，包括项目所在地工程地质、地形、水文、气候条件不确定变化引起的风险。

（3）建设单位风险，包括建设单位调整变动，投资单位经济状况，银行贷款机构经济状况变化引起的风险。

（4）工程建设风险，包括工程采用的技术方案可靠程度，关键施工技术难点突破，工程施工组织等。

不确定性分析与风险分析既有区别又有联系。不确定性分析只是对投资项目受各种不确定因素的影响进行分析，找出敏感性因素。不确定性分析并不能确定这些不确定因素可能出现的各种结果及其发生对项目的影响；而借助于风险分析可以得到不确定性因素发生的可能性以及给项目带来的经济影响的程度。不确定性分析中敏感性分析得出的敏感因素又可以作为风险因素识别和风险估计的依据。不确定性分析主要采用盈亏平衡、敏感分析，分析主要采用概率树分析、蒙特卡洛模拟法。

二、盈亏平衡分析

盈亏平衡分析是在完全竞争或垄断竞争的市场条件下,研究工程项目特别是工业项目产品生产成本、产销量与盈利之间平衡关系的方法。对于一个工程项目而言,随着产销量的变化,盈利与亏损之间一般至少有一个转折点,这个转折点为盈亏平衡点(Break Even Point, BEP),在这一点上,销售收入与成本费用相等,既不亏损也不盈利。盈亏平衡分析就是要找出项目方案的盈亏平衡点。一般说来,对工程项目的生产能力而言,盈亏平衡点越低,项目盈利的可能性就越大,对不确定因素变化带来风险的承受能力就越强。

盈亏平衡分析的基本方法是建立成本与产量、销售收入与产量之间的函数关系,通过对这两个函数及其图形的分析,找出盈亏平衡点。

盈亏平衡分析可分为线性盈亏平衡分析和非线性盈亏平衡分析。

1. 线性盈亏平衡分析

线性盈亏平衡分析是用于分析项目的成本费用、销售收入与产销量之间线性关系的分析方法。采用线性盈亏平衡分析需要满足下述三个条件。

(1)产量等于销售量,即产品无积压;

(2)销量变化,销售单价不变,销售收入是销量的线性函数。即

$$S = (P - t)Q \qquad (3\text{-}4)$$

式中:S——销售收入;

P——销售单价;

t——单位产品销售税金及附加;

Q——销量。

(3)产量变化,年固定成本不变,单位产品可变成本不变,总成本费用是产品产量的线性函数。即

$$C = C_F + C_V \times Q \qquad (3\text{-}5)$$

式中:C——年总成本;

C_F——年固定成本;

C_V——单位产品成本。

线性盈亏平衡分析的方法有图解法和解析法。

(1)图解法。

图解法是以产量(或销售量)为横坐标,以销售收入和项目总成本费用为纵坐标,绘制销售收入曲线(S曲线)和总成本费用曲线(C曲线)。两条曲线交点的横坐标即为产量(或销量)的盈亏平衡点。表明项目在此产量(或销量)下,既无利润,也不亏损。线性盈亏平衡图如图3-6所示。在盈亏平衡点的左方为亏损区,右方为盈利区。

从图3-6可以看出,当实际产量大于盈亏平衡点的产量Q_{BEP}时,项目处于盈利状态。

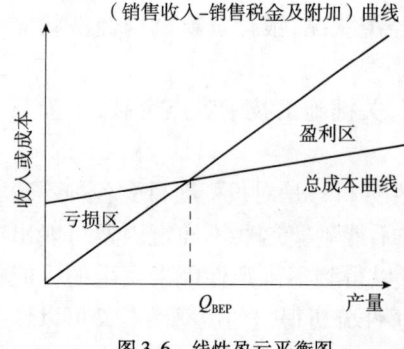

图3-6 线性盈亏平衡图

（2）解析法。

图解法的应用范围有限,一般只可求产量的盈亏平衡点,而解析法是用数学方法求出各经济要素的盈亏平衡点,如产销量盈亏平衡点、售价盈亏平衡点等。

①产销量盈亏平衡点（Q_{BEP}）。

根据：

利润总额 = 销售收入 − 销售税金及附加 − 总成本费用

将销售收入、年总成本代入,令利润总额等于零,即：

$$Q_{BEP} = \frac{年固定成本}{单位产品售价 - 单位产品销售税金及附加 - 单位产品可变成本}$$

以产销量表示的盈亏平衡点,表明项目不盈不亏时必须达到的最低限度的产销量。Q_{BEP}越小,说明项目适应市场变化能力越强,项目承担风险的能力越强。

实例：某项目设计生产能力为120万件,预计单位产品售价为100元/件,年固定成本为2 072万元,单位产品可变成本为55元/件,单位产品销售税金及附加为8元/件。计算产销量的盈亏平衡点。

解：根据Q_{BEP}计算公式,得：

$$Q_{BEP} = \frac{2\ 072}{100 - 8 - 55} = 56（万件）$$

②生产能力利用率的盈亏平衡点（L_{BEP}）。

生产能力利用率的盈亏平衡点是指项目的设计生产能力用于维持项目不亏损不盈利的百分比,计算式为：

$$L_{BEP} = \frac{Q_{BEP}}{设计生产能力}$$

③单位产品售价的盈亏平衡点（P_{BEP}）。

$$P_{BEP} = \frac{年固定成本 + 单位产品可变成本 \times 年产量}{年产量(1 - 单位产品销售税金及附加税率)}$$

$$= \frac{C_E + C_V \times Q}{Q(1 - f)}$$

以单位产品售价表示的盈亏平衡点,表示项目不亏不盈时必须达到的最低售价。单位产品售价的盈亏平衡点越低,说明项目适应市场变化的能力越强,项目承受跌价风险的能力越强,也说明项目的风险小。

线性盈亏平衡分析方法简单明了,但存在局限性。经验表明,销售收入和总成本费用与产品的销售量或产量之间的关系不是直线关系,而是非线性关系。此时就需要用到非线性盈亏平衡分析方法。

2. 非线性盈亏平衡分析

若销售收入、总成本和产品之间关系曲线如图 3-7 所示,在图 3-7 中,有两个产量盈亏平衡点,分别为 Q_{BEP1} 和 Q_{BEP2}。实际产量小于 Q_{BEP1} 或

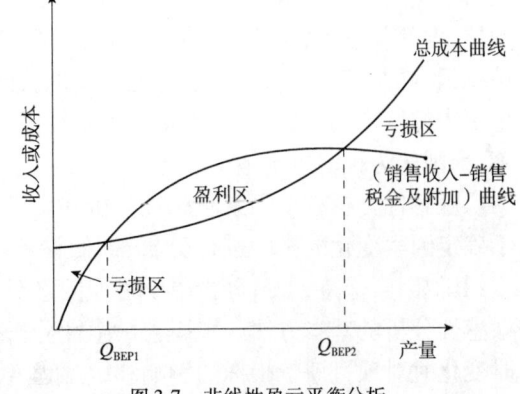

图 3-7 非线性盈亏平衡分析

大于 Q_{BEP2}，项目就会亏损；实际产量在 Q_{BEP1} 和 Q_{BEP2} 之间时，项目才会盈利。

实例：已知固定成本为 66 000 元，单位可变成本为 28 元，产品单价为 55 元。由于成批采购材料，单位产品可变成本可减少 0.01%，由于成批销售产品，单价可降低 0.035%，求产品产量的盈亏平衡点和利润最大时的产量。

解：总成本随产量的函数表达式为：

$$C(Q) = 66\,000 + (28 - 0.001Q)Q$$
$$= 66\,000 + 28Q - 0.001Q^2$$

销售收入随产量的表达式为：

$$S(Q) = (55 - 0.0035)Q)Q$$
$$= 55Q - 0.0035Q^2$$
$$C(Q) = S(Q)$$
$$Q_{BEP1} = 3\,740 \quad Q_{BEP2} = 7\,060$$
$$I(Q) = S(Q) - C(Q) = -0.0025Q^2 + 27Q - 66\,000$$

求利润最大值，即是求 $I(Q)$ 的最大值。根据数学知识，求 $I(Q)$ 的一阶导数，并令其为零，可求得利润最大时的产量。

$$\frac{d[I(Q)]}{dQ} = 0$$
$$Q_{opt} = 5\,400$$

3. 盈亏平衡分析的优缺点

盈亏平衡分析是对投资项目不确定性分析，方法快速简便，便于投资者进行方案比较，有利于确定项目合理生产规模和降低固定成本。但盈亏平衡分析方法也存在不足之处，它不是全寿命分析，且线性盈亏平衡分析是建立在产销平衡和线性关系假设的基础上，不符合实际。

三、敏感性分析

（一）敏感性分析概念

敏感性分析是投资项目评价广泛应用的一种方法。当某个项目的有关参数不确定，其变化的概率不能确知，只知道其变化范围时，需进行敏感性分析。它是通过分析及预测工程建设项目的主要变量因素（投资、成本、价格、建设工期等）发生变化时，对经济效果评价指标（如净现值、内部收益率、还款期等）的影响，从中找到敏感因素，并确定其影响程度，采取措施限制敏感因素的变动范围，以达到降低风险的目的。当主要变量发生微小变动时，经济评价指标发生更大幅度变动，则认为该因素是敏感性因素；反之，变量因素变动很大时，经济评价指标变动不大，则认为该因素不敏感。

敏感性分析有单因素敏感性分析和多因素敏感性分析两种。单因素敏感性分析是对单一不确定因素变化的影响进行分析，即假设备不确定性因素之间相互独立，每次只考察一个因素，其他因素保持不变，分析单个可变因素对经济评价指标的影响和敏感程度，单因素分析是敏感性分析的基本方法。多因素敏感性分析是分析两个或两个以上互相独立的不确定因素同时变化时对项目评价指标的影响和敏感程度。通常情况下，经济评价中仅要求单因素敏感性分析。

(二)敏感性分析步骤

公路建设项目敏感性分析时,通常将投资和收益作为最重要的影响因素,计算其变化对项目国民经济指标及财务指标的影响。

单因素敏感性分析一般按以下步骤进行:

(1)确定评价指标。项目经济评价有一整套指标体系,敏感性分析可选定其中一个或几个主要指标进行分析。分析指标的确定与分析的目标和任务有关,一般是根据项目特点、不同的研究阶段、实际需求和指标的重要程度来确定。如果主要关注项目方案变化对投资回收快慢的影响,则可以选用投资回收期作为分析指标;如果主要关心产品价格波动对方案超额净收益的影响,则可选用净现值作为分析指标;如果主要侧重投资大小对方案资金回收能力的影响,则可选用内部收益率指标等。

(2)选择不确定性因素。影响项目评价指标的不确定性因素较多,严格说来,影响方案经济效果的因素都应作为不确定性因素。但是,事实上没有必要对所有不确定因素都进行敏感性分析,而是选择对评价指标影响较大的因素。选择需要分析的敏感性因素时主要考虑以下两条原则。

①预计这些因素的变动对经济评价指标有较大影响;

②项目经济分析中该因素的数据准确性不高。

对于公路建设项目,通常考虑以下几个因素对项目的影响:项目投资额、项目设计使用年限、经营成本、项目预期收费价格、预测的交通量、项目建设年限、基准折现率、项目寿命期末的资产残值等。

(3)分析不确定性因素波动对评价指标可能带来的增减变化。

首先,选择一个不确定性因素,根据实际情况设定这些因素的变动幅度,其他因素固定不变。敏感性因素一般选择的不确定因素变化的百分率为±5%、±10%、±15%、±20%等。对于不使用百分数表示的因素,例如建设工期,可采用延长一段时间表示,如延长1年。

其次,计算不确定性因素每次变动对评价指标的影响。

对每一个因素的每一变动,均重复以上计算,然后将因素变动及相应指标变动结果用表或图的形式表示出来,以便于测定敏感因素。

敏感性分析图如图3-8所示(以内部收益率指标为评价指标)。图中每一条斜线的斜率反映不同因素变化对内部收益率的影响。斜率越大,敏感度越高。一张图可以同时反映多个因素的敏感性分析结果。

(4)计算敏感系数,确定敏感性因素及临界点。每个敏感因素的波动都会引起评价指标变化,但其影响程度却各不相同。有些因素可能仅发生小幅度的变化就能引起经济评价指标发生大的变动,而另一些因素即使发生了较大幅度的变化,对经济评价指标的影响也不大。前一类因素称为敏感性因素,后一类因素称为非敏感性因素。

①敏感系数计算。反映敏感程度的指标是敏感系数(又称灵敏度),是衡量变量因素敏感程度的一个指标,其数学表达式为

$$敏感系数(\beta) = \frac{评价指标变动百分比 \ \Delta Y_j}{不确定因素变动百分比 \ \Delta F_i} \tag{3-6}$$

$$\Delta Y_j = \frac{Y_{j1} - Y_{j0}}{Y_{j0}} \qquad (3-7)$$

式中：ΔY_j——第 j 个指标受变量因素变化影响的差额幅度（变化率）；

ΔF_i——第 i 个不确定性因素变化幅度（变化率）；

Y_{j1}——第 j 个指标受变量因素变化影响后所达到的指标值；

Y_{j0}——第 j 个指标未受变量因素变化影响时的指标值。

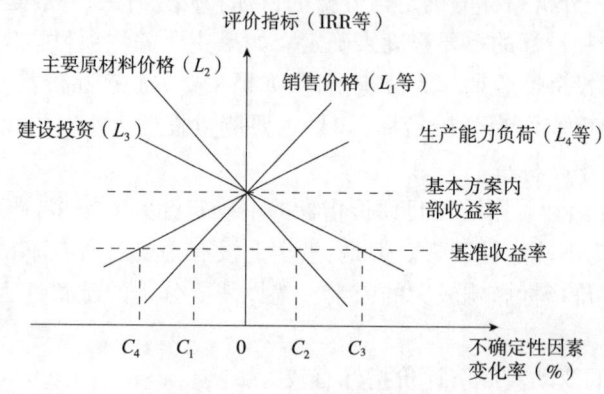

图3-8 基于 IRR 等的敏感性分析图

将各因素按照敏感系数大小排序，可以找出敏感因素。敏感系数越大，该因素对相应评价指标越敏感。

②临界点计算。临界点是指项目允许不确定因素向不利方向变化的权限值。超过极限，项目的评价指标将提示项目不可行。例如，当产品价格下降到某值时，净现值刚好等于零，或内部收益率刚好等于基准收益率，此点称为产品价格下降的临界点。当不确定因素的变化超过了临界点时，项目将由可行变为不可行。临界点可用专用软件的财务函数计算，也可由敏感性分析图直接求得近似值。如图3-8中所示，每条斜线与基准收益率线的相交点所对应的不确定性因素变化率（即图中的 C_1、C_2、C_3、C_4 等）即为该因素的临界点。

四、概率分析

概率分析是使用概率论方法研究，预测各种不确定性因素和风险因素的发生对项目评价指标影响的一种定量分析方法。概率分析一般计算项目净现值的期望值及净现值大于等于零时的累计概率。净现值大于等于零累计概率值越大，说明项目达到预期收益的可能性越大。此外，也可以通过模拟法测算项目评价指标（如内部收益率）的概率分布。根据项目特点和实际需要，有条件时应进行概率分析。

敏感性分析前提假设是各个不确定因素发生变化的概率是相同的，但实际项目中的各不确定因素在未来出现的概率不尽相同，一个发生概率小但敏感性大的因素对项目的影响程度有可能小于一个发生概率大但敏感性小的因素。因此，为了合理评价项目风险，有必要进行概率分析。

概率分析的方法很多，这些方法大多是以项目经济评价指标（主要是 NPV）的期望值的计算为基础，决策树法也是概率分析中常用的方法。

第五节 实物期权在公路建设项目决策中的应用

公路建设项目投资决策中,科学、有效的决策评价方法是项目成功实现预期目标的重要保证。项目投资决策面临多种备选方案时,项目决策所采用的理论、方法和指标对项目投资的目标、投资估算、工程方案、融资方案、运营成本及收益等有重要影响,直接关系着项目能否做出科学合理的评价、判断,项目最终是否通过评审立项。因此,项目投资决策评价理论及方法研究日益受到重视。

长期以来,我国公路建设项目投资决策方法主要是传统的财务评价方法,包括净现值法、内部收益率法、投资回收期法。这些方法基于资金的时间价值理论,分析项目全寿命周期内投资收益的水平,计算方法直接、方便,得到广泛应用。但基于资金的时间价值投资决策方法存在一些不足,具体表现为:

(1)公路运输发展的未来交通量预测是项目投资决策关键考虑因素之一,直接影响项目建设规模、技术标准、投资费用及未来运营收益,交通量预测受社会经济发展增速及国家宏观政策引导较大,现有理论及预测模型对项目未来交通量预测准确程度很难满足项目决策的要求,造成项目建设规模标准存在超前或滞后现象,影响了项目投资效益。

(2)传统的投资决策方法认为投资是可逆的,若出现现实情况不能满足投资预期目标时,可通过撤销投资收回初始投资成本,避免损失。但公路建设项目投资是一个不可逆的过程。公路建设耗资巨大,占用土地等资源较多,征地拆迁等社会影响面广,项目一旦启动很难中止,即使中止,也需要支付相当的成本。因此。传统的投资决策方法仍需进一步完善。

实物期权理论能够充分考虑项目未来不确定性带来的投资机会,使投资者可以在决策过程中对既定方案进行灵活调整,评价不同阶段的项目价值,调整投资规模及投资时机,降低投资风险,实现资源配置最优,非常适合公路建设项目决策分析。

一、实物期权理论

1. 实物期权的含义

期权是指一种选择权,即持有人通过付出一定成本获得的一种权利,在规定的时间内有权利但不负有义务按约定的价格购买或卖出某项财产或物品。期权只有符合持有者利益时,才会被行使,不对称性构成期权价值的核心。

实物期权是金融期权在实物资产的延伸,实物期权概念最初由麻省理工学院的斯图尔特·迈尔斯于1977年提出,他认为,一个资产项目产生的现金流所创造的利润,是来自于目前所拥有资产的使用,再加上一个对未来投资机会的选择。亦即企业可以取得一个权利,在未来以一定的价格取得或者出售一项实物资产或投资项目,而取得此项权利的价格则可以使用期权定价公式计算出来,所以实物资产的投资可以应用类似于评估一般金融期权的处理方式来进行评估,因为标的物为实物资产,所以把这种性质的期权称之为实物期权。

2. 实物期权的特点

实物期权最重要的贡献之一是对思维方式的转变。传统投资理念认为,不确定性的增加会降低资产价值,对不确定性的态度是忽略且消极的。实物期权充分考虑了时间和管理柔性的价值,随着时间推移和科学管理,项目的不确定性也会发生变化,若决策者可以进行科学管理,那么不确定性会增加项目价值。

实物期权是一种动态的评价方式,根据定义可得出,实物期权的特性包括:

(1)投资的不可逆性。投资成本一旦投入,很难收回;

(2)标的资产不具有交易性,不能形成套利能力;

(3)期权持有者都有权利选择执行期权的时机,使投资具有一定的灵活性;

(4)实物期权具有非独占性,即投资项目有多个投资者竞争,每个投资者对项目中的实物期权是共享的;

(5)实物期权的优先性,由于共享性和竞争性的存在,优先实施实物期权即可获得战略先机又可实现实物期权价值的最大化;

(6)实物期权是一种复合期权,项目中各种期权都不是独立的,具有先后关联性。实物期权的这些特点与公路项目极为相似。

3. 实物期权的类型

在项目决策阶段,实物期权体现的是决策者决策的灵活性,灵活性越强,投资中获得的额外收益就会越大,损失也会越小。根据实物期权的特点,实物期权可分为下面几类。

(1)推迟投资期权。

投资者在进行项目投资决策时,可以拥有推迟投资的权利。当不确定性因素未得到解决的时候,行使该权利,降低价值损失;在条件有利于投资者时再进行投资。推迟投资期权适用于自然资源开采、房地产开发、农业开发等需要大量自然资源的投资项目,这类项目具有很大的不确定性,而且投资周期长,此期权的应用可以很好地应对这种不确定性。

(2)扩张投资期权。

在项目进行过程中,如果发现投资项目效果好,投资者可以追加投资,扩大项目的投资规模,提高项目的价值。扩张投资期权使投资者拥有了未来的扩展期权,可以根据形势的好坏自由决定投资。

(3)收缩投资期权。

在项目进行中,若发现投资项目效果不好,减少投资,缩减投资项目的投资规模,可以使投资者在项目建设中避免更大损失。

(4)放弃期权。

项目建设或使用过程中,当项目收益不足以弥补投入的成本或者市场条件变坏时,投资者有权利放弃投资,将项目资产残值变卖或转向其他有价值的项目。适用于资本密集的研究和开发或具有较大风险、较长建设期的资本密集型投资或风险投资中。一般项目资产通用性越强,残值越高,相应的放弃期权价值就越大。

(5)转换期权。

投资者可以从最初评估开始到实施阶段整个过程中,适时根据投资市场的变动,在多种方案中进行转换。尤其在施工过程中,可以根据市场的变化,做出调整,从而降低成本,此期权为投资者提供了机动性,使项目更适应环境变化。

(6)增长期权。

增长期权指投资者通过当前投资获得项目未来发展机会的权利,即投资者获得初始投资成功后,在未来时间内可以获得新的投资机会。适用于长期的资本密集型产业等。此期权是从战略的高度对项目价值的理解,包括规模扩展增长期权、转换增长期权和范围扩展增长期权。

二、实物期权流程

实物期权评价方法是传统投资决策方法的发展,但实物期权法不能完全替代传统投资决策方法,这些方法之间是互补的,并不是所有的项目都适合应用实物期权法。应用实物期权进行投资决策判断一般包括四个过程:

(1)分析项目类型,判断是否可以应用实物期权进行决策。

如果项目属于无论在什么情况下都必须立即执行的项目,如国家政策项目、基本建设性项目,那么这类项目用传统的 NPV 法就可以做出正确的决策。如果项目属于可以延迟执行的项目,则可以使用实物期权法来评估项目价值,但应注意,即使是可以延迟执行的项目,如果未来的不确定性不大时,用传统的方法评估项目也足以产生很好的效果,无须采用实物期权进行评价。

(2)分析期权。

投资项目一般比较复杂,且可以分为若干个阶段,对应的实物期权也经常是一些重叠或按时间顺序排列的期权组合,不同的期权有不同的求解模型,需要根据项目的具体情况对期权进行分析。

(3)选择模型并收集数据。

实物期权模型可分为两类,离散模型和连续模型,不同的模型有不同的适用情况,需要根据项目的具体情况进行分析,模型确定后,需要分析模型所需的指标,并收集数据。

(4)求解分析结果并制定决策。

若项目价值大于等于零,则可以考虑投资,若项目价值小于零,则考虑暂时放弃项目,或者对项目进一步考察。

三、实物期权定价模型

1. 实物期权定价理论

实物期权定价方法有偏微分方程法、动态规划法和仿真模拟法。

偏微分方程法是通过建立动态变化期权价值的偏微分方程,以及方程的约束边界,经过数学运算得出期权价值。建立的偏微分方程是用来描述期权价值变化随标的资产价值变化的数学方程;约束边界是表达期权执行规则以及判定期权价值极值的条件。Black-Scholes 定价模型是偏微分方程法中最基础也是最著名的定价模型。

动态规划法是关于多阶段决策的最优化问题,含有递推的思想和多种数学原理。该方法通过递推得到期目标资产的可能值,然后求期权最大价值。该方法考虑未来情况,通过向后递推的方法获得最优决策。在实物期权定价中,动态规划法中应用最多的是二叉树期权定价方法,该方法在处理复杂期权时由于简单直观而被选作常用方法,通过构造无风险资产和风险资产的投资组合来模拟期权价值。

仿真模拟法是通过假设标的资产符合某种随机过程,再依据随机过程的概率分布设定数学模型,通过编程利用计算机仿真模拟出未来各种情况的预计值。仿真模拟法中最为广泛使用的方法是蒙特卡罗仿真模拟法。其核心思想是：当问题或对象本身具有概率特征时，以符合概率分布的随机数带入到数学模型的参数中，得到研究对象的概率分布，从而确定研究对象的概率特征和不同参数对研究对象的影响大小。蒙特卡洛模拟法使用简单并且适用性比较强，能够比较逼真地描述具有随机性质的复杂事物。仿真法的局限性主要是：它仅适用于处理那些有大量可参考的历史数据或是标的资产具有明显路径依赖的期权，而不适用于含有决策柔性的期权。

2. Black-Scholes 定价模型

1973 年，Black 与 Scholes 提出了针对无利支付的看涨期权的定价公式：

$$F(P_t,t) = P_t N(d_1) - Xe^{-r(T-t)} N(d_2) \tag{3-8}$$

式中：F——看涨期权价格；

P_t——标的股票价格；

r——无风险利率；

X——期权执行价格；

T——期权至到期时刻；

e——数学常数；

t——时间；

$N(x)$——标准正态分布的累积概率分布函数。

d_1、d_2 计算如下：

$$d_1 = \frac{\ln\frac{P_t}{X} + \left(r + \frac{\sigma^2}{2}\right)(T-t)}{\sigma\sqrt{T-t}} \tag{3-9}$$

$$d_2 = \frac{\ln\frac{P_t}{X} + \left(r - \frac{\sigma^2}{2}\right)(T-t)}{\sigma\sqrt{T-t}} = d_1 - \sigma\sqrt{T-t} \tag{3-10}$$

式中：σ——标的股票价格波动率。

大多数项目资产中存在价值漏损，只有考虑到这些价值漏损对实物期权的影响，才能更好地对项目进行决策，因此对 Black – Scholes 进行了修正，含有价值漏损的实物期权估值模型为：

$$F(P_t,t) = P_t e^{-q(T-t)} N(\hat{d}_1) - Xe^{-r(T-t)} N(\hat{d}_2)$$

$$\frac{\hat{d}_1}{\hat{d}_2} = \frac{\left[\ln\frac{P_t}{X} + \left(r - q \pm \frac{1}{2}\sigma^2\right)(T-t)\right]}{\sigma\sqrt{T-t}}$$

$$q = \delta = \frac{\ln\left(\frac{P_t}{P_T}\right)}{T-t}$$

实物期权定价的关键是在资本市场找一个与所要评价的实际资产或项目具有相同风险特征的可交易证券，并用该证券与无风险债券的组合，复制相应的实物期权的收益特征来定价，而 Black-Scholes 模型建立的基础是无套利均衡假设，即建设市场的常态是均衡的，不存在无风险套利机会，它的应用前提是标的物的价格变化是符合随机布朗运动的，投资项目价值的变化基本上是连续的,该模型适用于欧式期权,优点是运用此模型时,当需要计算的期权数量较小时比较方便,可以列出杠杆效应的解析式和套期保值参数。

3. 二叉树期权定价方法

二叉树模型的基本概念是先求得风险中立假设下未来现金流量的期望值,再以无风险利率折现而得到期权的现值。风险中立假设下二叉树看涨期权定价公式为:

$$C_0 = \frac{p \times C_u + (1-p) \times C_d}{(1+r)} \tag{3-11}$$

$$p = \frac{1+r-d}{u-d} \tag{3-12}$$

$$1-p = \frac{u-1-r}{u-d} \tag{3-13}$$

对于二期二叉树模型,一般先假设无风险利率为常数,且期权的执行价格 X 不变,如图3-9所示。

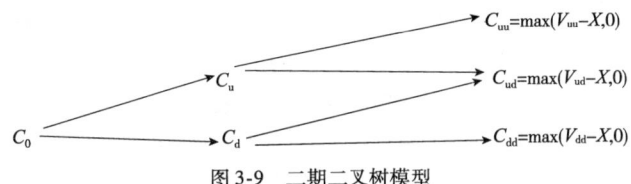

图3-9 二期二叉树模型

期初期权价值为:

$$C_0 = \frac{p^2 \times C_{uu} + p \times (1-p) \times C_{ud} + p \times (1-p) \times C_{du} + (1-p)^2 C_{dd}}{(1+r)^2} \tag{3-14}$$

对于多期二叉树模型,期报酬函数的一般公式为:

$$期报酬 = \max(V \times u^n \times d^{T-n} - X, 0) \tag{3-15}$$

式中:T——总期间数;

n——标的资产升幅次数。

期权初期的价值为:

$$C_0 = \left[\sum_{n=0}^{T} \frac{T!}{(T-n)! \, n!} \times p^n \times (1-p)^{T-n} \times \max(V \times u^n \times d^{T-n} - X, 0) \right] \div (1+r)^T \tag{3-16}$$

该方法是将期权的当前值贴现到前一期值,然后逐步递推到初始值的一种方法,但此方法过于复杂,计算量很大。

4. 蒙特卡罗仿真模拟法

蒙特卡罗方法的基本思想是首先建立一个模型或者随机过程,使它的参数等于问题的解,然后通过对模型或过程的观察或抽样试验来计算所求参数的统计特征,最后求出解的近似值。蒙特卡罗模拟法的一般步骤是:

(1)产生随机数,假设资产价值服从几何布朗运动,满足:

$$\frac{\mathrm{d}V}{V} = \mu \mathrm{d}t + \sigma \mathrm{d}z \tag{3-17}$$

可得到资产价格:

$$V_t = V_0 \exp\left[\left(\mu - \frac{1}{2}\sigma^2\right)t + \sigma\sqrt{t}\mathrm{d}Z\right] \tag{3-18}$$

式中：μ——资产平均收益率；
δ——资产波动率；
Z——标准维纳过程。

还可表示为：

$$V_t = V_0 \exp\left[\left(\mu - \frac{1}{2}\sigma^2\right)t + \sigma\sqrt{t}\varepsilon\right] \tag{3-19}$$

式中：ε——服从正态分布，通过计算机产生服从标准正态分布的ε，可以模拟出一条资产价格在一个时间段内的价格路径。

(2) 依据资产价格的路径计算期权的价格。
(3) 模拟多条资产价格的路径，计算不同路径的期权价格。
(4) 对不同路径下的期权价格进行统计，取其平均值作为期权的价格。

该模拟法利用计算机处理复杂情况，并且运算率高，只可适用于欧式期权。

本 章 小 结

项目投资决策指公路建设项目发起人，通过对公路项目的必要性、投资目标、投资结构、融资模式、投资成本与收益、投资经济及社会效益等投资活动中的重大问题进行分析、判断和选择，最终确定投资方案的过程。

项目决策分析与评价一般分为初步可行性研究阶段、项目建议书、工程可行性研究以及项目评估与决策阶段四个阶段。

投资估算分为项目预可行性研究投资估算、项目建议书投资估算、工程可行性研究投资估算。公路建设项目总投资包含建设投资、建设期利息和流动资产投资三部分。公路建设项目投资估算包括建筑安装工程费、设备工具、器具及家具购置费、工程建设其他费用、预备费。公路建设项目投资估算内容及编制方法应重点掌握。

不确定性是指人们对事务未来的状态不能确定地掌握的特性。风险是指未来发生不确定事件的概率及带来的后果。盈亏平衡分析是建立成本与产量、销售收入与产量之间的函数关系，通过对这两个函数及其图形的分析，找出盈亏平衡点。盈亏平衡分析可分为线性盈亏平衡分析和非线性盈亏平衡分析。

敏感性分析通过分析及预测工程建设项目主要变量变化对经济效果评价指标的影响，从中找到敏感因素，并确定其影响程度。敏感性分析方法需要重点掌握。

概率分析是使用概率论方法研究、预测各种不确定性因素和风险因素的发生对项目评价指标影响的一种定量分析方法。一般是计算项目净现值的期望值及净现值大于等于零时的累计概率。

实物期权是金融期权在实物资产的延伸，资产项目产生的现金流所创造的利润，是来自于目前所拥有资产的使用，再加上一个对未来投资机会的选择。实物期权可分推迟投资期权、扩张投资期权、收缩投资期权、放弃期权、转换期权、增长期权。实物期权的定价模型有Black-Scholes定价模型、二叉树期权、蒙特卡罗仿真模拟法。

复习思考题

1. 公路建设项目投资决策可以分为哪些阶段？论述各阶段的主要内容。
2. 分析公路建设项目进行可行性研究的流程及主要内容。
3. 公路建设项目中,为什么进行投资估算？并简述投资估算的内容。
4. 进行公路建设项目投资估算的常用方法有哪些？试比较各种方法的优缺点。
5. 论述公路建设项目风险来源,试分析应对公路建设项目风险的措施。
6. 简述实物期权的特点。
7. 简述公路建设项目利用实物期权理论进行投资决策的流程和方法。

第四章 公路建设项目投资控制

【学习目的与要求】

通过本章学习,了解工程项目投资控制理论发展,熟悉公路建设项目投资控制阶段划分,公路建设项目各阶段投资控制影响因素及方法。公路项目决策、设计及施工阶段投资控制重点工作及方法需重点掌握。

本章内容包括公路建设项目投资控制阶段划分,决策阶段投资控制,设计阶段投资控制的主要内容及方法;招投标阶段投资控制重点;建设阶段投资控制工作重点,工程竣工结算与决算。

第一节 公路建设项目投资控制概述

公路建设项目投资控制是指以建设项目为对象,在项目建设各实施阶段,依据公路建设项目预期目标,对建设投资所进行的计划、支出和控制,实现公路建设项目预期投资目标。

公路建设项目投资控制划分为项目决策阶段投资控制、准备阶段投资控制、建设阶段投资控制和竣工验收阶段投资控制,各阶段对工程投资的影响程度不同,决策阶段对项目投资影响程度最高,可达到80%~90%;设计阶段对工程造价的影响程度达75%以上,而施工阶段对造价的影响仅有 5% ~25%。决策和设计阶段是工程投资控制的重点。

一、公路建设项目投资控制发展

（一）国外工程投资发展

从 20 世纪 30 年代开始,工程项目投资从简单的建设项目工程造价估算、确定及控制向重视项目价值和投资效益评估以及项目经济技术分析转变。到 20 世纪 30 年代末期,项目净现值和项目内部收益率等项目评估技术及方法日趋成熟,被广泛应用到建设工程项目投资控制中,并创建了"工程经济学"等建设工程项目投资控制的基础理论和方法。

到 20 世纪 50 年代,先后有 20 多个国家成立了建设项目造价管理方法的协会,包括英国的皇家特许测量师协会、澳大利亚工料测量师协会、加拿大工料测量师协会等。随后建立的国际造价工程师联合会,组织专业人员对建设工程项目投资控制中的建设项目工程造价确定与控制、建设项目工程造价风险管理等方面的理论与方法开展了全面研究,并创立了传统建设工程项目投资控制的理论及方法。

20 世纪 80 年代初,各国建设工程造价管理协会和相关机构开展了对工程项目投资控制新模式和新方法的探索,美国国防部开始探索"项目造价与工期控制系统规范",后经反复修订成为现在最新的项目挣值管理方法。20 世纪 80 年代末,建设工程项目投资控制的新理论和新理念不断涌现,各国学者开始从不同角度重新认识建设工程项目投资控制的客观规律,许多现代建设工程项目造价管理的理论和方法被提出,过程管理、集成管理和风险管理在建设项目工程造价管理中被给予肯定。这其中最具代表性的有以英国为主提出的"全生命周期造价管理"的理论与方法,以美国主推出的"全面造价管理"的理论和方法,和中国提出的"全过程造价管理"的思想和方法,由此,工程项目投资控制进入一个全新阶段。

国外工程投资控制坚持以决策规划控制和合同控制为主的思路,投资控制理论以投资活动实践为基础,以控制活动实际绩效为检验标准。

（二）国内外投资控制现状

改革开放后,我国的工程造价管理逐步与国际惯例接轨。1985 年,中国工程建设概预算定额委员会组建。1990 年,中国建设工程造价管理协会成立。1996 年,我国正式实施注册造价工程师制度。这些都对工程造价管理的发展产生了重要影响。20 世纪 80 年代末 90 年代初,以中国建设工程造价管理协会为主的团体提出了"以设计阶段为重点"的工程建设全过程造价管理(Whole Process Cost Management,简称 WPCM),要求在项目前期决策阶段就开始对项目进行全过程及全方位的工程造价计价及控制。

经过多年理论研究和工程应用,取得了很多进展,主要表现在以下四个方面:

(1)成立了许多项目投资控制的专门研究及学术机构,如中国投资建设研究会、中国投资学会等全国性组织。

(2)通过建设项目投资控制理论分析与研究,结合我国工程建设的实践,提出了建设项目全过程投资控制的思想及方法。

(3)国家发展改革委员会及住房和城乡建设部都先后颁布了一系列有关项目投资管理的法规文件,并制定了《建设项目经济评价方法与参数》。中国许多大型企业也都颁布了相关的项目评估与管理办法等,使得我国建设项目投资项目控制行为更具规范性,可操作性增强。

(4)通过向发达国家和世界银行等国际金融组织学习,使我国建设项目投资控制逐步与国际接轨。

二、投资控制影响因素

1. 设计

工程投资概算、预算、结算、决算均是以设计文件为基础,设计方案对项目投资有最直接的影响。工程勘察范围及深度、初步设计方案、施工图设计质量都将影响工程项目概、预算及最终决算费用。

2. 施工

施工阶段是公路建设项目实体工程实现的过程,是工程费用支出的主要阶段,工程施工组织形式、施工方案、施工进度、施工技术、质量标准、施工材料及设备类型、工程风险的预防与处置方案、工程安全及环境保护措施也是影响工程费用的直接因素。

3. 招投标

招投标是业主择优选择项目承担单位的国内外通行做法,公路建设项目通过招标,获得合理投标报价,也是控制项目投资的有效方式。

4. 变更和索赔

公路建设项目影响面广,建设周期长,项目建设过程中客观因素变化复杂,项目建设不可避免会出现工程变更,也会影响项目投资费用。此外,由于不可抗力、业主或承包人违约会导致项目索赔,也会影响项目最终决算费用。

5. 竣工

公路工程符合竣工验收条件后,项目法人应按照项目管理权限及时向交通主管部门申请验收,组织项目竣工验收,编制竣工决算文件。竣工决算是建设单位以实物数量和货币指标为计量单位,综合反映竣工项目从筹建开始到项目竣工交付使用为止的全部建设费用,竣工验收也是影响项目投资的因素。

三、项目投资控制阶段划分

按照工程建设程序,依据工程项目投资控制的任务重点,可将公路建设项目投资控制划分为项目决策阶段投资控制、准备阶段投资控制(设计阶段和招投标阶段)、施工阶段投资控制和竣工验收阶段投资控制。公路建设项目投资控制阶段划分如图4-1所示。

1. 决策阶段投资控制

决策阶段投资控制主要有编制建设项目建议书和可行性研究报告,通过调查分析,合理确定项目投资估算,通过加强投资估算的审查工作,使其符合工程实际情况。决策阶段投资估算得出的工程造价将作为设计阶段初步设计概算控制的依据。

2. 设计阶段投资控制

设计阶段项目需进行多次造价编制,以控制工程项目投资。初步设计阶段编制设计概算,技术设计阶段编制修正概算,施工图设计阶段编制施工图预算。整个设计阶段中,运用概算指标或定额测算项目造价,运用预算定额或修正预算测算项目造价。从国内外工程实践及造价资料分析表明,在初步设计阶段,影响项目投资的可能性为75%～95%;在技术设计阶段,影响项目投资的可能性为35%～75%;在施工图设计阶段,影响项目投资的可能性为5%～35%。设计方案一旦确定,建设施工阶段对总投资的影响十分有限。

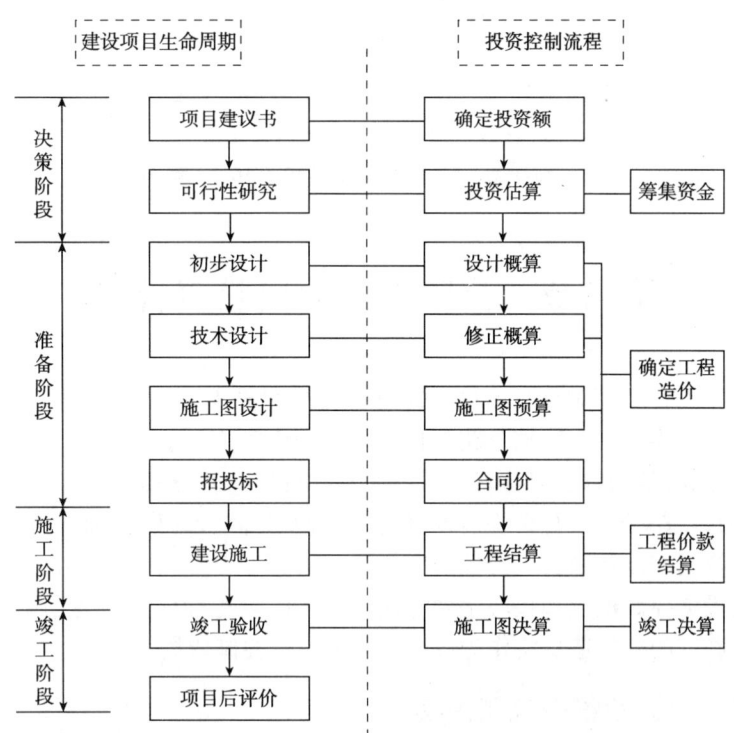

图4-1　公路建设项目投资控制阶段划分

3. 招投标阶段投资控制

招投标阶段的投资控制,首先应该满足工程质量和工期要求,在确定的预算范围内,合理确定标底。其次,要加强对招标过程的管理,做好标底的编制、复核、审查及分级管理工作,同时认真审定招标文件和承包合同中的造价条款。第三,要根据工程的性质和特点,制定合理的评标方法,选择最优投标报价。招投标阶段对投资影响度为5%～10%。

4. 施工阶段投资控制

施工阶段的投资控制管理工作的依据是合同协议,项目投资控制应按照合同要求做好工程计量和工程价款支付管理工作,实现项目投资控制目标,预防施工索赔,并严格控制工程变更。施工阶段的造价控制目标是承包合同价,得出的阶段性工程造价是工程结算价。施工建设阶段项目费用控制应不超过项目预算的10%。

5. 竣工验收阶段投资控制

竣工验收是工程投资控制全过程的最后把关环节。虽然竣工验收阶段对工程造价的影响已经不大,但仍然是建设项目全过程造价管理中不可忽视的一个环节。这一阶段造价管理包括交工结算和竣工决算两个内容,交竣工验收阶段对投资影响度约为5%。

公路建设项目各阶段投资控制对费用的影响如图4-2所示。

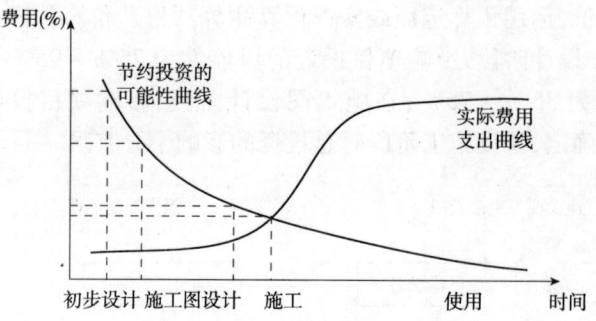

图 4-2 公路建设项目各阶段投资控制对费用的影响程度

第二节 公路决策阶段投资控制

公路建设项目投资决策对整个项目投资控制起着决定性作用,这一阶段投资控制的主要工作包括投资方或其委托机构依据公路项目在公路网中的定位、公路建设规划及未来公路运输发展的需求,运用科学的方法对项目进行全面的分析和论证,按照可持续发展和全寿命周期费用最低原则,通过方案比选,合理确定投资规模,编制公路投融资计划。决策阶段投资控制包括项目建议书投资控制及项目可行性研究投资控制。

这一阶段的投资控制重点和核心是做好建设项目的可行性研究报告,确定工程项目投资估算。投资估算确定的项目造价将作为设计阶段的投资控制依据。

一、项目建议书阶段投资控制内容

公路建设项目决策阶段的主要任务包括编制项目建议书和可行性研究,投资估算是整个项目投资控制的基础。

项目建议书是国家选择建设项目和进行可行性研究报告的依据,是公路建设基本程序中前期工作阶段的第一个工作环节,具有重要作用。项目建议书是项目建设单位就新建、扩建事项向行业主管部门申报的项目建设书面申请文件,是项目建设筹资单位或项目法人,根据国民经济的发展、国家和地方中长期规划、产业政策、生产力布局、国内外市场、所在地的内外部条件,提出的公路具体项目的建议文件,是对拟建项目提出的框架性的总体设想。

项目建议书是由项目投资方向其主管部门上报的文件,目前广泛用于项目的国家立项审批工作,是从宏观上论述项目建设的必要性和可能性,是对投资项目设想的概略投资建议。项目建议书的呈报可以供项目审批机关做出初步决策,减少项目选择的盲目性,为下一步可行性研究打下基础。

公路建设项目建议书通常依据公路网规划、国家和地区经济发展对公路运输需求及公路拟建地区的地形地质等建设条件,确定公路大致走向和建设方案,确定公路建设投资的资金筹措方案。在此阶段公路建设方案处于初步设想阶段,项目投资估算比较粗略,投资误差为±30%左右。投资估算编制必须严格执行国家的方针、政策和有关制度,符合公路技术标准和设计施工技术规范,编制的投资估算应尽可能全面,充分考虑建设期间可能出现的各种因素对工程造价的影响,使投资估算真正起到控制工程造价的作用。

二、可行性研究阶段投资控制

可行性研究是在公路建设项目决策时,将工程面临的主要问题加以详尽分析,通过多种建设方案比选,综合性的研究论证,提出项目最佳方案,更好地发挥项目经济效益和社会效益。可行性研究阶段的投资控制要重视以下工作:

(1)根据批准的项目建议书,对项目建设的筹资方式、贷款额度和年度贷款计划,向建设项目的主管部门或建设单位进一步了解落实,确定是否有变动或新的意图,以便确定建设贷款利息。

(2)对于有关项目建设安排和实施方案的调查方面,需要向建设项目主管部门或建设单位进一步了解对项目建议书中的总体实施规划有无需要进行调整和补充。

(3)建设项目的工期、质量、造价是整个建设工程的关键控制管理环节。对设计和实施阶段可能采用的标段划分和施工方案,做必要的调查。可行性研究报告阶段,不需要按标段来分别编制投资估算,但在实施阶段,施工单位所需的生产、生活临时用地数量与标段划分的多少有着密切的关系,故在投资估算时,须考虑这些因素。

(4)调查建设项目占用土地和应予拆迁的建筑物、构筑物的种类和数量,人均占有耕地等资料,以及当地人民政府颁布的征用土地赔偿标准、耕地占用税等有关规定,并提出拆迁及土地占用表,作为土地、青苗等补偿费和安置补助费计算的依据。

项目建议书与可行性研究报告的投资估算,是在不同的时期编制的,需要了解掌握项目建议书投资估算编制所需的工资标准和材料供应价格情况,当地公路(交通)工程定额(造价管理)站是否发布新的价格信息。

三、决策阶段影响投资因素

决策阶段影响公路建设项目投资额的主要因素包括公路在公路网的位置、项目规模、路线走向、沿线地质地貌、公路等级及技术标准、技术方案、施工方案、施工设备方案、环境保护方案等。

1. 公路建设项目规模

公路建设规模对项目投资有直接影响,这些因素包括公路的里程、占地面积、桥梁长度、隧道长度等。

2. 公路等级及技术标准

根据公路在公路网中的定位、功能及未来交通量,我国公路分为高速公路、一级公路、二级公路、三级公路和四级公路。各个等级公路所采用的路幅、路面宽度,圆曲线半径,竖曲线半径,路基路面类型等设计指标也不尽相同,这些都对公路项目造价有直接影响。

3. 公路沿线地质地貌

公路沿线的地形、地貌和海拔高度不仅影响路线的选定,影响路基路面设计,也影响公路项目投资费用。平原、微丘地区,公路主要以路堤形式通过,公路造价低。丘陵区和山岭区,地势起伏较大,路堤高度及路堑深度较大,桥隧比例增加,公路造价增大。特殊地质地区,基础及路基处治会增大公路造价。高海拔地区,高寒地区建设及养护费用也会增大。

4. 投资融资

公路建设项目投资包括资本金与债务资金,债务资金筹集形式包括银行贷款发行债券、融资租赁。债务资金需要支付本金及利息、债息、租金,不同债务融资比例及期限对项目总投资有很大影响。

5. 技术方案

公路项目建设所采用的施工技术、施工工艺、施工设备、施工材料及技术标准等将影响到公路建设项目建设成本。此外,公路建设项目施工组织及管理,项目信息化技术也对项目建设工期、施工方案有重要影响,也会影响公路项目工程造价。

第三节 公路设计阶段投资控制

公路建设项目设计阶段投资控制,是指在批准的项目工程可行性研究的基础上,在满足业主的功能要求和投资估算范围内,依据设计规范,采取科学设计方法,给出公路项目设计方案,编制项目设计图纸及概预算。

目前我国公路建设项目投资控制实行"以设计阶段为重点的建设全过程造价控制"方法。设计阶段对工程建设投资以及后期运营养护费用具有重要影响。工程实践表明,初步设计阶段对项目总投资影响为75%~95%,技术设计及施工图设计对项目总投资影响为35%~75%。施工开始后,技术组织管理对项目总投资影响只有5%~10%。加强设计阶段投资控制效果显著。

一、设计阶段投资控制的主要内容

设计阶段投资控制的基本内容主要有技术指标的确定,设计方案的优选,概预算的编制及审查。设计阶段工程投资控制的方法包括设计概算和预算的编制与审查,设计方案优化和比选,限额设计和标准化设计等。设计阶段的造价控制依据是项目工程可行性研究批准的投资估算。设计各阶段工程造价包括工程概算造价、修正概算造价和预算造价。项目设计各阶段投资控制的内容和程序如图4-3所示。

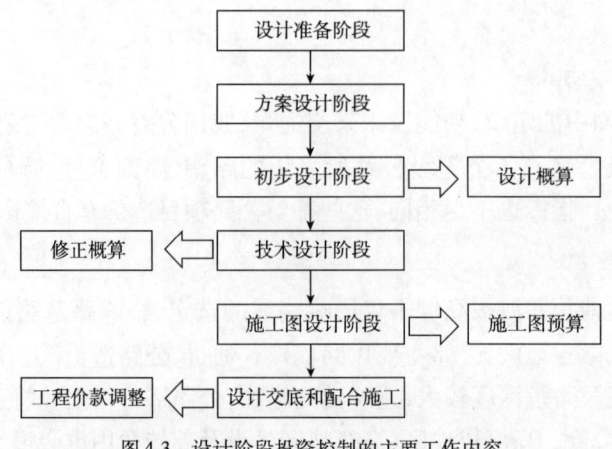

图4-3 设计阶段投资控制的主要工作内容

1. 设计准备阶段

(1)设计人员与造价咨询人员紧密合作,通过对项目建议书和可行性研究报告内容的分析,了解业主方对项目总体设计的目标、要求,同时考虑项目相关各方的不同需求。

(2)充分了解并掌握工程建设外部条件和客观环境,主要包括:

①地质、地形、气候、水文等建设条件;

②城市发展规划对公路建设的要求;

③交通、水、电、气、通信等基础设施状况。

(3)了解公路项目建设市场发展状况,项目资金来源及筹集,以及项目所在地材料、装备及劳动力供应状况。

2. 方案设计阶段

设计和造价咨询人员通过项目在公路网中的定位、作用分析,考虑公路未来交通发展需求,结合项目建设条件及环境可持续发展需求,提出公路建设总体方案及关键路段技术方案,编制造价估算书。

3. 初步设计阶段

初步设计阶段是设计阶段中的首个阶段,也是整个设计构思基本形成的阶段,需要解决以下问题。

(1)确定项目主要技术方案、工程总造价和主要技术经济指标,以利于在项目建设和使用过程中最有效地利用人力、物力和财力。

(2)制订路线、路基路面、桥隧等设计方案,编制初步设计图纸及初步设计概算。

在这一阶段,造价人员应编制设计概算。对于那些对造价影响较大的技术,设计人员应提出多套技术方案,造价人员应从技术、经济角度出发参与决策,会同设计人员从中优选技术可行、经济合理的最佳方案。

4. 技术设计阶段

技术设计阶段是初步设计的具体化,也是各种技术问题的定案阶段。技术设计较之初步设计阶段,需要更详细的勘察资料和技术经济计算加以补充修正。技术设计的详细程度应能满足确定设计方案中重大技术问题和有关实验、设备选择等方面的要求,应能够保证在建设项目采购过程中确定建设项目建设材料采购清单。在这一阶段,工程造价人员应根据技术设计的图纸和说明书及概算定额编制技术设计修正总概算。

5. 施工图设计阶段

施工图设计阶段是设计工作和施工工作的桥梁。具体工作包括建设项目各部分工程的详图和零部件、结构件明细表以及验收标准、方法等。施工图设计的深度应能满足设备材料的选择与确定、非标准设备的设计与加工制作、施工图预算的编制、建筑工程施工和安装的要求。设计阶段中设计人员应会同造价人员从技术、经济角度,反复比较、反复研讨、论证和反复协调,最终完成施工图设计,编制施工图预算。

6. 设计交底和配合施工

施工图发出后,根据现场需要,设计单位应派人到施工现场,与建设单位、施工单位等共同会审施工图,进行技术交底,介绍设计意图和技术要求,修改不符合实际和有错误的图纸。

二、设计概算

单位工程概算是确定单项工程中的各单位工程建设费用的文件,是编制单项工程综合概算的依据。单位工程概算分为建筑工程概算和设备及安装工程概算两大类。建筑工程概算分为土建工程概算、给排水工程概算、采暖工程概算、通风工程概算、电气照明工程概算、工业管道工程概算、特殊构筑物工程概算。设备及安装工程概算分为机械设备及安装工程概算、电气设备及安装工程概算。

(一)单位工程概算编制方法

1. 概算定额法

概算定额法又叫扩大单价法,所采用的工具是概算工程量计算规则。它是根据初步设计图纸资料和概算定额的项目划分计算工程量,然后套用概算定额单价(基价),计算汇总后,再计取有关费用,得出单位工程概算造价。

2. 概算指标法

概算指标法采用直接工程费指标。将拟建项目建筑面积或体积乘以技术条件相同或基本相同的概算指标而得出直接工程费,然后按规定计算出措施费、间接费、利润和税金等。该法适用于初步设计深度不够,不能准确地计算工程量,但工程设计采用技术比较成熟且又有类似工程概算指标可以利用的情况。该方法包括直接用概算指标编制单位工程概算和用修正后的概算指标编制单位工程概算。

3. 类似工程预算法

类似工程预算法是利用技术条件与设计对象相类似的已完成工程或在建工程的工程造价资料来编制拟建工程设计概算的方法。该方法适用于工程设计对象与已建成工程相类似,结构特征基本相同,或者概算定额和概算指标缺项的情况。当设计对象与类似预算的设计在结构或者建筑上有差异时,可以参考修正概算指标的方法进行修正。

(二)单位设备及安装工程预算编制方法

1. 设备购置费构成

$$设备购置费 = 设备原价 + 运杂费$$

其中:

$$设备运杂费 = 设备原价 \times 运杂费率$$

2. 设备及安装工程概算编制方法

(1)预算单价法。当初步设计较深,有详细的设备清单时,可直接按安装工程预算定额单价编制设备安装工程概算,概算程序与安装工程施工图预算程序基本相同。

(2)扩大单价法。当初步设计深度不够,设备清单不完备,只有主体设备或仅有成套设备重量时,可采用主体设备、成套设备的综合扩大安装单价来编制概算。

(3)设备价值百分比法。当初步设计深度不够,只有设备出厂价而无详细规格、重量时,安装费可按其占设备费的百分比来计算。常用于价格波动不大的定型产品和通用设备产品。

(4)综合吨位指标法。当初步设计提供的设备清单有规格和设备重量时,可采用综合吨位指标编制概算,其综合吨位指标由主管部门或由设计单位根据已完成类似工程资料确定。

$$设备安装费 = 设备重量 \times 每吨设备安装费指标$$

(三)单项工程综合概算编制

单项工程综合概算是确定单项工程建设费用的综合性文件,它是由该单项工程的各专业的单位工程概算汇总而成的,是建设项目总概算的组成部分。

单项工程综合概算书一般包括编制说明和综合概算表两个部分。当建设项目只有一个单项工程时,综合概算文件还包括工程建设其他费用、建设期贷款利息、预备费和固定资产投资方向调节税的概算。

(四)建设项目总概算编制

1. 概算书编制说明

概算书编制说明主要包括以下内容:工程概况;编制依据;编制方法;编制范围;投资分析;主要材料和设备数量;其他有关问题。

2. 综合概算表编制方法

综合概算表根据单项工程所辖范围内的各单位工程概算等基础资料,按照国家或部委所规定的统一表格进行编制。将各单项工程综合概算及其他工程费用概算等汇总即为工程项目概算。

(1)按总概算组成的顺序和各项费用的性质,将各个单项工程综合概算及其他工程费用概算汇总列入总概算表。

(2)将工程项目和费用名称及各项数值填入相应各栏内,然后按各栏分别汇总。

(3)以汇总后的总额为基础,按取费标准计算预备费用、建设期利息、固定资产投资方向调节税、铺底流动资金。

(4)计算回收金额。回收金额是指在整个基本建设过程中所获得的各种收入。

(5)计算总概算金额。

总概算金额 = 各部分费用 + 预备费 + 建设期贷款利息 + 固定资产投资方向调节税 + 铺底流动资金 - 回收金额

(五)设计概算审核

1. 设计概算审核方式

设计概算审核一般采用集中会审的方式进行。由会审单位分头审核,然后集中共同研究,确定审核结果,或组织有关部门成立专门的审核班子,根据审核人员的业务专长分组,再将概算费用进行分解,分别审核,最后集中讨论,确定审核结果。

审核步骤包括概算审核前的准备,概算审核,技术经济对比分析,调查研究以及整理资料。

2. 设计概算审核内容

(1)单位工程设计概算审核包括以下几方面。

①建筑工程概算审核内容包括:工程量审核;采用的定额或缺项指标的审核;材料预算价

格的审核;各项费用审核。

②设备及安装工程概算审核内容包括:标准设备审核,即审核各地规定的统一价格标准;非标准设备的审核,即审核价格估算依据、估算方法,分析价格的波动因素。

(2)综合概算和总概算审核内容包括以下几方面:

①概算编制是否符合国家经济建设计划和政策的要求,是否符合当地自然条件、施工条件。

②概算文件组成审核:设计概算文件是否完整、工程项目确定是否符合设计的要求;建设规模、建筑结构、建筑面积、建筑标准、总投资是否符合设计文件的要求;非生产性建设项目是否符合规定的要求,结构和材料的选择是否进行了技术经济比较,是否超标等。

③总图设计和工艺流程审核包括总图设计是否符合生产和工艺要求、厂区运输和仓库布置是否优化或进行方案比较、分期建设工程项目是否统筹考虑、总图占地面积是否符合"规划指标"和节约用地要求、工程项目是否按生产要求和工艺流程合理安排、主要车间生产工艺是否合理。

④建设周期、原材料来源、运营条件、资金回收和赢利等社会效益因素。

⑤项目环境保护方面内容审核。

⑥其他具体审核项目包括技术经济指标、建筑工程费用、设备和安装工程费以及各项其他费用:土地补偿和安置补助费、临时工程设施费用、施工机构迁移费和大型机器进退场费等。

三、施工图预算

(一)施工图预算编制

施工图预算是确定建筑安装工程预算造价的文件,它是在施工图设计完成后,以施工图为依据,根据预算定额、取费标准以及地区人工、材料、机械台班的预算价格进行编制的。

与设计概算编制过程相似,施工图预算是由单位工程设计预算、单项工程综合预算和建设项目总预算三级预算逐级汇总组成的。由于施工图预算是以单位工程为单位编制,按单项工程综合而成,因此,施工图预算编制的关键在于编好单位工程施工图预算。单项工程综合预算和建设项目总预算的编制方法与设计概算相同。

施工图预算编制主要有单价法和实物法两种,其中广泛使用的是单价法。

1. 工料单价法

工料单价法是指以分部分项工程单价为直接工程费单价,用分部分项工程量乘以对应分部分项工程单价后的合计的单位工程直接工程费。直接工程费汇总后另加措施费、间接费、利润、税金生成工程承发包价。按照分部分项工程单价产生方法的不同,工料单价法又可以分为预算单价法和实物法。

(1)预算单价法。

预算单价法就是用地区统一单位估价表中的各分项工料预算单价乘以相应的各分项工程的工程量,求和后得到包括人工费、材料费和机械使用费在内的单位工程直接工程费。措施费、间接费、利润和税金可根据统一规定的费率乘以相应的计取基数求得。将上述费用汇总后得到单位工程的施工图预算。

(2)实物法。

实物法编制施工图预算是按工程量计算规则和预算定额确定分部分项工程的人工、材料、机械消耗量,再按照资源的市场价格计算出各分部分项工程的工料单价,以工料单价乘以工程量汇总得到直接工程费,再按照市场行情计算措施费、间接费、利润和税金等,汇总得到单位工程费用。实物法中单位工程直接工程费的计算公式为:

$$\text{分部分项工程工料单价} = \sum(\text{材料预算定额用量} \times \text{当时当地材料预算价格}) +$$
$$\sum(\text{人工预算定额用量} \times \text{当时当地人工工资单价}) +$$
$$\sum(\text{施工机械预算定额台班用量} \times \text{当时当地机械台班单价})$$

$$\text{单位工程直接工程费} = \sum(\text{分部分项工程量} \times \text{分部分项工程工料单价})$$

通常采用实物法计算预算造价时,在计算出分部分项工程的人工、材料、机械消耗量后,先按类别相加求出单位工程所需的各种人工、材料、施工机械台班的消耗量,再分别乘以当时当地各种人工、材料、机械台班的实际单价,求得人工费、材料费和施工机械使用费,并汇总求和。

2. 综合单价法

综合单价法是目前建筑安装工程费计算中一种最常用的计价方法,其内容包括直接工程费、间接费、利润和风险因素(措施费也可按此方法生成全费用价格)。各分项工程量乘以综合单价的合价汇总后,再加规费和税金,便可生成建筑或安装工程造价。

(二)施工图预算审核

1. 全面审核法

该方法实际上是审核人员重新编制施工图预算。首先,根据施工图全面计算工程量;然后,将该审核人员计算的工程量与审核对象的工程量一一进行对比;同时,根据定额、当地建筑材料的单价,逐项核实审核对象的单价。

这种方法的优点是审核后的施工图预算准确度较高,缺点是工作量大,实质是重复劳动。在投资规模较大,审核进度要求较紧的情况下,这种方法是不可取的,但建设单位为严格控制工程造价,仍常常采用这种方法。

2. 重点审核法

这种方法类同于全面审核法,其与全面审核法的区别仅是审核范围不同。该方法有侧重地、有选择地根据施工图来计算价值较高或投资占比较大的分项工程量。如路基工程(土方、石方)、路面工程(沥青混凝土、水泥混凝土、二灰碎石)、桥涵构造物(梁、板、柱)、交通工程及沿线设施(标志、标线)等,而对其他价值较低或占投资比例较小的分项工程,如路基工程(坡道、明沟、抛树挖根、垃圾清理)等,审核者往往有意忽略不计,重点核实与上述工程量相对应的定额单价,尤其重点审核定额子档次易混淆的单价(如构件断面、单体体积),其次是混凝土强度等级及砌筑、抹灰砂浆的强度等级核算。这种方法在审核进度较紧张的情况下,常常适用于建设单位审核施工单位的预算或施工单位审核设计单位的预算。这种方法与全面审核法比较,工作量相对减少,而取得的效果却不是很差,但仍属重复劳动。

3. 分析对比审核法

该方法是在总结分析预结算资料的基础上,找出同类工程造价及工料消耗的规律性,整理出用途不同、结构形式不同、地区不同的工程造价、工料消耗指标。根据这些指标对审核对象进行分析对比,从中找出不符合投资规律的分部分项工程,针对这些子目进行重审核,分析其差异较大的原因。

四、设计阶段投资控制方法

(一)优选设计方案

在整个设计阶段,初步设计总体方案对工程造价影响最大。初步设计阶段优选总体方案的有效手段是大力推行设计招投标制度和设计方案竞选,加大设计方案的选择和竞争力度,从而选择确定最佳设计方案。先进合理的设计是控制工程造价的关键环节。一个建设项目或一个单项工程,可以有多种不同的设计方案,不同的设计方案可实现的功能不同,造价也不同。因此通过设计招投标和设计方案竞选,可以在满足使用功能的前提下,选择适度超前、经济合理、安全可靠的设计方案,为项目投资控制打下良好的基础。

(二)限额设计

限额设计指按照设定投资目标控制工程设计的一种方法,是按上一阶段批准的投资费用作为下一阶段设计投资控制的依据,确保投资限额不被突破。限额设计通过将设计阶段投资目标的层层分解,实现了对投资限额的控制的有效管理,既保证了项目严格执行设计规范、设计标准,又实现了项目概预算控制的目标。限额设计抓住投资控制的核心,从而减少了项目"三超"的现象。同时,限额设计有利于处理好技术与经济的对立统一。

1. 限额设计目标设置

限额设计关键之一是要在各个设计阶段开始前,将上一阶段审定的投资费用作为下一设计阶段投资控制的依据,通过层层分解确定各专业、各工种以及各分部分项工程的分项费用控制目标。限额设计总目标是在初步设计开始前,依据批准的可行性研究报告及其投资估算来确定。项目投资目标由总设计师提出,经主管院长审批下达,其总额度一般只下达90%,保留一定的调节指标。专业之间或专业内部节约下来的单项费用,未经批准不能相互平衡,均由总设计师和监理工程师掌握。限额设计目标有效实现的前提基础是项目投资估算的合理准确测算。此外,要想最终实现设计阶段投资控制目标,还必须对设计工作的各个环节进行多层次的控制与管理,同时,实现对设计规模、设计标准和概算指标等各个方面的多维控制。

2. 限额设计纵向控制

限额设计纵向控制就是按照批准的可行性研究报告及投资估算控制初步设计,按照批准的初步设计概算控制技术设计和施工图设计。

初步设计开始时,总设计师将可行性研究报告的设计原则、建设方案和各项控制经济指标向工作人员交底,对关键设备、工艺流程和各种费用指标要提出技术方案比选,研究实现可行性研究报告中投资限额的可行性,将设计任务书和投资限额分专业下达到设计人员,促使设计人员进行多方案的比选。在初步设计阶段的限额设计中,各专业设计人员应强化控制投资的意识,严格按照限额设计所分解的投资额进行设计,并事先做好专业内部平衡调节,提出节约投资的措施,力求将投资控制在限额范围内。

在施工图设计阶段,必须按照批准的初步设计所确定的原则、范围、内容、项目和投资额进行施工图设计,严格控制施工图预算。当产品方案流程、工艺流程或设计方案发生重大变更时,重新编制或修改初步设计和概算。其投资控制限额也应以新批准的修改方案或新编概算为准。

为了做好限额设计工作,须加强设计变更管理。除非不得不进行设计变更,否则任何人无权擅自更改设计。设计变更发生得越早,对投资控制越有利。若在设计阶段变更,只需修改图纸,其他费用尚未发生,损失有限;若在采购阶段发生变更,则不仅要修改图纸,还需重新采购;若在制造和安装阶段发生变更,除发生上述费用之外,还会造成更大的损失。因此,应尽可能将设计变更控制在设计阶段,由多方人员参加技术经济论证,使得投资得到有效控制。

3. 限额设计横向控制

限额设计横向控制是指建立和加强设计单位及其内部的管理制度和经济责任制,明确设计单位及其内部各专业、科室以及设计人员的职责和经济责任,并赋予相应权力,但是,赋予的决定权要与责任相一致;建立设计部门内各专业的投资分配考核制度;在考核各专业完成设计任务质量和实现限额指标的基础上,实行奖惩制度。

4. 限额设计不足

限额设计在某种程度上会抑制设计者的积极性和主动性,使价值工程中提高价值的两条有效途径得不到充分利用,即项目造价提高,功能大幅度提高,最终项目价值提高;造价不变,功能提高,最终项目价值提高。

限额设计中单纯强调投资限额,而对项目的全寿命费用考虑较少,会造成项目建设期间投资较低,后期项目运营费用、维护费用较高,项目全寿命费用较高。

(三)标准化设计

标准化设计(也称定型设计、通用设计、复用设计)是工程建设标准化的组成部分,各类工程建设的构件、配件、零部件,通用的建筑物、构筑物、公用设施等,只要有条件的都应该编制标准设计,推广使用。

标准设计有益于较大幅度地降低工程造价:

(1)节约设计费用,加快设计图纸的提交速度(一般可将设计速度加快 1~2 倍),缩短设计周期。

(2)构件预制厂采用生产标准件,有利于统一配料、节约材料,提高劳动生产率,降低构配件生产成本。

(3)加快工程施工速度,保证工程质量,降低建筑安装工程费用。

(4)标准设计是按共通性条件编制的,是按规定程序批准的,可供大量重复使用,能使工程造价低于个别设计工程造价。

(四)价值工程

价值工程(Value Engineering,简称 VE),于 20 世纪 40 年代由美国工程师创立。价值工程是一种技术与经济紧密结合的现代管理技术。它是以提高研究对象(包括产品、工艺、工程、服务或它们的组成部分)的价值为目的,以功能系统分析为核心,以创造性思维、开发集体智力资源为基础,以最低的全寿命周期费用来实现研究对象的必要功能的一种科学方法。

价值工程又称为价值分析,指通过集体智慧和有组织的活动对产品或服务进行功能分析,使目标以最低的总成本(生命周期成本),可靠地实现产品或服务的必要功能,提高产品或服务价值。价值工程依据公式可表示为:

$$V(价值) = \frac{F(功能)}{C(成本)}$$

价值工程的发展经历了四个阶段。这四个阶段是随着时代的需要而变化的。

第一阶段为降低材料费用阶段,第二阶段为改进现有产品阶段,第三阶段为新产品的价值分析阶段,第四阶段为系统的价值分析阶段。价值工程的目标是降低项目全寿命周期费用成本,可靠地实现使用者所需的功能,价值工程的核心工作是对产品进行功能分析,可应用于以下五个方面。

(1)总体方案的优化;
(2)限额设计中的限额分配;
(3)结构方案的优化;
(4)材料和设备的选择;
(5)全寿命周期管理。

价值工程的工作程序见表4-1。

价值工程工作程序 表4-1

研究过程	价值工程活动的流程		回答的问题
	工作阶段	具体步骤	
提出问题	确定目标	确定对象	VE对象是什么?
		收集情报	有哪些资料?
分析问题	进行功能的系统分析	对功能的定义	是什么功能?
		进行功能整理	地位如何?
	对功能进行价值评价	成本分析	分摊给各功能成本是多少?
		功能评价	各功能应有成本是多少?
		选定VE对象	哪些VE对象可以改进?
拟订方案	方案创造		怎样改进?
方案实施与评价	方案评价	概略评价	新成本是多少?
		方案具体化	能否可靠地实现必要功能?
		详细评价	技术和经济效益有哪些?
	方案实施	制订改进方案	怎样实现?

第四节 公路建设项目招投标阶段投资控制

公路建设行业是我国最早全面开放建设市场,最先实行招投标制度的行业之一。2000年1月《中华人民共和国招标投标法》实施以来,各级交通主管部门不断完善规章制度,加强对招

投标活动的监督管理,公路建设项目执行招标投标制度,对控制公路项目投资起到了巨大作用。具体表现为:
(1)通过引入招投标机制控制了项目建设费用;
(2)规范了合同价格形式和价格条款;
(3)实现了最优承包人的筛选。

一、建设项目招投标一般程序

公路建设项目招标分为公开招标与邀请招标两种形式。招投标过程包括公告、资审、开标、评标、中标、签订合同等若干环节,其中资审又分资格预审、资格后审两种。招标可自行招标,也可委托代理招标。公路建设项目招标一般可分为三个阶段,即招标准备阶段、招标阶段和招标后期阶段,其一般程序如图4-4所示。

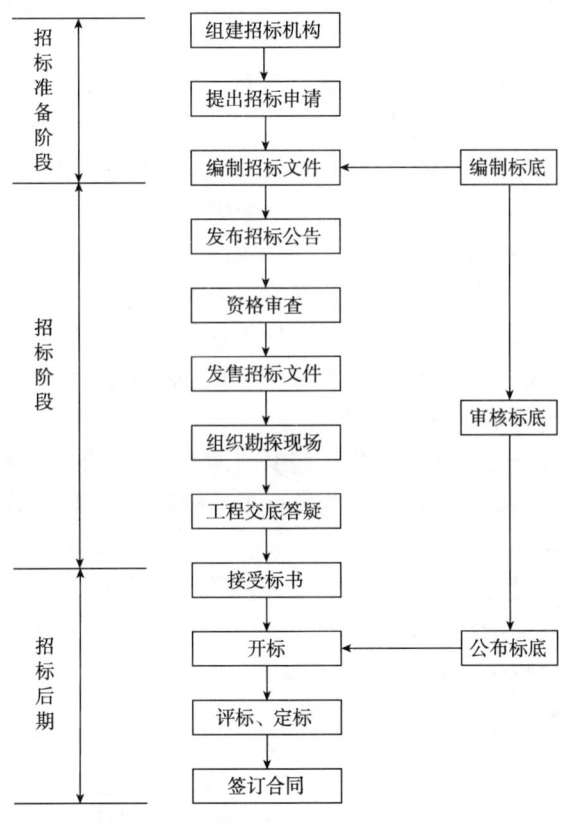

图4-4 招标程序

二、招投标阶段投资管理

招投标阶段是项目投资费用控制的主要阶段,投资费用控制的关键是选择最优投标报价,在设计概(预)算范围内确定建设项目合理的合同价款。标底作为业主方衡量投标报价合理性的依据,对项目投资控制具有重要作用。

1. 工程量清单编制

《建设工程工程量清单计价规范》(GB 50500—2003)(以下简称 2003 版《计价规范》)的颁布实施,标志着我国建筑产品价格市场形成机制的正式建立,使得我国传统的以预算定额为主的计价方式转变为国际上通行的工程量清单计价模式。2008 年 7 月 9 日,《建设工程工程量清单计价规范》(GB 50500—2008)(以下简称《计价规范》)开始实施。《计价规范》的内容涵盖了从招投标开始到工程竣工结算办理的全过程,并增加了条文说明。清单计价是一种真正与市场经济体制相适应的投标报价模式,满足"控制量、市场价、竞争费"的动态管理原则,其内在优势和特点决定了定额计价必然向清单计价转变。同时清单计价模式实现了建设项目"量"、"价"分离的计算形式,真正建立了由施工企业自主报价,市场竞争定价的机制。2013 年,为总结我国工程量清单计价的最新理论成果及实践经验,顺应市场发展要求,统一建设工程工程量清单编制和计价行为,实现"政府宏观调控、部门动态监管、企业自主报价、市场形成价格"的目标,住房和城乡建设部于 7 月 1 日开始实施《建设工程工程量清单计价规范》(GB 50500—2013)。

《计价规范》的颁布,要求招标控制价、投标报价、合同价款的确定与调整以及办理工程结算等均以清单为依据,采用工程量清单的计价模式。公路项目工程量清单计价制度改变了公路工程建设市场以国家定额为主,用静态半静态计价办法决定工程真实造价计价制度的状况。

工程量清单是指招标单位按照一定原则将工程项目进行分解,明确工程项目建设工作内容和范围,并将工程内容数量化的一种方式。它是合同文件之一,反映每一个项目的工作内容和预算工程量,通常以单项工程为对象,按分部分项工程列出工程数量。我国公路建设项目招标由招标单位提供工程量清单。清单工程量是指工程量清单中所列的工程数量,它是在实际施工前根据施工图、说明及工程量计算规则所得到的一种准确性较高的工程建设预测数量,清单工程量不是承包人最终完成的准确工程量。

工程量清单的作用在于便于招标单位标底编制,能够提供给投保人关于工程量的足够信息,以使投标单位能有效快速地编写标书,为评标中准确测算项目投标报价优劣提供依据。工程量清单编制应符合技术规范规定要求,便于标底及投标书投标单价测算,计算工程造价。

工程量技术汇总依据设计图纸和技术规范,需要细致、准确,而非简单地罗列设计文件中的工程量。整理前应认真阅读技术规范中的计量与支付方法,项目计量方法不同,工程量也不一样。在工程量的计算过程中,要做到不重不漏,不发生计算错误。工程量准确性应予保证,其误差最大不能超过 5%。

2. 公路工程标底编制

标底是项目招标人对拟招标项目的期望价,是实行招标工程项目的内部控制价格。根据《公路工程标准文件》,公路工程标底价格的组成如图 4-5 所示。

公路建设项目招投标标底的编制应符合《公路工程预算定额》(JTG/T 06-02—2007)、《公路基本建设工程概算、预算编制办法》(JTG B06—2007)、《公路工程机械台班费用定额》(JTG/T B06-03—2007)、公路工程设计文件及相关资料、工程造价管理机构发布的工程造价信息(或参照市场价)以及其他的相关资料。

标底编制流程为:标底编制前期准备;核实清单工程量,阅读招标文件;编制施工组织设计;计算各项费用,汇总形成标底文件,共四个环节。其中,标底编制前期准备工作包括熟悉施

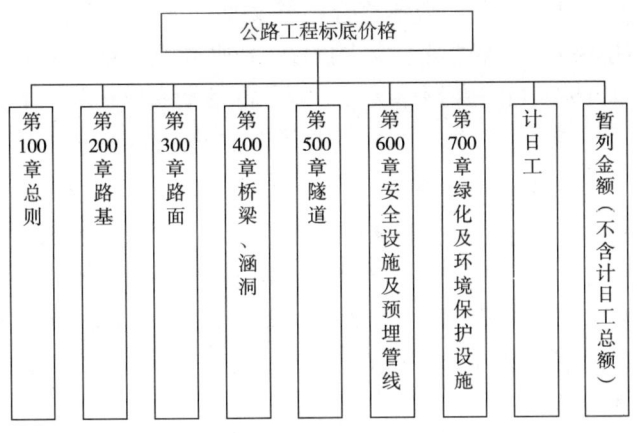

图 4-5 公路工程标底价格组成

工图纸,确定材料价格,进行必要的现场踏勘。

标底编制方法可分为实物量法、综合单价法、工序分析法以及其他方法。适用于工程量清单计价模式的方法主要为综合单价法。公路工程标底价格的计算方法采用全费用综合单价法。即公路工程建设项目工程量清单综合单价,包括完成单位分部分项工程所需的劳务费、材料费、机械费、其他费用、管理费、税费、利润,并考虑一般风险费用的分摊。

三、公路项目评标方法

目前公路建设项目评标主要采用合理低价法、综合评估法、最低投标价法控制合同价款等。不同类型招投标采用的评标方式分类如下。

投资人:综合评估法、最短收费期限法。
设计招标:固定标价评分法、综合评估法。
监理招标:固定标价评分法、综合评估法。
施工招标:合理低价法、综合评估法、经评审的最低投标价法。
总体来说,技术要求越高,价格因素占比越低。

1. 合理低价评标法

合理低价评标法是项目业主通过招标选择承包人,在所有的投标人中报价的合理最低价者,即成为工程的中标人。合理最低价指能够最大限度地满足招标文件中规定的各项综合评价标准,满足招标文件的实质性要求,并且是经评审的投标价格最低,但投标价格低于企业自身成本的除外,评标价最低的投标价不一定是投标报价最低的投标价。

2. 最低评标价法

最低评标价法是指除了考虑投标价格因素外,招标文件还应明确评标中需考虑的其他有关因素,以及运用这些因素来确定最低评标价投标的方法。

最低评标价法,通过按由低到高顺序对评标价不低于成本价的投标文件进行初步评审和详细评审,推荐评标价最低的前3名投标人为中标候选人的评标方法。这种评标方法在高速公路建设项目招投标中较为常见,相对其他评标方法评标程序比较简单。最低评标价法对投标文件中的价格有一定限制,投保人的投标报价应在标底±15%范围内,如果投标人的最低评标价低于(或超过)标底±15%,则视为不符合招标文件的要求,失去竞标资格。对投标价在标底±15%范围内的投保人,评标委员会要求投标人对此作出详细的说明,并提供相关项目的价格证明文件,以证明投标人可以在招标文件中规定的工期和质量要求下完成项目。

3. 综合评标法

综合评标法指将投标人各种资格资质、技术、商务服务条款及投标价都折算成一定的分数值,得分最高的投标人中标的方式。综合评标法要求投标人最大限度地满足招标文件实质性要求,评标委员会对投标文件中的各个因素按照招标文件规定的标准和要求进行综合评审和量化打分,详细评价投标文件阐明的投标人的财务能力、施工技术能力、组织管理水平以及类似工程的施工经验和社会信誉水平,以投标人的最后综合评分按照由高到低的顺序排列,得分最高投保人作为中标候选人。

4. 双信封评标法

双信封评标法是指投标人将投标报价和工程量清单单独密封在一个报价信封中,其他商务和技术文件密封在另外一个信封中,分两次开标的评标方法。第一次开标时,招标人首先打开商务和技术文件信封,报价信封交监督机关或公证机关密封保存。评标委员会对商务和技术文件进行初步评审和详细评审。招标人向所有投标人发出通知,招标人将在开标会上首先宣布通过商务和技术评审的名单并宣读其报价信封。对于未通过商务和技术评审的投标人,其报价信封将不予开封,当场退还给投标人。第二次开标后,评标委员会按照招标文件规定的评标办法进行评标,推荐中标候选人。双信封评标法评标程序比较复杂、时间较长,但可以消除技术部分和投标报价的相互影响,更显公平。特别要注意技术评标期间的信息保密和报价信封的保管工作。目前,四川省属国有企业投资建设的项目,按省政府统一要求,一律采用双信封经评审的最低投标价法进行评标。

第五节 公路建设阶段投资控制

公路建设阶段投资控制工作的依据是承包合同。在此阶段应按照合同协议,做好工程计量和工程价款支付管理,严格控制项目变更和索赔,施工阶段造价控制目标是承包合同价。

一、施工阶段投资一般控制

(一)公路施工阶段投资控制依据

(1)承包合同。承包合同对工程计量支付、工程价款调整、工程变更、索赔等有关事项均做出规定,是业主在工程实施阶段进行投资控制的依据。

(2)预算文件。

(3)工程进度报告。工程进度报告为业主提供了工程建设实际进度情况,包括项目完成的工程量、工程花费、工程款支付情况等重要信息,通过与进度计划比较,发现项目实际进度与计划进度的偏差,并借助偏差分析,找出项目存在的问题,提出项目后期改进措施。

(4)工程变更指令和相关文件。受项目客观条件及主观因素影响,项目建设中不可避免会出现工程变更,导致建设费用及建设工期变化,施工阶段变更是工程投资控制的重要环节。

(5)施工索赔文件。项目实施过程中,由于自然环境因素或一方过失违约,会出现索赔,也会引起项目建设投资费用变化。

(6)有关法律、法规、政策等。

(二)公路建设项目施工阶段投资控制原则和方法

公路建设项目施工阶段投资控制主要采取事先控制与事后检查相结合,动态与静态控制相结合的原则。施工阶段投资控制方法主要是挣值法,投资控制首先确定投资控制目标值,通常将计划投资额(即工程合同价)作为工程项目投资控制的目标值,然后将项目建设过程中的实际投资额与投资控制目标值进行对比,当实际投资额偏离控制目标值时,分析偏差产生的原因,并采取有效措施加以控制。施工阶段投资控制基本步骤如下:

1. 比较

确立实施阶段投资控制目标后,对比投资使用计划与实际费用支出是否存在较大差异,结合进度计划,确定项目是否出现投资偏差。

2. 分析

对于出现投资偏差的项目,分析项目出现偏差的原因及程度,以提出减少及修正偏差的方法及措施,减少或避免相同原因偏差的再次发生,确保投资控制目标。

3. 预测

预测是指根据项目进度及费用支付情况,预估整个项目的完成时间及建设费用,为投资控制提供信息支持。

4. 纠偏

投资偏差分析结论表明项目建设预测费用超出投资控制目标时,应当根据工程的实际状况,采取纠偏措施,减小投资偏差。包括加强项目管理,严格控制变更、索赔,减少项目建设费用。

5. 检查

对纠偏措施实施效果进行检查,了解纠偏措施执行的情况和效果,分析项目总体进度及建设费用支出状况,实现投资控制目标。

(三)资金使用计划

资金使用计划是项目施工阶段投资控制的依据。通过编制资金使用计划,明确项目施工阶段投资控制目标,给项目投资偏差分析提供依据。施工阶段资金使用计划编制方法主要有以下几种。

1. 按不同分项编制资金使用计划

公路项目由多个单项工程组成,每个单项工程包括多个单位工程,而单位工程总是由若干个分部、分项工程组成。对工程项目进行合理划分,按不同子项目划分使用资金,进而做到合理分配。在实际工作中,项目总投资按 WBS 分解到分项工程。

2. 按时间进度编制资金使用计划

建设项目投资总是分阶段、分期支出的,资金使用是否合理与资金时间安排密切相关。为编制资金使用计划,筹措资金,应尽可能减少资金占用和利息支付,有必要将总投资目标按使用时间进行分解,确定目标值。

按时间进度编制资金使用计划,可利用项目进度网络图进一步扩充后得到。利用确定的网络计划可计算各项活动的最早及最迟开工时间,获得项目进度计划的横道图。在横道图的基础上,编制按时间进度划分的投资支出预算,进而绘制时间—投资累计曲线(S形图线)。时间—投资累计曲线的绘制步骤如下:

(1)确定工程进度计划,编制进度计划的横道图;

(2)根据每单位时间内完成的实物工程量或投入的人力、物力和财力,计算单位时间(月或旬)的投资;

(3)计算规定时间 t 计划累计完成的投资额,其计算方法为各单位时间计划完成的投资额累加求和,可按式(4-1)计算。

$$Q_t = \sum_{n=1}^{t} q_n \tag{4-1}$$

式中:Q_t——某时间 t 计划累计完成投资额;

　　　q_n——单位时间 n 的计划完成投资额;

　　　t——规定的时间计划。

(4)按各规定时间的 Q_t 值,绘制 S 形曲线,如图 4-6 所示。

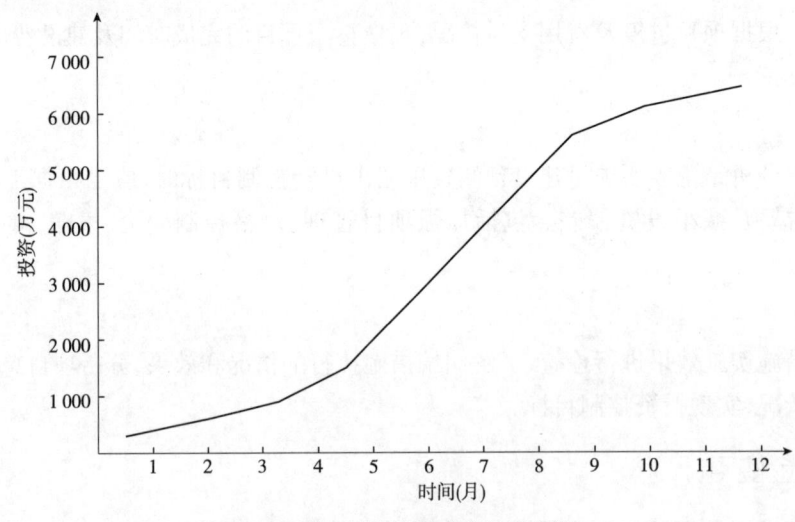

图 4-6　时间—投资累计曲线(S 形曲线)

每一条 S 形曲线都对应某一特定的工程进度计划。进度计划的非关键路线中存在许多有时差的工序或工作,因而 S 形曲线(投资计划值曲线)必然包括在项目全部活动最早开工时间曲线和全部活动最迟开工时间曲线所组成的"香蕉图"内,如图 4-7 所示。建设单位可根据编制的投资支出预算来合理安排资金,同时建设单位也可以根据筹集的建设资金来调整 S 形曲线,即通过调整非关键路线上的工序项目最早或最迟开工时间,力争将实际的投资支出控制在预算范围内。

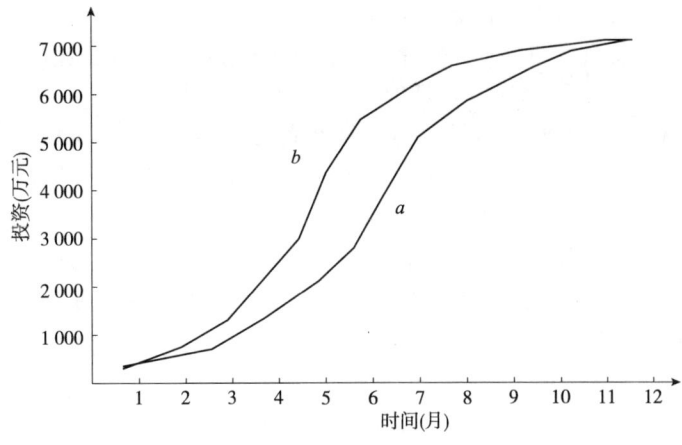

图 4-7 投资计划值的香蕉图

注：a-所有活动按最迟开始时间的曲线；b-所有活动按最早开始时间的曲线。

二、投资偏差分析

（一）投资偏差概述

投资偏差是指投资计划值与实际值之间存在的差异，即

$$投资偏差 = 已完工程实际投资 - 已完工程计划投资$$

上式结果为正，表示投资增加；结果为负，表示投资节约。与投资偏差密切相关的是进度偏差。在此有必要引入进度偏差的概念，即

$$进度偏差 = 已完工程实际时间 - 已完工程计划时间$$

为了与投资偏差联系起来，进度偏差也可表示为：

$$进度偏差 = 拟完工程计划投资 - 已完工程计划投资$$

所谓拟完工程计划投资是指根据进度计划安排在某一确定时间内应完成工程内容的计划投资。进度偏差为正值时，表示工期拖延；结果为负值时，表示工期提前。

对投资偏差的分析可按下述分类进行。

1. 局部偏差和累计偏差

局部偏差有两层含义：一是相对于总项目的投资而言，指各单项工程、单位工程和分部分项工程的偏差；二是相对于项目实施的时间而言，指每一控制周期所发生的投资偏差。累计偏差，则是在项目已经实施的时间内累计发生的偏差。在进行投资偏差分析时，对局部偏差和累计偏差都要进行分析。在每一控制周期内，发生局部偏差的工程内容及原因一般都比较明确，分析结果也就比较可靠，而累计偏差所涉及的工程内容较多、范围较大，且原因也较复杂，因而累计偏差分析必须以局部偏差分析为基础，但是累计偏差分析并不是对局部偏差分析的简单汇总，是在局部偏差分析的结果上进行综合分析，其结果更能显示规律性，对投资控制工作在较大范围内具有指导作用。

2. 绝对偏差和相对偏差

绝对偏差是指投资计划值与实际值比较所得的差额。相对偏差则是指投资偏差的相对数

或比例数,通常是用绝对值与投资计划值的比值来表示,即

$$相对偏差 = \frac{绝对偏差}{投资计划值} = \frac{投资实际值 - 投资计划值}{投资计划值}$$

绝对偏差和相对偏差的数值均可正可负,且两者符号相同,正值表示投资增加,负值表示投资节约。在进行投资偏差分析时,对绝对偏差和相对偏差都要进行计算。绝对偏差的结果比较直观,其作用主要是了解项目投资偏差的绝对数额,指导调整资金支出计划和资金筹措计划。项目规模、性质、内容不同,其投资总额会有很大差异,因此,绝对偏差就显得有一定的局限性。而相对偏差则能较客观地反映投资偏差的严重程度或合理程度,相对偏差比绝对偏差更有意义,应给予高度的重视。

(二)偏差分析方法

常用的偏差分析方法有横道图法、表格法和曲线法。

1. 横道图法

横道图投资偏差分析是用不同横道标识已完工程计划投资和实际投资以及拟完工程计划投资,横道的长度与其数额成正比。投资偏差和进度偏差数额可以用数字或横道表示,而产生投资偏差的原因则应经过认真分析后在图后加以叙述。

横道图的优点是简单直观,便于了解项目投资的概貌。但这种方法的信息量较少,要反映累计偏差和局部偏差,应用有一定的局限性。

2. 表格法

表格法是进行偏差分析最常用的一种方法。可以根据项目的具体情况、数据来源、投资控制工作的要求等条件设计表格,因而适用性较强。表格法信息量大,可以反映各种偏差变量和指标,对全面深入地了解项目投资的实际情况帮助较大。另外,表格法还便于用计算机辅助管理,提高投资控制工作效率。

3. 曲线法

曲线法是用投资时间曲线进行偏差分析的一种方法。在用曲线法进行偏差分析时,通常有三条曲线,即已完工程实际投资曲线 A、已完工程计划投资曲线 B 和拟完工程计划投资曲线 P,如图4-8所示。

图4-8中,曲线 A 和曲线 B 竖向距离表示投资偏差,曲线 B 与曲线 P 的水平距离表示进度偏差。

三、变更与索赔控制

(一)工程变更概述

公路项目具有复杂性、长期性和动态性特点,项目在工程设计、招投标和签订施工合同阶段,无论是业主或作为业主代表的工程师,还是承包人都不能准确预见施工阶段可能发生的所有事件,更无法为可能发生的后果事先制订周密计划。因此,在工程项目(尤其是大型工程项目)施工过程中,工程变更具有普遍性。工程变更对合同价格和合同工期控制带来很大影响,变更管理是施工阶段投资控制的一项重要工作。工程变更产生的原因是多方面的,涉及业主、

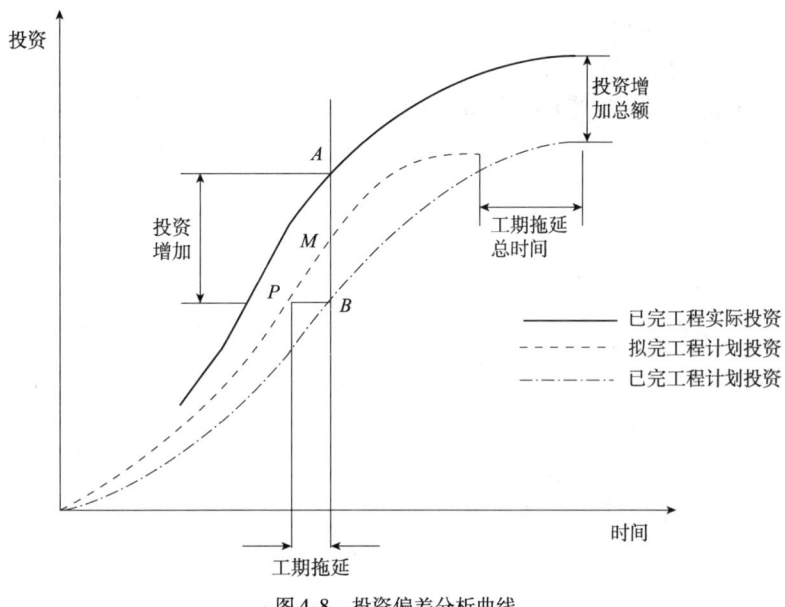

图 4-8 投资偏差分析曲线

设计单位、承包人和监理单位等多方面因素。

在合同实施过程中,由于维持原合同状态条件的改变,导致对原合同文件的修改和补充,就称为工程变更。工程变更的目的是为了保证工程的顺利实施,实现的手段是对原合同价格和工期等内容做相应的改变和调整。

工程变更依据其变更内容可分为工作范围变更、施工条件变更、设计变更、施工变更、技术标准变更等。

1. 工作范围变更

工作范围变更是指业主或工程师指令承包人完成其超出在投标时估计的工作或超出原合同工作范围的工作的一种活动。工作范围的变更是最为普遍的工程变更现象,通常表现为工作范围的增加或减少,主要有:

(1)工程师指示增加或减少合同中包括的任何工作的工作量。

(2)工程师指示删除工程所包括的任何工作(但被删除的工作不能由业主或其他承包人继续施工)。

(3)工程师指示改变工程任何工作的性质、质量和类型。

(4)工程师指示改变工程任何部位的高程、轴线、位置和尺寸。

(5)工程师认为完工工程所必须做的任何附加工作。

(6)工程师指示或因非承包人原因而改变工程任何部位的规定顺序和时间安排等。

工作范围变更是变更控制的主要对象,工作范围变更主要表现为两种形式:

(1)附加工程是指那些完成合同所必不可少的工程,有可能在合同范围之内,也有可能在合同范围之外。如果缺少了这些工程会导致合同项目不能发挥合同预期的作用,因此无论这些工作是否列入项目的合同范围之内,承包人都必须按变更来完成工作。

(2)额外工程是指未包括在合同范围内的工作。如果没有这些工作,工程仍可正常运行并发挥效益,所以额外工程是一个"新增的工程项目",而不是原合同范围内的一个"新的工程项目"。

2. 施工条件变更

施工条件变更是指由于实际的现场条件与招标文件中、施工合同中所描述的现场条件有出入,因此为了使工程顺利进行,要求承包人增加一些必要的工作来实现合同规定的条件,增加的工作必须通过变更令的形式实施。

3. 设计变更

在施工前或施工过程中,对设计图纸任何部分的修改或补充都属于设计变更。业主、工程师、设计单位、施工单位均可提出设计变更。如业主对项目功能的局部改变而提出的设计变更,设计单位修改和完善设计提出的设计变更,工程师和承包方合理化建议提出的设计变更等。

4. 施工变更

施工变更主要是在施工作业过程中由于业主要求加速施工,工程师现场指令施工顺序的改变和施工顺序的调整,或承包人进行价值工程分析后提出的有利于工程目标实现的施工建议等。

施工变更的内容及产生原因主要有:

(1)加速施工。监理工程师应业主要求指令对某些工作加速施工;由于承包人自身原因造成某些工作工期延误,需加速施工。

(2)施工顺序的调整与改变。由于设计变更,造成变更相关的工作施工顺序调整与改变;监理工程师指令某些工作的施工顺序调整与改变;由于承包人原因造成施工顺序的调整与改变。

(3)施工技术方案的改变。由于设计变更,造成与变更相关工作的施工技术方案的改变;监理工程师指令改变某些工作的施工技术方案;承包人原因造成施工技术方案的改变。

5. 技术标准变更

项目实施中,业主出于造价、进度等考虑会要求承包人提高或降低工程质量技术标准和改变材料质量或类型,或者由于工程质量、技术标准、施工设计法规等改变所引起的设计和施工修改。这种改变是在合同有效的条件下进行的对合同状态的修改,目的是为了实现合同预期目的,需要通过变更令来实施。

(二)工程变更计价

1. 变更估价原则

承包人按照工程师变更指示实施变更工作时,往往会涉及对变更工程的估价问题。变更工程价格或费率,往往是双方协商的焦点。计算变更工程应采用的费率或价格,可分为三种情况。

(1)变更工作在工程量表中有同种工作内容的单价或价格,应以该单价计算变更工程费用。实施变更工作未引起工程施工组织和施工方法发生实质性变动时,不应调整该项目的单价。

(2)工程量表中虽然列有同类工作的单价或价格,但对具体变更工作而言已不适用,应在原单价或价格的基础上制定合理的新单价或价格。

(3)变更工作的内容在工程量表中没有同类工作的单价或价格,应按照与合同单价水平相一致的原则,确定新的单价或价格。任何一方不能以工程量表中没有此项价格为借口,将变更工作的单价定得过高或过低。

2. 可以调整合同工作单价的情况

具备以下条件时,允许对某一项工作规定的单价或价格加以调整:

(1)此项工作实际测量的工程量比工程量表或其他报表中规定的工程量的变动大于10%。

(2)工程量的变更量与对该项工作规定的具体单价的乘积超过合同款额的0.01%。

(3)由此工程量的变更直接造成该项工作每单位工程量费用变动超过1%。

3. 删减原定工作后对承包人补偿

工程师发布删减工作变更指示后,承包人不再实施该部分工作。合同价款中该部分工作包括的直接费部分没有受到损失,但摊销在该部分中的间接费、税金和利润不能获得。因此,承包人可以就其损失向工程师发出通知并提供具体的证明资料,工程师与合同双方协商后确定一笔补偿金额加入到合同价内。

(三)工程索赔概述

工程索赔也是影响项目建设费用的一个方面。工程索赔是在工程承包合同履行中,当事人一方由于另一方未履行合同所规定的义务或者出现了应当由对方承担的风险而遭受损失时,向另一方提出赔偿要求的行为。在实际工作中,"索赔"是双向的。我国《建设工程施工合同示范文本》中的索赔就是双向的,既包括承包人向发包人索赔,也包括发包人向承包人索赔。通常情况下,索赔是指承包人(施工单位)在合同实施过程中,对非自身原因造成的工程延期、费用增加而要求发包人给予补偿损失的一种权利要求。

索赔有较广泛的含义,可以概括为如下三个方面:

(1)一方违约使另一方蒙受损失,受损方向对方提出赔偿损失的要求。

(2)发生应由业主承担责任的特殊风险或遇到不利自然条件等情况,使承包人蒙受较大损失而向业主提出补偿损失要求。

(3)承包人本身应当获得正当利益,由于没能及时得到监理工程师确认和业主应及时给予的支付,而以正式函件向业主索赔。

(四)费用索赔

1. 承包人费用索赔

由于业主或其他方面的原因,致使承包人在项目施工中付出了额外的费用所造成的损失,承包人通过合法途径和程序,通过谈判、诉讼和仲裁,要求业主偿还其在施工中的费用损失或延长工期。

(1)承包人费用索赔的原因和内容。

①不利的自然条件和人为障碍引起的索赔。在施工中遭遇到的实际自然条件比招标文件中所描述的更为困难和恶劣,增加了施工难度,导致承包人必须花费更多的时间和费用,从而

引起的索赔。在工程索赔实践中,这类索赔经常引起争议。

人为障碍引起的索赔是指在施工过程中,承包人遇到了图纸上未说明的地下构筑物或文物等人为障碍,与工程师共同确定的处理方案导致了工程费用的增加,由此引起的索赔。这类索赔一般比较容易成功。

②因工程拖期提出的索赔。承包人为了完成合同规定的工程花费了比原计划更长的时间和更大的开支,而责任不在承包人时提出的索赔。在施工过程中,当出现业主、监理工程师或其他非承包人原因导致工程拖期时,承包人可以向监理工程师及业主提出延长工期或补偿损失的要求。

承包人因工程拖期提出的索赔包括两种情况:一是工期的拖延纯属业主和工程师方面的原因造成的,这时不仅应给承包人适当延长工期的权利,还应给予相应的费用补偿;二是工期的拖延是客观原因造成的。在实践中,出现这种情况时,工期索赔和费用索赔不一定能同时成立,如异常恶劣的气候等情况,承包人可得到延长工期,但得不到费用补偿。此外,若有些延误并不影响到关键路线施工,承包人也得不到延长工期的承诺。

③因加速施工引起的索赔。通过加速施工使工期提前将意味着承包人完成某工程项目必须投入比合理工期更多的人力、物力和财力。而且加速的幅度越大,承包人所投入的加速费用越多。在施工过程中,各种并非是由于承包人原因的意外情况的出现可能导致工期延长,导致工程项目不能按时竣工时,有时业主和监理工程师会发布加速施工指令,要求承包人投入更多资源,加班施工来确保工程按照计划的日期完工,这可能会导致承包人的成本增加,引起承包人索赔,内容包括:人工费用的增加、设备费用的增加、材料费用的增加。

④工程变更引起的索赔。当发生工程变更时,若变更价款确定不合理或缺乏说服承包人的依据,承包人有权就此向业主进行索赔。

《建设工程工程量清单计价规范》中也规定,由于工程量的变更,且实际发生了额外费用损失,承包人可提出索赔要求,与发包人协商确认后,给予补偿。

⑤因工程终止或放弃提出的索赔。由于业主不正当地终止或非承包方原因而使工程终止,承包人有权提出包括盈利损失和补偿损失的索赔要求。

⑥业主拖欠支付工程款引起的索赔。如果业主不按时支付中期工程款,承包人可以在提前通知业主的情况下,暂停施工或减缓工程进度,并有权获得任何误期的补偿和其他额外费用的补偿,比如各项管理费、贷款利息等。

⑦物价上涨引起的索赔。在工程施工过程中,由于物价上涨,会使人工费、材料费不断增长,引起工程成本的增加。承包人可以对由于物价上涨而引起的人工费和材料费的增加价差向业主提出索赔。

⑧国家政策法规、货币及汇率变化引起的索赔。

如果在基准日期以后,工程施工所在国政府或其授权机构对支付合同价格的一种或几种货币实行货币限制或货币汇兑限制,则业主应补偿承包人因此而受到的损失。

⑨不可抗力。不可抗力是指某种特殊事件或情况,不可抗力可以包括但不限于下列各种特殊事件或情况:

a. 战争、敌对行为(不论宣战与否)、入侵、外敌行动;

b. 叛乱、恐怖活动、革命、暴动、军事政变或篡夺政权,或内战;

c. 承包人人员以及承包人和分包人的其他雇员以外的人员造成的骚动、喧闹罢工或停工;

d. 军火、爆炸物资、电离辐射或放射性污染,但可能由于承包人使用此类军火、炸药、辐射或放射性引起的除外;

e. 自然灾害,如地震、台风或火山活动。

如果承包人由于不可抗力,妨碍其履行合同中规定的任何义务,使其遭受延误和(或)导致增加费用,承包人有权要求延长工期,并对增加的费用向业主提出索赔。

业主的风险。业主的风险主要来源于业主自身原因引起的风险、承包人引起的风险、指定分包人履约不力、材料质量差或材料供应商履约不力风险、设计单位履约不力或设计错误风险、政策性风险、经济风险、不可抗力风险等。

如果业主的风险达到对工程、货物或承包人文件造成损失或损害的程度,承包人应立即通知工程师,并应按工程师的要求,修正此类损失或损害。如果因修正此类损失或损害使承包人蒙受损失和(或)招致费用增加,承包人有权要求延长工期,并对增加的费用向业主提出索赔。上述费用还可包括合理的利润。

(2)索赔费用计算。

索赔费用的计算分为分项法和总费用法两大类。

分项法是按每个索赔事件所引起的费用损失项目分别计算索赔值的一种方法,在实践中,绝大多数工程索赔均采用该方法。

总费用法是当发生多次索赔事件后,重新计算出该工程的实际总费用,再从这个实际总费用中减去投标报价总费用,计算出索赔金额。采用这种方法计算出的索赔值往往包含许多不合理因素,因此只有当多个索赔事件混杂在一起,难以准确地进行分项记录和资料收集,不易计算出具体的费用损失时,才采用总费用法进行索赔。为此,实践中往往采用修正的总费用法。修正的总费用法是对总费用法的改进,即在总费用计算的原则上,去掉一些不合理因素,使其合理。修正方法是:将计算索赔款时段和工作项目限定于受影响的部分,并对投标报价费用重新进行核算。按修正后的总费用法计算索赔金额的公式如下:

$$索赔金额 = 某项工作调整后的实际总费用 - 该项工作报价费$$

2. 业主索赔

出于承包人不履行或不完全履行合同约定的义务,或者由于承包人的行为使业主受到损失时,业主可以向承包人提出索赔。常见的索赔原因和内容如下。

(1)拖延竣工期限的索赔。

由于承包人拖延竣工期限,业主提出的索赔一般有以下两种计算方法:

①按清偿损失额计费。清偿损失额等于承包人引起的工期延误天数与日清偿损失额(在承包工程合同中已标明)的乘积。

②按实际损失额计费。业主按工期延误的实际损失额向承包人提出的索赔一般包括业主盈利和收入的损失、扩大的工程管理费开支、超额筹资的费用、使用设施机会的丧失。

(2)施工缺陷索赔。

当承包人施工质量不符合合同要求,或在保修期未满以前未完成应该负责修补的工程时,业主有权要求承包人补偿其所承受的经济损失。如果承包人未在规定的时限内完成修补工作,业主有权雇用他人来完成工作,发生的费用由承包人负担。

(3)不正当地放弃工程或合理地终止工程的索赔。

如果业主合理地终止承包人的承包,或者承包人不正当地放弃工程,则业主有权从承包人手中收回工程,并交予新的承包人完成全部工程所需的工程价款与原合同未付部分的差额。

(4)其他索赔。

如承包人未能按合同条款指定的项目投保,业主支付保险的费用可在应付给承包人的款项中扣回;如承包人未能向指定的分包企业付款,业主有权从应付给承包人的款项中如数扣回;如果工程量增加很多,使承包人预期收入较大,业主有权收回部分超额利润。

第六节 公路建设项目竣工验收阶段的投资控制

竣工验收是工程投资控制全过程的最后环节。虽然竣工验收阶段对工程造价的影响已经不大,但仍然是建设项目全过程投资控制中不可忽视的一个环节,这一阶段投资控制包括竣工结算和竣工决算两个内容。

竣工结算是竣工验收后项目业主和工程承包人之间的工程价款最终清算。竣工结算一般由承包人编制,建设工程通过竣工验收之后,在规定时间内提交业主审核。竣工结算的控制目标是工程承包合同价,最终目标是确保竣工结算在承包合同价范围内。

竣工决算是建设单位对工程项目的财务总结,由建设单位编制。建设项目竣工决算包括项目从筹划到竣工投产全过程的全部实际费用,其控制目标是工程的概算价格。竣工决算的工程造价就是建设项目的建设费用。

一、公路工程交工验收、竣工验收范围

(1)交工验收是检查施工合同的执行情况,评价工程质量是否符合技术标准及设计要求,是否可以移交下一阶段施工或者是否满足通车要求,对各参建单位工作进行初步评价。

(2)竣工验收是综合评价工程建设成果,对工程质量、参建单位和建设项目进行综合评价。

二、公路工程竣(交)工验收的依据

(1)批准的工程可行性研究报告。
(2)批准的工程初步设计、施工图设计及变更设计文件。
(3)批准的招标文件及合同文本。
(4)行政主管部门的有关批复、指示文件。
(5)《公路工程竣(交)工验收办法》(原交通部令2004年第3号)。
(6)《关于印发公路工程竣交工验收办法实施细则的通知》(交公路发[2010]65号)。

交工验收由项目法人负责。竣工验收由交通主管部门按项目管理权限负责。交通运输部负责国家、部重点公路工程项目中100km以上的高速公路、独立特大型桥梁和特长隧道工程的竣工验收工作;其他公路工程建设项目,由省级人民政府交通主管部门确定的相应交通主管部门负责竣工验收工作。

三、公路工程竣(交)工验收流程

公路工程符合竣工验收条件后,项目法人应按照项目管理权限及时向交通主管部门申请

验收。交通主管部门应当自收到申请之日起 30 日内,对申请人递交的材料进行审查,对于不符合竣工验收条件的,应当及时退回并告知理由。对于符合验收条件的,应自收到申请文件之日起 3 个月内组织竣工验收。

四、项目竣工验收决算内容

建设项目竣工决算是指所有建设项目竣工后,建设单位按照国家有关规定在建设项目竣工验收阶段编制的竣工决算报告。竣工决算是建设单位以实物数量和货币指标为计量单位,综合反映竣工项目从筹建开始到项目竣工交付使用为止的全部建设费用、建设成果和财务情况的总结性文件,是竣工验收报告的重要组成部分,竣工决算是正确核定新增固定资产价值、考核分析投资效果、建立健全经济责任制的依据,是反映建设项目实际造价和投资效果的文件。

按照财政部、国家发改委及住房和城乡建设部的有关文件规定,竣工决算是由竣工财务决算说明书、竣工财务决算报表、工程竣工图和工程竣工造价对比分析组成。

1. 竣工决算说明书

竣工决算说明书对竣工项目的概(预)算、基本建设计划和财务计划的执行情况,基本建设资金的使用情况、建设成本和投资效果,主要建设经验和存在的问题及处理意见等进行说明和分析。它是基本建设竣工决算的重要组成部分,也是竣工决算报表的必要补充。竣工决算说明书包含以下内容:

(1)工程简介和工程总体概况。
(2)基本建设计划和财务计划执行情况。
(3)基本建设资金使用和投资效果评价。
(4)建设经验及存在问题分析、说明。
(5)特殊费用说明及预留工程计划和审批情况。

2. 竣工财务决算报表

财务决算是竣工决算的重要组成部分,是考核项目投资效益、反映建设成果和财务情况的总结性报告文件,是正确核定新增固定资产价值、办理固定资产交付使用手续的依据,对总结基本建设过程的财务管理工作、检查竣工项目设计概算和建设概预算的执行情况、正确核定建设成果、考核投资效果积累技术经济资料、管理单位核算管理等具有重要作用。竣工财务决算的编制贯穿于整个项目建设过程的各个环节及各个阶段,是对整个基本建设过程的全面总结。与竣工财务决算工作有关的报表编制内容主要有如下五个方面:

(1)建设项目财务决算表;
(2)资金来源情况表;
(3)建设单位(业主)管理费用汇总表;
(4)建设期贷款利息汇总表;
(5)建设期贷款利息计算表。

竣工决算以竣工财务决算为中心,关键在于建账及账务处理,各项清理核对,以达到数字准确、内容完整、编报及时的目的。

3. 建设工程竣工图

竣工图是建设项目的实际反映,是工程的重要档案资料,施工人员在施工中要做好施工记录、检验记录,整理好变更文件,并及时做出竣工图,保证竣工图质量。

(1) 凡按图施工没有变动的,可由建设单位(包括总包和分包)在原施工图上加盖"竣工图"标志,即作为竣工图。

(2) 凡在施工过程中,虽有一般性设计变更但能将原施工图加以修改补充作为竣工图的,可单个重新绘制,由施工单位负责在原施工图上标明修改部分,并附以设计变更通知和施工说明,加盖"竣工图"标志后,作为竣工图。

(3) 凡结构形式、施工工艺、平面布置等有重大改变的要重新绘制。在资料清单中要逐张加盖"竣工图"章。

4. 工程造价比较分析

对控制工程造价所采取的措施、效果及其动态的变化进行认真对比、总结。批准的概算是考核建设工程造价的依据,在分析时可先对比整个项目的总概算,然后将建筑工程安装费、设备工器具费和其他工程费用逐项与竣工决算表中所提供的实际数据、批准的概预算指标进行对比分析,以确定竣工项目总造价是节约还是超支,并在对比的基础上总结经验,找出节约和超支的原因,对超支的项目提出改进措施。

第七节 公路建设项目投资控制实例

一、公路建设项目前期阶段投资确定

1. 项目概况

310 国道是连云港市乃至于江苏省公路网中重要的"一横",是江苏北面一条贯通东西的干线公路。项目东起宁连一级公路宋跳立交,西至东海县大酒壶 310 国道与 204 国道交叉口,路线基本呈东西走向,全长 9.956km。

2. 路线设计主要技术指标

310 国道宋跳立交至大酒壶段建设项目全线采用平原微丘区一级公路标准,双向四车道,设计速度为 100km/h,全线路基宽为 26.0m,桥梁荷载标准采用公路—Ⅰ级,最大纵坡为 4.0%,桥面横坡为 1.5% 的双向坡,设计洪水频率为 1/100,采用黄海高程系,地震动峰值加速度为 0.19。

3. 项目功能定位根据

310 国道是连云港至徐州及山东省的交通要道,也是沟通连云港港口与区域内工业区的重要通道。目前 310 国道跨越临洪河仅有一座长 182m、宽 7m 的闸桥,该桥为 1958 年建成,现在仍作为跨河的主要通道使用,已不堪重负,成为整条道路的"瓶颈",影响车辆顺利通行。310 国道的改建,将解决交通"瓶颈"问题,使连云港北部交通通畅,完善区域路网结构,实现"三纵四横"目标,发展综合运输网络,充分发挥港口优势,发展外向型经济,促进旅游业发展,因此 310 国道的改建是迫切和必需的。

4. 项目总投资

根据项目规模、功能设置及项目对所在地区社会经济发展等作充分的调查研究,首先通过

必要的勘测分析,合理地拟订项目建设采用的技术标准、工程方案,并充分考虑到项目建设期内各种可能引起造价变动的因素;其次,对不同的工程方案进行充分的技术经济比较、论证,对拟订的工程方案,按照投资估算编制要求进行工程量估算;再次是与该地区同类工程的造价资料进行比较、分析,参照2005年江苏省公路建设行情和当地建筑材料价格,最后确定估算投资总额。

该项目投资概算总金额为21 257万元。

二、设计阶段投资控制

项目设计人员认真学习可行性研究报告,掌握项目建设规模和工程技术标准。对可行性研究报告提出的多条路线方案,进行同等深度的技术经济比较、优化设计,同时也对工程造价具有重大影响的地基处理、桥梁、互通式立交和分离式立交等做同等深度多方案的技术经济比较,将经济观念贯穿于设计全过程,根据批准的投资估算进行限额设计。将初步设计概算控制在投资估算限额的10%以内。设计文件均按国家有关编制办法编制,各项指标均符合国家有关规范规定及标准。江苏省交通厅公路局专家组根据310国道宋跳立交至大酒壶养护改善工程的项目规模、工程技术标准和投资估算对项目的施工图设计进行严格审查,并提出《方案设计审查会议纪要》。

三、招投标阶段投资控制

1. 招投标阶段投资管理

310国道宋跳立交至大酒壶段建设工程所有施工及监理项目通过公开发布招标公告,进行公开招标。经评标委员会综合评定,最终确定相应标段的资格预审投标单位。

2. 招标文件编制

310国道宋跳立交至大酒壶段建设项目路基及桥梁施工标招标文件由交通运输部《公路工程国内招标文件范本》(2003年版,以下简称《范本》)和《项目专用本》(招标单位自编)两部分组成。招标人分别于2006年8月和2008年1月编制了310国道宋跳立交至大酒壶段建设项目路基路面及桥梁G310LJ1~LJ3标、G310SDLM标、G310WLHQ标和G310LHZQ标招标文件,并报连云港市交通招标办备案。

针对310国道宋跳立交至大酒壶段建设工程的特点,在编制招标文件时重点对以下几方面的内容进行特别的研究和说明:

(1)针对工程项目的结构复杂程度、工期要求等特点,确定计价方式。
(2)施工措施的合理估价与条款设置。
(3)暂定材料价、暂定金额的合理估价与条款设置。
(4)工程量发生较大变更时,对中标单价的修正方法。
(5)预算之外的变更造价确定方法。
(6)工程结算条款的确定方法。

3. 标底编制

工程量清单编制完成后第一步先由编制人员自查,再由编制人之间进行相互校对;第二步由经验丰富的专业项目负责人进行认真全面地复核;第三步由项目技术总负责人进行最后审核。在复核和审核时采用技术经济指标复核法和利用相关工程量之间的关系复核,并且仔细阅读设计说明及各节点详图,从中可以发现一些疏忽和遗漏的项目,及时补足。

评标采用综合评估法,采用百分制。其中标价分70分,技术分30分。通过对投标人的财务能力、技术能力、管理水平、业绩和社会信誉进行评分,按照综合得分高低推荐中标候选人。为了防止哄抬标价和恶意低价抢标现象,招标人虽不设标底,但设投标控制价上限A。控制价上限A由招标人在开标前确定并在开标现场公布。

项目标底造价及合同价对比见表4-2。

项目标底造价及合同价对比表 表4-2

序号	合同段	标底造价(万元)	中标合同价(万元)	中标合同价比标底造价降幅(%)
1	G310LJ1	822	691.7	15.85
2	G310LJ2	823	588.2	28.53
3	G310LJ3	1 329	947.6	28.70
4	G310WLHQ	375	369.5	1.47
5	G310LHZQ	11 286	9 981	11.56
6	G310SDLM	4 052	3 304	18.64
7	总计	18 687	15 882	15.01

四、施工阶段投资控制

1. 材料及设备选定

310国道宋跳立交至大酒壶建设工程在材料及设备的选定工作中,着重做好以下几方面的工作:

(1)根据工程量清单及设计文件、图纸,参考施工招标期的《连云港市建设工程价格信息》及相应的市场价格,列出项目的主要材料、设备清单,做好提前采购的准备。

(2)充分调查市场供求情况,提供材料、设备的价格信息、供货渠道等。

(3)对材料、设备价格询价,采用竞价等方式,确定价格。

(4)在招标文件及承发包合同中明确主要材料、设备的采购、运输、保管方式以及双方的责任和义务,作为投资控制的依据。在预选供货商时,一般选出四家以上的供货商,分别对其信誉、产品质量、供货周期、产品价格等进行考察和谈判,确定采购性价比最高的材料或设备。

2. 工程设计变更及现场签证的投资控制

310国道宋跳立交至大酒壶段建设项目在实施过程中,由于地形地质、气候环境复杂,征地拆迁困难,在业主、施工单位、市场环境等多种复杂因素的制约下,施工当中不可避免地发生设计变更和现场签证,这部分变更很大程度上影响最终投资控制目标的实现。

在设计变更控制中规定,《设计变更通知书》必须由原设计单位下达并要有设计人员的签名和设计单位的印签,《现场签证单》必须由现场管理人员、工程部经理和造价师三人同时在变更当日签证有效;造价工程师尽量提前介入审查设计变更及现场签证的必要性与合理性,避免不必要的返工而造成成本的提高,严格把关、合理计量、充分询价,及时分析设计变更及现场签证对造价的影响。

保存好变更资料,为正确处理可能发生的索赔提供依据。加强对索赔资料的审查,强调处理索赔的及时性,加强预见性,尽量减少索赔的发生,以免索赔过大引起投资失控。

五、竣工结算阶段投资控制

1. 工程结算书编制

工程竣工后,根据施工情况和实际材料价格调整定标预算,结合每月的签证、变更及结算资料确认单,编制工程结算造价。

根据施工合同,310国道宋跳立交至大酒壶段建设项目结算书由相应施工单位编制,报业主预算部或业主委托咨询公司审核。

2. 工程结算审核

结算审核工作是一项十分烦琐但又是实现造价控制目标的重要手段,是去除施工单位多估冒算的一项措施。按310国道宋跳立交至大酒壶段建设工程施工承包合同约定的结算方法、计价定额、取费标准、材料价格和优惠条款等,对工程结算进行审核。在此过程中重点对以下几方面进行审核:

(1)现场竣工的建筑产品是否与施工图要求相符,工序是否符合要求,质量是否达到标准,确认单价是否符合。

(2)现场竣工的建筑产品数量是否与结算数量相符,手续是否齐全。

(3)现场增变手续是否齐全,每一变更项目是否有设计单位变更设计文件、现场监理变更指令和业主相关人员签字,以及各种签字是否在有效时间内签署。

(4)增变单价是否符合合同规定。

(5)认真审核施工索赔,核查索赔事件是否成立,是否有原始凭证,依据合同规定审核索赔金额是否合适。

(6)注意不同施工单位承包范围之间的衔接和划分,避免在结算中超承包范围计算,把其他施工单位承包的工作算在自己的头上。

由于310国道宋跳立交至大酒壶段建设项目各施工单位在施工前期准备阶段认真做好了预算编制,施工过程中较好地控制了设计变更和现场签证,并且及时地编制和审核了设计变更及现场签证预算,因此在竣工结算阶段,能较快较准确地完成结算的审核工作。

310国道宋跳立交至大酒壶段建设项目结算审核与预算(合同)造价汇总比较见表4-3。

项目结算审核与预算(合同)造价汇总对比表　　　　　表4-3

序号	合同段	标底造价(万元)	中标合同价(万元)	实际完成投资(万元)
1	G310LJ1	822	691.7	657.2
2	G310LJ2	823	588.2	607.8
3	G310LJ3	1 329	947.6	929.8
4	G310WLHQ	375	369.5	348.2
5	G310LHZQ	11 286	9 981	9 896.9
6	G310SDLM	4 052	3 304	3 289.7
7	总计	18 687	15 882	15 729.6

六、全过程投资控制评价

310国道宋跳立交至大酒壶段建设项目通过实施全过程投资控制,在保证建设项目进度和质量的前提下,较好地降低了项目建设成本。特别是在设计阶段优化线形设计,坚持可行性报告及立项批复所确定的建设规模、技术标准及施工方案等,保证施工图设计的准确性和深入完整性,避免了在施工过程中因过多地修改设计而造成大量变更从而导致实际费用突破概算的现象。

该项目在建设过程中通过采用施工招投标的方式,编制的标底价比概算额降低了2 570万元,约占建安工程费的12.1%;合同价比标底降低了2 805万元,约占建安工程费的13.2%,非常有效地控制了工程投资。此外,在施工阶段通过优化施工组织设计方案,加强材料与设备的采购供应,最大限度地减少差价;加强质量管理,保证工程按期完工,减少工期延期损失;实行建设监理制,合理控制索赔等方式,降低了工程造价。综合起来,工程实际投资额比估算价降低了5 527.4万元,占建安工程费的26%,非常有效地控制了工程投资。

该项目通过对全过程的投资进行动态控制,使结算投资控制在较理想的目标范围内。实践证明,将全过程投资控制原理应用在公路建设项目中能够起到很好的控制效果。

本 章 小 结

公路建设项目投资控制是指以建设项目为对象,在项目建设各实施阶段,依据公路建设项目预期目标,对建设投资所进行的计划、监管和控制。公路建设项目投资控制分为项目决策阶段投资控制、准备阶段投资控制、建设阶段投资控制和竣工验收阶段投资控制。

工程项目决策阶段是整个项目投资活动的开始,决策阶段投资控制对整个公路建设项目投资起着决定性作用,这一阶段的投资控制重点和核心是做好建设项目的可行性研究报告,确定工程项目投资估算。公路建设项目决策阶段的主要任务是进行项目建议书和可行性研究,投资估算是整个项目投资控制的基础文件。

我国目前的建设工程造价控制实行的是"以设计阶段为重点的建设全过程造价控制"。设计阶段对工程建设投资以及后期运营养护全寿命费用具有很大影响。设计阶段投资控制管理的基本内容主要有设计概预算的编制和审查,以及对技术方案的优选。设计阶段投资控制的方法包括优选设计方案,实行限额设计,推行标准化设计,采用价值工程。

招投标阶段投资控制,首先应该在满足工程质量和工期要求的前提下,在确定的预算价格内,合理确定标底。其次,要加强对招标文件编制的管理,做好标底编制、复核、审查及分级管理工作,同时认真审定招标文件和承包合同中的造价条款。第三,要根据工程的性质和特点,制定合理的评标方法,实现投标公平竞争。

建设阶段的投资控制工作重点是合同管理。在此阶段应实施全方位合同管理,加强工程计量和工程价款支付控制,严格控制项目变更和索赔,施工阶段造价控制目标是承包合同价。

竣工验收是工程造价控制全过程的最后把关环节,这一阶段投资控制包括竣工结算和竣工决算。竣工结算是竣工验收后项目业主和工程承包人之间的工程价款最终清算,控制目标是工程承包合同价,最终目标是确保竣工结算在承包合同价范围内。竣工决算是建设单位对工程项目的财务总结,控制目标是工程的概算价格。竣工决算得出的工程造价就是建设项目的最终投资。

复习思考题

1. 简述公路建设项目投资控制的意义。
2. 结合公路建设项目的实际,分析影响公路项目投资的因素,说明如何才能做好项目投资控制。
3. 公路建设项目设计阶段进行投资控制的内容和方法有哪些?
4. 在公路建设项目中,招投标阶段的投资控制是如何实现的?
5. 结合公路施工阶段的主要内容,分析公路施工阶段投资控制的内容及重点。
6. 简述在项目建设阶段投资偏差分析的方法。
7. 简述公路建设项目竣工决算的主要内容。

第五章
公路建设项目融资结构

【学习目的与要求】

通过本章学习,了解国内外公路建设融资体制类型及特点,掌握公路建设项目资本金的概念及来源,股本资金和准股本资金主要形式,公路建设项债务资金主要形式,项目贷款、公路债券、融资租赁概念及特点。熟悉公路建设项目融资成本分析。

本章内容包括国内外公路建设融资体制,我国公路建设项目投融资管理发展,公路建设项目融资结构类型,我国经营性公路建设项目资本金制度,公路建设项目资本金筹集方式,项目股本资金、准股本资金概念,公路建设项目债务融资类型及贷款融资,公路建设项目资金构成。

第一节 公路建设项目融资体制

公路建设项目融资是推进公路建设发展的前提条件和重要保证,世界上许多国家均通过立法和行政手段建立起一套行之有效的公路融资管理制度,以支撑公路建设的长期持续发展。

一、国外公路建设项目融资体制

(一)国外公路建设项目融资体制类型

1. 中央财政制

高速公路建设发展初期,中央财政制是各国普遍采用的公路建设投融资体制。实行这一制度的国家主要集中在欧洲,如英国、法国、丹麦、荷兰、西班牙以及瑞典等。

中央财政制的特点如下:

(1)资金来源稳定,有利于国家统筹兼顾。当国家财力比较充足时,可以满足公路建设资金需求;

(2)公路建设资金全部采用国家财政拨款不利于发挥公路的商品属性,公平性差。公路除具有公益属性外,还具有明显的商品属性;

(3)资金受到政府预算限制,审批程序烦琐;

(4)长期实行中央财政制度,对政府财政压力较大。

2. 公路专项基金制

实行公路专项基金制的有美国、日本和澳大利亚等国家。公路专项基金制以公路使用者为征收对象,将公路使用者税收直接用于公路建设、运营和管理,建立了公路各项费用支出与公路使用者的直接联系,其公平性和稳定性比中央财政制度有明显改善。同时,各国通过颁布公路专项基金相关法律、法规,规范了公路基金的来源与使用,提高了资金利用率。

公路使用者税收的税种包括以燃油税为主的消费税、汽车购置税和车辆使用税等。在这些税收中,燃油税比重最大,一般占 60% ~ 80%。不同国家的具体科目、税率、名称以及执行办法各有不同。公路使用者税收,有的国家将其全部用作公路资金,有的国家只将其中的一部分作为公路资金,其余部分上交国家或地方财政。1956 年,美国颁布《联邦资助公路法》,以公路使用者税收为基础设立了"公路信托基金",使之成为高速公路建设的主要经费来源。1982 年又颁布了《陆路运输资助法》,对上述税种提高税率,以解决公路建设资金日益不足的问题。燃油税在公路使用者税收中所占比重最大,接近各种税费总收入的 80%,由联邦和州两级征收。澳大利亚于 1989 年建立了"道路信托基金",由汽油附加税和柴油税组成,按照一定比例将公路基金分配到国家干线公路、城市干线以及地方道路建设中。

3. 项目融资方式

项目融资是近年来各国普遍采用的拓宽融资渠道,扩大融资规模的方式。项目融资以特定的高速公路项目作为担保条件,依靠项目资产价值和未来收益进行融资。项目融资主要通过发行公司债券和股票,向金融机构借贷款等方式,筹集高速公路建设所需资金。高速公路建成通车后,再以收取通行费的方式予以偿还。另外,在公路建设领域,有些国家还广泛采用以项目融资和特许经营合同为基础的公路特许制。

(二)欧美高速公路建设项目融资体制

1. 美国公路专项基金制

美国是建立公路专项基金制的典型国家,其主要内容是国家为保证高速公路投入而专门设立有特定财源和指定用途的公路资金,即高速公路建设和维护资金,由政府为融资主体进行融资。国家高速公路投资政策的主要特点是建立以汽车燃料税为主要资金来源的公路专项基金。

以2010年为例,美国联邦公路信托基金收入中,汽油税收入占近70%。图5-1为2010年美国联邦公路信托基金收入。

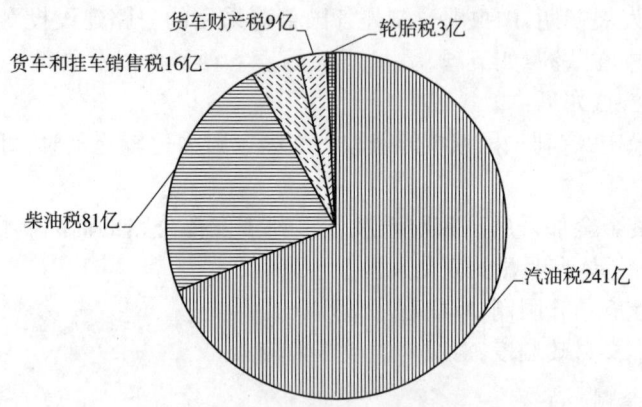

图5-1　2010年联邦公路信托基金收入(单位:美元)

美国各州政府一般无权自行决定征收地方燃油税,因而地方公路建设资金主要来自传统的物业税,其他资金来源包括发行债券、征收道路通行费以及当地政府的财政拨款等。各州政府的公路建设资金来源则相对多元化,且资金构成比例相差悬殊。例如,美国各州的州燃油税税率为每加仑❶7.5~30美分,个别州的汽车税收成为最主要的公路建设资金来源,而德拉维尔州的道路通行费收入甚至超过了燃油税收入。但就美国全国范围而言,州燃油税仍然是州一级政府公路建设资金的最主要来源。

目前,汽油税税率为每加仑18.4美分,其中的15.44美分直接划入公路信托基金,其余的2.86美分和0.1美分则分别存入大众公交基金和用于地下管网维护;柴油税税率为每加仑24.4美分,其中的21.44美分直接划入公路信托基金,其余的2.86美分和0.1美分则分别存入大众公交基金和用于地下管网维护。

2. 英国中央财政制

1910年,英国设立公路建设基金制度,其收入来源主要是汽车税和燃料税。1955年废除了公路建设基金制度,实行中央财政制,完全依靠国家投资兴建高速公路。高速公路建设费用包括在政府的总预算中,经英国议会批准,拨款具有法律效力。根据英国公路建设规划,议会一次确定五年公路投资规划,其后可以在规划总额内根据计划进行调整和修改。公路建设计划执行部门(即公路资金使用部门)是英国运输部。中央政府财政部门再按议会通过的拨款方案,将高速公路预算资金拨付运输部,由运输部按公路建设与保养规划为高速公路建设与使用提供全部资金。

英国第一条高速公路在1958年修建,到1970年仅建成高速公路1 022km。1989年,英国政府出台了"通往繁荣之路"和"新手段建设新道路"两个文件,宣布政府将直接允许私人集资建

---

❶　1加仑=3.785 4L。

设和管理道路。此后英国吸引非政府渠道资金的收费公路项目逐渐增多。英国高速公路的融资方式以政府融资为主导,推行了 BOT 及多种 BOT 衍生形式,如 DBFO(Design-Build-Finance-Operate,即设计—建设—融资—运营),同时采用将高速公路经营权进行有偿转让的融资方式。

3. 意大利项目特许经营制

意大利是较早修建高速公路的国家之一。早在 1934 年,意大利就建成了长达 126km 的米兰—都灵高速公路。目前意大利高速公路通车总里程为 7 000 多公里。

意大利是依靠项目特许经营投资进行高速公路建设的国家,其公路管理体制见图 5-2。意大利高速公路建设资金部分来源于国家预算或汽车及燃料税,而绝大部分通过"特许公司"来自行筹资,即融资主体是高速公路"特许公司"。意大利高速公路项目特许经营模式融资特点为:

(1)投资来源主要依靠项目公司发行债券。取得政府的担保后,特许公司仍然要由各股东出资或利用自有资金形成项目的资本金,其规模至少占总投资的 10%。

(2)充分考虑影响项目经济效益的各种因素。项目特许公司申请贷款,项目造价、交通量确定是一个重要问题,也是顺利进行筹资的基础性工作。通过具体分析影响项目收益的各种因素,促使项目公司注意控制成本,实现以良好的工程质量和服务水平吸引交通量,达到预期的经济效益。

(3)按银行贷款要求进行项目融资设计。项目发起人资格与所从事的项目相适应,与银行共同承担风险,按照银行贷款要求设计项目融资框架。项目贷款银行对项目放贷的前提是项目获得政府特许经营权。

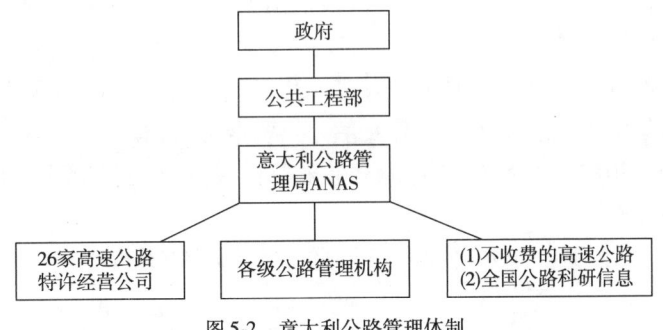

图 5-2 意大利公路管理体制

二、我国公路建设项目融资体制

(一)我国公路建设项目融资体制回顾

新中国成立初期,我国公路建设由中央和地方分工负责,中央政府负责国家干线公路规划和建设,地方政府负责地方公路规划和建设。1958 年,中央政府决定,除国防公路仍由中央政府专款投资建设外,其他公路建设与管理权都下放到地方,中央政府基本建设中从此不再包括公路建设项目,而改由地方政府计划安排。计划经济体制下政府是公路建设投资唯一主体,受财力限制,地方政府难以投入充足资金发展公路建设,公路基础设施长期落后于经济发展,成为制约国民经济发展的瓶颈。

改革开放后,国民经济发展与公路交通运输能力不足之间的矛盾日益尖锐,中央政府把解决公路交通运输瓶颈问题放在突出位置,开始推行公路投融资体制改革。1984年,国务院推出允许贷款或集资修路收取车辆通行费(即"贷款修路,收费还贷")政策。1997年颁布《中华人民共和国公路法》(以下简称《公路法》),以法律形式对政府收费还贷公路、国内外经济组织投资收费公路及公路收费权转让做出了明确规定。

(二)我国公路建设项目融资体制现状

经过30多年的改革和发展,我国公路建设管理打破了旧的以政府投资为主的投融资管理模式,并在此基础上基本建立了一套以国家政策性投资为基础,以市场投资为主体,多层次、多渠道、多元化的投资与融资体制。

1. 以国家政策性投资为基础

高速公路是国家运输体系的主骨架,属于国家基础设施,具有公共产品属性,是国家政策性投资的重要领域。政府投入高速公路建设项目的资本金,发挥政府导向和扶持作用,增强公路建设项目在资本市场上的融资及抗风险能力。

2. 以市场投资为主体

尊重市场经济规律,以市场投资为主体,发挥市场在高速公路建设资源配置中的基础性作用。市场投资占公路建设投资的绝大部分,实行"谁投资,谁拥有产权,谁承担风险,谁受益"的政策。目前,我国的高速公路基本上都采用收费经营模式。

3. 多层次、多渠道、多元化

多层次是指高速公路投融资的主体层次,包括国家、地方、企业三个层次;多渠道是指多个渠道筹集公路建设资金的来源,包括国家及地方财政拨款,商业银行信贷,资本市场股票、债券融资,经营权转让融资及境外金融机构投资等;多元化是指投资的主体多元化,投资主体包括各级政府、银行、投资集团、企业、个体投资者及境外投资金融机构。

表5-1为2006—2012年公路建设到位资金来源构成分析表。2006—2012年公路交通固定资产投资额如图5-3所示。

2006—2012年公路建设到位资金来源构成分析表 表5-1

年份	总投资(亿元)	到位资金(亿元)	投资结构(%)			
			国家投资	国内贷款	利用外资	自筹资金
2006	6 231.05	5 481.85	10.5	40.7	0.9	47.9
2007	6 489.91	5 744.92	13.5	38.0	0.8	47.7
2008	6 880.64	6 397.84	14.3	36.4	1.0	48.3
2009	9 668.75	8 758.09	14.9	38.5	0.6	46.0
2010	11 482.28	10 166.55	15	39.9	0.4	44.7
2011	12 596.36	10 648.94	20.2	35.5	0.5	43.8
2012	12 713.95	11 124.90	18.8	36.4	0.4	44.4

注:按照公路水路交通行业发展统计公报提供的数据,本表中的自筹资金包括地方自筹资金、企事业单位资金、上年末结余资金和其他资金。

资料来源:根据交通运输部2006—2012年公路水路交通发展统计公报计算整理。

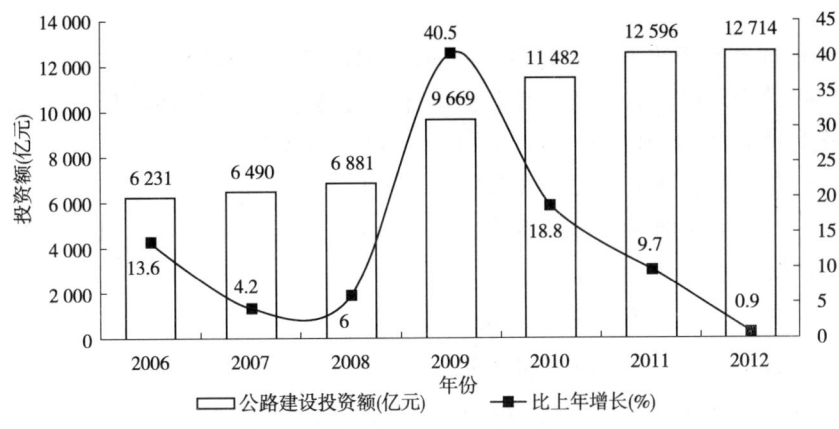

图 5-3 2006—2012 年公路交通固定资产投资额

2009 年税费改革以后,我国公路建设资金主要由四部分构成:国债资金、道路通行费、车购税和燃油税等组成的非偿还性公路建设资金;国内外银行贷款、国际金融组织贷款以及外国政府贷款等债务性公路建设资金;外商直接投资、国内企事业单位以及个人提供的经营性公路建设资金;股票、债券等资本市场筹集的资金。

我国公路建设项目融资模式经过 30 多年的创新和发展,取得了巨大进步,实现了投资融资渠道多元化,融资方式多样化。但总体上看,投融资结构比例并不合理,主要表现为:项目资本金所占比例偏低;债务资金比例过高;抵抗项目建设及运营风险能力较弱。从表 5-1 可知,我国公路建设投资主要以国内贷款和自筹资金为主,2012 年国内贷款和自筹资金分别占到了 36.4% 和 44.4%,项目单位的债务压力较大,影响公路建设的持续发展。

(三)我国公路建设项目融资体制发展方向

1. 我国公路建设项目融资体制存在的问题

(1)多元化投融资渠道仍需进一步拓展。当前我国多元化投资模式集中在高等级收费公路,二级以下公路建设仍然以中央和地方政府投资为主,非收费公路建设很难吸引到市场上的投资者。

(2)国家非收费公路资金投入偏少。公路本质上属于公共产品范畴,国家应该成为公路建设投资的主体,为社会全体成员免费提供使用。但是由于目前我国各地经济发展不平衡,二级以下非收费公路建设及养护资金缺口较大,影响了公路运营服务的质量。

(3)银行贷款比例较高。2009 年 4 月,我国公路基本建设项目的资本金比例由 35% 调整为 25%,资本金比例降低,使项目债务资金比例提高,导致项目融资难度及风险增大。当前,我国公路项目债务资金比例中的绝大部分采用银行贷款,增加了项目公司还贷压力,而当前较高的贷款利率又使得项目后期收益水平受到很大影响。

(4)利用外资比例呈下降趋势。长期以来我国利用外资的模式也较为单一,主要集中于直接贷款和 BOT 这两种方式上,随着我国经济发展的突飞猛进和相关开放政策日益完善,国内许多行业通过中外合资和外商独资等方式广泛吸引资金。但与之形成鲜明对比的是公路建设中利用外资的比例却逐年下降,公路建设总投资中利用外资比例由 2006 年的 0.9% 下降到 2012 年的 0.4%。造成这种现象的原因是多方面的,诸如公路经济效益不理想,相关的政策法规不完善等。

(5)法律法规及融资政策有待完善。目前,我国已经将公路列入基础设施中优先发展的行列,但公路投融资政策却似乎没有跟上步伐,仅有《公路法》、《公路经营权有偿转让管理办法》、《收费公路管理条例》和一些由部门颁布的专项政策规定等,还没有一套完整规范的公路投融资政策和法律法规,导致在实际操作中缺乏政策性指导和法律保障。如何吸引民营资本进入公路建设市场,如何确保民营资本保值、增值,发挥民营资本优势等,都需要健全和完善相关融资政策及法律法规。

2. 建立和完善公路建设项目融资体制基本思路

(1)国家财政应增加对普通国道的投资。一段时期,中央财政基本不向普通国道建设投资,主要由地方政府投资实施,这是造成普通国道收费站点多的主要原因。随着国民经济快速发展,国家财力大大增强,中央财政对普通国道的建设和改扩建应增大投资比例。

(2)地方各级政府要加大财政性资金对公路建设的投资。公路基础产业、公共产品的经济属性,决定了其主要由政府投资建设。按照《公路法》规定,省道主要由省级政府投资,县道由市、县级政府投资,县、乡、村三级是乡道、村道的投资主体。

(3)对高速公路和一级公路仍坚持投资主体多元化、项目业主多层化、筹资方式多样化的改革方向,加大筹资力度,加快建设步伐。这既符合公路建设经济规律,也符合我国国情。

(4)大力发展农村公路。各级政府要从支持社会主义新农村建设的角度,在土地、财政、税收政策等方面继续支持农村公路建设,中央财政、省级财政应继续加大对农村公路建设支持力度,积极筹措资金,加快农村公路建设。

3. 政府投融资发展方向

根据高速公路的地位和作用差异,高速公路投融资决策权和控制权被划分为中央政府和地方政府两级决策管理权限,国道主干道系统以及一些重点路段组成国家高速公路网系统,归中央决策管理范围,其他高速公路归地方政府管理。融资运行机制和管理体制也按上述权限划分为两级。公路投融资决策主体层次结构如图5-4所示。

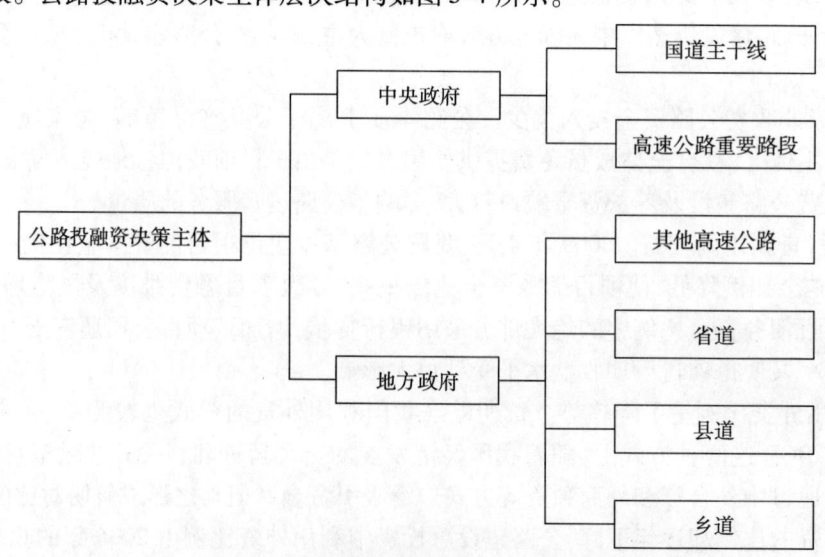

图5-4 公路投融资决策主体层次结构图

面对公路建设投融资发展的新形式、新动向,必须进一步完善制度设计,以适应公路建设发展需要。一是要针对不同投资主体和融资方式,明确公路建设管理的重点和关键环节,实现与投融资方式相适应的有效管理。例如,BOT、EPC模式下,如何既能确保公路基础设施的技术指标和质量、安全指标不降低,又确保工程投资得到合理控制,项目法人如何切实履行项目建设管理职责,行业主管部门如何有效实施监督等问题,都需要尽快研究解决。二是理清不同建设管理模式下各相关主体之间的关系,确保责任明晰、责权对等。三是结合各地投融资和建设管理模式的不同特点,要体现改革差异化,做到因地制宜、分类指导。

第二节 公路建设项目权益融资

经营性公路建设项目实行建设项目资本金制度以后,公路建设项目所需资金包括两部分:一是各级财政和交通主管部门以及其他投资者投入公路建设项目的资金,即公路建设项目的资本金;二是公路建设项目通过向银行等金融机构借款或者发行债券的方式筹措的资金,即公路建设项目的债务资金。

一、资本金

资本金即权益资金,是指通过出让所有者权益获得的资金。项目资本金可以用货币出资,也可以用实物、工业产权、非专利技术、土地使用权作价出资,但需经有资格的资产评估机构评估后才能确定价格。

公路建设项目资本金是指经营性公路建设项目总投资中由投资者认缴的出资额。在公路建设项目总投资中,资本金属于自有资金或筹集的非债务性资金,也是获得债务资金的基础,项目法人不承担这部分资金的利息和债务。公路建设项目必须在落实法人自有资金,即资本金后才能建设,对资本金以外的不足资金才可以向银行借贷。

工程项目总投资中资本金所占比例依据行业和项目的经济效益等因素确定,项目资本金的具体比例,由项目审批单位根据项目的经济效益以及银行贷款意愿和评估意见等情况,在审批可行性研究报告时核定。经国务院批准,对个别情况特殊的国家重点建设项目,可以适当降低资本金比例。

根据1996年8月22日《国务院关于固定资产投资项目试行资本金制度的通知》中的规定,从1996年开始,对各种经营性投资项目,包括国有单位的基本建设、技术改造、房地产开发项目和集体投资项目,试行资本金制度。投资项目必须首先落实项目资本金后才能开工建设。凡是由于投资者违约,致使投资项目未能如期足额筹集资本金的,要依法追究投资者的违约责任。公路建设项目建成交付使用后,项目资本金和负债转化为公路经营企业资本金和负债。2009年国务院发出通知,决定对固定资产投资项目资本金比例进行调整,具体规定如表5-2所示。

公路建设项目投资者按照其出资比例依法享有投资项目的所有者权益,投资者可以转让其出资,但不得以任何方式抽回。项目法定资本金是项目资本金占总投资额比例的最低界限。公路基本建设项目的资本金应当不低于批准的动态概算总额的25%。

各行业固定资产投资项目的最低资本金比例　　　　　表 5-2

序号	投资项目	最低资本金比例
1	钢铁、电解铝项目	40%
2	水泥项目	35%
3	煤炭、电石、铁合金、烧碱、焦炭、黄磷、玉米深加工、机场、港口、沿海及内地河航运项目	30%
4	铁路、公路、城市轨道交通、化肥（钾肥除外）项目	25%
5	保障性住房和普通商品住房项目（其他房地产开发项目）	20%（30%）
6	其他项目	20%

我国资本金制度的建立，主要是为了抑制 20 世纪 90 年代中期固定资产投资领域出现的较严重的投资膨胀现象。目前投资和经济形势与 20 世纪 90 年代中期相比发生了很大变化，但项目资本金制度仍有一定的意义，主要表现在以下几个方面：

（1）适应建立现代企业制度的要求。项目资本金制度要求经营性固定资产投资项目必须要有符合规定的项目资本金，从建设项目开始就做到了与注册资本金制度的衔接。此外，投资者为项目支付资本金，拥有项目资产的所有权，而项目法人只是投资者的代理人，即只是项目资产的管理者和使用者。因此，项目资本金制度适应了现代企业制度"产权明晰、权责明确"的要求。

（2）有助于建立风险约束责任机制。项目资本金制度要求项目的投资者必须为项目建设支付一定的初始投资，因此，对投资者和项目法人双方都产生一定的约束作用。一方面，使投资者更加注重项目可行性的论证和各种投资风险的分析，更加慎重地组建项目法人，加强对项目法人的监管；另一方面，项目法人受到投资者的约束，必须更好地建设、管理和经营项目，以维护自己的声誉和利益。

（3）有利于政府的投资宏观调控。首先，项目资本金制度规定了各类经营性项目的最低资本金比例，从资金的源头上杜绝了投资者的少本甚至无本投资的现象。同时，项目资本金制度界定了项目资本金的各种合法来源，从而控制了项目资本金的总量，即间接地控制了项目投资的总体规模。其次，项目资本金制度通过规定不同行业和不同项目的资本金比例，调整了投资资金流向不同行业的难易程度，从而间接地调控了经营性投资的产业结构。因此，实行项目资本金制度是一种很重要的投资宏观调控措施。

（4）有利于企业增资减债。由于体制上的原因，我国现有的一些国有企业资本金严重不足、债务负担过重，严重影响了企业的改革和发展。为了减轻企业负担，在实际中，主要通过将"拨改贷"资金和基建经营基金转为国家资本金、企业发行股票上市、债转股、企业收购、债务重组等方式进行项目资本金的筹集。

（5）有利于项目筹措贷款。按照中国人民银行的规定，若企业的资产负债率高于一定的比例（一般为 70%~80%），商业银行有权不给企业发放贷款。因此，实行项目资本金制度，使项目从建设开始就具备比较恰当的资产负债率，使企业在项目建设过程中比较容易获得银行的贷款。

公路项目实行资本金制度有其积极作用：

（1）在一定程度上避免了盲目上项目，盲目向上级申请资金。

（2）可以减少金融机构贷款规模，缓解偿债压力。

(3)能够确保项目资金及时到位,有利于项目及时开工,按时完工。

但随着近年来交通领域尤其是公路项目的大发展和公路建设"统贷统还"政策的实施,公路建设项目实行资本金制度已难以满足发展要求,急需做出调整。主要表现为:

(1)地方无力承担资本金,尽管国家在2009年对交通项目资本金比例进行了调整,但面对动辄数亿元的公路项目,尤其是中西部地区地方政府根本无力承担项目总投资25%的资本金。

(2)"统贷统还"政策的实施使资本金制度效力减弱,多数省份在省级实行统贷统还后,将贷款作为市县级资本金投入到项目中,使得原本是非债务性质的资本金在省级表现为债务。

二、资本金来源

(一)概述

投资项目资本金可以用货币出资,也可以用实物、工业产权、非专利技术、土地使用权作价出资。根据新的《中华人民共和国公司法》规定,不再对工业产权、非专利技术等无形资产占资本金的比例加以限制,而是变换角度,规定全体股东的货币出资金额不得低于有限责任公司注册资本的30%,以此保障公司的正常运营。

投资者以货币方式认缴的资本金,其资金来源主要有:

(1)各级人民政府的财政预算内资金、国家批准的各种专项建设基金、"拨改贷"和经营性基本建设基金回收的本息、土地批租收入、国有企业产权转让收入、地方人民政府按国家有关规定收取的各种规费及其他预算外资金。

(2)国家授权的投资机构及企业法人的所有者权益(包括资本金、资本公积金、盈余公积金和未分配利润、股票上市收益等)、企业折旧资金以及投资者按照国家规定从资金市场上筹措的资金。

(3)社会个人合法所有的资金。

(4)国家规定的其他可以用作投资项目资本金的资金。

(二)常见资本金筹集方式

公路建设项目常见的资本金筹集方式主要有以下几种。

1. 财政直接出资

财政直接出资是指由省级或地市级财政直接现金注资。主要特点为:依托政府财政信用,能够快速筹集到资本金;可采取前期投入、建后回购及运营补偿等形式;可将项目带动的专项税费成立公路建设基金,作为公路项目建设的财政投入。

2. 搭桥贷款

这种融资方式是指已列入省市级政府各年度财政预算拨款的项目,在项目资本金暂时无法到位的建设前期,可向商业银行申请搭桥贷款解决部分项目资本金。融资成本参照银行同期贷款利率上浮20%左右。

3. 国开行软贷款

国开行软贷款是指通过向国家开发银行申请软贷款,用于国家确定的重点公路建设项目的资本金或股本投入。

主要特点为：软贷款还款期限长、利率低，可作为项目资本金使用。

4. 上市公司证券市场再融资

上市公司还可以采取增发股票、配股等股权融资方式。增发或配股融资方式是指通过在证券市场增发股票或配股方式获取资金。

主要特点为：增发、配股对发行人的业绩以及融资投向具有一定的要求。

案例　G公司新建项目资本金缺口对策分析

G公司作为广东省公路投资和运营的龙头公司，在广东省高速公路建设中起着举足轻重的作用。G公司经对各新建项目资本金投入需求及公司经营现金流的测算，2009—2015年，公司新建项目资本金需求共约144亿元，其中需公司自筹解决的资本金共约135亿元，可用于项目投资的经营现金净额约35亿元，资本金缺口约100亿元。

产生G公司资本金缺口的直接原因是，受扩建、大修及其他竞争路段分流的影响，所属部分已通车经营路段在未来几年的通行收费预测增长率比较低；新建项目投资额大；多个项目建设期集中；资本金投入资金需求集中。

为落实解决项目资本金缺口，确保项目建设资金及时到位，切实解决新建项目资本金缺口问题，拟从申请上级主管单位（"集团"）增拨项目补助资金、企业债券、中期票据、推迟存量贷款还本计划、股权转让，以及以自营项目资产融资等方案来解决新建项目资本金缺口的问题。

(1) 申请增拨项目补助资金55.5亿元。

作为对高速公路建设的支持，广东省政府决定对2009—2012年间拟建的出省高速公路项目按投资总额13%~15%的比例给予总额约为86亿元的财政性资金补助。按工程建设进度，G公司可申请向集团拨付ZX、GL、EG三条出省高速公路项目的建设资本金补助55.5亿元。

(2) 中期票据融资29亿元。

2009年G公司申请集团转贷ZH和GL项目中期票据资金（共22亿元），用于投入ZH和GL项目资本金；2010年申请集团转贷中期票据资金7亿元，用于投入GL项目资本金。为支持新开工高速公路项目的建设，G公司上级主管部门已报交易商协会注册发行中期票据60亿元。集团本次计划发行的中期票据期限为5年，第一期2009年发行，2014年到期；第二期于2010年发行，2015年到期。

(3) 推迟存量贷款还本计划融资11亿元。

向银行申请调整已通车的JZ、GQ项目存量贷款还本计划，将两项目贷款未偿还本金的还本时间推迟，减少2009—2015年度存量贷款本金偿还的资金需求约11亿元。

(4) 转让部分已通车项目的股权26.8亿元。

至2009年，G公司投资的已建成的高速公路项目超过20个。为了筹措项目建设资金，在未来几年，G公司拟转让部分已建成通车的高速公路项目的部分股权，2013年转让MZ项目公司55%的股权、JH项目公司25%的股权、HY项目公司33.33%的股权，2010年转让YM项目公司9%的股权、HH项目公司37%的股权，转让后G公司对MZ公司保持25%的股权、对YM公司和HH公司保持51%的股权，不再持有JH公司、HH公司的股权。

(5) 利用自营优质项目（JZ项目和GQ项目）申请资产支持融资贷款13亿元。

G公司本部自营的优质资产项目——JZ项目和GQ项目，经营情况良好，现金流充足，剩余收费期限较长(JZ项目经营期至2026年、GQ项目经营期至2029年),未来经营净现金流对存量贷款本金的保障倍数较大。由于项目目前的资产负债率很低,优质资产可以得到很好的盘活。

(6)增加银行借款。

(7)其他措施。

通过以上各渠道,G公司拟于2009—2015年筹集资金共约154亿元,基本满足G公司2009—2015年新建项目的资本金需求。

三、股本资金

项目中的股本资金是资本金的一种形式,它构成了项目融资的基础。投资者投入股本资金既是为获得项目控股,获取投资收益,也是增强项目抵抗风险能力的基础。项目贷款银行也将投资者的股本资金作为项目融资的安全保障措施之一。

(一)股本资金的作用

1. 降低项目融资风险

项目融资主要依据项目资产和项目投产运营产生的现金流量作为项目贷款偿还的保证。项目股本资金比例越高,项目债务负担越小,项目融资风险也越低,项目的抗风险能力就越强。相反,项目股本资金比例越低,项目债务资金比例越高,融资难度也越大,项目运营收入用于偿还债务的现金比例就越大,贷款银行所面对的偿债风险也越大,项目风险越高。

2. 反映投资者对项目的信心

投资者在项目中投入的资本金反映了其对项目未来前景的信心和关心程度。贷款银行总是希望投资者能够多方面参与项目管理,尤其是在项目遇到困难的时候,这种希望变得更为迫切。因此,投资者股本资金投入在一定程度上体现了投资者对项目的信心及关心程度。

3. 对项目融资具有良好的心理鼓励作用

投资者在项目融资中的股本资金投入,代表着投资者对项目的承诺和对项目未来发展前景的信心,对更好地组织项目融资可以起到良好的心理鼓励作用,有利于项目融资工作的更好实施。

(二)股本资金主要形式

1. 普通股和优先股

在融资项目的资本结构中,各个国家应用最普遍的股本资金形式是项目公司的普通股和优先股。

普通股是指在公司的经营管理及资产盈利分配上享有普通权利的股份,是股票的一种基本形式。普通股所有者除有权得到其股票红利外,还有权投票选举董事和处理其他重要事宜。在公司倒闭清偿时,担保与未担保债权人的要求权,以及债券和优先股的要求权都优先于普通股股东的要求权。大多数情况下,普通股票更具有增值的潜力。

优先股以规定的股息率支付红利,并在清理资产和支付红利上有优先于普通股票的权利。大多数的优先股是累积型的,累积型优先股指若股票红利由于种种原因没有按期支付,它们就累积起来在普通股红利支付之前予以支付。而非累积型优先股的逾期红利通常不再补付。参与优先股的股东有权和普通股的股东一起分享红利分配后所剩的利润,而非参与优先股的股东只限于享有约定的红利。可调整股息率,优先股所支付的红利可以根据国库券或其他货币市场利率的变化,每季度调整一次。可转换优先股可以转换为一定数量的普通股。

2. 贷款担保形式

以贷款担保形式作为项目股本资金的投入,是项目融资中具有特色的一种资金投入方式。它指在融资结构中,投资者不直接投入资金作为股本资金或准股本资金,而是提供固定金额的贷款担保作为替代。对于项目投资者来说,这是利用资金的最好形式。由于项目中没有实际的股本资金占用,所以项目的资金成本最低。但从贷款银行的角度来看,该项目的风险高于投资者直接投入股本资金的形式,因为银行在项目的风险因素之外,又增加了投资者自身的风险因素。因此,采用贷款担保形式作为全部股本资金投入替代的项目融资结构是很少见的,多数情况下,贷款担保只是作为项目实际投入的股本资金或者准股本资金的一种补充。只有当项目具有很好的经济强度,同时承诺担保责任一方本身又是具有很高的政治、商业信誉的双重条件下的项目融资结构,才有可能更大比例以贷款担保形式来替代投资者实际的股本资金投入。

贷款担保作为股本资金有两种主要形式:担保存款和备用信用证担保。

担保存款是指投资者在一家由贷款银团指定的银行中存入一笔固定数额的定期存款,存款资金与利息属于投资者,但存款资金的使用权却掌握在贷款银团的手中,如果项目出现资金不足,贷款银团可以调用担保存款来弥补。

与担保存款相比,备用信用证担保对项目投资者更为有利,具体是指投资者不动用公司的任何资金,而只是利用本身的资信作为担保,项目一旦出现资本不足等情况,将由开出信用证的银行设法解决。由于采用这种方式时,贷款银团要承担投资者的信用风险,所以一般要求备用信用证必须由一家被各方接受的独立银行开出,从而达到将风险转移的目的。

贷款担保在项目融资结构中的作用同样也分为两种形式:一是一般性贷款担保,即如果项目出现资金短缺,或者出现项目到期债务无法偿还等情况时,动用贷款担保弥补资金短缺或偿还债务,而从贷款担保中获取的资金将按比例在贷款银行之间分摊;二是针对性贷款担保,该贷款担保只针对项目资金中的某一家银行或某一部分资金,而这家银行或这部分资金只在整个融资活动中扮演从属性债务的角色。

四、准股本资金

准股本资金是指投资者或者与项目利益有关的第三方所提供的一种从属性债务。相对于股本资金而言,准股本资金在债务本金的偿还上更具灵活性,不用规定在某一特定期间强制性地要求项目公司偿还;另外,从属性债务在项目资金偿还优先序列中要低于其他的债务资金,但高于股本资金;因此,当项目公司破产时,在偿还所有的项目融资贷款和其他的高级债务之前,从属性债务将不能被偿还。所以,从融资贷款银行的角度来讲,准股本资金只能看作是股本资金的必要补充。

准股本资金可以以一种与股本资金平行的形式进入项目的资本结构,也可作为一种准备金形式,来支付项目建设成本超支、生产费用超支以及其他贷款银行要求投资者承担的资金责任。根据资金的从属性质,准股本资金又可以分为一般从属性债务和特殊从属性债务两大类。前者是指该种资金在项目资金序列中低于一切其他债务资金形式;而后者将在其从属性定义中明确规定出该种资金相对于其他形式债务,如项目融资中的长期债务等的从属性,但是相对另外的一些项目债务,其仍具有平等性。

(一)准股本资金的作用

投资者为项目提供准股本资金要比提供股本资金更为灵活,更为有利,作用也更为明显。

(1)使投资者在安排资金时有较大的灵活性。任何资金的使用都是有成本的,如果投资者在项目中投入的股本资金是通过其他渠道安排的债务资金,投资者会更希望利用项目的收入来归还部分或全部的融资成本。因此,准股本资金会有一个比较具体的偿还计划,资金安排上的灵活性体现得也较为充分。

(2)为投资者设计项目的税务结构提供了较大的灵活性。在大多数国家,债务利息的支付是可以抵税的;并且债务资金的偿还可以不考虑项目的税务结构,从属性债务的法律结构设计较为灵活、简单方便;而股本资金的偿还则要受到项目投资结构和税务结构的种种限制,其法律程序较从属性债务要复杂很多。

(3)有利于减轻投资者的债务负担。在项目融资安排中,各个国家对于项目公司的红利分配往往都有严格的限制,但许多国家通过谈判可减少对准股本资金在这方面的限制,尤其是对债务利息支付的限制。为了保护贷款银行的利益,许多国家要求投资者在从属性债务协议中加上有关债务和股本资金转换的条款,这在一定程度上减轻了项目经济状况不好时投资者的债务负担。

(二)准股本资金的主要形式

项目融资中最常见的准股本资金形式有无担保贷款、可转换债券、附认股权证的债券和零息债券。

1. 无担保贷款

无担保贷款是指没有任何项目资产作为抵押和担保的贷款,是银行信用贷款的一种常见类型。在形式上与商业贷款相似,其贷款协议包括贷款金额、期限、利率、利息支付方式和本金偿还等主要条款,但贷款没有任何项目的资产作为抵押和担保,其本息的支付也通常带有一定的附加限制条件,如加速还款条款、限制新债务条款等。

2. 可转换债券

作为从属性债务的另一种形式,可转换债券在其有效期内往往只需支付利息,但在特定的时间跨度内,债券持有人有权选择将债券按照规定的价格转换成为公司的普通股,转换的价格一般比股票的发行价高20%~30%。如果债券持有人不做此种选择,也可以持有债券到期,而公司则需在债券到期日兑现本金。可转换债券的发行没有任何公司资产或项目资产作为担保,债券利息一般也比同类贷款利息要略低一点。这种形式对于债券持有人的吸引力在于如果公司或项目经营良好,公司股票价格或项目资产价值高于事先确定的转换价格,则债券持有人通过转换可以使其获得资本增值;反过来,如果公司或项目经营结果比预期差,债券持有人可选择在债券到期日收回债券本金。国外一些项目融资结构中的投资者,出于法律或税务方面考虑,为推迟在法律上拥有项目的时间,常采用可转换债券形式安排项目的股本资金。

3. 附认股权证的债券

与可转换债券相类似的是附认股权证的债券，这种债券可以是从属性债务，也可以不是。所谓认股权，即赋予这种债券的持有者以特定的价格购买股票的权利，一般可以用债券支付股票的购买费用，认股权证债券较可转换债券对投资者更为有利。

4. 零息债券

零息债券也是项目融资中常用的一种从属性债务形式。零息债券只计算利息，但是不支付利息。在债券发行时，根据债券的面值、贴现率（即利率）和到期日贴现计算出其发行价格，债券持有人按发行价格认购债券。零息债券持有人的收益来自于债券购买价格与面值之间的差额，而不是利息收入。债券市场上的贴现债券其实是零息债券的一种变通形式。贴现债券需要定期支付很低的利息，同时在发行时采用贴现的方法计算价格。因而这种债券的收益主要来自贴现而不是来自利息收入。零息债券作为一种准股本资金形式，在项目融资中获得较为普遍应用的主要原因是，这种资金安排既带有一定的债务资金性质，如每年的名义利息可以取得税务扣减，又需要实际支付利息，减轻了对项目现金流量的压力。作为投资者在项目中的准股本资金，零息债券的期限，原则上等于或略长于项目融资期限。

案例　四川成渝高速公路股份有限公司香港上市

四川成渝高速公路股份有限公司成立于1997年8月17日，当时该公司主要是为经营管理成都—重庆的成渝高速公路而成立的。成渝高速公路全长340km，东段（重庆段）114km，西段（成都段）226km，该高速公路始建于1990年，是中国西部最早修建的一条高速公路，于1995年7月18日开始通车运营。

该公司是我国第一家高速公路在香港上市发行H股进行股本融资的高速公路公司，公司总股本为25.8亿股，其中国家股16.6亿股，占65%，H股（境外公众股）8.95亿股，占35%。1997年9月23日，该公司在香港联合交易所挂牌上市，总共向香港及海外投资者公开发售及配售89 532万股，每股面值为人民币1元的H股，实行溢价发行，发行价为每股人民币1.66元（港币1.55元），融资现金流入净额为135 743万元。1998年3月，经国家外经贸部批准，公司转制为中外合资股份有限公司。

公司股本融资的资金主要用于收购四川成雅高速公路股份有限公司62.59%的股份；成都城北出口高速公路有限公司60%的股份，成都机场高速公路有限责任公司25%的股份；另外对四川省内高速公路基建项目投资和咨询服务，已初步形成母子公司构架的大型集团化公司。到2004年12月底，公司总资产近80亿元人民币。

成渝高速公路是中国西部第一条高速公路，是西部第一条利用世界银行贷款修建的高速公路，也是西部至今第一条和唯一一条成功利用H股融通建设资金的高速公路。10多年前一次性在香港融资10多亿元，不仅在当时，在现今也是不多见。筹集的资金为地方高速公路建设滚动发展，为高速公路完善配套设施设备提供了雄厚的资金支持，同时把中国境内的高速公路经营项目推向了香港和海外金融市场。香港联交所按国际标准要求发布的财务报告，对中国境内的高速公路建设、管理和运营提出了更高的要求，有利于提高中国高速公路企业建设生产的管理水平和经济效益，为中国高速公路融资走向世界打开了一扇窗口。

第三节　公路建设项目债务融资

公路建设项目债务融资是指公路建设部门向金融机构贷款或通过在金融市场上直接发行债券筹集资金的形式。当前我国已经逐步建立了"国家投资,地方筹资,社会融资,利用外资"和"贷款修路,收费还贷,滚动发展"的投资机制,公路项目债务资金构成了我国公路建设投资的主要部分,有效缓解了公路建设单纯依靠国家计划投资不足的局面。本节将主要从项目贷款和债券融资两个方面介绍债务融资。

一、公路债务融资方式

一段时期以来,银行信贷一直是我国公路建设项目债务融资的主要形式。主要原因在于:一是公路基础设施项目具有长期性,公路建设项目的长期收益可为银行贷款机构带来长期稳定的贷款收益;二是公路建设项目具有公益性的特征,对拉动地方经济和提高当地居民生活水平影响巨大,是政府部门长期重点支持领域,国有商业银行投资公路建设得到政府大力支持。另外,对于国外银行贷款,其优势在于能以较低的资金成本取得期限较长的长期贷款,但手续费较高,如世界银行贷款有1%的先征费,附加条件多,获得贷款后用款的审批程序严,无形中增加了项目成本。国际金融组织、外国政府、外国银行和外国金融机构提供的贷款,均构成国家外债,国家不仅需承担偿债义务,而且要承担全额的汇率风险。因此,虽然国际金融组织贷款及政府贷款利息较低,但国家在举债时仍慎之又慎,外债规模控制较严,审批立项困难较大、周期较长。同时,贷款的汇率、利率风险较大。因此,银行信贷资金成为我国公路建设项目债务融资的主要来源。

随着我国资本市场的日益成熟与相关政策、法规的日渐完善,社会各界包括管理层对企业债券市场的功能已有比较充分的认识。巨额的居民储蓄存款和股市的长期低迷为企业债券市场发展积累了足够的市场需求,信用评级体系和担保体系等配套条件也比较成熟,我国企业债券市场将快速发展,发行规模将逐年扩大,企业债券将成为大型企业融资的一个主要途径,这对拓宽公路建设债务融资渠道,实现多元化债务融资十分有利。

二、项目贷款

贷款人向某一特定项目提供的贷款叫作项目贷款。项目贷款是为某一特定工程项目而发放的贷款,它是国际中长期贷款的一种形式。资金来源上,其主要来源于国际金融市场、国际金融机构、外国政府或受外国政府支持的信贷机构,它与"同项目有联系的贷款"的资金来源基本相同,但是又不同于自由现汇贷款;信用担保上,主要是依靠该工程项目的预期经济收益和其他参与人对工程停建、不能运营、收益不足以还债等风险所承担的义务,而非主办单位的财力与信誉;贷款使用上,项目贷款一般规定用在有偿还能力并能盈利的项目上,是完全依靠项目自身今后的收益来偿还的。

项目贷款是20世纪70年代发展起来的一种新的贷款方式。这种方式目前在世界上比较盛行,在多个国家得到发展。

(一)项目贷款特点

项目贷款之所以迅速发展,并为越来越多的国家所采用,是因为项目贷款的独特优势主要体现在以下三个方面。

1. 扩大借债能力

由于借进的款项不在权益投资人的资产负债表上反映,权益投资人的资信及其通过其他渠道借款的能力亦不会受此影响。有鉴于此,一些国家借助这种方式来解决它们对外汇资金的部分需求。

2. 减轻对外负债风险

项目贷款事先就已明确利息偿还来源于项目运营收入,同时项目参与各方通过合同协议规定了各方承担的责任及义务,为项目贷款偿还提供了可靠的保证,因此,项目权益投资人不必直接承担对外负债的风险。如果说权益投资人有风险,那也仅限于在项目中投资的那一部分。

3. 降低项目建设成本,提高项目经济效益

项目贷款的特点是把着眼点放在项目上,贷款人对项目各有关因素要进行分析,同时项目各有关方要对项目做出各种保证,以及项目要有严格的计划管理等。因此,使用项目贷款建设的项目一般不会出现占压资金的现象,资金使用效率有所保证。

虽然项目贷款有以上优点,但它也有不可避免的缺点,主要有:

1. 贷款手续复杂

项目贷款不如自由现汇借贷方便,它须与项目联系在一起,且要将项目有关数据提供给有关方,成立由有关方参加的项目班子,对项目进行审查,为项目贷款提供各种保证,经贷款人审查后才能获得贷款。由此可见,其手续比其他贷款都要复杂。此外,并非任何项目都可获得项目贷款,它仅限于产品销路好、吸引力强、能保证还款和盈利的项目。

2. 资金使用有局限性

项目贷款不如自由现汇贷款灵活,它仅限于该项目使用,如果贷款人提供的项目贷款是买方信贷或卖方信贷的形式,那么贷款只限用于该项目范围内使用。

(二)公路建设项目贷款方式

现阶段我国高速公路借贷融资主要有国内政策性银行、国内商业银行中长期信贷、短期银行贷款、国际商业银行信贷等种类,具体如下。

1. 国家政策性银行贷款

国家政策性银行贷款主要有国家开发银行、中国进出口银行贷款。国家政策性银行对于高速公路融资起到了国家产业扶持政策的导向作用,对高速公路建设提供的巨额借贷发挥了起动项目和保障高速公路基础设施建设的作用。国家开发银行在高速公路银行借贷融资中对贷款审批、贷款期限、贷款利息和贷款监控管理等方面虽然带有较大的国家扶持及财税优惠因素,但在基本要求和一般程序上仍要按银行贷款的通常规则操作。其贷款期限一般比商业银行长,利息要低,但一般贷款额度不会太大,通常会小于商业银行,其金融风险也较大一些。

2. 国内商业银行中长期信贷

中长期银行信贷一般可分为信用借贷和担保借贷。由于长期借款时间长、风险大，通常情况下是以设备和不动产作抵押取得的担保贷款，中长期借款多半分期偿还。分期偿还与借款企业的偿能能力挂钩，一般有分期等额偿付和分期不等额偿付两种方式。

商业银行贷款融资特点有：

(1) 融资手续简单，速度较快。贷款的主要条款制定只需取得银行的同意，不必经过诸如国家金融管理机关、证券管理机构等部门的批准。

(2) 融资成本较低。借款人与银行可直接商定信贷条件，无需大量的文件制作，而且在经济发生变化的情况下，如果需要变更贷款协议的有关条款，借贷双方可以采取灵活的方式，进行协商处理。

我国高速公路建设贷款的商业主力银行主要是中国建设银行和中国交通银行，另外中国工商银行、中国各城市的城市银行和其他一些区域性和民营银行也为高速公路的配套设施建设和运营管理提供一些小额贷款。以中国建设银行为主提供高速公路建设贷款的高速公路借贷融资一般金额较大，通常上亿元，甚至 10 亿或数十亿元，期限较长。2000 年以前大多为信用贷款，高速公路建设主体一般为省级交通行政主管部门或由交通行政主管部门直接掌控或独资的带有行政权力或性质的高速公路建设投资公司或集团，省级行政区域内的交通规费就是高速公路借贷的信用物。交通规费是由交通行政部门征收的专项费用，主要有公路养路费、车辆购置附加费（由中央派出机构在地方征收后给地方分成）、客车营运附加费、货车营运附加费等，省级交通规费都有数十亿元之多，这种规费属事业性质，依靠国家权力机构征收，有很高的安全性、可靠性和稳定性，2000 年以前的高速公路借贷融资大多不用担保或抵押。

2000 年以后，全国各地加大了财政管理和各项事业资金的监督力度，各省陆续将交通规费纳入地方财政管理，规费要缴入地方国库，并严格按照省级政府和人大审批的预算列支。由于地方交通行政主管部门对交通规费的控制力度下降，支配权力受到很大程度的限制，高速公路信贷大多需要担保或抵押，其市场经济的成分明显加大。国内商业银行中长期贷款，主要用作高速公路的主通道建设和大型专用设施设备采购，以及一些国际贷款的配套借贷，占全国高速公路银行借贷融资量的 2/3 以上，是高速公路建设管理和运营的基本和主要资金来源，利息为国内同类贷款利息。这类贷款一般容易获得，而且没有什么附加条件，到期的本息经常可续贷或延期，有较大的政府扶持性质，在贷款手续和审批上有商量的余地，高速公路融资对银行的过分依赖主要就是这类贷款。

图 5-5 为国内银行贷款程序示意图。

3. 短期银行贷款

高速公路在商业银行的短期借贷融资活动对象大多限于国内银行，主要是财务周转贷款、临时贷款、透支以及打包放款等，主要是解决高速公路的一些辅助工程用款和临时短期的用款项目，但这种短期借贷融资对高速公路项目是不可缺少的和经常性的，贷款银行既有国家大型银行也有地方性的股份制银行。

4. 国际商业银行信贷

国际商业银行信贷是指一国借款人为资助某一特定建设项目，在国际金融市场上向外国金融机构企业或个人筹措的贷款，国际商业银行的债务人是各国的借款人，而债权人只是别国的贷款银行,贷款人可以是独家银行,也可以是多家银行组成的贷款银团,国际信贷关系必须通过银行中介机构建立。

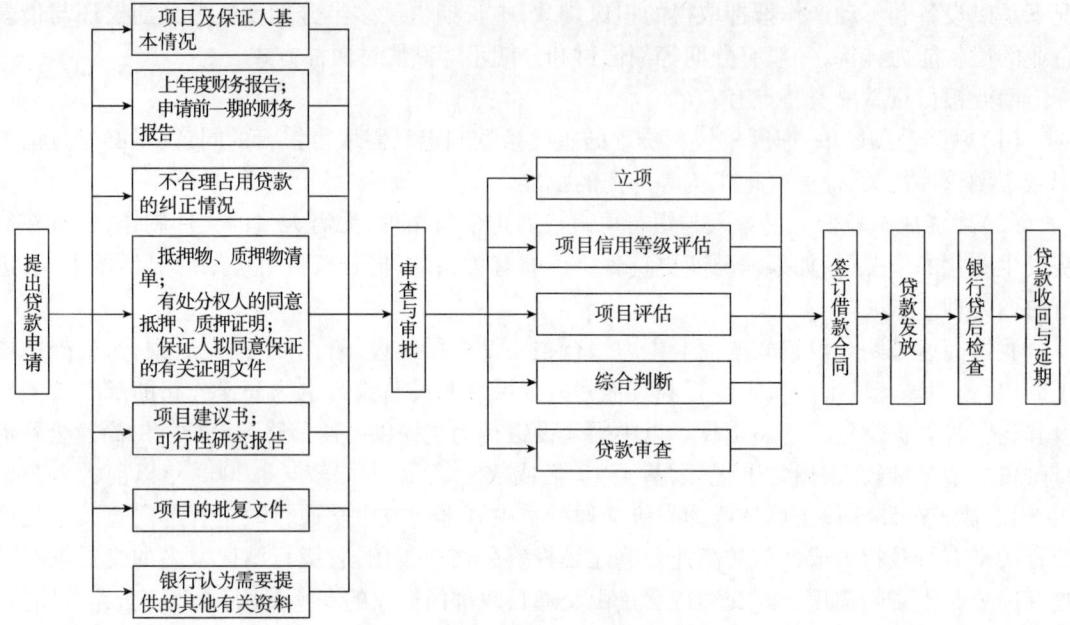

图 5-5　国内商业银行贷款程序示意图

高速公路建设采用国际信贷融资,具有国际组织对第三世界国家基础设施建设项目的扶持、援建、互助的性质。主要特点是长期、低息、附加条件和国家政府担保等。

我国高速公路在国际金融机构的融资对象主要是世界银行、亚洲开发银行及欧洲、亚洲一些大银行组成的贷款银团。这些金融机构对高速公路建设项目的贷款期限一般都在20年以上,有的甚至长达40~50年;贷款利率一般年率在1%~3%,大多低于国际平均同期利率;通常有附加条件,如贷款须用于约定的专门项目,并购买指定厂家的指定产品,对贷款项目的审查合格验收要使用它们规定或指定的国际标准或有关标准,有的甚至要对贷款金额的一定数量指定专用项目,而有些指定项目与贷款项目没有直接关系(如亚洲开发银行对四川雅安—泸沽湖高速公路的贷款附加条款中要求,融资主体至少要用贷款中几百万美元修建四川农村公路)。

案例　四川成南高速公路有限责任公司亚洲开发银行借贷融资

四川成南高速公路是国家规划的"五纵七横"国道主干线上海至成都公路(支线)的一段,是连接川中、川东地区的重要通道和支援三峡工程建设和四川省内外物资交流的干线公路。成南路正线起点为成都市螺蛳坝,终点是南充市民建,加连接线全长215km,比原成南公路缩短里程134km,最高设计速度120km/h,双向四车道(含少部分路段六车道),路基宽度最大为35m,最小为24.5m。

截至2002年11月底,累计完成投资47.6亿元,其中亚洲开发银行贷款16.44亿元人民币,国家开发银行贷款10.9亿元,中国建设银行四川省分行贷款7.4亿元,国家财政债券转贷资金7.8亿元,项目资本金9.47亿元,中国工商银行四川省分行2亿元。

1999年2月23日亚洲开发银行与四川省人民政府、四川成南高速公路有限责任公司签署了一笔2.5亿美元的项目贷款协议。贷款期限为20年,约定交此笔资金通过四川省政府、四川省交通厅"转贷给公司(成南高速公路公司)",实际上四川省政府和四川省交通厅将履行担保人的责任(我国《担保法》规定政府和行政机构不能作为担保主体),协议授权成南公司代表交通厅负责成南高速公路项目的建设、运营与管理。借款人每年要缴纳0.75%的承诺费,每年收一次,贷款利息和其他费用每年付一次,高速公路建成运营一年后开始还本金。协议还规定500万美元以上的土建工程和50万美元以上的设备和材料采购应实行国际招标。在附加条款中要求使用该贷款时要实施一个接通计划,该计划应包括"300km省县道改造"协议,最后约定该笔款额经中国国务院批准方可生效。

成南高速公路已于2002年12月顺利建成通车,该项目的贷款融资前期建设已完成,现已进入还本付息期。该融资项目的风险控制要求严格,以国家和地方政府为担保方,对资金的使用数量和程序作了严格甚至苛刻的规定,标准由亚洲开发银行制定,还本付息的时间要求极高,贷款方存在较大的还款风险。亚洲开发银行借贷融资项目要求采用国际招标,有利于提高工程项目建设和管理水平。

三、债券融资

公路债券属于债务性资金,是公路建设项目筹集资金的重要方式之一。近年来,公路基础设施建设债券融资得到了巨大的发展,从一定程度上摆脱了投资主体单一、融资渠道狭窄、间接融资比例大、资本市场利用程度低的局面。但总体来说,公路债券融资项目较少,融资额比例偏低,其发展依赖我国债券市场发展。

(一)概述

1. 公路债券定义及种类

公路债券是借款单位为筹集公路建设资金而发行的一种信用凭证,证明持券人有权按期取得固定利息并到期收回本金。债券构成企业或项目的债务,债券利息计入税前项目成本,其资金成本是债券利息和债券发行时的筹资费用。

公路债券的种类包括中央公路债券、省级公路债券和企业债券(项目公司债券),债券的期限可定为3~5年或更长时间,利率根据投资项目的回报率和经济发展情况合理确定。充分利用企业债券市场,以高速公路建设开发公司为主体,发行企业债券是筹集高速公路建设资金的一条新途径。

发行公路债券的优点是所获资金的使用期比借款长,一般是3年以上。一次性筹资数额大,便于企业财务安排。发行债券有利于优化融资结构,完善公司结构,合理避税,发挥财务杠杆的作用。发行企业债券不需让出企业本身所有权,项目原有资本金结构不变。因此,债券融资是企业较为适宜的融资方式。

2. 我国公路行业债券市场发展的现状与趋势

我国的债券融资方式起步较晚。1998年,国家为保证公路建设资金的及时到位,才允许地方交通厅和高速公路公司发行公路建设债券。1998年国家计委公布的第一批发债项目中,公路项目共有28个,发债额度为44.2亿元,但实际发行量不超过10亿元,和当年我国高达2 000多亿元的公路建设总投资额相差悬殊。这主要是因为当时各省交通管理部门对公路债券市场的重要性认识还不够,尚没有把债券市场作为资本市场融资的主要组成部分,再加上我国的中长期企业债券发行程序复杂、申请困难、额度小、成本高,并且不能流通,使这一方式没有得到很好地利用,筹集的资金较少。

随着我国资本市场的日益成熟与相关政策法规的日渐完善,社会各界包括管理层对企业债券市场的功能已有了比较充分的认识,巨额的居民储蓄存款和股市的长期低迷为企业债券市场发展积累了足够的市场需求,信用评级体系和担保体系等配套条件也相对比较成熟,我国企业债券市场将得到快速发展。据有关部门透露,为大力推进企业债券市场建设,满足大型企业的资金需求,我国企业债券市场的发行规模将逐年扩大,企业债券即将成为大型企业融资的一个主要途径。

(二)公路债券融资特点

1. 融资成本低

公路债券融资较发行股票融资成本相对较低。按照《中华人民共和国证券法》及《企业债券管理条例》规定,企业债券需要在约定期间还本付息,相对股票融资风险要小很多,债券利率水平低于股票融资成本,发行债券较股票节约融资成本。

2. 符合公路建设项目发展要求

公路基础设施项目投资规模大、建设周期长、未来现金流稳定。银行贷款方式主要以工商企业为对象设计,年限多为5~8年,若只通过银行贷款方式筹集建设资金,往往公路已到还本期限,车流量还未达到设计水平,运营阶段缺乏足够的现金流入还本付息。目前企业债券融资期限由过去的3~5年发展到10~15年,20年期限的企业债券品种也已出现,非常符合公路建设项目特点的要求。

3. 规避利率风险

虽然目前我国利率水平处于历史最低位,但从中长期来看,今后利率波动的可能性较大,因此,发行期限较长的债券可以规避债券利率波动的风险,这是银行贷款所不具备的。根据目前无风险利率与贷款利率的利差计算,相应的银行贷款利率应在7%以上,目前以不到5%的成本发行长期债券,年均可节约2%以上的利息支出,发行10亿元10年期债券,动态可节约财务费用2亿元以上。

4. 具有"税盾"和财务杠杆的双重功效

与股票筹资等方式相比,由于企业债券利息作为财务费用可以在所得税前扣除,所以发行企业债券具有税盾的作用。此外,适宜的负债率可以充分利用企业财务杠杆作用,在最大限度地为股东创造价值的同时,不影响企业的控制权。

但从近几年的公路债券发行情况来看,债券发行规模较小的申请难以获得批准,申报的发行规模一般均在6亿元以上,实际获准发行的债券发行规模都在10亿元以上。

(三)我国公路债券融资发行的条件及优势

1. 我国发行公路建设债券的外部条件

在我国,发行公路债券已有一定的经济基础。基金、券商、信托投资公司、财务公司、保险公司和企业为债券的发展提供了广阔空间。基金是债券市场的一支重要力量,按照有关法律规定,基金中进行债券投资的比例不得少于20%,并且根据对市场行情的判断,还会灵活调配股票与债券的持仓结构。虽然证券公司债券的投资总量占其投资规模的比重较小,而且主要集中在交易所市场,但对于券商而言,股市走弱时,债券被视为获利可观的投资品种,而股市走强时,债市也成为投资组合中不可缺少的风险匹配品种。保险公司的资金主要为长期资金且来源稳定,追求的是长期稳定的债券投资收益,而对债券资产的流动性要求较低,是债券市场最稳定的投资者。财务公司、企业的部分资金风险承受能力较差,进入股市的意愿不强,一般选择长期持有债券以获得稳定收益,也是债券市场稳定的投资者。自1996年5月以来,我国政府连续多次降低银行存款利率,旨在刺激消费,鼓励投资。然而多次降息后,储蓄存款数量不但没有减少,储蓄总额仍保持上升势头,说明居民的投资渠道严重缺乏。相对宽松的资金环境为公路企业债券融资提供了可能。

2. 我国公路债券融资优势

公路经营企业作为公路建设项目融资主体,通过发行债券筹集项目建设资金,是一种较为可行的方式。首先,公路企业需要完善现代企业制度,从根本上建立起独立自主、自负盈亏的经营机制、风险约束机制;其次,需要树立现代财务管理观念,注重运用财务杠杆,科学选择企业资本结构的组合,使企业债券融资发挥应有的优势;第三,利用行业优势,争取政策支持,在考虑使用债券融资时,应充分把握政策热点和债券市场发展趋势,多争取政府对公路债券的政策支持,如在企业债券的一、二级市场大力引入证券投资基金、保险公司等投资机构,完善相关登记、托管和清算体系,扩大企业债券上市规模,增强流通性等。

案例 2004年河南高速公路公司债券融资

债券名称:2004年河南省高速公路发展有限责任公司债券(简称"04豫高速债")。

发行规模:人民币10亿元整(RMB 100 000 000)。

主承销商:国泰君安证券股份有限公司。

票面利率:以浮动息债券形式发行,债券采取保底设计机制。在每年保底机制设计下,票面利率在计息期内采取就高原则确定。每年票面利率不低于5.05%,债券采用单利按年计息,每年付息一次,不计复利,到期一次还本,最后一次利息随本金的兑付一起支付。

债券信用评级:经联合资信评估有限公司综合评定,该债券信用级别为AAA级。

债权担保:由中国建设银行河南省分行提供金额不可撤销连带责任担保。

上市事宜:债券发行后拟安排在上海或深圳证券交易所上市交易,上海证券交易所已为本期债券出具了上市承诺书。

债券发行人河南省高速公路发展有限责任公司为河南省当时最大国有独资企业。公司资产实力雄厚,管理经营规范,经济效益良好,截至2003年12月底,公司总资产247亿元,净资产107.7亿元。表5-3为2001—2003年主营业收入和实现净利润额。

2001—2003年营业收入和净利润额 表5-3

年份	营业收入(亿元)	净利润(亿元)
2001	11.5	1.43
2002	17.98	1.53
2003	27.35	0.9

债券募集的 10 亿元人民币,用于新乡至郑州、郑州西南环城、濮阳至鹤壁、叶集至信阳高速公路项目建设。

"2004 豫高速债"的成功发行,是我国高速公路债券成功发行为数不多的优秀代表,由建设银行提供的资金担保,由上海证券交易所提供的上市承诺,由著名证券公司"国泰君安"作为主承销商,使得"2004 豫高速债"从内容到形式给人一种起点高、管理严、信誉好的感觉,为其顺利发售和成功上市奠定了基础,为我国高速公路债券树立了良好的形象,为我国高速公路债券融资开辟了广阔的上升通道。

第四节 公路建设项目融资结构分析

项目融资结构是指融资方案中各种资金的比例关系,融资结构主要包括项目资本金与债务资金比例、项目资本金内部结构比例和债务资金内部结构比例。融资结构分析是融资方案分析的重要内容。

一、项目资本金与债务资金比例

确定项目资本金与债务资金比例,是项目融资结构设计最重要的内容。从投资者角度来看,项目资本金比例越低,投资者出资压力越小,则债务资金比例越高,项目资本金内部收益率越高;从债权人角度来看,资本金比例越高,债务资金比例越低,债权人出资压力越小,债务风险越小。因此,确定项目资本金和债务资金所占比例需要考虑以下因素。

1. 项目参与各方利益平衡

项目投资者希望投入较少的资本金,获得较多的债务资金,尽可能降低债权人对股东的追索。而提供债务资金的债权人则希望项目拥有较高的资本金比例,从而降低债权人的风险。若资本金比例过低,债权人可能拒绝提供贷款。项目融资结构设计必须考虑参与各方利益平衡。

2. 融资成本与融资风险平衡

项目权益资金与债务资金在融资成本和融资风险上存在较大差异。项目权益资金融资成本高,但增加权益资金比例能够提高项目抗风险能力;项目债务资金融资成本较低,但增加债务资金会降低项目抗风险能力。因此,项目资本融资确定实际是项目融资成本与可承受风险的平衡。项目融资设计的基本原则是:在不会因为借债过多而伤害项目经济强度的前提下,尽可能地降低项目资本金比例。对于一个具体项目来说,在考虑到公司所得税的基础上,债务资金成本相对股本资金要低得多,税法规定公司贷款的利息支出可以计入公司成本冲抵所得税,实际贷款利息成本为:

$$IC = ID(1 - T) \tag{5-1}$$

式中:IC——实际债务资金成本;

ID——贷款利率;

T——公司所得税率。

理论上,如果一个项目使用的资金全部是债务资金,它的资金成本应该是最低的,然而项目的财务状况和抗风险能力则会由于承受如此高的债务而变得相对脆弱起来;相反,如果一个项目使用的资金全部是股本资金,则项目将会有一个非常稳固的财务基础,而且项目的抗风险能力也会由于减少了金融成本得以加强。但这却大大提高了项目资金"机会成本",使得综合资金成本变得十分昂贵。

对于绝大多数的项目,实际的资金构成和比例是在以上两个极端中间加以选择的。项目融资没有标准的"债务/股本资金"比率可供参考,确定一个项目资金比例的主要依据是该项目的经济强度,而且这个比例也会随着工业部门、投资者情况、融资模式等因素的不同而发生变化,并在一定程度上反映出安排资金当时当地的借贷双方在谈判中的地位、金融市场上的资金供求关系和竞争状况,以及贷款银行承受风险的能力。

在项目融资中,通过对项目的全面风险分析,可确定项目最小现金流量水平和债务承受能力;通过对整体融资结构的综合设计,可以减少和排除许多风险因素和不确定因素,对潜在的风险会有较为清楚的认识。因此,与传统的公司融资相比较,采用项目融资方式可以获得较高的债务资金比例。但是,项目融资的这一特点并不意味着项目融资可以不需要或很少需要股本资金投入,而完全依靠贷款来解决项目的全部资金需求。事实上,项目融资所做的只是使资金的投入形式多样化,最大限度地利用项目的信用保证结构来支持项目的经济强度。

二、项目资本金结构分析

项目资本金融资结构是指项目资本金的出资形式和各方的出资比例。对于采用新设法人融资方式的,应根据投资各方在资金、技术和市场开发方面的优势,通过协商确定各方出资比例、出资形式和出资时间;对于采用既有法人融资方式的,资本金结构比例还要考虑既有法人财务状况和筹资能力。

(一)出资形式

在项目融资中,资本金融资包含了股本资金与准股本资金。相对于贷款银行提供的债务资金而言,股本资金与准股本资金在项目融资中没有区别,承担的风险相同,只是在形式上有所不同。但是对项目投资者来说,准股本资金相对于股本资金在安排上具有更高的灵活性。

项目中的股本资金是风险资金,构成了项目融资的基础,贷款银行将项目投资者的股本资金看作其融资的安全保障,在资金偿还序列中股本资金排在最后一位。然而,作为项目投资者,股本资金不仅有其承担风险的一面,更重要的是由于项目具有良好的发展前景,从而能够为其带来相应的投资收益。增加股本资金的投入,实际上并不能改变或提高项目的经济效益,但是,可以增加项目的经济强度,提高项目的风险承受能力。在项目融资中,应用最普遍的股本资金形式是认购项目公司的普通股和优先股。

准股本资金相对于股本资金而言,是一种介于股本资金和债务资金之间的资金形式,主要包括无担保贷款、可转换债券和零息债券等形式。它的主要特征有两点:首先,其本金的偿还具有一定的灵活性,不规定在某一特定期间强制性地要求项目公司偿还;其次,其偿还顺序要低于其他债务资金,但是要高于股本资金。

(二)项目资本金出资比例

我国对项目的资本金比例有原则性的规定。2009年国务院发出通知,决定对固定资产投资项目资本金比例进行调整,铁路、公路、城市轨道交通、化肥(钾肥除外)项目最低资本金比例为25%。项目资本金的不同出资比例决定了各投资方对项目建设和运营的决策权、责任和项目收益分配的比例。

在进行融资方案分析时,应注意出资人出资比例的合法性。按照我国现行规定,有些项目不允许国外资本控股,有些项目则要求必须是国有资本控股。例如,2005年实施的《外商投资产业指导目录》中规定,核电厂、铁路干线路网、城市地铁及轻轨等项目,必须由中方控股。

三、项目债务资金结构分析

公路建设债务资金占公路建设投资的大部分,合理的债务比例及规模对推动公路建设发展意义重大。但债务规模过大,将导致公路行业承担过高的财务风险,偿债压力增大,筹资难度加大,威胁公路建设正常发展。反之,如果公路建设债务规模过小,公路建设资金投入不足,建设速度放慢,也会影响公路建设发展。因此,最大限度利用负债空间进行公路建设,使债务资金比例与规模控制在合理范围,是公路项目债务资金结构分析的基础。

1. 债务利率结构

债务利率有两种类型:固定利率与浮动利率。公路建设投资回收期较长,期间利率波动性大,固定利率有利于从整体上确定债务规模,容易计算债务负担,规划债务偿还计划和方式,应多采用债务固定利率形式。但固定债务利息将不能获得由于利率下降而带来的债息降低好处,适当采用债务浮动利率可获得利息降低收益。

2. 债务类型结构

公路债务有内债与外债、贷款与债券之分,国际金融组织贷款、外国政府贷款利率较低,宽限期、偿还期较长,适于公路建设。此外,由于我国多次降低存贷利率,因而国内商业银行贷款也是从事公路建设较好的筹资渠道。发行公路债券是取得公路债务资金的最佳途径。

3. 债务的偿还期限结构

债务按偿还期限分为短期、中期及长期债务。公路建设投资巨大,建设周期长,从项目开工到竣工产生效益需要很长一段时间,从安全性角度考虑,应该增大中、长期债务尤其是长期债务的比重,避免一次性借入大量年限相同的债务,谨防偿债过分集中和还债高峰,同时避免短期债务增长速度大于中长期债务增长速度而造成债务短期化。

4. 债务支出结构

主要分析债务性资金投资项目的经济性。公路债务需要通过项目的收益来偿还,要建立"以债养债"的良性循环机制。一般而言,投资项目的经济强度越弱,债务偿还能力就越差,另外,债务性资金主要应用于经营性项目,而不应用于非经营性项目,以实现债务与收益的合理匹配。

衡量债务风险的指标归两类:一类着眼于债务存量风险,包括债务负担率、偿债比率、债务覆盖率;另一类着眼于债务增量,包括债务依存度、本息债比率。负债比率指标既反映债务存量规模大小,也反映债务增量规模及潜在风险。

衡量公路债务风险的指标也可分为两类:一类是从公路行业内部资金收支状况、承债能力方面衡量公路资金营业收入可以承担的债务量。因此,不论是存量指标还是增量指标,都应合理甄别和剔除其存量及增量中不该属于公路建设承担的债务额。财政性债务应归入政府偿还范围,政策性债务采用政府财政收入偿还,只有商业性债务及部分政策性债务才真正属于公路建设应承担偿还责任的债务。另一类是从国民经济的角度,其衡量指标除国民经济负债能力指标外,还包括应债能力指标。负债能力主要指政府的偿债能力。应债能力是居民、企业、银行承担公路负债要求的能力,是公路建设对外负债必须考虑的最基本、最主要的因素。从资源配置角度看,国家最大举债数量受限于政府在一定时期内所掌握和运用的资源最大量。公路债务基本上属政府债务,应从国民经济角度衡量其规模和风险,目前,考虑到我国政府财政状况及当前公路建设的实际情况,公路项目偿债主体主要是公路企业本身,因此,衡量我国公路债务规模的指标仍应以公路企业为主。

债务的有偿性决定了其规模最终受到一定时期公路建设政策性、非政策性收入规模的限制,因为公路债务直接偿还者主要是公路建设本身。能够真实反映公路债务风险的指标是偿债能力指标,因为就公路债务而言,主要是由于短期内偿债能力受限而引发支付危机的。即公路债务风险主要通过偿债比率、债务覆盖率两个指标来衡量,债务负担率指标仅反映债务存量规模的大小,较少反映债务的偿还能力。公路债务依存度、本息—债务比率指标主要反映债务增量规模大小,较少反映债务偿还能力,从这个意义上讲,存量指标更加优于增量指标。对于增量债务,要反映其偿债能力,需要运用负债比率指标,一方面是为了便于分析,另一方面也与国家规定的项目资本金配置比例相一致。其实质是偿债能力分析,即表示在给定的项目经济条件下,在给定的项目贷款利率、还贷条件下,通过公路收支测算来确定以项目的条件实现项目目标所能够承担的债务规模。

从债务结构方面来减少债务风险必须注意以下几点:

(1)确定合适的债务期限。公路建设项目一般建设期3~4年,经营期10~30年,在经营前1~2年内交通量较小,因此,公路建设债务的期限应与公路收费收入或项目未来现金流量相匹配,即以中、长期债务为主,并附宽限期,宽限期为4~6年,偿还期10~30年,短期债务用于流动性大、时限强的支出,如养护、管理支出,故其比例不宜超过全部债务的25%,与养护、管理费所占比例相当。

(2)确定合适的债务利率。公路建设投资额巨大,投资回收期长,期间利率风险大,因此,在整个宏观经济形势走弱,国家增大投资,市场利率预期下降时宜采用浮动利率;在整个宏观经济形势走强,国家控制投资,市场利率预期上升时宜采用固定利率,由于固定利率债务可以进行有效的现金流量规划,风险相对较小,在当前我国存贷款利率多次下调情况下,公路债务利率宜采用固定利率,固定利率债务宜达到全部公路债务的70%~80%。

(3)确定合适的债务类型。银行贷款和借款一般为浮动利率,复利计息,且还款时限强,因此越少越好。债券一般为固定利率,单利计息,且具有流动性,可以连续滚动发行延长期限,因而越多越好。另外,同类型债务资金,内债优于外债,同时外债中直接融资债务优于间接融资债务。

四、公路建设项目融资成本

融资成本是指为了获取及使用资金所付出的代价,公路项目融资成本主要分为资金成本和非资金成本。

1. 资金成本

公路项目资金成本主要是指长期的资金成本,包括绩益成本、优先股成本、普通股成本、保留盈余成本和加权平均成本等综合因素。具体来讲，它是由资金筹集费用和资金占用费用两部分组成。资金筹集费用是指公路建设项目在筹集资金过程中支付的各项费用，例如发行股票，发行手续费、律师费、资信评估费、公证费、担保费、广告费等。沪宁高速公路股份有限公司于1998年在香港发行H股时，资金筹集费用占到股票溢价的2%，足可见筹集费用在资金成本中占到相当量的比例；资金占有费用包括资金支付的费用，如股票的股息，银行借款、发行债券的利息。这是公路建设项目公司在筹集资金完成后需经常向股民、债券认购人等出资方支付的定期费用。公路项目的资金需求量大，建设周期长，在投资期限内资金占用费远高于资金筹措费用，资本金占有费用在项目融资中资金成本最高。

2. 非资金成本

(1) 财务拮据成本。公路建设项目周期比较长，这期间由于各种不可抗拒力因素（自然灾害等）和国内利率、汇率等综合影响，公路建设项目有可能发生财务拮据，产生大量的额外费用。公司在没有足够的偿债能力，不能及时偿还到期的债务时，项目公司则必须以高利率的借款用以偿债。如果建设项目公司陷入财务困难，分包人、供应商、其他客户不能如期履约，内部一些管理人员也会采取各种短期行为来降低成本，由此会产生大量的成本费用。

(2) 代理成本。公路建设项目资本金比例较低，债务资金比例较高，公路项目投资风险较大，债权人承担的风险较大，利息成本收入要求较高，代理成本也较高。

(3) 税务成本。在运营阶段，项目公司不同于传统的公路建设指挥部，应按照税务部门有关规定纳税。当前某些公路建设项目采用BOT方式进行中外合作、合资兴建，按照税法有关规定，一般中外合资项目公司可以享受有关优惠政策。因而，在设计融资成本时应充分考虑税务成本因素，尽量减少或降低资金成本。

本 章 小 结

国外公路建设融资体制包括中央财政制、公路专项基金制、项目融资。美国采用公路专项基金制，英国采用中央财政制，意大利采用项目特许经营制。

我国公路建设投资融资管理采用以国家政策性投资为基础，以市场投资、融资为主导，多层次、多渠道、多元化的投资与融资体制。

公路建设融资结构分为权益融资和债务融资。我国经营性公路建设项目实行建设项目资本金制度，公路建设项目所需资金可通过两方面筹集：一方面是权益融资，各级财政和交通主管部门以及其他投资者投入公路建设项目的资金，形成公路建设项目的资本金；另一方面是债务融资，公路建设项目通过向银行等金融机构借款或者发行债券的方式筹集的资金，构成公路建设项目的负债。

资本金即权益资金，是指通过出让所有者权益获得资金。我国在2009年对交通项目资本金的最低比例进行了调整，资本金占项目总投资需达到25%。公路建设项目常见的资本金筹集方式主要有：财政（包括交通运输部）直接出资、短期融资工具、中长期融资工具、上市公司证券市场再融资。项目中的股本资金就是资本金，它构成了项目融资的基础，股本资金作为项目融资的基础，既是增强项目抗风险的基础，也是为了获取投资收益的需要。

股本资金包括普通股和优先股。准股本资金是指投资者或者与项目利益有关的第三方所提供的一种从属性债务。项目融资中最常见的准股本资金形式有无担保贷款、可转换债券、附认股权证的债券和零息债券。

公路建设项目债务融资主要有项目贷款、债券融资和融资租赁。项目贷款方式包括：国内银行贷款、出口信贷、银团贷款、国际金融组织贷款。公路债券的种类包括中央公路债券、省级公路债券和企业债券(项目公司)债券。

项目融资结构是指融资方案中各种资金的比例关系。融资结构主要包括项目资本金与债务资金的比例、项目资本金内部比例和债务资金内部比例。融资结构分析是融资方案分析中的重要内容。

复习思考题

1. 简述世界各国(包括我国)的公路建设项目融资体制并分析其异同点。
2. 我国公路建设项目融资体制存在的问题主要有哪些？对于完善我国公路建设项目融资体制，你有什么建议？
3. 试分析我国公路建设项目资本金来源及实行资本金制度的意义。
4. 试分析股本资金和准股本资金在公路建设项目融资中的作用并分析其异同点。
5. 公路建设项目债务融资方式有哪些？并分析它们的特点和意义。
6. 公路建设项目融资的融资结构分析主要有哪些内容？

第六章
公路建设项目融资模式

【学习目的与要求】

通过本章学习,了解 BOT、PPP、ABS 及融资租赁模式产生的历史背景,熟悉我国公路建设项目融资发展现状及项目融资工程应用状况,掌握 BOT、PPP、TOT、ABS、PFI、IPO 及融资租赁模式的概念、流程及特点。BOT、PPP 模式代表我国未来公路项目融资发展方向,需重点掌握。

本章内容包括公路建设项目融资、无追索权、有限追索权概念,公路建设项目融资类型,BOT、BT、PPP、ABS、TOT 等项目融资模式特点,融资租赁。

第一节 公路建设项目 BOT 融资

一、BOT 融资概述

(一)BOT 融资概念

BOT 是私营机构参与国家基础设施建设的一种形式。其含义为:"政府部门通过特许权协议,在规定的时间内,将项目授予成立的特许经营项目公司,由项目公司负责该项目的投融资、建设、运营和维护。特许期满,项目公司将特许权项目无偿交给政府部门。"

国际上对这种基础设施也有定义。如联合国工业发展组织(UNIDO)把 BOT 定义为:"在一定时期内对基础设施进行筹资、建设、维护及运营的私有组织,此后所有权移交为公有。"世界银行《1994 年世界发展报告》把 BOT 定义为:"政府给予某些公司新项目建设的特许权时,私人合伙人或某国际财团愿意自己融资,建设某项基础设施,并在一定时期内经营该设施,然后将此移交给政府部门或其他公共机构。"亚洲开发银行(ADB)把 BOT 定义为:"项目公司计划、筹资和建设基础设施项目,经所在国政府特许在一定时期经营项目,特许权到期时,项目的资产所有权移交给国家。"

BOT 实质上是一种债务与股权相混合的产权,是以项目构成的有关单位,包括项目发起人、私人投资者、运营商等组成项目公司,对项目的设计、咨询、融资和施工进行一揽子承包,当项目竣工后在特许期内进行运营,向用户收取服务费,以收回投资、偿还债务、赚取利润,最终将项目交给政府。

高速公路 BOT 融资模式如图 6-1 所示。

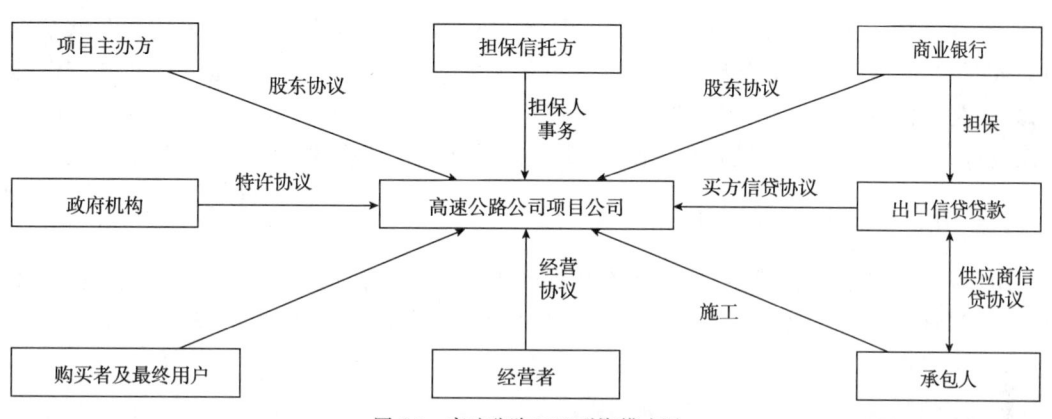

图 6-1　高速公路 BOT 融资模式图

(二)BOT 的产生和发展

18 世纪后期和 19 世纪的欧洲国家,政府已经广泛利用私营机构力量,进行公路、铁路和运河等公共基础设施的投资开发和运营管理,私营机构起到了重要作用。19 世纪后期,在北美大陆的交通运输中,也曾允许北方工业财团投资建设铁路和公路,建成后收取运营费用,收回投资并获得必要的利润后,以无偿或低于市价的价格转让给政府公共机构。后来这一方式逐渐被推广应用于港口、码头、桥梁、隧道、电厂、地铁等公共工程。直到第一次世界大战之前,许多基础设施建设项目(如铁路、公路、桥梁、电站、港口)也成功利用私人投资进行了大规模建设开发。

20 世纪 70 年代末至 80 年代初,世界经济形势逐渐发生变化。经济发展对基础设施的需求与建设资金不足的矛盾,推动了 BOT 项目融资出现在经济舞台上,并不断发展完善。1984 年,土耳其总理厄扎尔首先提出采用 BOT 融资建造一座电厂的设想,随后,英法海底隧道项目的建成,进一步促进了 BOT 项目融资模式在世界范围内的推广应用。BOT 项目融资的独特优势是推动其广泛应用的重要原因。

(1)减少政府债务和财政赤字是发达国家采用 BOT 融资模式的主要因素。在 20 世纪 70

年代末 80 年代初,世界经济高速发展,人口增长、城市化等导致交通、能源、供水等基础设施需求急剧膨胀。但经济危机和巨额财政赤字、沉重债务负担使许多国家实行紧缩财政政策,政府财政收入减少,政府投资能力降低,无力承担众多急需的公共基础设施建设,政府只能将基础设施建设投资交予私人资本。

(2)解决国内资金短缺和提高国有部门投资效益是发展中国家采用 BOT 投融资模式的动因。发展中国家长期以来存在严重的资金短缺问题,同时国有部门效率低下,公共基础设施管理不善。许多发展中国家采用 BOT 模式成功吸引了国外大量资金,引入先进管理理念及建设经验,提高了工程建设投资效益。

(3)国际剩余资本寻求大型项目投资机会是推动 BOT 项目融资方式发展的动力。在 20 世纪 80 年代初,国际上出现大量剩余资金,这些资金不断寻找投资机会实现价值增值。BOT 项目融资的长期稳定收益逐渐引起了剩余资本的兴趣,通过和政府合作,BOT 项目融资为国际剩余资本发展增值提供了广阔平台。

(4)各国政府观念转变为 BOT 的发展创造了良好条件。长期以来,各国政府都认为公共基础设施建设均应由国家来承担,建设运营管理费用由财政税收进行支付,政府是公共基础设施的拥有者和经营者,公共基础设施的使用也是无偿的。近年来,这种观念发生了根本性的变化,为拓宽项目融资渠道,增大公共基础设施投资,许多国家开始允许私人资本进入基础设施建设领域,并通过公共基础设施有偿使用,实现公共基础设施建设管理持续发展。

(三)BOT 基本形式及其演变

BOT 从产生、发展到现在,其内涵不断得到扩充和完善,根据时间、地点、外部条件、政府要求及有关规定不同,由其基本形式派生出多种形式。以下是 BOT 的基本形式及其演变形式。

1. BOT 基本形式

(1)BOT(Build-Operate-Transfer),即"建设—经营—转让",是最典型的形式。它是指特许商被东道国政府授权设计建设工程,在特许期内经营管理项目以取得收益,并获取投资回报,在特许期满后将项目资产无偿转让给政府。

(2)BOOT(Build-Own-Operate-Transfer),即"建设—拥有—经营—转让",BOOT 与 BOT 的区别在于,BOT 方式在项目建成后,特许商只拥有项目的经营权而无所有权,而 BOOT 项目的特许商在特许期内既有经营权又有所有权,同时采用 BOOT 方式的时间一般比 BOT 要长。

(3)BOO(Build-Own-Operate),即"建设—拥有—经营"。这种方式是特许商根据政府赋予的特许权,建设并经营某项基础设施,但特许期满后并不转让给政府,而是继续经营。

2. BOT 演变形式

(1)BT(Build-Transfer),即"建设—转让"。特许商在项目建成后以一定的价格将项目资产转让给政府,由政府负责项目的经营和管理。

(2)BOOST(Build-Own-Operate-Subsidy-Transfer),即"建设—拥有—经营—补贴—转让"。特许商在项目建成后,在特许期内既拥有项目资产又经营管理项目,但政府提供一定的补贴,特许期满后将项目资产转让给政府。

(3) ROT(Rehabilitate-Operate-Transfer),即"修复—经营—转让"。政府授权特许商把项目修复好,并在授权期内进行经营和管理,获取收益,授权期满后将项目资产转让给政府。

(4) BLT(Build-Lease-Transfer),即"建设—租赁—转让"。即特许商在项目建成后并不直接经营,而是以一定的租金出租给政府,由政府经营,授权期满后,将项目资产转让给政府。

(5) ROMT(Rehabilitate-Operate-Maintain-Transfer),即"修复—经营—维修—转让"。特许商修复项目,负责经营和维修,在授权期满后,特许商将项目资产转让给政府。

(6) ROO(Rehabilitate-Own-Operate),即"修复—拥有—经营"。特许商在政府授权下修复项目后,拥有项目所有权,对项目进行经营和管理。

(7) TOT(Transfer-Operate-Transfer),即"转让—经营—转让"。东道国与外商签订特许协议后,把已经投产运行的基础设施项目移交给外商经营,凭借该设施在未来若干年内的收益一次性从外商手中融得一笔资金,用于建设新的基础设施项目。特许经营权到期后,外商再把该设施无偿移交给东道国政府。

此外,BOT 融资方式还有 DBOT(Design-Build-Operate-Transfer,即"设计—建设—经营—转让")、DOT(Develop-Operate-Transfer,即"开发—经营—转让")、OT(Operate-Transfer,即"经营—转让")、OMT(Operate-Management-Transfer,即"经营—管理—转让")、SOT(Sold-Operate-Transfer,即"售出—经营—转让")等形式。这些形式在具体运作方式和转换方式上各不相同,但其基本原则及思路与 BOT 基本相同,因此都被称作 BOT 项目融资。

二、BOT 融资特点

BOT 融资模式的最大特点是政府是项目发起人,在特许期内,所有权与经营权分离,政府对项目拥有所有权但没有经营权,只能通过项目建设和运行获得项目的间接经济效益和社会效益。特许商在特许期内拥有经营权,通过项目运营获取投资回报。

1. 对政府来说

(1) BOT 项目融资及建设由特许商责任,政府不承担项目债务,财政负担大大减少。

(2) BOT 项目融资将项目建设投资与运营管理收益联系起来,约束了项目建设投资,控制了项目建设投资规模,有效减少了公路建设投资"三超"现象。

(3) BOT 项目融资提高投资效益。BOT 模式可以把私营企业的经营机制引入基础设施建设中,按市场化原则进行经营和管理,有助于减少风险,提高基础设施项目的建设和经营效率。

(4) 有利于政府吸引外资。国际金融机构及承包人作为投资者和管理者参与到 BOT 项目中来,有利于政府吸引外资。

(5) 满足公路建设投资市场需求。政府通过 BOT 模式,激发银行和民间资本进入公路建设市场,拓宽公路融资渠道,加快公路项目建设,提早满足社会和公众需求。

2. 对投资方和银行来说

(1) BOT 项目融资实现无追索或有限追索。在无追索项目融资中,项目发起方除向项目公司注入一定股本资金之外,并不以自身资产来保证贷款的偿还。贷款人仅在有限的项目开发期对发起人进行追索。在有限追索项目融资中,贷款人的追索权往往也在时间、对象和数量上具有一定限制,项目风险都从项目发起人的资产转移到项目资产,提高了项目发起人参与项目的积极性。

(2)实现资产负债表外融资。BOT 项目融资通过采取合适的投资结构和融资模式,如采取独立法人的项目公司方式,可有效避免将项目资产负债情况反映到项目发起人的资产负债表,实现资产负债表外融资。

(3)允许较高债务比例。BOT 项目允许项目发起人投入较少股本资金,项目大部分资金采用项目贷款方式,实现较高比例的负债。BOT 项目一般的债务比例在 75%~80% 之间。

(4)实现风险与收益共担。BOT 项目融资资金数额巨大,项目风险较高,通过将项目风险在项目所有参与者之间均衡分配,提高了项目成功的可能性。

(5)实现全方位、多渠道融资。BOT 项目融资除向商业银行、世界银行申请贷款外,还可要求外国政府、国际组织、与项目有关的第三方当事人参与项目融资。

BOT 项目为银行、金融机构或私人财团提供了良好的投资机会。BOT 项目一般都是投资巨大、投资回收周期长、收益稳定的基础设施项目,采用 BOT 模式可将相对分散的大量资金集中起来,实现对项目贷款。

3. BOT 融资缺点

(1)政府对 BOT 项目的控制难度加大。BOT 模式是将基础设施项目在一定期限内的特许经营权交由特许商,在特许期限内,政府对项目经营权的控制非常弱。

(2)可能导致国家税收流失。在国内企业进行基础设施建设的情况下,可以保证税收及时缴纳。然而在外资 BOT 融资模式下,项目公司通常享有国家一定的税收优惠政策,造成税收损失。

(3)风险较高。BOT 项目建设周期长,项目参与方多,融资资金需求大,风险较大。BOT 融资成功的一个要素是风险识别和分配。

(4)操作复杂。BOT 项目参与方众多,建设及运营管理周期长,包括政府、项目发起人、项目公司、借款方、商业贷款人、工程承包人、运营商、保险机构等,项目操作复杂。

三、BOT 融资流程

(1)项目建议。BOT 项目可由政府根据规划及市场发展需求提出 BOT 项目建设的建议,也可以由项目业主单位提出项目建议,然后依据项目建设管理程序实施项目可行性研究,项目通过可行性研究评审进入实施阶段。

(2)项目招标和投标。此阶段要确定 BOT 项目招标形式,编写投标书文件,制定评标标准,组织招标、评标决标和合同谈判等。

(3)中标者组建项目公司。中标者完成项目合同谈判后,将独自或与其他私营企业共同成立项目法人,组建项目公司,由项目公司负责项目融资、建设与运营。

(4)项目准备和融资。完成项目前期准备与项目融资方案设计。

(5)项目建设。完成项目设计、采购、施工、试运行与竣工验收。

(6)项目运营。是指项目建成完成开始运营收益到特许权协议期满,无偿交还政府。运营期间,项目公司将回收投资、偿还债务、获取收益。

(7)项目移交。特许权期满后,项目将移交给政府或政府指定的机构。移交可以是无偿的,也可以是有偿的,这取决于双方签订的特许权协议。

高速公路 BOT 项目运作流程如图 6-2 所示。

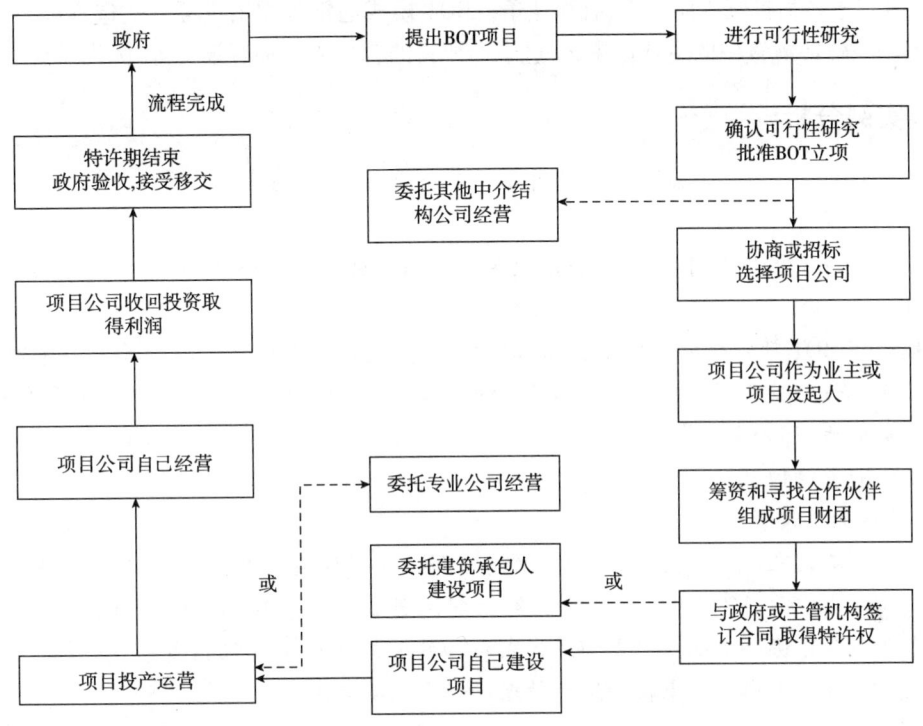

图 6-2 高速公路 BOT 项目运作流程图

四、BOT 融资在公路建设中的应用

公路的 BOT 项目主要针对经营性收费公路,由政府授权具有一定资格的投资者,允许其在特定期限内对一条公路进行独立的投资、建设、运营和管理,运营期满后将公路移交给国家。它是一种集筹资、建设、管理、经营、开发于一体的融资方式,是通过政府特许的方式实现的。

总体来说,采用 BOT 方式实施公路项目的融资、建设和运营,主要目的是为了扩大建设资金来源和提高建设、运营效率。

交通运输部提出"十二五"末建成公路总里程 450 万 km 及 2030 年建成普通国道和国家高速公路 40 万 km 的发展目标,在这一发展的过程中,需要持续、大量的建养资金投入予以支持。公路建设项目采用 BOT 项目融资将增加公路建设资金投入,减轻政府沉重的债务负担,为我国公路交通新的跨越式发展起到保障作用。

(1)有利于增加公路建设资金投入。由于我国的财政资金有限,仅靠政府投入,很难满足大规模的公路建设。利用 BOT 模式有利于增大公路建设资金的投入,解决公路加快发展与建设资金短缺的矛盾,引导和吸纳社会资金向基础设施投资的流动,使之成为新的经济增长点,实现公路建设的持续发展。

(2)有利于提高项目运作效率和质量。BOT 模式有利于在公路投资建设中引进先进的技术和管理经验,项目公司依据公路项目未来交通流量确定项目建设规模,减少了投资的盲目性,提高了项目投资效益。

(3)降低政府债务。近些年,公路建设贷款规模逐步扩大,加大了政府的财政金融风险。BOT 模式不需要或少量需要政府投资,能够有效地降低政府债务负担。

（4）有利于各类投资主体公平、有序竞争。BOT模式通常采用招投标方式选择项目公司，能够实现市场在资源配置中的主导作用，促进生产要素的合理流动和有效配置，优化投资结构。

五、实例分析

案例一　泉州刺桐大桥项目BOT融资

1. 项目背景

刺桐大桥位于福州厦门的324国道上，为福建省特大型公路桥梁之一，被列为福建省重点建设项目。

刺桐大桥BOT项目融资打破了我国的传统模式，创造了以少量的国有资金引导国内民间资金投入基础设施建设的经验，也对BOT融资模式在我国的运作进行了一次有益的尝试，因而也被专家称为"国产BOT"。

2. 项目融资结构

（1）刺桐大桥投资结构。

刺桐大桥建设采用公司型合资结构，四家公司（一家民营公司和三家国有企业）于1994年5月28日以60%:15%:15%:10%的比例出资注册成立泉州刺桐大桥投资开发有限公司。项目投资者在合资协议基础上组成四方代表参加的最高管理决策机构董事会，董事会负责项目建设、资本注入、生产预算审批和经营管理等一系列重大决策。

（2）融资模式。

刺桐大桥资金结构包括股本资金和债务资金两种形式。项目融资结构如图6-3所示。

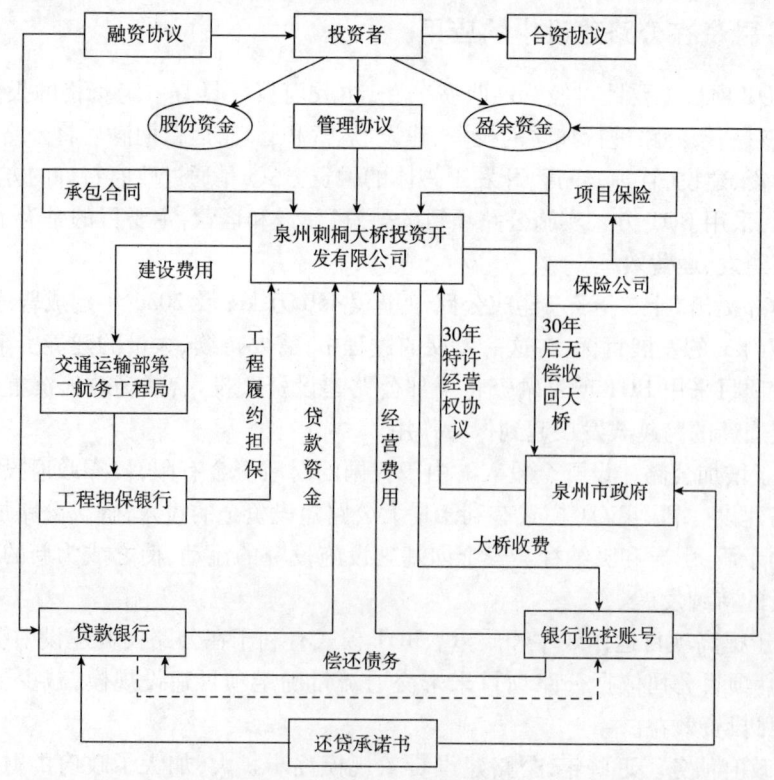

图6-3　泉州刺桐大桥融资结构

在BOT模式中,项目四方直接投资者选择直接安排项目的融资,并且项目投资者直接承担起融资安排中相应的责任和义务,四方投资者根据60%:15%:15%:10%的比例出资注册资金6 000万元,用于大桥建设。资金不足部分由四方投资者分别筹措,根据工程进度分批注入。大桥运营后的收入所得根据与贷款银行之间的现金流量管理协议进入贷款银行监控账户,并按照资金使用优先顺序的原则进行分配,即先支付工程照常运行所发生的资本开支、管理费用,然后按计划偿还债务,盈余资金按投资比例进行分配。

项目融资结构由三部分组成:

①政府特许权合约。

泉州市政府是刺桐大桥真正发起人和特许权合约结束后的拥有者,泉州市政府通过提供为期30年(含建设期)的大桥建设经营特许权合约,使得由于政府资金短缺而搁浅的刺桐大桥得以建设并使用。

②项目投资者和经营者。

项目的投资者和经营者是BOT模式的主体,刺桐大桥项目中,投资者由名流实业股份有限公司(民营企业)与省市政府授权投资的三家国有企业(福建省交通建设有限公司,福建省公路开发总公司和泉州路桥建设开发总公司)按6:4的比例组成投资实体,即大桥的经营者与建设者——刺桐大桥投资开发有限公司,大桥在30年内的建设和经营管理由该公司承担。

③银行贷款。

刺桐大桥项目安排了一个有限追索的项目融资结构,原因是项目有一个强有力的信用保证结构,在大桥总投资的2.5亿元人民币中,名流公司投入近1.5亿元,其中自有资金3 600万元,从银行贷款1.2亿元,偿还期为5~8年。

3. 刺桐大桥项目成功经验总结

(1)争取政府的支持与承诺是项目成功的关键。

政府的支持与担保是BOT项目融资取得成功的重要前提和基础,政府在法律政策及自身能力允许的范围内,尽可能地为刺桐大桥项目的开发建设提供了诸多支持,例如允许刺桐大桥开发有限公司进行附属公路的开发经营,使公司除收取通行费外,又增加了一个稳定的收益来源,客观上提高了刺桐大桥投资开发有限公司防范风险的能力。

由泉州市财政出具的《泉州刺桐大桥工程还贷承诺书》,增加了公司的资信力,有利于公司能从银行贷到更多的款项,弥补了公司资金缺口。因此,政府的支持与担保,为项目建设提供了良好的环境,提高了项目的经济强度和可融资性。同时,向银行融资也将部分风险转移给贷款银行,实现了风险的分担与转让。

(2)对项目投保是防范风险的重要手段。

除争取政府的承诺和支持外,向商业保险公司或官方保险机构寻求担保是在BOT项目融资方式中防范和规避风险的又一重要手段。本案例中,刺桐大桥投资开发有限公司对项目投保——建筑工程一切险(包括第三方责任险),将建设期间可能发生的意外损失与风险转移给保险公司承担,这样将BOT项目融资过程中的成本超支风险、技术风险、第三责任险等部分或全部的转移给保险公司,极大地减少了公司所面临的风险。

(3)采用严格的招投标竞争机制,将完工风险进行了转移。

刺桐大桥通过招投标,由中标的交通运输部第二航务工程局承建施工,工程承建公司向大桥投资开发有限公司递交工程履约担保,从而将大桥施工期间的完工风险转移给工程承建公司。此外,通过聘请原铁道部大桥建设监理公司担当监理,有效地分散了BOT项目建设中的技术风险。

(4)公司型合资结构有利于BOT项目融资的正常开展。

在刺桐大桥的投资结构中采用了以有限责任公司为形式的合资结构,其显著特点是公司是与其投资者(公司股东)完全分离的独立法律实体,其优点表现为:

①有限责任。应用项目融资,投资者目的之一是将债务责任最大限度地限制在项目之内,而公司合资结构便满足了这点,投资者的责任是有限的。

②融资安排比较容易和灵活。采用公司型合资结构对于安排融资有利的方面主要有:一是便于贷款银行对项目现金流量的控制;二是公司型合资结构易于被资本市场接受。

案例二 北京首都机场高速公路项目融资

北京首都机场高速公路是BOT项目中的成功典范。

北京首都机场高速公路是北京市政府在1992年决定并于同年4月动工兴建的大型交通基础设施,1993年9月竣工并通车,建设期17个月。该项目是采取"建设—经营—还贷—移交"BOT管理模式,特许经营期30年,为中国第一条公路BOT项目。

原中国路桥(集团)总公司(即现在的中国交通建设集团有限公司)与京津塘高速公路北京公司共同出资组建了首都高速公路发展公司(以下简称"发展公司"),注册资金1亿元,双方股东各出资5 000万元,各占股权50%。机场路总投入资金11.65亿元,其中:路桥集团投资3.65亿元,北京公司投资3.68亿元,发展公司向银行贷款3.259亿元(招商银行贷款1.8亿元,西班牙政府贷款0.439亿元人民币,建设银行贷款0.67亿元,北京市财政局贷款0.3亿元,工商银行贷款0.05亿元)。其他借款0.15亿元,拖欠工程款0.911亿元。拖欠工程款和其他借款已通过通行费收入归还。

1996年10月发展公司作为北京市优质企业,将96%的股权随同北京市其他七家企业作为首都概念股在香港上市——北京控股,机场路占北京控股的18.349 6%,特许经营期又重新批准为30年。

机场路在建设前的可行性报告中预测要用11年收回投资,但事实上只用了7年就收回了全部投资,交通总流量在2005年为4 596万辆,2006年为5 096万辆,通行费和机场路两旁的广告费等收入的现金流入量分别将近6亿元和8亿元,收益非常可观。

案例三 武汉长江三桥(又称白沙洲大桥)项目融资

武汉长江三桥(以下简称"三桥")是由原中国路桥(集团)总公司香港工程有限公司投资控股(股权占66%)的中国交通基础建设投资有限公司(在香港注册)于1997年投资的BOT项目,三桥总投资11亿元人民币,大桥全长3 586.38m,其中主跨618m,是国内最大、世界第三大双塔双索面斜拉桥。2000年9月8日建成通车,三桥的建成通车,为打通武汉中环线铺平了道路,同时该桥还连接318、107国道,是沪渝高速公路上的一座主要大桥。

三桥项目是香港中基公司在国内投资的7个BOT项目之一,项目合同是由香港中基公司与武汉市政府签订的,特许经营期为20年,加上建设期3年共计23年。该项目由武汉市政府担保,实行固定回报10%,并承诺:一是近10年内在武汉市的长江段上不再修建大桥;二是三桥建成后原武汉长江二桥的大型车不再通行,只准通行小型车,增加三桥的车流量。因此三桥项目的可行性报告中预测三桥的回收期为13年,从合同上看,此项目是一个各方面条件均非常好的项目。但三桥建成后,武汉市政府又相继修建了军山大桥、大兴洲长江大桥,现在已建成通车,阳逻长江大桥正在修建中。之后建成的两座大桥,造成了车流量的分流,武汉二桥照旧通行大型车,武汉市政府并没有履行这两个承诺。

在上述情况下,三桥通车后的四年里,该桥平均每年出现亏损近千万元,因此武汉市政府寻找各种理由,要求重新签订经营期的协议,其中重要的变更条款是将固定回报改为实际回报,在这种情况下香港中基公司只好将三桥进行了整体出售,当时有几家中、外企业前来购买,武汉市看到这种情况后于2004年5月以13亿元的价格进行了回购,回购资金分三年支付(到目前出售款已全部收回)。据了解,目前武汉市政府给予现在三桥的经营公司(政府指定的公司)大量的优惠政策,运行事态正常。

三桥BOT项目失败的主要原因是政治风险导致信用风险,政府为了能尽快引进外资,增加政绩,夸大和承诺过高;对企业而言,是缺乏经验,政府本身就没有担保的资格,为了拿到项目,过于相信政府的一纸承诺。因此这一失败案例对中央各级政府及BOT项目公司都有很强的借鉴意义。

表6-1为近十年我国高速公路建设BOT项目汇总。

近十年我国高速公路建设BOT项目汇总   表6-1

时间(年)	项目名称	融资金额(亿元)	时间(年)	项目名称	融资金额(亿元)
2003—2006	宁洛高速—平临高速	36.00	2008—2011	阳五高速阳泉市至盂县段	31.98
2003—2005	粤赣高速	49.07	2008—2012	娄新高速	61.44
2004—2007	新阳高速公路	50.90	2008—2013	岳常高速	104.50
2004—2013	潮揭高速	15.20	2008—2013	长浏高速	40.25
2005—2007	翼侯高速	25.00	2009—2012	内邓高速	35.00
2006—2008	济广高速山东菏泽至曹县	33.00	2009—2012	高陵高速	37.00
2006—2009	哈尔滨绕城高速东北段	19.24	2009—2012	成自泸赤高速—内江自贡段	66.97
2006—2012	范辉高速濮范段	26.42	2009—2012	成德绵高速	50.30
2007—2009	榆商高速—榆神高速	56.43	2009—2012	宜泸高速	69.90
2007—2010	焦桐高速叶舞段	22.13	2009—2013	成德南高速	111.30
2007—2010	汾平高速	18.50	2009—2013	泸渝高速	51.24
2007—2010	邛名高速	25.28	2010—2012	忻州环城高速	16.93
2007—2010	乐宜高速	59.80	2010—2013	乐自高速	69.81
2007—2011	宜凤高速	25.92	2011—2013	榆佳高速	59.10
2008—2010	绵遂高速遂宁段	48.54	2011—2013	灵河高速—王繁高速	50.42

六、公路建设项目BT融资模式

BT融资模式在我国是一种新兴的投融资模式,广泛运用于公路建设当中。BT,直译为"建设—转让",它是指项目业主与BT项目公司签订特许权协议,在协议规定时间内,由项目公司进行融资与建设并承担建设风险,项目建成且验收合格后,由业主进行回购的一种投融资建设模式。

政府或授权单位经过法定程序选择拟建基础设施或公用事业项目的投资人,并由投资人在工程建设期内组建 BT 项目公司进行投资、融资和建设;在工程竣工建成后按约定进行工程移交并从政府或其授权单位的支付中收回投资;其核心是政府或政府的代理机构与建设方签订的特许权协议,即将特定的基础设施项目在一定年限内的物权与项目建设方的资金、先进的技术和管理经验等进行交易的行为。

在市场经济条件下,BT 模式是从 BOT 模式转化发展起来的新型投资模式。采用 BT 模式建设的项目,所有权是政府或政府下属的公司;政府将项目的融资和建设特许权转让给投资方;投资方是依法注册的国有建筑企业或私人企业;银行或其他金融机构根据项目的未来收益情况为项目提供融资贷款。政府根据当地社会和经济发展的需要,对项目进行立项,进行项目建议书、可行性研究、筹划报批等前期准备工作,委托下属公司或咨询中介公司对项目进行 BT 招标;与中标人签订 BT 投资合同;中标人组建 BT 项目公司,项目公司在项目建设期行使业主职能,负责项目的投融资、建设管理,并承担建设期间的风险。项目建成竣工后,按照 BT 合同,投资方将完工的项目移交给政府。政府按约定总价分期偿还投资方的融资和建设费用。政府及管理部门在 BT 投资项目全过程中行使监管、指导职能,保证 BT 投资项目的顺利融资、建成和移交。

投资方是否具有与项目规模相适应的融资、建设综合能力,是 BT 项目能否顺利建设和移交的关键。BT 模式可以有效地利用、引导民间资本和国外资本投向基础设施领域,缓解基础设施建设资金短缺的压力,转移项目建设风险,在我国的公路建设领域得到了一定程度发展。

表 6-2 为近十年我国高速公路部分 BT 项目汇总。

近十年我国高速公路部分 BT 项目汇总　　　　　　　　表 6-2

时间(年)	项 目 名 称	融资金额(亿元)
2004	涪陵乌江二桥	2.29
2004	南京九华山隧道	14.00
2004	上海中环线(清西段)A2、A7 标万荣路—铜川路高架工程	4.20
2004	太仓市 339 省道复线昆太段改造工程	1.30
2004	山西阳侯高速公路一期工程关门至侯马段	15.55
2005	姜堰市溱湖大道工程	2.30
2009	焦桐高速巩义至登封段	27.72
2011	蚌埠市南出口公路改造工程	2.35
2011	五盂高速	72.73
2013	武云高速	23.72

案例　山西阳侯高速公路 BT 项目融资实例

1. 项目背景

山西阳侯高速公路是山西晋侯高速公路的主要组成部分,位于山西晋南地区,西起侯马市,东至阳城市,经过阳城、沁水、翼城等县,是山西省公路发展规划"三纵八横"主骨架第八横的重要组成部分,全长130.578km,项目总投资54亿元人民币。

山西省交通厅通过 BT 方式对项目进行国内竞争性公开招标,中国港湾建设(集团)总公司中标,以15.55亿元人民币获得阳侯高速公路一期工程关门至侯马段的 BT 投融资、建设主体,建设工期为2年。

2. 融资、回购与提供保函

经山西省交通厅审核、批复,业主对山西阳侯高速公路项目资金来源要求 BT 模式的投融资、建设主体(以下简称"BT 投资主体")具有不低于35%的自有资金,其余65%的建设资金通过融资方式解决;从项目建成移交验收后次日起,业主分3年等额回购。建设期和回购期的全部资金(包括资本金和贷款)均按中国人民银行总行同期贷款利率计息(即不上浮也不下浮),计入回购款中。

山西阳侯高速公路有限公司为 BT 中标人提供回购承诺函和国有商业银行或股份商业银行的省级分行以上级别的银行出具的包括建设期和回购期在内的为期6年的全额回购履约保函。

3. BT 投资主体的合格条件

BT 投资主体在项目建设期间行使项目的业主职能,投入资本金和融资贷款都由其成立的项目公司作为法人来完成,因此 BT 投资主体需要具有与项目规模相适应的实力。

山西省第一次采用 BT 模式融资建设高速公路项目,为了保证项目顺利进行,交通厅及山西阳侯高速公路有限公司对 BT 投资主体的企业实力要求较高,要求 BT 投融资、建设主体同时具有施工总承包特级和公路工程施工总承包一级及以上资质;要求营业执照上注册资金不得少于3亿元人民币;要求具有不小于本项目建设总投资35%(含)以上的银行存款,需提供中华人民共和国境内的国有商业银行或股份制商业银行的省级分行及以上级别的银行(开户行)出具银行存款证明;要求融资能力必须具有得到项目总投资65%以上授信额度的能力,并需提供中华人民共和国境内的国有商业银行或股份制商业银行的省级分行及以上级别的银行对本项目的贷款承诺书;对 BT 投资主体的资信能力,要求具有金融机构出具的 AA 或以上级别资信证书;要求具有类似工程施工经验,且五年内至少完成过一个合同额不少于一亿元人民币的高速公路项目的施工;单位对 BT 投资主体的人员和设备的要求是投入本项目的关键人员和主要施工机械设备能满足工程需要;要求 BT 投资主体近五年内没有不良业绩和重大诉讼。

4. 效益分析

下面从 BT 投资主体的角度对山西阳侯高速公路项目的收益情况进行分析。

(1)项目收入分析。

该项目的收入从 BT 投资主体的角度来说主要有三部分组成:

①工程款结余收入:在投标不降低工程造价的情况下,BT 投资主体的工程结余收入。

②利息差收入:BT 投资主体通过努力争取,可以得到最多比中国人民银行公布的贷款利率低10%的优惠贷款利率,业主按中国人民银行同期贷款利率计算利息,BT 投资主体可以得到优惠贷款利息差收入。

③资本金存贷款利息差收入:企业将自有资金作为资本金投入项目中,业主对资本金按贷款利率支付资本金利息,因此 BT 投资主体可以得到资本金的存款与贷款的利息差收入。

(2)项目支出。

对BT投资主体来说,BT项目的支出即项目的工程成本支出和融资贷款利息支出。

(3)项目收益。

项目收入减去项目支出,形成项目总收益。项目总收益除以投入项目的资本金总额就是项目的投资回报率(或称内含报酬率、资本金收益率)。

5. 风险分析

该项目的主要风险可分为以下三个部分:

(1)收回回购款风险。

该项目由于有银行出具保函,BT投资主体在收回回购款方面风险较小。假如山西阳侯高速公路有限公司不能按时支付BT投资主体的回购款,回购款将由出具保函的银行代为支付。

(2)BT投资主体收入风险。

BT投资主体的收入存在较大风险,首先,BT投资主体要加强项目的建设管理,合理降低工程造价,降低工程成本,才能实现工程结余收入;其次,融资方案要采用金融工程方法多方比较,降低融资成本,才能形成利息差收入。BT投资主体的收入风险虽然较高,但是由于BT项目都能得到当地政府的大力支持,在税收和收费方面会得到优惠,因此BT投资主体的高风险也会带来高收益。只要BT投资项目是一个具有良好未来收益的项目,那么BT投资主体的收入风险是可以得到控制和避免的。

(3)BT项目操作和管理风险。

总的来说,山西阳侯高速公路的施工技术难度不大,操作较为简单,只要不出现重大失误,不会对该项目的效益造成重大影响。

第二节 公路建设项目PPP融资

一、PPP融资概述

(一)PPP融资的概念

PPP,即公共部门与私人企业合作模式,是公共工程项目融资的一种模式。采用PPP项目融资模式时,政府并不是把项目的责任全部转移给私人企业,而是与参与方合作,共同承担责任和管理项目。政府、营利性企业及非营利性企业建立风险共担机制,可获得比项目方独立行动更为有利的结果。PPP代表的是一个完整的项目融资的概念,图6-4为PPP融资模式基本结构图。

PPP项目融资典型结构为:政府部门或地方政府通过政府采购形式与中标单位组成特殊目的公司(SPC)或特殊目的组织(SPV),签订特许合同,由特殊目的公司负责筹资、建设及经营,政府通常与提供贷款的金融机构达成一个直接协议,这个协议不是对项目进行担保的协议,而是一个向借贷机构承诺将按与特殊目的公司签订的合同支付有关费用的协定,这个协议使特殊目的公司能比较顺利地获得金融机构的贷款。

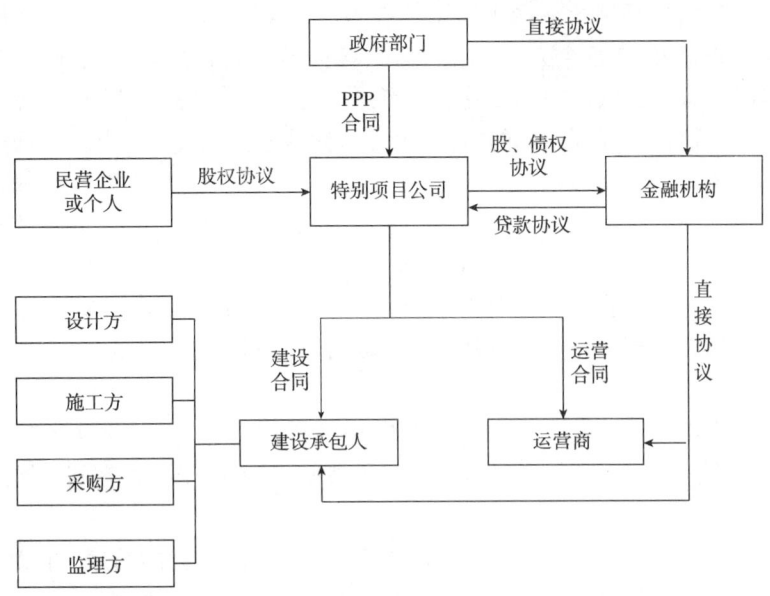

图6-4　PPP融资模式基本结构图

PPP模式组织形式非常复杂,既可能包括营利性企业、私人非营利性组织,同时还可能有公共非营利性组织(如政府)。合作各方之间不可避免地会产生不同层次、不同类型的利益和责任。只有政府与私人企业形成相互合作的机制,才能使得合作各方的分歧模糊化,在求同存异的前提下,完成项目的目标。

PPP模式本质上是公共部门和私人部门之间一种长期的伙伴关系,是一系列介于传统政府采购方式和完全私有化之间的具体融资方式的统称。

(二)PPP项目融资模式的产生和发展

1992年,英国最早应用PPP模式,当时的财政大臣肯尼斯·克拉克首次提出PPP的概念,从此废除了最初严格限制私营资本进入公共领域融资的规定,为私营部门参与政府融资消除了政策和法律的限制。PPP模式被不同程度地应用于交通、教育、监狱和医疗等领域,甚至在国防建设上也采用PPP模式。从项目构成来看,交通项目占25%,医疗项目占29%,教育项目占15%,国防项目占15%,其他项目占25%,包括监狱、环境、体闲项目等。

法国巴黎为1998年世界杯足球赛建设的法兰西体育场也采用了PPP模式,总投资36 600万欧元,国家投资19 100万欧元,其余通过招标由中标人负责筹集。

巴西于2004年12月通过"PPP模式"法案,该法对国家管理部门执行PPP模式下的工程招投标和签订工程合同做出了具体的规定。巴西将2004—2007年四年发展规划中的23项公路、铁路、港口和灌溉工程作为首批采用PPP模式的招标项目。

2000年悉尼奥运会主体育场——奥林匹克体育场,采用PPP模式建设,通过国际招标选择中标人负责体育场的设计、投融资和建设,同时政府给予资金上的支持。

二、PPP融资特点

PPP作为一种融资的模式,具有其他融资方式没有的一些特点,具体表现在:

(1) PPP 模式通常包括两个或两个以上的投资人或参与者,其中至少一个是政府公共部门,另一个是私营投资者,包括个人、合伙制公司、各种形式的联合体,或股权比较明确的有限责任公司等。这样,政府公共部门和私营投资者通过合作组成战略联盟,共同参与公共基础设施的建设和运营,从而达到互利共赢的目标,更好地为社会公众提供公共产品或服务。

(2) 私营部门在基础设施项目的前期就参与进来,有利于引进私营部门先进的技术和管理经验,并在项目的开始阶段就解决项目整个生命周期风险分配的问题,实现政府公共管理部门和私营投资者对公共服务产品责任的共同承担。

(3) 每一个参与者都是独立的主体和责任单位,都可以参与到项目有关的谈判中。该模式是建立在双方长期稳定友好合作的基础上,从项目发起到合作关系的形成过程,合作各方都是在谈判中达成合作协议。

(4) PPP 模式有利于私营投资者和有经验的金融机构的参与;私营投资者的参与提高了基础设施项目的资本金,进而降低了项目的资产负债率;多方参与模式有利于提高项目技术上的可行性。

(5) 私营投资者由于运作灵活,通常不受政府采购和行政法规的约束,可以大大缩短项目的建设周期,使得公共基础设施项目可以早日建成并投入使用,及时满足社会公众的需求。

三、PPP 融资流程

PPP 的运作程序按时间顺序大致可以分为 6 个阶段:立项与可行性研究阶段、招标选择私营机构并成立 SPV、政府与 SPV 签订特许协议、项目建设、项目运营和项目移交。PPP 模式运作程序如图 6-5 所示。

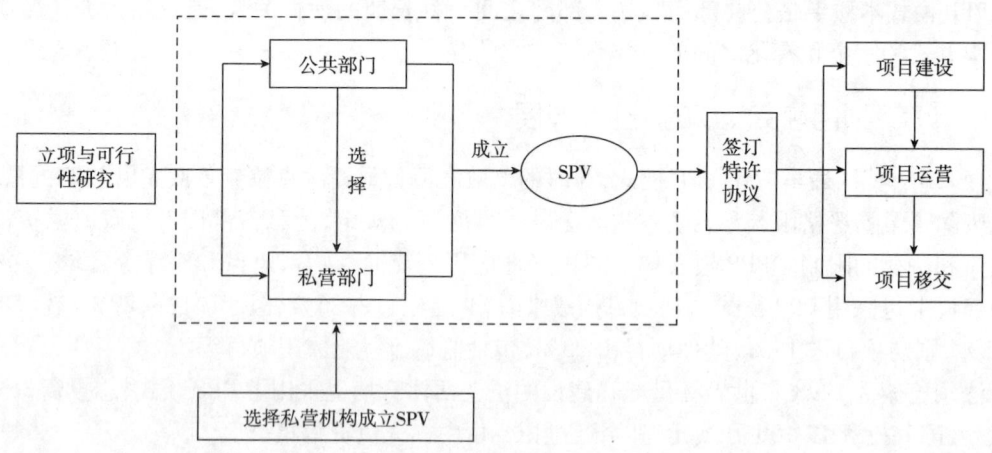

图 6-5　PPP 模式运作程序

(1) 立项与可行性研究。PPP 项目既可以是政府为扩大或增强公共基础设施建设,实现经济发展前期规划好的尚未开发的项目,也可以是私人投资者作为项目发起人,通过市场需求分析提出的项目。我国目前基础设施的规划、设计和投资等受到政府的严格控制,所以一般由政府提出立项。项目立项后,组织可行性评估(私营部门可以参加)。PPP 项目可行性研究内容不仅包括项目的技术、经济效益、社会效益、选择私人投资者、签订特许权协议、市场等方面评价,还包括对民间资本参与的可行性分析,并着重研究项目对民间资本的吸引力、民间资本的实力及风险承受能力等。

(2)选择私人投资机构成立 SPV。项目立项后,政府需要通过招标选择合适的私人投资机构。政府与私人投资机构就双方在项目开发的时间、质量、提供服务标准、风险分担、政府担保、项目建成后收费标准等各方面进行商讨,如果协商一致,则双方签订特许协议草案,成立 SPV。

(3)签订特许协议。PPP 项目特许权协议主要包括特许权的授予、特许经营范围、特许协议期、项目设计、建设及经营阶段的有关条款、政府的协助担保条款、公用设施的权属与处置、市政公用设施维护和更新改造、安全管理责任、协议双方的权利和义务、履约担保、监督机制、违约责任等。签订特许协议后,SPV 还要与金融机构、原材料供应商等签订一系列合同,以保证项目的顺利进行。

(4)项目建设。特许权协议签订后,SPV 根据特许协议,按照技术、工期及质量要求,负责项目设计、施工工作,并保证项目资金到位。项目建设可以由 SPV 自己承担,也可以承包给专业工程单位承包。项目建设中,政府随时对项目开发状况进行监督,出现不符合合同的情况及时与项目公司沟通,并确定责任主体。

(5)项目运营。项目竣工验收后,进入运营阶段。项目既可以由 SPV 自己运营管理,也可以委托专业运营公司管理。在整个项目运营期间,负责项目运营的公司要对项目设施进行维护,私人投资部门收回先期投资并取得利润。为确保项目的运营和维护,政府公共部门具有项目运营监督权力。

(6)项目移交。特许经营期满后,SPV 或负责运营项目的管理公司要将项目经营权或所有权移交给政府。通常情况下,项目在策划时尽量保证项目的现金流量能够偿还项目债务,并使项目公司有一定利润,项目最后移交给政府时一般是无偿的移交或者只是象征性地得到一些政府补偿。移交时,政府部门应当注意项目是否处于良好状态,以便保证项目后续运营及服务。

四、PPP 融资在公路建设中的应用

PPP 项目融资适用于公共基础设施项目,特别是投资额大、建设及回收期长的大型项目,政府与项目参与各方共同承担责任和融资风险。高速公路作为基础设施的重中之重,运用 PPP 模式,一方面政府可以解决高速公路建设资金不足问题;另一方面,民营企业或私人可以获得高速公路建设和运营过程中的收益,具有良好发展潜力。

PPP 融资中,民营企业或个人从项目的开始就和政府部门签署合作协议,从项目论证到项目融资、建设、运营直至特许经营期满,民营企业或个人都参与到与政府部门合作中。而政府通过给予民营企业或个人长期的特许经营权(高速公路一般为 20~30 年),可实现高速公路的快速建设与运营。

(一)PPP 模式运用于高速公路的优势

首先,高速公路建设和运营采用 PPP 项目融资模式,有利于增强政府高速公路建设、运营经营权的实际控制,这是 PPP 模式优于 BOT 模式的最主要特点。PPP 模式通常依据政府支持力度来安排债务融资,政府对整个项目控制力强。政府部门提出有关高速公路建设的等级、技术质量标准、通行能力、服务水平,运营阶段的收费政策、标准等都将有利于政府增强对项目的实际控制。

其次,PPP 模式运用于高速公路建设运营中,可以促使更多的民营企业或个人参与到项目

的建设中,提高了政府建设高速公路的效率,降低了政府承担的风险,民营资本的进入将大大提高整个社会整体收入水平。

最后,PPP模式可以改善高速公路的服务。民营企业或私人投资者负责高速公路的建设和管理,提高竞争可为道路使用者提供更好的服务。PPP融资模式将高速公路的公益性和营利性很好地结合,既满足了高速公路的社会属性,又实现了民间资本投资回报的需求。

(二)PPP模式在我国高速公路推广分析

1. 政府部门转变角色

PPP融资模式下,政府部门与民营企业或私人是长期的合作伙伴关系,政府部门在合作中既要承担监督、指导责任,也要从公共利益的立场出发,负责项目总体策划、招标等工作。

2. 专业人才大量需求

高速公路建设与运营管理程序十分复杂,需要大量掌握金融、财务和工程管理多方面专业知识的人才和机构负责实施运作,而政府部门往往缺乏这方面的人才和机构,因此项目除了有足够的资金保证外,还必须吸纳复合型、技术专业强的人才,才能保证项目的顺利进行。

3. 社会发展需求

目前,我国公路建设与养护仍需长期进行大量的资金投入,单独依靠政府财政拨款难以满足工程需求,PPP融资为公路建设进一步拓宽融资渠道提供了新的思路。随着我国在高速公路方面政策法规的进一步改革完善,PPP项目融资具有良好的发展前景。

五、实例分析

案例 襄荆高速公路项目PPP融资模式

1. 项目背景及简介

襄荆高速公路是湖北省"十五"重点工程项目,也是我国南北交通干线的重要组成部分,2001年1月开工新建,2004年6月26日正式建成通车。该条高速公路起于襄樊市城区贾家洲,止于荆州区的龙会桥,连接湖北省中部的襄樊、荆门、荆州三个地级市,成为湖北省大三角经济主骨架中的干线公路之一。路线全长185km,双向四车道,设计时速为100km,总投资为44.72亿元,每公里造价1996.45元,低于省内同期高速公路平均造价。

襄荆高速公路的建设将缓解207国道襄樊至荆州段城区车辆的压力,进一步增强湖北省大三角经济区公路主骨架的辐射作用。

2. 项目运作

襄荆高速公路是由湖北省政府特许襄荆高速公路有限责任公司进行建设。1999年,葛洲坝股份有限公司、湖北省公路建设总公司、荆州市投资公司、湖北省投资公司和襄樊市公路建设有限公司五家企业共同出资组建了项目公司(SPC)——襄荆高速公路有限责任公司,出资比例分别为55%、20%、10%、9%、6%。该公司主要负责该工程项目的融资、征地、设计、施工以及运营。

湖北省政府根据国家有关法律法规,授予襄荆高速公路有限责任公司项目特许经营权期限为35年,自国家正式批准项目开工建设之日起计算,其中经营管理期限为30年。

整个项目资金筹集分为项目资本金和银行借款两部分。其中项目资本金占总投资的

35%,由 SPC 负责筹措,余下的 65% 由 SPC 向银行进行借款,并负责偿还本息,公司负责落实整个项目的建设资金,确保项目顺利按期建成,实现资产的保值,为公司创造最大效益。

项目设计施工采取公开招投标的方式择优选择施工承包人、原材料供应人、监理单位和施工单位进行高速公路的实体建造。

襄荆高速公路项目的特许协议规定,襄荆高速公路有限责任公司经国家批准后,享有对该条高速公路的经营管理、车辆通行收费和获得回报的权利,承担维修保养、保持良好服务水平的责任,在特许经营期满后将高速公路完好、无偿的移交给政府。

3. 项目评价

由于采用 PPP 模式,襄荆高速公路提前半年竣工,它的建成对发挥湖北省"得中独厚"的区位优势,促进沿线经济和旅游资源的开发,推动湖北省经济的全面发展具有重要意义。

该高速公路的建设模式是运用了 PPP 模式中的 BOT 运作方式。在这个具体的案例中,该模式的优点在于:

(1) 引入民间资本,投资主体的改变促进了生产要素的合理调动和配置。利用社会资本投资建设高速公路,不但发展了公共交通事业,而且节约了政府投资高速公路建设资金,解决了财政资金瓶颈。政府仅授予特许经营权,没有提供任何资金投入,并且政府就整个项目的融资环节,承担风险较小。从而也缓解了当地政府财政支出的压力。

(2) 双方规定,根据项目的经济效益调整收费以保证 SPC 能够回收投资,并获得合理利润,降低了道路使用者的负担,提高了道路的间接效益。

第三节 公路建设项目 ABS 融资

一、ABS 融资概述

(一) ABS 融资的概念

ABS,即资产证券化。ABS 融资作为一种新型证券化项目融资方式,在国外许多大型项目融资中广泛采用。ABS 融资是将基于特定基础设施或资产的现金流收入与原始权益人(政府)完全剥离,转让给特殊目的组织(SPV)或特殊目的公司(SPC),SPV 将其通过金融担保、保险及超额抵押等方式取得较高的信用评级,以债券形式发售给资本市场的投资者,获取项目建设所需资金,并以该设施未来收益作为投资者收益的保证。ABS 融资不需要发行者以自身信用为债券偿还担保,已发展成国际基础设施项目融资的重要方式。高速公路项目资金需求巨大,其未来收益长期稳定,投资者通过购买 ABS 债券投资高速公路建设具有较大优势。高速公路 ABS 融资模式如图 6-6 所示。

ABS 融资模式的关键是拥有项目资产的原始权益人并不需要借债,而是设立新的 SPV,并将收益权转让给 SPV,通过 SPV 发行债券获得经营发展所亟需的资金。利用 ABS 模式进行公路建设项目融资的优势在于 SPV 通过金融担保、保险及超额抵押等方式,可提高特定基础设施项目资产的信用等级,使原本信用等级较低的资产同样可以进入国际高档证券市场;利用该市场信用等级高、债券安全性和流动性高、利率低的特点,降低发行债券的成本。

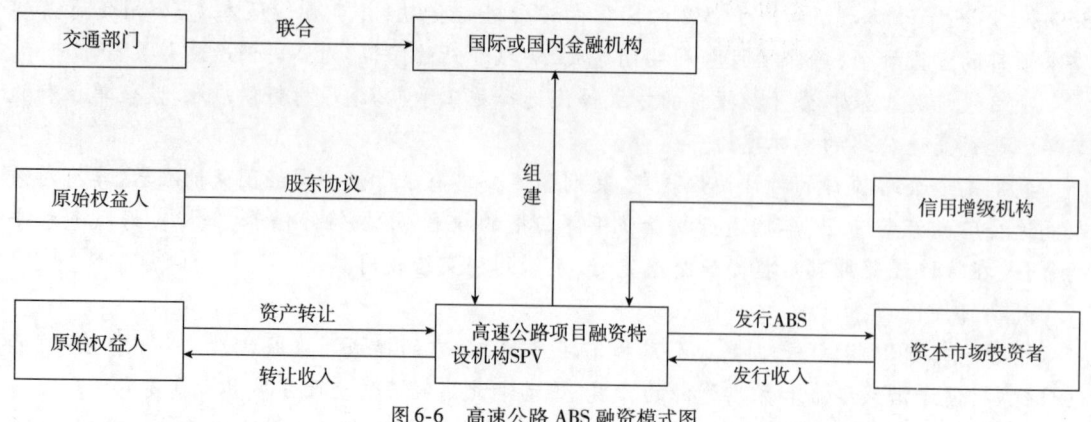

图 6-6 高速公路 ABS 融资模式图

(二) ABS 融资发展背景

ABS 融资作为一种融资技术创新,最早起源于美国,后来在英、法、日、德等西方国家得到了广泛应用。

ABS 融资起源于美国的一个重要原因是美国特殊的金融政策。美国历史上普遍采用单一银行制,单一银行数量占美国 12 000 多家银行的一半。众多小银行在经营中经常面临着客户贷款申请数额超出其信贷额度的状况,为避免失去此类客户,小银行通常采用向大银行出售其贷款以继续维持与此类客户的关系。随着贷款出售这一做法推广使用及贷款出售数额的增大,贷款出售为随后资产证券化发展奠定了基础。ABS 发展的另一个背景是银行面临日益严峻的外部竞争环境。为提高银行竞争力,众多银行不断降低银行贷款利率,导致银行存贷利差收入下降,利润下降;另一方面,银行利率风险和破产风险却在不断上升。到 20 世纪 70 年代初期,美国整个银行系统面临着严峻的生存危机。抵押证券的出现为银行系统走出困境提供了增长点,各类贷款机构纷纷将低收益的固定利率资产进行技术处理,通过债券市场出售给投资者,以增加流动性资产,抵御风险。这极大地促进了美国抵押证券市场的发展,促进了资产证券化融资的发展。

(三) ABS 融资基本要素

ABS 融资基本构成要素包括以下四个方面:

(1) 标准化合约。该合约能够使所有参与方确信:为满足契约规定义务,该合约的存在形式应能够为项目各方提供界定明确而且在法律上可行的实施条款。

(2) 资产价值正确评估。项目信贷资产证券化过程中,SPV 应能够向投资人提供项目有关风险的描述和合理的价值评估。

(3) 适用法律标准化。证券化融资需要以标准的法律为前提。美国历史上第一银行曾发行过 AAA 级抵押证券,最后以失败而告终,其原因之一就是它未能满足美国各州所要求的法定投资标准。

(4) 可靠信用增级措施。证券化融资的重要特点是可以通过信用增级提高项目债券发行等级,以降低项目融资成本。因此,如果没有可靠的、资信较高的信用增级措施,资产支持证券化融资将很难操作。

二、ABS 融资特点

(1)融资风险低。证券化是将权益项目资产通过债券方式进行的融资,项目本身风险较低,融资过程易于控制,权益资产分散于不同债务人,降低了资产组合中的系统风险。通过划分风险档次,将不同信用级别和资产证券匹配给不同风险偏好的投资人。

(2)融资成本低。与 BOT 等融资方式相比,ABS 融资方式只是涉及原始投资人、SPV、投资者、证券承销商等几个主体,无须政府许可、授权及外汇担保,是一种按市场经济规则运行的融资方式,融资成本更低。在公路建设项目中运用 ABS 融资,可以最大限度地减少酬金、差价等中间费用,降低融资成本。此外,由于 ABS 融资采用"真实出售"、"破产隔离"、"信用增级"等一系列技术提高了资产的资信等级,使得一些资产流动性差的公路建设项目有机会进入证券市场,以较低成本进行融资。

(3)筹集资金多。目前国际债券市场上有高达 8 000 亿美元的市场容量。如果能够很好地利用 ABS 方式在国际市场上进行融资,可有效缓解我国公路建设资金不足的现状。

(4)保持和增强融资者的借款能力。如果借款人的财务杠杆比率过高,就很难得到借款。ABS 融资是通过发行高档投资债券来筹集资金,这种负债不反映在原始权益人自身的"资产负债表"上,从而避免了原始权益人资产质量的限制。利用 ABS 原始权益人既能筹集到急需的资金,又不会增加财务报表中的负债。

三、ABS 融资流程

(1)组建特殊目的组织 SPV。该机构可以是一个信托投资公司、信用担保公司、投资保险公司或其他独立法人公司,并能够通过资信增级使得项目资产获得权威性资信评估机构较高级别的资信等级(AAA 或 AA)。SPV 是 ABS 融资的载体,成功组建 SPV 是公路建设项目 ABS 融资成功运作的基本条件和关键因素。

(2)SPV 寻找可以进行证券化融资的公路项目,并与之进行结合。一般来说,经营性公路项目能够实现长期稳定的现金收益,适合进行 ABS 融资。经营性公路项目能够带来现金收益的形式为收取的道路通行费。拥有这种现金收益的所有权企业(项目公司)为原始权益人,公路项目公司资产稳定、可靠,且风险较小,具有较高的投资价值。但受各种客观条件限制,公路资产很难获得权威资信评估机构较高资信等级评价,单独依靠公路资产本身很难通过证券化途径在债券市场筹集建设资金。但 SPV 具有使公路项目资信增级的能力,通过合同、协议等方式将原始权益人所拥有的公路项目资产未来收益权利转让给 SPV,隔断项目未来收益与原始权益人自身风险,实现 ABS 融资风险仅与项目未来收益有关,而与原始权益人自身风险无关,便于资信增级。

(3)项目资产资信增级,提高公路项目资产信用等级。首先,调整项目资产财务结构,使公路项目融资债券能够达到投资水平。然后,SPV 通过提供专业化的信用担保进行信用升级。信用升级的渠道主要有:利用信用保证、开设现金担保账户、直接进行金融担保等。

(4)委托资信评估机构对经过担保的 ABS 债券进行评估。

(5)SPV 直接在资本市场上发行债券筹集资金,或 SPV 通过信用担保,由其他机构组织债券发行。然后将发行债券筹集的资金用于与 SPV 结合的公路项目。

(6)SPV 通过公路项目的现金收益清偿债券人的债券本息。

以上过程用图 6-7 表示为：

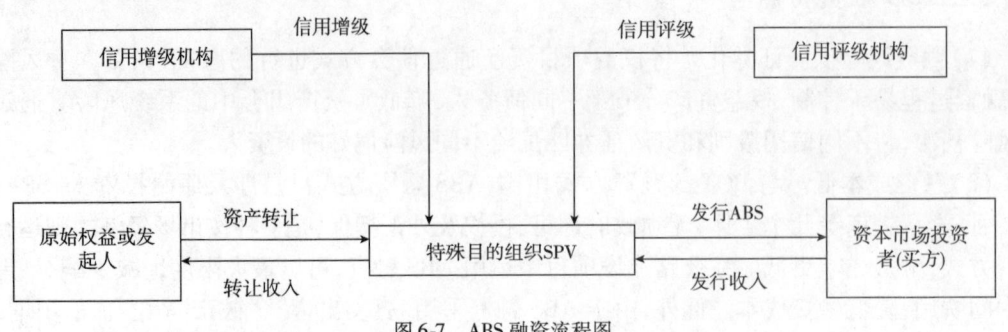

图 6-7　ABS 融资流程图

四、ABS 融资在公路建设中的应用

适于证券化的项目资产必须具备以下特征：资产具有一定的信用质量标准，拥有未来稳定的现金收益，易于把握的还款期限、还款条件；资产成本与收益分析显示收益大于成本；资产证券可以是各类债务性证券，包括商业票据、中期债券、信托凭证、优先股票等；资产证券须符合有关证券法规，办理有关手续并经证券评级机构评级后，才可向公众发行。

资产证券化的成功必须建立在被证券化资产拥有良好预期收益的基础上。对缺乏良好收益前景的资产所进行的证券化只能是无源之水，以此发行的证券也不可能在市场上畅销。因此，采用资产证券化的资产必须是质量较好的资产，而不应该是质量低劣的资产。高速公路有稳定的现金流入，还款期限、还款条件容易把握，适合使用 ABS 方式融资。

当前，我国高速公路建设所需资金庞大，仅仅依靠传统的筹资方式如国家投资、银行贷款等已不能满足今后我国公路基础设施大规模建设的需要，ABS 融资模式相对来说风险小、融资成本低、更易操作，以公路企业现有项目的资产存量为基础，以项目的未来收益为保证发行债券，可筹集公路建设所需的大量资金，有利于加快高速公路建设发展。ABS 融资模式通过发行债券的方式，机构投资者和个人投资者都可参与，资金来源渠道多。债券经过信用增级后，成为高信用等级债券，然后在债券市场上发行，购买者众多，并且可以在二级市场流通，参与者数量众多、范围较广，在不考虑风险的前提下，众多参与者可共享债券投资收益。

利用 ABS 模式进行公路建设项目融资的目的在于，通过其特有的提高信用等级方式，使原本信用等级较低的公路项目同样可以进入国际证券市场；利用该市场信用等级高、债券安全性和流动性高、利率低的特点，大大降低发行债券筹集资金的成本。

五、实例分析

案例　莞深高速公路 ABS 项目融资

1. 项目概况

2005 年 12 月 23 日，中国证监会正式批准东莞控股通过广发证券发起并成立了莞深高速公路收费收益权专项资产管理计划，募集资金 5.8 亿元，用于收购莞深高速三期东城段和莞深高速龙林支线所需部分资金。

该项目的要素主要包括：广发证券以设立专项资产管理计划的形式向投资者募集资金 5.8 亿元，用于购买 6 亿元东莞控股莞深高速（一、二期）在 18 个月内产生的公路收费现金流。

管理计划存续期18个月,每半年归还给该计划2亿元,合计6亿元;每半年内将莞深高速一、二期的每天实际收入逐日划入莞深收益计划指定账中,直到每半年划足2亿。银行为上述的划款提供不可撤销的连带责任担保。

2. 简要运作过程

主要参与方情况:

原始权益人——东莞发展控股股份有限公司;

管理人——广发证券股份有限公司;

受托管理人及担保银行——中国工商银行;

推广机构——广发证券股份有限公司及广发华福证券有限责任公司;

信用评级机构——大公国际资信评估有限公司。

管理人(广发证券股份有限公司)和原始权益人(东莞控股)就莞深高速(一、二期)公路收费收益权专项投资签订《专项投资合同》,由管理人管理和运用专项计划资产。而后,管理人与托管人(中国工商银行)就专项计划签订《莞深高速公路收费收益权专项资产管理计划资产托管协议》及对该协议的任何有效修订和补充,专项计划推广期内,管理人在托管人处开立用以接收、存放参与投资者交付的参与专项计划份额投资资金的银行账户。由券商广发证券成立SPV。

3. 资产证券化融资模式要点

(1) 必须有特定资产支持。莞深高速在"莞深高速公路收费收益专项资产管理计划"中,以莞深高速未来18个月稳定的收费站收费现金流收益作为该专项资产管理计划的基础,同时也是其计划最大的担保。由此,投资者才有可能会买入该证券,融资才有成功的可能性。

(2) 资产证券化过程涉及资产转移。莞深高速公路未来18个月的收费收益资产转移到广发证券公司,通过广发证券实现资产的真实出售,设置这样的"防火墙"使得投资者可以放心地进行投资。

(3) 通过金融市场实现资产转移。广发证券将未来18个月的收费收益通过证券化的方式,切割成分在金融市场上出售,中小投资者可以购买,或者一些债券型基金也可能会购入。有利于将社会上的资金集合起来,实现资源的优化配置。

(4) 需要担保。"莞深高速公路收费收益专项资产管理计划"的担保人为上市公司——东莞投股公司。

(5) 较低融资成本。项目计划融资成本仅为3.33%,远低于同期贷款利率。

第四节　融　资　租　赁

一、融资租赁概述

(一)融资租赁概念

租赁作为一种古老的、具有悠久历史的企业经营方式,种类繁多、形式多样。租赁是指出租人在承租人给予一定收益的条件下,授予承租人在约定期限内占有和使用财产权利的一种契约性行为。按其业务性质通常分为经营租赁和融资租赁。

经营租赁指出租人不仅要向承租人提供设备使用权,还要向承租人提供设备的保养、保险、维修和其他专门性技术服务的一种租赁形式,也称为短期租赁。

融资租赁指当企业需要筹措资金、添置必要设备时,可以通过租赁公司代其购入所选择的设备,并以租赁的方式将设备租给企业使用。在大多数情况下,出租人在租赁期内向承租人分期回收设备成本、利息和利润。租赁期满后,将租赁设备所有权转移给承租人。融资租赁又称金融租赁,参与者包括出租人、承租人和供货商三方。

(二)融资租赁产生和发展

融资租赁起源于20世纪50年代的美国,随着经济发展,这种新型融资方式很快被全世界广泛接受,并成为当今企业更新设备的主要融资手段之一。

我国融资租赁业务开始于20世纪80年代,为解决从国外引进先进技术、设备资金不足的问题,从日本引进了融资租赁融资模式。以中国国际信托投资公司为主要股东,成立了中外合资的东方租赁有限公司和以国内金融机构为主体的中国租赁有限公司开展融资租赁业务。经过三十多年的发展,目前我国融资租赁公司已经发展成三大类:第一类是银监会批准的金融租赁公司,约有17家;第二类是商务部批准的中外合资租赁公司,有100多家;第三类是商务部和国家税务总局批准的内资融资租赁试点公司,约有37家。

(三)融资租赁类型

根据出租人对购置一项租赁设备的出资比例,可将融资租赁划分为直接租赁、杠杆租赁和售后回租三种类型。

在一项租赁交易中,凡是设备购置成本100%由出租人独自承担的即为直接租赁。

杠杆租赁是指在融资租赁中,设备购置成本的小部分由出租人承担,大部分由银行等金融机构提供贷款补足的融资租赁业务。出租人一般只需投资购置设备所需款项的20%~40%,即可在经济上拥有设备所有权,享受如同对设备投资的同等税收待遇。购置成本的借贷部分称之为杠杆。

售后回租是指承租方以融资为目的将自有物件出售给出租方,同时与出租方签订租赁合同,然后再将该物件从出租方租回使用的融资租赁形式。售后回租业务中的承租方通过该项业务将大量优质固定资产变为现金,可以用于补充流动资金或购买新的设备,同时租赁物的所有权在租赁期内归租赁公司所有,但与资产所有权有关的全部报酬和风险并未完全转移。租赁公司按合同规定支付货款并收取租金,租赁合同履行完毕,开出租赁资产所有权转移证明,承租人收回租赁资产所有权。本节将重点介绍售后回租模式及其在公路建设中的应用。

高速公路资产售后回租是指将已建成的高速公路资产解除相关质押后,转让给金融租赁公司并获取融资款。金融租赁公司作为出租人,高速公路企业作为承租人,银行担任资产管理人。高速公路经营企业在租赁有效期内,按照合同约定支付租金和手续费给金融租赁公司,并逐年完成对公路资产的回购。此项业务中的资金往来,通过在银行设立的专户进行。整个租赁期内高速公路原定的管理方式、收费性质以及高速公路业主使用和收益权不变。租赁期满,高速公路业主以名义价格购回高速公路项目。

目前,融资租赁多用于大型设备的租赁。售后回租即是高速公路可采用的融资租赁方式。与银行信贷不同,这种方式融得的资金可作为高速公路资本金,也可用于盘活存量资产。高速公路业主可以将高速公路、建筑等作为租赁标的,将这些资产出售给租赁公司,在租赁期内利用通行费收入来支付租金的方式取得使用权,在租赁期满时,以非常低的名义价格将产权转回给高速公路业主。双方根据高速公路业主经营活动现金流情况,确定租赁期长度。

二、融资租赁特点

售后回租作为一种融资手段,是目前发达国家常用的融资方式之一,在我国起步较晚,但发展迅速,目前在基础设施、工业、交通运输等行业得到广泛运用。主要特点有:

(1)拓宽了公路企业的融资渠道。目前公路企业的债务融资以银行贷款为主要形式,融资方式较为单一,融资风险及成本较高。采用售后回租形式的租赁融资不仅可以盘活企业的资产,而且可以在不改变资产管理和经营权的条件下,增强资产的流动性,提高企业资产的使用收益率,扩大了企业融资渠道。

(2)融资资金使用灵活。采用传统的债务融资需要有一段较长的授信过程,银行从安全和盈利角度考虑,往往需要企业提供与融资项目有关的商业信息,且手续烦琐。采用售后回租融资方式取得的资金,出租方(租赁公司)对资金使用一般没有任何限制,承租方可将资金用作其他项目的资本金,也可用于弥补其他项目建设和经营资金的缺口等,资金使用与银行贷款、企业债券等相比更加具有灵活性,给予企业较大的操作空间,能为企业资金使用提供便利。

(3)有利于调整企业资本结构。运用售后租回,从资产总额来看,承租方并没有减少资产总量,但是资产结构却发生了变化,原来固定资产变为现金或银行存款(差额体现为"递延收益-未实现售后回租损益")。出售资产所流进企业的现金流量可以有效地解决企业所面临的临时性的资金压力。因此,合理地运用售后回租这一融资模式,对企业改善资本结构、盘活固定资产、扩大生产经营等具有重大作用。

(4)不影响对公路的实质控制权和后期收益。在售后回租融资租赁的模式中,租赁公司只是形式上的所有者,并不实际参与具体经营,也不享有和承担经营的收益与亏损,只是一种融资平台,公路与未出售前相比没有实质性变化,所有经营管理仍然由承租方实际控制。而且,一般售后回租期限相对于公路收费实际运营期限而言较短,在租赁到期后,公路运营单位回购资产,再次拥有该资产的原有权利,回购后产生的较好收益没有丧失。

三、融资租赁流程

公路企业融资租赁具体运作流程如下:

1. 租赁申请

公路企业欲租入资产时,需首先向租赁公司提出书面申请,并如实提供租赁公司要求的相关资料。

2. 租赁业务受理

租赁公司在收到租赁申请及相关资料后,应在规定时间内做出是否受理的选择,然后对租赁进行调查与评估。

3. 租赁项目审查

租赁公司受理公路企业租赁申请后,需对项目进行严格审查。项目审查应从以下几个方面进行,见表6-3。

租赁项目审查项目　　　　　　　　　　表6-3

租赁项目审查	审 查 内 容
资格审查	承租项目的合法性
承租人及其经济状况审查	企业的沿革、背景、经营历史及社会影响;企业领导班子成员;企业的经营成果;企业已上项目的建设进度、效益
可行性审查	工艺、技术是否可行;担保人是否是经中国人民银行认可的金融机构或经济实体,是否有代租企业偿债的能力,是否具有外汇资金;经济担保函的各项条款是否满足租赁交易的特殊性

4. 洽谈、签订租赁合同

项目审查完成后,租赁公司即与公路企业开始洽谈有关的租赁条款。其内容主要包括租赁期限、租金等与租赁有关的各种事项。双方达成一致后,正式签订租赁合同。

5. 洽谈、签订商务合同

租赁合同订立后,租赁公司根据公路企业选定的资产,与设备厂商洽谈并签订商务合同。

6. 筹集资金

租赁公司收到设备厂商交货通知后,筹集相应资金以购买相应资产。

7. 交运货物

生产厂商将租赁资产直接交运给公路企业。

8. 支付贷款

租赁公司将购买租赁资产的贷款支付给设备厂商。

9. 租赁履约

公路企业接收设备厂商货物后,向租赁公司出具租赁资产收据,租赁合同正式履约。

10. 交付租金

公路企业按租赁合同中规定的租金支付日期和租金额,向租赁公司交付租金。

11. 续租、留购、退回

租赁公司收到公路企业交纳的全部租金后,在租期届满前,便与公路企业洽谈租赁资产的处理问题。其内容为续租、留购、退回事宜。承租人对租赁资产的处理方式选定后,双方已成交的该租赁合同终止。

四、售后回租融资租赁在公路建设项目中的应用

按照融资租赁的特征,凡属于可以作为特定标的物的,都可采用融资租赁形式。高速公路的道路、桥梁、隧道及设备都可以作为租赁物件。高速公路业主或企业可以将这些资产出售给租赁公司,再回租回来使用。这样,即得到了资金又不影响正常经营。

在高速公路资产售后回租整个过程中,融资租赁公司仅获得高速公路资产的名义所有权,

不参与高速公路的经营管理;而高速公路经营企业则实际享有高速公路资产的占有权、使用权和收益权,因此高速公路的收费、经营管理主体未发生改变,改变的仅仅是收费权质押;高速公路经营企业既享有未来高速公路的增值收益,同时又能在较短时间内筹集大额建设资金,可以有效地缓解高速公路建设的资金压力。

1. 公路售后回租优势

融资租赁售后回租模式适用于经营性基础设施中能独立发挥效益并且在财务上能够独立核算的项目。

(1) 盘活现有资产,增加资金来源。

公路行业承租人可以利用已建成公路资产通过售后回租的方式,既保持公路的使用权,又获得公路新建及改扩建所需的资金,将存量公路资产转化为货币资本,盘活资产、增加资金来源,保证公司正常流动资金需求,优化资产负债结构,通过分期付款支付租金,降低财务费用。

(2) 创造资产信用新型理念。

将企业部分运营的公路存量资产独立出来,创造了公路存量资产信用的新型理念,并运用技术工具,增加了公路企业的投融资能力,有利于企业推行资产轻量化生产经营方式,改善资产负债比,最大限度地减少企业"内部"资产和最大限度地集中使用外部资产,以降低经营风险和实现企业核心控制力。

(3) 促进金融与公路行业沟通融合。

融资租赁业有利于促进公路行业发展与金融业的结合,完善金融市场体系。融资租赁业务涉及银行、保险、证券、信托等机构多种金融业务的相互配合,有利于带动相关金融机构发展。

(4) 完善金融结构。

融资租赁是以物、资产为载体的新兴资本流动的方式,具有平衡资本与投资供需矛盾、促进资本理性选择的特殊功能;从整体上提高经济的融资效率,为解决金融发展对实体经济"疏远化"问题提供了有效途径。

2. 公路融资租赁模式

目前公路行业运用较广泛的是公路施工机械设备融资租赁,并有少量的公路路面资产融资租赁。图6-8为融资租赁模式图。

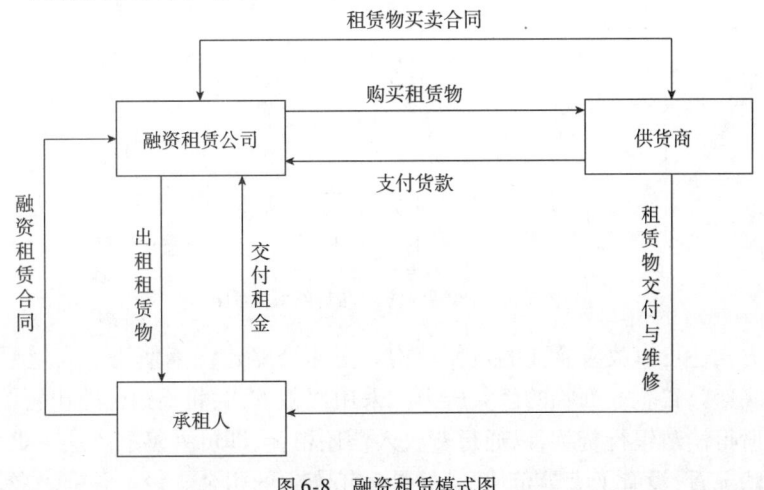

图6-8 融资租赁模式图

(1)融资租赁。

融资租赁合同是一种集销售和融资为一体的特殊合同,是指出租人根据承租人对出卖人、租赁物的选择,向出卖人购买租赁物,提供给承租人使用,承租人支付租金的合同。在融资租赁合同中,合同的主体为三方当事人,即出租人、承租人和供货商。

(2)公路系统机械设备售后回租。

售后回租方式是融资租赁的一种业务模式,主要运作过程是企业作为出卖人与融资租赁公司签订买卖合同,企业将其所有的公路系统机械设备转让给融资租赁公司,同时企业与融资租赁公司再以买卖合同标的物作为租赁物签订融资租赁合同,企业以公路收费权益提供质押,与融资租赁公司开展售后回租。企业利用每年的利润和折旧偿还租金。其基本交易结构如图6-9所示。

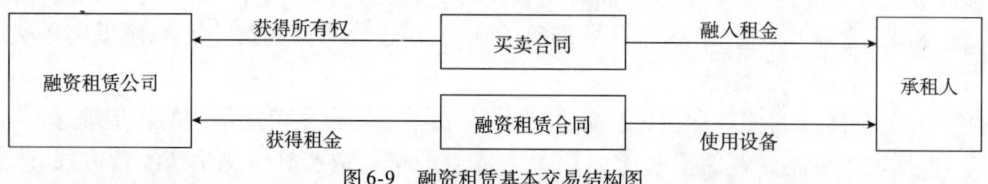

图6-9 融资租赁基本交易结构图

(3)公路路面资产售后回租。

资产售后回租是一种特殊形式的融资租赁,是指承租人将一项自有或外购的资产出售给出租人,同时与出租人订立一份融资租赁合同,又将该项资产从出租人处租回来使用。如图6-10所示。在回租式融资租赁合同中,一般存在双方当事人,卖主同时是承租人,买主同时是出租人。卖方即承租人在保留对其原有资产的占有和使用的前提下,将固定资产转化为货币资本,而租金的支付则是分期的,从而获得一笔急需的流动资金,以缓解其资金压力,保证生产经营的正常进行;而买方即出租人则通过售后回租行为,获得了一个有利投资机会。

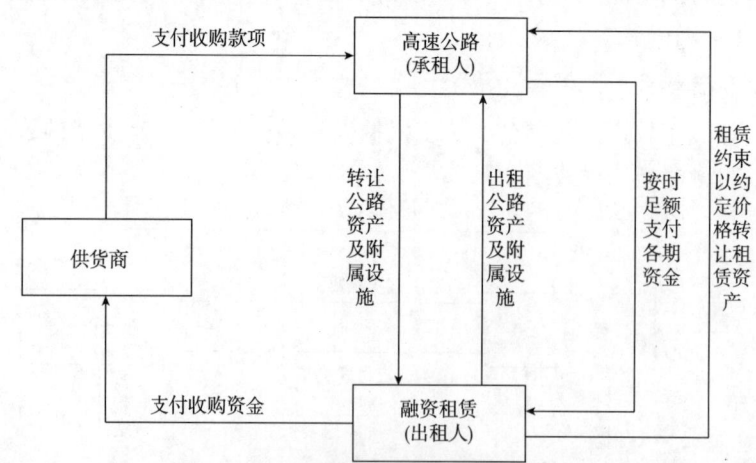

图6-10 公路路面资产售后回租示意图

采用回租方式还可以改善企业的负债结构。高速公路建设期使用了大量银行贷款,银行贷款的到期是高速公路企业面临的巨大压力。采用回租方式,将高速公路出售给租赁公司,用出售高速公路所得偿清银行贷款,以通行费收入偿还租金,即可妥善解决这一难题。从高速公路企业的财务状况看,没有了大笔负债,有的是每年产生的租金支付。

五、实例分析

案例　云南昆石高速公路售后回租

1. 项目概况

云南昆石高速公路全线采用沥青混凝土路面、控制出入的收费高速公路。主线全长 78.08km，工程总投资约 374 801.5 万元人民币，平均每公里造价 4 800 万元。公路技术等级为山岭重丘区高速公路，计算行车速度为 100km/h，路基宽度分别为 40.5m、26m、24.5m。昆石高速公路沿线设 9 个收费站，全部控制出入口，除两个收费站设于公路主线上，其余的 7 个收费站全部设于互通式立交道。昆石高速公路于 2002 年 2 月开工，2005 年 6 月 21 日全线通车。

昆石高速公路项目在投融资过程中，起初由云南省交通厅批复项目可行性研究报告和初步设计，全线建设四车道高速公路，批准概算总金额为 38.06 亿元（竣工结算为 37.48 亿元）。2001 年 4 月 12 日开发银行云南省分行通过多方协调，争取到昆石高速公路贷款 24.13 亿元，并以《开发银行云南省分行关于申请增加对昆石高速公路贷款项目承诺的紧急请示》上报总行评审管理局，5 月评二局以"云南省昆石高速公路项目（追加贷款）贷款评审报告"上报评管局，批复明确开行昆石高速公路贷款 24.13 亿元。昆石高速公路项目投融资结构如表 6-4 所示。

昆石高速公路项目投融资结构　　　　表 6-4

昆石高速公路投融资结构		投融资数目
总投资（万元）		381 337
资本金（万元）	交通运输部补助	55 100
	交通厅规费	15 937
	省政府投资	35 000
	地方政府投资	34 000
贷款（万元）	国家开发银行贷款	241 300
资本金比例（%）		36.72

项目的财务分析数据包括：财务内部收益率 7.33%，财务净现值 −26 097 万元，偿债覆盖率 1.42%，投资回收期 13.9 年。还款资金主要为项目收费、折旧、摊销和税金返还。而信用结构则是以项目建成后的公路收费权作质押，同时，借款人承诺当项目建成后收取的通行费不足以归还银行贷款时，将以借款人掌握的交通规费或财政返还的交通规费偿还银行贷款。

2. 昆石高速高速公路项目融资租赁业务

昆石高速高速公路以"售后回租"方式开展融资租赁业务，致使昆石高速高速公路项目贷款信用结构发生变化，原来的收费权产生的应收账款质押已不能实现，收费权变为向国银租赁公司 100% 质押。在"售后回租"的 5 年期间，将开发银行贷款本息足额存入偿债专户，并授予开发银行扣款偿还贷款本息的权利，在偿债专户余额不足时及时补足，如"售后回租"到期未结清，将继续把后续贷款本息存入开发银行偿债专户；"售后回租"结束后变更为原信用结构。同时由云南省交通运输厅承诺在"售后回租"期间云南省公路公司不足以偿还贷款本息时，用其交通规费收入或"费改税"后财政划拨的交通专项转移支付资金补足归还开发银行贷款本息。并且云南省公路公司和交通厅在"售后回租"期间偿还国银租赁公司租赁费不足的情况下,安排资金偿还租赁费。如图6-11所示。

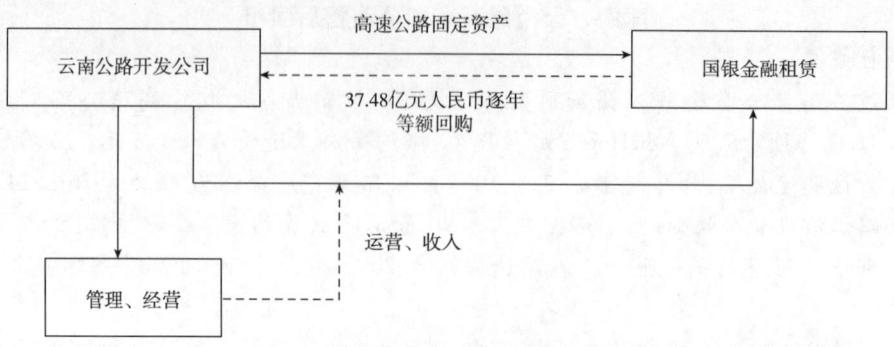

图6-11 云南昆石高速公路融资租赁售后回租示意图

云南省公路公司在"售后回租"业务中获得37.48亿元购买款项,优先用于偿还昆石高速高速公路贷款32.25亿元——云南省公路公司与中国工商银行和上海浦东发展银行商谈后提出一次性提前偿还10.35亿元贷款本息,或将10.35亿元和贷款利息存入两行账户,并在5年期内归还;与国家开发银行云南省分行商定为将5年内贷款本息9.11亿元一次性存入专户。通过开展"售后回租"业务,对昆石高速高速公路资产的盘活,释放昆石高速高速公路收费权,云南省公路公司获得17亿元的自由现金流,可用于新建项目资本金,增强了项目融资能力,同时对国家开发银行云南省分行向云南公路公司贷款的其他公路项目偿还贷款本息能力得到一定的提高。

昆石高速高速公路在我国高速公路行业首开"售后回租"业务,对业内产生了重大影响和示范效应,融资创新在此项业务中体现了至关重要的作用。国家开发银行和国银租赁合作开展此项融资租赁业务,充分发挥了租赁业务与信贷业务的协同效应,实现了业务的重大创新。

第五节 公路建设项目其他融资模式

一、TOT融资模式

(一)TOT融资概述

TOT,即"设施使用协议"融资,是私营机构、非公共机构、外资等社会投资者参加公共基础设施(主要是公路等)经营发展的新型模式。

TOT融资是指东道主政府把已经投产运营的公共基础设施项目的经营权,在一定期限内有偿移交给私营非公共机构,由私营机构经营管理基础设施,以公共基础设施项目在特许经营期内的现金流量为标的,一次性从私营机构投资者处获得资金补偿,用于偿还公共基础设施项目建设贷款或新建公共基础设施项目;特许经营期满后,再把公共基础设施项目无偿移交回东道主政府。高速公路TOT融资属于"设施使用协议"融资模式,如图6-12所示。

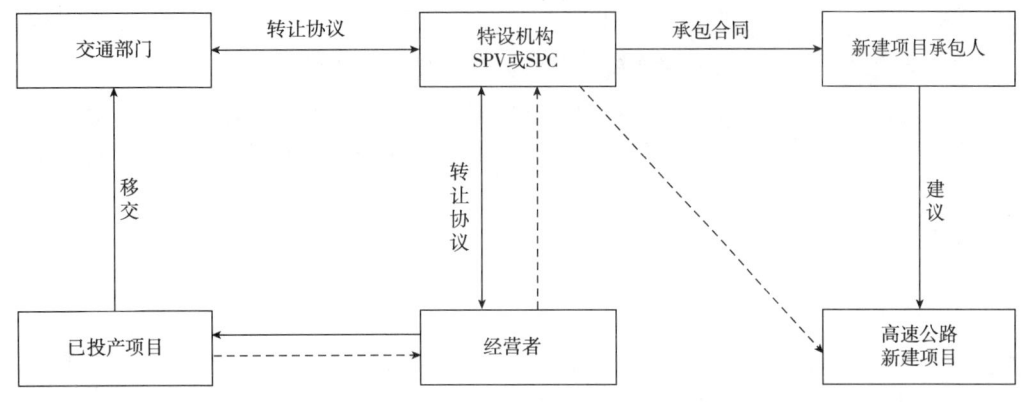

图 6-12　高速公路 TOT 融资模式图

"设施使用协议"融资模式成败的关键在于项目设施的使用者能否提供一个强有力的具有"无论提货与否均需付款"性质的承诺,其内容是项目设施的使用者在融资期间定期向设施的提供者支付一定数量的项目使用费。并且,这种承诺是无条件的,不管项目设施的使用者是否真正地利用了项目设施所提供的服务,该项费用的支付是必需的。在项目融资过程中,这种无条件承诺的合约权益将转让给提供贷款的银行,并与项目投资者的完工担保共同构成了项目信用保证结构的主要组成部分。一般来讲,事先确定的项目设施的使用费在融资期间应足以支付项目的生产经营成本和项目债务的还本付息额。

(二)TOT 融资特点

1. 投资结构选择灵活

既可采用公司型合资结构,也可采用非公司型合资结构、合伙制结构或者信托基金结构。按照项目性质、项目投资者和设施使用者的类型及融资、税务方面的要求,设计相应的投资结构。

2. 适用于基础设施项目

使用该融资模式时,项目的投资者可以利用与项目利益有关的第三方,即项目设施使用者的信用来安排融资,分散风险,节约初始资金的投入,因而特别适用于资本密集,收益相对较低但相对稳定的基础设施项目。

3. 具有"无论提货与否均需付款"性质的设施使用协议

这是"设施使用协议"融资模式中不可缺少的一个重要组成部分。签订项目设施使用协议时在使用费的确定上需要综合考虑项目投资在生产运行中的成本和资本再投入的费用、融资成本、投资者收益等几个方面的资金回收。

(三)公路经营权转让要素

公路经营权是依托在公路实物资产上的无形资产,是指经省级以上人民政府批准,对已建成通车公路设施允许收取车辆通行费的收费权和由交通部门投资建成的公路沿线规定区域内服务设施的经营权;公路经营权转让是指由政府授权所属的公路经营公司,将经批准的规定范围内的全部或部分公路经营权,在一定期限内转让给具有法人资格的境内、外单位经营的一种特许行为。

1. 公路经营权转让基本条件

公路经营权转让必须具备交通主管部门规定的条件及相应的标准、规模。

(1) 转让经营权的公路路段或独立的桥梁、隧道必须具有或能设置合法的收费站(点)。转让公路经营权,特别是收费权给受让方,最根本的是能使受让方通过收取车辆通行费进行经营活动,以收回投资并盈利。因此,要求转让经营权的公路必须是经省级以上人民政府明确的收费经营性公路。

关于收费公路,《公路法》第五十七条进行了界定,主要分为两类:一是收费还贷公路,其特点是由贷款或集资建成,收费性质是行政事业性收费,收费的目的是偿还贷款和集资,收费期限由还清贷款和集资本息确定,但最长不超过15年,其收费主体是交通主管部门或公路管理机构;另一类是收费经营公路,其特点是由国内外经济组织成立的公路经营企业受让已建成的经营性公路的收费权或投资建设收费公路取得公路收费权,经营性收费的目的是收回投资并取得合理性回报,经营期限由协议双方约定,但最长不超过30年,其收费主体是公路经营企业,养护由公路经营企业负责,路政管理由交通主管部门或公路管理机构负责。

(2) 拟转让公路经营权的公路必须是已建成通车,且不是二次转让或属于已有一次转让而拟将经营权转给第三方。

(3) 拟转让公路经营权的公路,不论运营年限多长,均应保持良好的状态,不能有明显或严重的质量缺陷。

(4) 拟转让公路经营权的具体工作,包括与受让方签订合同或协议,须由省级交通主管部门授权所属的公路经营公司进行。

(5) 拟转让公路经营权的公路,应有较为明显的运营经济效益,现有交通量及未来交通量情况,要对受让方有足够的吸引力,使其有较为充分的投资信心。

2. 公路经营权转让范围与年限

公路经营权转让范围是指在转让公路经营权时应明确的具体内容,《公路经营权有偿转让管理办法》(以下简称"管理办法")中规定公路经营权转让范围的具体内容为:40km 四车道以上的公路路段及500m 四车道以上独立的大型桥梁、隧道等公路设施车辆通行费的收费权和公路沿线规定区域内的饮食、加油、车辆维修、商店、广告等服务设施的经营权。

公路经营权中的车辆通行收费权和服务设施的经营权可整体转让,也可以只转让车辆通行收费权。

管理办法中还规定:向外商转让包含尚未还清使用国际金融组织贷款或外国政府贷款建成公路的经营权,应报原批准利用外资的部门同意,并经对外"窗口"部门、商境外贷款部门认可后,方可按该办法办理公路经营权转让事宜。

我国政府对转让公路经营权的经营年限也是有规定的,规定的特许经营期最长不能超过30年。《公路法》第六十条规定:"……有偿转让公路收费权的公路、收费权转让后,由受让方收费经营。收费权的转让期限由出让、受让双方约定并报转让收费权的审批机关审查批准,但最长不得超过国务院规定的年限。"其算法是坚持以投资预测回收期加上合理年限的盈利期(合理年限盈利期一般不得超过预测回收期的50%)为基础的原则,最多不得超过30年;至于转让公路经营权中的服务设施的经营权应按国家的有关规定办理。为便于管理,我们认为对这一年限也应与收费权经营年限相同,除非只是部分转让,即转让公路收费经营权。到目前为止,我国发生的公路经营权有偿转让都没有超过30年,例如:成渝高速公路重庆段转让期限为25年,陕西西临高速公路转让期限为20年。

(四)实例分析

案例 渝涪高速公路项目TOT融资模式

1. 渝涪高速公路项目概况

渝涪高速公路由渝长高速和长涪高速两部分组成,总长118km,设计通行能力7.2万辆/天。

渝长段(重庆上桥至长寿桃花街)长85km,全段采用高速公路山岭重丘区标准设计,其中上桥至童家院子段为双向6车道,设计车速100km/h,童家院子至长寿为双向四车道,设计行车速度为80km/h,该项目于1996年开工,2000年4月全线通车,比国家批准工期提前9个月。

长涪段(长寿桃花街至涪陵天子殿)33km,四车道山岭重丘区高速公路标准,设计车速80km/h,该路段于1996年开工,2000年12月全线通车,比国家工期提前一年。

2. 渝涪高速公路TOT融资进程

重庆高速公路发展有限公司与重庆国际信托投资有限公司双方经过谈判,确认渝涪高速公路的整体收购总价为58.5亿元,以渝涪高速公路的资产净值进行转让,经政府批复同意由重庆高速公路发展有限公司(出资30%)与重庆国际信托投资有限公司(出资70%)共同成立合资公司(即重庆渝涪高速公路有限公司:注册资本20亿元)经营管理渝涪高速公路,渝涪高速公路现有负债主体也相应变更为合资公司,随后政府授予合资公司经营管理渝涪高速公路特许权,经营年限为30年,自2003年9月30日零时起至2033年9月29日24时止,包括渝涪高速公路收费权及沿线服务设施的经营权。并规定转让金进入市级财政专户,全额返回用于弥补高速公路建设资本金的不足。

2003年9月30日,重庆国投的首笔付款10亿元如期到账,从该日零时起,该路段经营权已经归属渝涪公司。

58.5亿元的出让价,一举使渝涪高速公路荣登重庆高速公路经营权出让榜首。在这58.5亿元的转让金中,除去30多亿元负债外,还需拿出近30亿元的真金白银。换句话说,除去渝涪高速的母公司高速公路发展有限公司所占的3成股份,重庆国际信托投资有限公司要出资近19亿元,这笔巨款中,包括重庆国投从全国19个大中城市募集的14亿元信托资金,其他的则是由自有资金和银行贷款组成。

而根据渝涪高速公路的最新资本变局,2006年11月,重庆路桥股份有限公司宣布,已委托重庆国投以5亿元信托方式,溢价收购渝涪高速公路的21.55%股权,每股1.16元,即4.31亿股权,该单一信托存续期为三年,预计年收益率为6%。与重庆路桥同时进入的还有一家重庆润江基础设施投资有限公司,投资11亿多元持有渝涪高速公路48.45%的股权。而2007年1月16日,重庆国投向渝涪高速公路股权信托投资者兑付了本金和2006年的收益,共计14.588亿元。

2007年9月4日重庆路桥股份有限公司联合重庆渝富资产管理公司共同投资11亿元收购渝涪高速公路55%的股权,其中路桥出资5 500万元收购2.75%。

重庆市渝涪高速公路采用TOT融资模式,是重庆公路发展的迫切需求,是改善重庆市基础设施的经营管理水平的需要,有利于正确引导和充分利用非国有投资。该项目通过采用TOT融资模式,回收资金缓解了建设项目资本金短缺的矛盾,盘活了重庆市城市基础设施的存量资产。

二、IPO 融资模式

(一)IPO 融资概述

IPO(Initial-Public-Offering),即首次公开发行上市,可以获得永久可用且不必偿还的资本,在资本市场较为发达的国家的大型基础设施建设中使用较多。按照实现 IPO 融资的主体特征,可以将收费公路 IPO 融资分为以下三类:

(1)政府推动的收费公路 IPO 融资。其目的是通过 IPO 实现收费公路私有化和国有股权变现,缓解政府资源短缺的困境,提高公路系统的服务效率和社会经济的整体竞争力,具有相当强的政府特色。

(2)建筑承包人发起的 IPO 融资。这些建筑承包人为了得到收费公路的土木工程,往往联合起来组成联合体向政府提交特许申请,在一个又一个工程完工后,将其组合起来实现 IPO,有的甚至直接将其所拥有的收费公路直接注入已经上市的母体中去,组成重要的收费公路资产组合,具有很强的工程背景。

(3)金融资本推动的 IPO 融资。在收费公路日益商业化和产业化的背景下,金融资本设立收费公路产业投资信托基金,充分利用其资金运作经验丰富的优势,通过 IPO 发挥其专业的投资团队的优势将社会闲散资本快速集聚起来。

本节将就国际收费公路的 IPO 融资进行介绍。

自 20 世纪 90 年代以来,越来越多的国家和地区采取将收费公路系统民营化的改革战略,在规划支持、法律保障、融资扶助等方面采取积极的措施引导民间资本参与收费公路的投资、建设与运营,以缓解政府公共支出的压力和解决日益严重的交通拥挤问题。在国际资本市场上先后掀起了收费公路无追索权或有限追索权项目融资(以 BOT、ABS 为代表)和初次公开发行 IPO 融资的热潮。特别是通过 IPO 融资,越来越多收费公路资产的投资价值得到了资本市场的认可和追捧,巨额的民营资本涌入收费公路系统的建设与运营管理,初步建立起健康、开放、持续的融资机制和体制,同时也在技术创新、管理模式和服务理念上对传统的公路融资模式产生着巨大的冲击和影响,在提高整个公路基础设施服务水平和服务效率的同时,也在一定程度上推动着区域社会经济发展和竞争力提高。

(二)国际收费公路 IPO 融资动因

在传统意义上,公路作为基础设施具有极强的公益性,往往是政府公共投资的重点领域,资金来源主要是为财政预算,建成后免费提供给道路使用者使用,政府通过征收特定的财政性费用(如养路费等)维持公路系统的运行。

随着收费公路网规模扩大,收费公路优越的投资价值和独特的运作模式日益得到政府以外部门的认同,政府部门采取了一种被称为"特许"的授权制度,为民间资本进入公路建设与管理领域奠定了法律制度基础。在与资本市场的结合过程中,特许的收费公路所特有的现金流量大、收费期限长、经营利润率高和价格弹性弱等优势逐渐显现出来,产生了一次又一次的融资创新,尤其是无追索权项目融资和 IPO 融资,一大批具有世界影响的收费路桥项目实现了证券化。

概括来讲,收费公路 IPO 融资的动因主要有以下四个方面:

(1)社会经济的发展使得政府逐渐放松了对公共工程的管制。政府公共管理的职能进一步得到明确,有限的政府资源需要投入到更为重要的社会福利、教育环保和人权保障上,具备产业化和商业化价值的收费公路成为政府急于变现的财富。

(2)国际资本寻求稳定、持续的收益需求与政府部门筹措公路系统建设资金需求历史性地结合起来。公路商业化管理体制的建立为两者的结合提供了充分的平台。

(3)资本市场快速发展为收费公路 IPO 融资做好了充足的资金准备,日益成熟和完善的资本市场使得快速筹措巨额资金成为可能。

(4)收费公路自身所具备的独特的投资价值进一步推动了其与资本市场的融合,如上所述,收费公路具备的现金流量大、收费期限长、经营利润率高和价格弹性弱等技术经济特点得到了资本市场的认可。

(三)国际收费公路 IPO 融资发展基本特点

通过对 20 世纪 90 年代以来国际收费公路 IPO 融资发展实践的深入分析,不难发现收费公路成功市场化运作的基本特点,以及在与资本市场实现紧密结合后对自身运行模式和服务理念所产生的积极影响。在新的层次上推动着收费公路乃至整体公路系统的服务能力和服务效率的提高。

1. 民营化政策和完善的特许法规体系提升了收费公路投资价值

收费公路的发展在很大程度上得益于政府对于公路投资管制的放松,通过构建 PPP、PFI(Private-Finance-Initiative)、DBFO 等一系列政府部门与民营部门的合作机制,触发了收费公路工程融资与资本市场的结合,越来越多的民营财团和机构认识到了收费公路的投资价值而积极地参与并使其成为极具活力的产业之一。

随着社会经济状况的变化,政府部门推出了收费公路民营化政策,在新的深度和广度上吸引民营部门更为广泛的参与,并对传统的公路运行模式进行深层次的变革,建立符合市场经济发展要求的收费公路特许经营体制和相应的法律法规体系,转变了政府主管部门的职能。通过行业管理和绩效考核,加强对收费公路运营商的监督与管理,提高收费公路服务水平。民营化政策措施不仅为公路建设筹措了大量的资金,而且通过引入民营部门的技术、管理、服务理念,对收费公路乃至整体公路系统的运行模式和服务水平产生了革命性的影响,同时也较大程度地提升了收费公路的投资价值。与民营化相配套的相关政策措施及法规体系为民营部门控制和分散收费公路投资政策性风险提供了充足的保障。

2. 市场化融资结构与财务安排是成功的关键

在民营部门广泛参与收费公路的融资与建设的背景下,收费公路的市场化融资体制日益形成,政府财政预算支出的比例日益下降,而依托于收费公路资产的融资创新层出不穷。

为降低融资成本和融资风险,收费公路发展商及收费公路特许权持有人均采取了市场化融资的方式,在全球范围内充分发挥和利用资本市场的功能和作用,调动并整合一切可以利用的资源,在尽可能短的时间内高效率地筹措所需要的资金。收费公路 IPO 融资打开了市场化融资的窗口,以资产证券化为支撑的债务融资与持续的权益融资更加紧密地联系在一起,构建了理想的融资结构和财务安排体系,为高效率的资本运作提供了前提,也为收费公路的持续发展提供了充足的资金保障。

澳大利亚 MIG 收购西班牙 FERROVIAL 旗下的 CINTRA 40% 权益以及香港合和控股参与

中国广深高速公路建设而进行的融资安排堪称成功的典范。

3. 国际化发展战略和组建战略联盟成为普遍选择

为了进一步提高自身的竞争力,在成功实现IPO后,收费公路发展商普遍选择了国际化发展的战略以适应全球一体化的发展趋势,一方面向国外的投资者出售一定比例的股权,另一方面在国外积极进行收费公路的投资与建设。如澳大利亚的MIG公司、西班牙的FERROVIAL公司、法国的VINCI公司以及香港的CKI公司等均不约而同地将业务重点放在拓展国际市场上,并取得了实际的成效,得到了其投资者的认可。

国际化的发展战略往往采取建立战略联盟关系来实现,在国际招标中共同行动,例如澳大利亚的MIG与西班牙的FERROVIAL、西班牙的ACESA与意大利的AUTOSTRADE、葡萄牙的BRISA与巴西的CCR等。在发展国际战略联盟关系的同时,相互之间的兼并与联合也在进行之中,2000年11月,法国VINCI公司宣布与国内另一家建筑集团GTM公司按照每12股VINCI股份换5股GTM股份实现了合并,股本金由6.85亿欧元上升到12.04亿欧元,据其2001年度业绩报告披露净收入实现173亿欧元,市值由合并前2000年7月1日的33亿欧元(其中VINCI为1.8亿欧元,GTM为1.5亿欧元)飙升到合并后2002年3月1日的59亿欧元,增长幅度为78%。

4. 以使用者为中心的服务理念推进收费公路增值服务创新

在积极推进收费公路IPO融资后有效的资本运作的同时,也积极引入了先进的技术手段、管理思想、服务理念,不断地推动收费公路服务水平的提高。

在坚持以使用者为本的思想指导下,积极进行交通管理科学技术的创新与应用,以先进的科技服务于使用者,为收费公路的使用者提供及时、动态的行车向导服务。并通过有效的数据采集系统,建立起高效的客户关系系统,对使用者的使用行为规律及其影响因素进行及时的分析研究,并在运营管理决策中充分地考虑到使用者的意愿,设立专用的网站,加强客户和收费公路使用者之间的沟通,以提高收费公路运营管理服务水平。

在做好基本通行服务的同时,诸如澳大利亚的TRANSURBAN以及法国VINCI公司均通过其专门的部门或直属公司创造性地提出了收费公路增值服务的理念,必将对收费公路的服务内涵产生积极的影响。

(四)实例分析

案例 国际收费公路IPO融资

1. HHI的分拆IPO

2003年4月17日,合和实业有限公司发布公告宣布该公司董事会已经向香港联交所提出建议将其旗下收费高速公路资产注入全资附属公司HHI有限公司并分拆上市的申请。

此次分拆的资产主要为全长122.8km的广州—深圳高速公路、全长38km的广州东西南环高速公路以及56.7km的广珠西线高速公路(含二期、三期在建的42km),分拆完成后,HHI将成为合和实业的公路基建业务的控股公司。

2003年7月28日,HHI公开募集7.2亿股的招股说明书公布,最终以4.18港币/股的定价成功发行,其股份于8月6日在香港联交所上市交易。

发行完成后,合和实业将持有HHI 75%的权益,HHI将持有广深高速公路合营企业50%

的权益。广深高速公路是连接广州与深圳、香港之间唯一的高速公路,日均上路车辆已经达到17万辆,是珠江三角洲地区公路网重要通道之一,也是中国内地最繁忙的陆路通道之一。

2. ABERTIS 的合并 IPO

与 HHI 不同,ABERTIS 是由西班牙两家公路上市公司 ACESA 和 AUREA 实现整体合并后于2003年6月2日实现 IPO 上市的。2002年12月19日,上述两家公司的董事会分别通过了合并计划,并于2003年4月8日得到了各自股东大会的通过。

根据合并计划,按照每2.06股 ACESA 股份换一股 AUREA 股份的方式进行,合并产生 ABERTIS 取代上述两家上市公司的上市地位,合并后两家公司最大的股东 CAIXA 集团和 DRAGDOS 集团分别持有新公司的20.1%和11.3%的股权,运营管理的收费公路总里程将达到1543km,成为欧洲仅次于意大利 AUTOSTRADE 公司和法国 ASF 公司的第三大收费公路运营商。从其7月份发布的2003年半年报告来看,合并取得了实质性的成功,实现净利润1.59亿欧元,较2002年同期两家公司净利润总和上升了9.2%。

3. MIG 捆绑基金(STAPLED SECURITY)IPO

MIG 是澳大利亚收费公路上市公司规模最大的一家,也是全球第三大收费公路运营商,拥有着庞大的收费公路资产组合。MIG 是由一家投资银行(Macquarie Bank Limited)控制和管理的。1996年12月成功实现了 IPO 融资,到2001年年底,复合投资回报率达到了41%,有效的资本运作和独特的商业模式使其成为澳大利亚表现最好的上市公司。

2002年1月15日,MIG 以8.16亿欧元为代价完成了对 FERROVIAL 旗下的 CINTRA 40%股权的收购,与其建立了战略联盟关系,并取得了位于加拿多伦多地区407ETR 的间接权益。在三个月之后,MIG 又向407ETR 的其他股东收购了另外18.45%的直接、间接权益,收购完成后,MIG 直接、间接持有407ETR 全面摊薄的42.97%,也使其成为 MIG 收费公路资产组合中最为重要的组成部分。

与其他收费公路 IPO 方式不同的是,MIG 采取的是 STAPLED SECURITY 的形式,根据澳大利亚证券交易所的定义,它是一种将信托与公司股权紧密结合起来的证券。一旦有资产收购行动,发行人将按照一定的比例向原该等证券持有人发行新的证券,从而可以快速地筹集到收购所需的资金。

三、PFI 融资模式

PFI 模式是 PPP 形式的一种,现在主要流行于英国、澳大利亚和日本。相对于其他 PPP 模式而言,PFI 的精髓在"主动"二字上。在 PFI 项目中,私营企业可以根据自己专长的技能和知识主动与政府探讨项目可行性方案,包括融资、设计、建造以及后期运营,通过合理的风险分配和全程精细化项目管理来获得项目的最佳运行效果。而政府部门也可以从复杂的基础设施项目的操作中解脱出来,将有限的资源更多地用于民生问题,从而实现社会投资效益的最大化。私营企业则通过全程参与模式来实现获得利益的最大化。

最常见的 PFI 形式是 DBFO,另外还有 Joint Venture 和 Concession 等,PFI 项目一般都采取20~35年的长期合作模式。

(一)PFI 融资概述

1. PFI 融资的概念

PFI,即"私人主动融资"。PFI 起源于英国,从20世纪80年代起英国政府就开始尝试 PPP

模式,著名的项目包括英法海底隧道和伦敦地铁。从 1992 年开始,正式以 PFI 命名。后在英国前首相托尼·布莱尔的积极倡导下,英国自上而下面向全国推广使用 PFI 模式。

PFI 是指政府部门根据社会对基础设施的需求,提出项目建议,通过招投标,由获得特许权的私营部门进行建设与运营,在特许期(通常为 30 年左右)结束后将所经营的项目完好、无债务地归还政府,私营部门则从政府部门或以提供收费服务的方式获取收益。典型的 PFI 模式如图 6-13 所示。

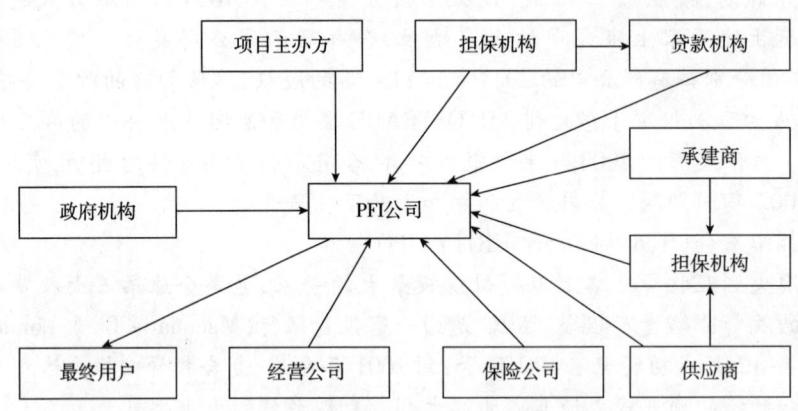

图 6-13 典型的 PFI 模式结构示意图

实施 PFI 模式的一个目的在于政府可以从私人建设的基础设施购买服务。从发达国家的实践来看,目前 PFI 模式多用于社会福利性质项目,并广泛应用于公共基础设施相对较为完善的发达国家,但 PFI 项目在发达国家的应用领域也有所不同。

2. PFI 融资模式类型

按照英国的实践,PFI 融资项目可以分为三种类型:

(1)经济自立项目。该类项目是私人部门在政府授权下开展项目建设。私人部门负责设计、建设、筹资及运营,并通过向项目使用者收费的方式获取投资回报;公共部门仅参与项目规划,并对项目收费标准给予一定的限定。如图 6-14 所示。

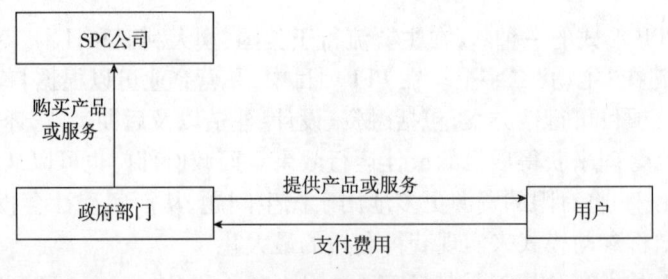

图 6-14 经济自立项目

(2)向公共部门出售服务的项目。这类项目的特点是私人部门不是通过向使用者收费来获得投资回报,而是由政府向私人部门支付费用来获取投资回报,如监狱及国防项目建设等。这类项目尽管由私人部门负责设计、建设和提供服务,但采取这种模式的一般是公共性较强的项目。如图 6-15 所示。

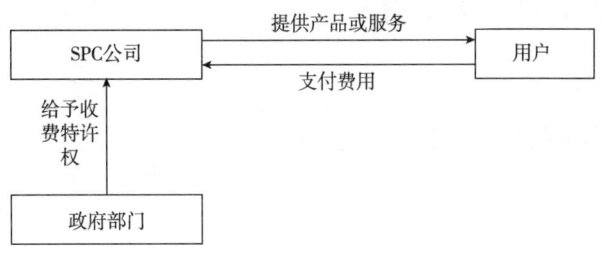

图 6-15　向公共部门出售服务的项目

（3）合资经营项目。这种项目由公共部门和私人部门共同出资、分担成本和共享收益。但是为了使项目成为真正的 PFI 项目，项目的控制权必须是由私人部门来掌握，公共部门只是充当合伙人的角色，对项目中非经营的部分给予一定补助。这种项目大多是一些政策性的亏损项目。如图 6-16 所示。

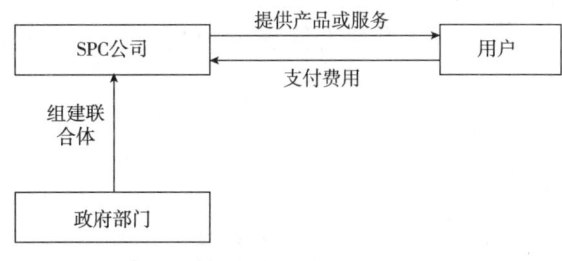

图 6-16　合资经营项目

（二）PFI 融资特点

PFI 是继 BOT 之后公共项目融资模式的又一创新，两者有诸多相似之处，因此常被人们混淆。尽管 PFI 与 BOT 都是利用民间资金帮助政府分担基础设施的建设，但是两者还是有较大差别的。PFI 虽然也涉及项目的"建设—经营—转让"问题，但 PFI 作为一种独立的融资方式，与 BOT 相比具有以下差异：

（1）任务目标不同。BOT 提交的是具体工程，PFI 模式政府只提出具体的功能目标，而对如何实现最终目标一般不做具体说明。

（2）主体不同。国内实践中，BOT 的主体多为外商，PFI 主要集中于国内民间资本。

（3）适用范围不同。BOT 适用于收益性较高的基础设施建设，而 PFI 由于自身的特点，既可以应用于收益性较高的基础设施建设，也可以应用于收益性一般的社会公益项目。

（4）承担风险不同。BOT 不承担设计风险，而且经常约定最低投资回报率，并且一般都需要政府对最低收益等做出实质性的担保；PFI 相应来说没有这种保证。

（5）合同期满后项目运营权的处理方式不同。PFI 项目在前期合同谈判中就要明确合同期满后，如果私人企业通过正常经营未达到合同规定的收益，可以继续拥有或通过续租的方式获得运营权。而 BOT 项目在特许权期满后，所建资产必须无偿地交给政府拥有和管理。

（6）代理制。PFI 模式实行全面代理制，这也是与 BOT 模式的不同之处。作为项目开发主体，BOT 公司通常自身就具有开发能力，仅把调查和设计等前期工作和建设、运营中的部分工作委托给有关的专业机构。而 PFI 公司通常自身并不具有开发能力，在项目开发过程中，广泛地应用现代社会的代理关系，实行全面的代理。这种代理关系通常在事前确定，在投标书和合同中明确,以确保项目开发安全、可靠。

(三)PFI 融资流程

PFI 融资运营程序可以分为以下几个阶段:

(1)可行性分析。由政府部门根据发展规划和社会对基础设施的需求,确定若干个满足这种需求的初步方案,并对这些方案分别进行评估,内容涉及成本费用、养护维修和运营管理及项目效益预测、政府支持条件(如信用担保)等。

(2)谈判签约阶段。由政府部门通过招投标,确定开发主体,进行谈判,并审查主体的开发能力,然后从技术、财务、法律等角度建立合同条款,明确政府和私人企业在合同中各自承担的权利和义务。政府和私人企业签订项目投资、建设和运营管理合同,合同期一般长达 25~30 年。

(3)开发运营阶段。由 PFI 公司筹措资金,组织专业设计公司进行设计,通过招标方式确定承包人施工,聘请监理咨询公司作项目监理,完工后进行项目运营管理或委托专业公司进行管理等。政府在合同期的主要职责是依据合同条款提供各种支持,帮助协调各方关系,监督私人企业按计划进行项目的建设和运营管理。

(4)转移、终止阶段。PFI 公司办理转移、清算等事宜,PFI 公司解散,公共项目由政府接管、运营。具体操作流程如图 6-17 所示。

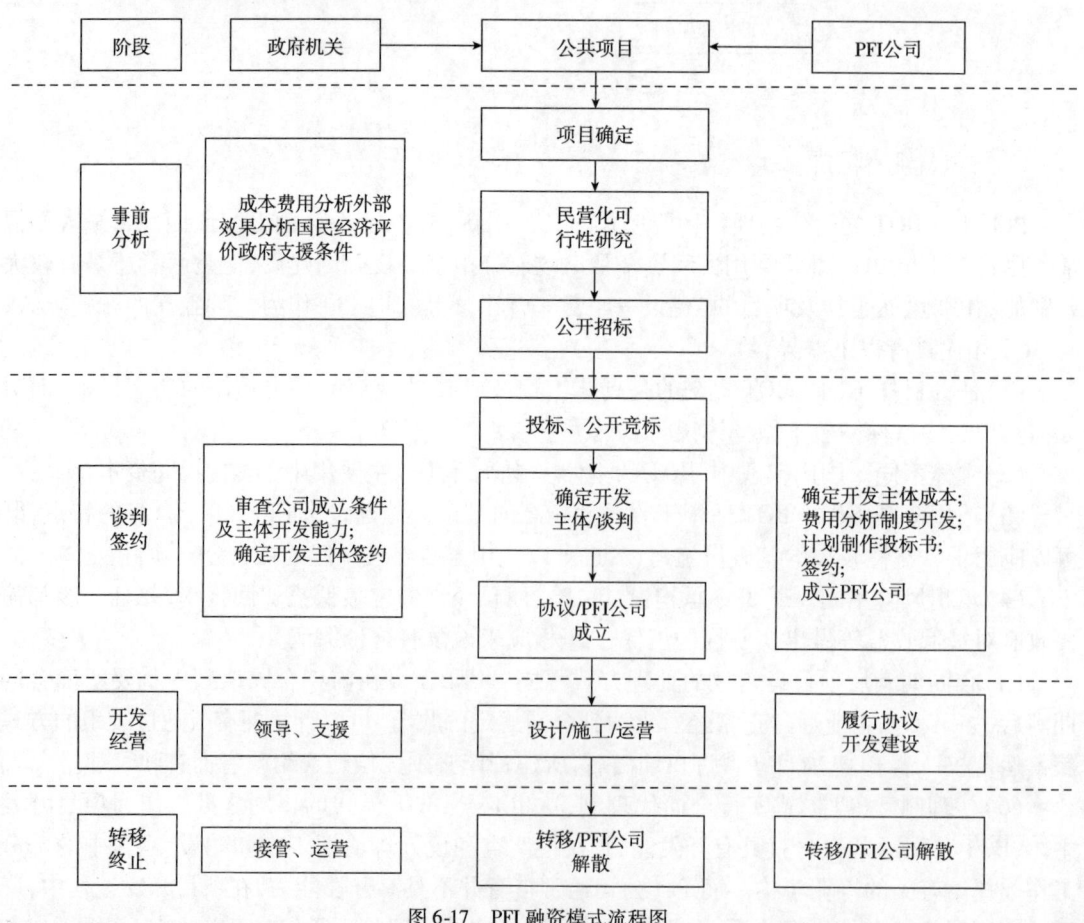

图 6-17 PFI 融资模式流程图

(四)PFI 融资在公路项目建设中的作用

(1)PFI 融资模式可以弥补财政预算的不足。长期以来,我国政府承担着基础设施建设的任务,资金主要通过国债来募集,其余部分通过地方政府投资、企业投资、银行贷款及其他社会投资等方式筹集。资金短缺是当前扩大投资面临的首要问题,政府资金的短缺制约了基础设施建设的步伐,开辟新的投资渠道已经迫在眉睫。而 PFI 融资方式可以在不增加政府财政支出的情况下,增加基础设施建设数量,公共项目建设采用 PFI 融资模式可以有效缓解财政支出的不足。

(2)PFI 融资模式的引入可以有效地转移和分散基础设施项目的投资风险。并不是所有的项目都适合采用 PFI 融资方式,PFI 项目一般投资大、周期长、参与主体多、不确定的因素很多,因而承担的风险也很大,其最大特点就是风险的转移与分担。在 PFI 模式下,PFI 项目公司负责项目的设计、开发、融资、建造和经营。项目进行过程中各环节所产生的一系列风险,如商业风险、融资风险、开发风险、建造和完工风险、经营和维护风险等也相应地转移给了民间私人机构,改变了传统的基础设施项目风险由政府和相关部门单独承担的局面,分散了基础设施项目的投资风险。政府通过特许合约承担相应的政治风险和法律风险,项目公司承担建设风险和运营风险,而金融风险、自然风险、环境风险、不可抗力风险则主要由项目公司或与政府来共同承担。

(3)PFI 融资模式的引入可以促使巨额民间资本的有序流动。民营经济的快速发展和个人储蓄额的不断上升,导致民间积聚了巨额的闲置资金。而另一方面,由于缺少多渠道的投资方式,大量民间资本滞留银行。民营企业家也不断地需要找到新的盈利点,公路基础设施拥有长期稳定收益,为民营资本提供了投资机遇。在减少中央和地方政府在大型交通设施项目中的财政投入的同时,充分利用民间的闲散资金,可以使公众获得更好的公共服务,提高项目的运营效益;同时使民间资本由储蓄转向投资,充分发挥民间资本的巨大功能与作用,促进社会资源的优化配置。

各种融资模式的应用条件和适用环境存在着差异,政府在其中所起的作用、承担的风险及代价也不相同。表 6-5 为 BOT、ABS、PPP、TOT、PFI 融资模式的对比分析。

项目融资模式对比表　　　　　　　　　　表 6-5

融资模式	BOT	ABS	PPP	TOT	PFI
融资成本	一般	最低	一般	较低	高
短期内获取资金的难易程度	较易	较易	较易	易	难
融资所需时间	一般	较长	一般	较短	长
项目所有权	拥有	拥有	可能部分失去	拥有	失去
政府风险	一般	小	较小	最小	大
政策风险	大	较小	一般	较大	大

公路建设的项目融资模式随社会经济发展不断处于创新发展之中,BOT、ABS、PPP、

TOT、PFI等项目融资模式比较注重民间资本的引入,项目市场化程度较高,项目投资收益率较高,非常适合当前我国公路建设的现状。一方面,通过项目融资引入民间资本能够减轻各级政府公路建设的投资压力,提高公路特别是经营性公路项目投资效益,推动公路建设长期快速发展。另一方面,原公路项目引入民间资本能够为我国民营资本、居民储蓄提供可靠的投资渠道,增加广大投资人的投资收益,提高居民收入水平,实现社会稳定的战略目标。为此,深化公路项目融资体制改革,保证投资人合法投资收益就成为现阶段公路项目融资需要解决的重要问题。

本 章 小 结

公路建设项目融资(Project Financing)是以公路建设项目的资产、运营预期收益或权益作为抵押而取得的一种无追索权或有限追索权的融资或贷款。公路建设项目融资主要有BOT、BT、PPP、ABS、TOT等模式。

BOT,为"建设—经营—转让"。BOT基本形式及其演变形式有BOOT,BOO,BT,TOT。BOT融资流程如下:

(1)项目的提出。
(2)项目招标和投标。
(3)中标者组建项目公司。
(4)项目准备和融资。完成项目前期准备与项目融资方案设计。
(5)项目建设。
(6)项目运营。
(7)项目移交。

BOT项目的融资特点需要理解掌握。

BT投融资模式在我国是一种新兴起的投融资模式,"BT"是"Build"和"Transfer"的简称,是项目建设、移交全过程,BT模式是从BOT模式转化发展起来的新型融资模式。

PPP,即公共部门与私人企业合作模式,是公共工程项目融资的一种模式。采用PPP项目融资模式时,政府并不是把项目的责任全部转移给私人企业,而是与参与方合作,共同承担责任和管理项目风险。PPP的运作程序按时间次序大致可以分为6个阶段:立项与可行性研究阶段、招标选择私营机构并成立SPV、政府与SPV签订特许协议、项目建设、项目运营、项目移交。PPP具有许多优势,非常适合公益性公路建设项目。

ABS,即资产证券化。ABS证券化融资的基本构成要素包括:标准化的合约、资产价值的正确评估、适用法律的标准化、可靠的信用增级措施。ABS模式的关键在于需要融资的原始权益人自己并没有借债,而是利用它所设立的一个SPV发债,通过把收益权转让给SPV,从而获得经营发展所亟需的资金。

融资租赁,就是由承租人自己选定所需设备,由出租人购买后租给承租人使用,从而以"融物"代替"融资"的租赁形式。杠杆租赁是指在融资租赁中,设备购置成本的小部分由出租人承担,大部分由银行等金融机构提供贷款补足的租赁业务。出租人一般只需投资购置设备所需款项的20%~40%,即可在经济上拥有设备所有权。

公路建设项目其他融资模式还包括TOT、IPO、PFI融资等。

复习思考题

1. 目前我国公路建设项目融资模式主要有哪些？就这些项目融资模式在我国的发展现状而言，其适用性如何？
2. 简述我国公路建设项目常见融资模式的特点并分析其异同点。
3. 试分析公路建设项目 BOT 融资成功的关键因素是什么？利用 BOT 融资模式时，应注意哪些问题？
4. 请结合具体实例简要说明一下公路建设项目 TOT 融资的操作流程。
5. 简述我国公路建设项目融资模式的差异。

第七章
公路建设项目融资风险管理

【学习目的与要求】

通过本章学习,了解我国公路建设项目融资风险管理现状,熟悉公路建设项目融资风险类型,融资风险分析基本方法,掌握公路建设项目融资风险评价指标及评估方法,重点掌握我国建设公路项目 BOT、BT、TOT 融资模式风险类型及融资风险管理措施。

本章内容包括风险、公路建设项目融资风险概念;项目融资风险类型;高速公路项目融资风险识别,风险评估指标及方法;我国公路建设项目 BOT、BT、TOT 融资模式风险类型;公路建设项目融资风险管理内容及方法。

第一节 项目融资风险理论

公路项目建设运营周期长,涉及领域广,项目建设自然条件、社会经济环境、政策及行政法规、市场变动、工程技术方案及交通量变化等方面均存在不确定性因素,给公路建设项目融资带来一定风险。分析评价项目融资风险,制订最有利的融资风险防范预案,对保证公路建设项目顺利实施意义重大。

一、项目融资风险概念

1. 风险

风险是指未来事务结果的不确定性或波动性,是在事务发展过程中,预期目标与实际结果之间出现的差距。风险的认识可以从以下三方面来反映:

(1)环境条件的不确定性是引发各类风险的因素。人类认知客观事物能力有限,对客观环境及其运行规律的认识不全面,客观环境条件发展变化存在不确定性,社会环境的各方面处于不断的发展变化之中。

(2)风险与人类社会活动的目的有关,社会活动是基于一定目的和预期结果实施的,当对预期结果缺乏足够的预测及把握时,则认为该项活动具有风险。

(3)风险产生对预期目标或后果的影响具有不同效果。环境不确定性因素对人类活动结果可能带来不利影响,但也有可能带来有利的影响。另外,不确定性因素出现的概率以及其对预期结果的影响程度也有所不同。

2. 项目融资风险

项目融资方式与传统借贷融资方式不同,其根本特征在于项目融资是一种无追索或有限追索的融资形式,项目融资不仅依靠项目发起人的信用保障或资产价值,更重要的是还要依靠项目本身资产及项目未来收益产生的现金流量作为项目贷款偿还的保证。项目融资涉及的资金规模大、期限长、参与方较多且结构复杂,项目融资风险也更大。

公路建设项目融资风险是指采用项目融资模式筹集公路建设资金,在筹资、建设及运营养护过程中可能产生的各种风险。融资风险分析和管理的目的在于对公路建设项目融资相关活动中可能遇到的风险进行预测、识别、评估、分析,并在此基础上,优化组合各种风险管理技术,有效地控制公路建设项目融资风险,妥善处理公路建设项目融资风险产生的结果,实现以最小成本达到公路建设项目融资最优目标。我国公路建设投资及融资体制始终处于改革、发展、创新过程之中,项目融资模式也随之不断发展变化,因此,公路项目融资风险分析与管理更为复杂。

二、项目融资风险类型

项目融资风险主要分为系统风险和非系统风险。系统风险是指与客观环境有关、超出项目自身控制范围的风险,如国家风险、经济风险等;非系统风险是指由项目实体自行控制和管理的风险,如完工风险、经营维护风险、环境风险等。

(一)系统风险

系统风险主要包括国家风险和经济风险。

1. 国家风险

国家风险是指那些由于战争、国际关系变化、政权更迭、政策变化而导致项目资产和收益受到损失的风险。

国家风险对项目融资影响程度受多种因素的影响。一是项目性质。不同性质项目对国家经济安全和政治安全的敏感程度不同,国家风险对项目影响程度不同。公路建设项目属于国家的基础性、公益性项目,对国家经济发展及居民生活有重要的影响,对国家风险较为敏感。二是世界银行或地区开发银行的参与程度。一般来说,世界银行或地区开发银行参与的项目,受项目所在地国家风险影响程度小。三是当地参与人的参与程度,项目所在地银行或企业加入,将大大减少项目的国家风险。

国家风险具体表现形式有:主权风险、国有化风险或没收风险、税收风险、法律变更风险和获准风险。主权风险是指政权更迭、领导人变动等政治体制变更给项目带来的风险。国有化或没收风险是指项目资产包括项目公司的股份被没收或国有化,使投资者无法取得预期收益的风险。税收风险是指政府可能对项目建设征收较高的税收或取消项目应有的减免税待遇而带来的风险。法律变更风险是指政府变更与项目有关的法律、法规及管理条例等对项目开发与经营造成的风险。获准风险是指项目由于种种原因未能及时得到政府的授权或许可,而造成项目误工,致使整个项目无法按期实施所带来的风险。公路 BOT 项目融资中,特许经营权是融资的基础,对获准风险敏感。

2. 经济风险

经济风险主要包括市场风险、外汇风险和利率风险三大类。

市场风险是指在预定的成本水平下能否按计划组织生产,实现预期产品销售或服务,以及产品或服务满足市场需求存在的风险。市场风险主要有价格风险、竞争风险和需求风险,这三种风险之间相互联系,相互影响。

外汇风险通常包括三个方面:项目所在国货币的自由兑换、经营收益的自由汇出以及汇率波动所造成的货币贬值等。项目融资各参与方都十分关心外汇风险,国外投资者希望将项目产生的利润能以自己本国的货币或硬通货汇回国内,避免因为项目所在国货币贬值损失。汇率波动也会给项目投资者造成损失。

利率风险是指由于利率水平的不确定波动,导致项目投资增大,收益减少风险。利率受所在国金融政策、货币政策、经济活动、投资者预期以及其他国家或地区的利率水平等多种因素影响,经常处于动态变化之中。利率风险的一个显著特征是现金流量(净利息收入或支出)的不确定引起收益和融资成本不确定;另一个显著特征是利率波动导致资产(或负债)的市场价值不确定,引起收益的不确定;此外,利率风险也会影响到经营机构的经营环境。

(二)非系统风险

非系统风险是指投资人可以通过多样化、分散化投资战略加以避免或降低的风险,它主要包括信用风险、完工风险、经营维护风险、环保风险、租赁风险、股票债券风险、负债规模风险、债务结构风险及运行机制风险。

1. 信用风险

信用风险是指项目有关参与方不能履行协议责任和义务而出现的风险。项目发起人在项目融资过程中非常关心各参与方的信用等级、专业能力和可靠程度。项目建设过程中,任何一个参与方的违约,都将影响项目的顺利实施及预期收益,信用风险对于投资者和贷款机构来说都是一个非常重要的影响决策的因素。

2. 完工风险

完工风险指项目无法按期完工、延期完工或完工后无法达到预期运行标准的风险。例如,由于项目筹备阶段没能如期完成相关土地征用,项目工期推迟。完工风险对项目公司而言意味着利息支出的增加、贷款偿还期的延长和市场机会的错失。完工风险的大小取决于以下四个因素:项目技术方案;承包人的建设开发能力和资金筹措能力;承包人所作承诺的法律效力及其履行承诺能力;政府干预。

3. 经营维护风险

经营维护风险是指在项目经营和维护过程中,由于项目经营组织管理不善、效益不佳、经营收益,不足以偿还债务的风险。经营维护风险使得股东收益难以保证,项目还债能力削弱,甚至出现资不抵债的情况。如原材料供给中断、设备安装、使用不合理、产品质量低劣、管理混乱等,使项目无法按设计运营及维护,最终影响项目的赢利能力。

4. 环保风险

环保风险是指项目投资者可能因为环境保护法实施或技术标准提高使得项目生产效率降低,生产成本增加,或者通过增加新的资金投入来提高项目的生产技术标准而产生的风险。在"污染者负担费用"的原则下,不遵守环境法将给项目造成巨大的损失。对项目公司来说,要满足环保法的各项要求,就意味着成本支出的增加,尤其是对那些利用自然资源或生产过程中污染较为严重的项目来说更是如此。

5. 租赁风险

公路是大额资金投入和技术密集基础建设项目,需要大量的专业、大型设备,在项目建设过程中经常采用融资租赁方式解决特定时期的专用和通用设备短缺问题。这种融资的风险在于租期过长、租金过高、租期内货币价格变化等原因给项目带来一定损失,具体包括技术落后风险、利率变化风险和租金过高风险等。

6. 股票债券风险

目前,我国高速公路境内上市公司20家左右,虽然只占有国内上市公司总数的1%左右,但影响还是比较大的,发展空间和获利空间都较大。其风险在于股份制企业在利用股票融资的过程中,由于股票发行比例不当,发行成本过高,发行时机选择欠佳,甚至违规对股民承诺等对项目经营造成损失。

7. 负债规模风险

负债规模指项目负债规模总额或负债占项目资金总额的比重。项目负债规模越大,需要支付利息的总额越多,项目收益水平越低,丧失偿债能力或破产的可能性就越大,融资风险也越大;负债比重提高,资信等级降低,债权人收益难度增大,项目再融资能力减弱,再融资成本提高。我国高速公路建设投资量大、建设周期长、项目债务资金比例较高,如国务院发布固定投资资本金比例调整文件规定,公路基本建设项目的资本金不得少于总投资的25%,文件规定75%的负债比例属于高风险的负债比例,这使得负债规模较高的高速公路建设项目融资风险增大,也增大了吸引社会资本进入公路建设领域的难度。

8. 债务结构风险

债务结构主要指项目债务资金的来源渠道和债务长短期限的相对比重。债务借入资金的渠道单一,负债期限结构设置安排不合理,也会增加项目融资风险。融资渠道相对单一,融资风险集中,不利于项目长期筹资活动,扩大项目融资总量;负债期限安排不合理,还款时间过于集中,可能出现挤兑现象,也会加大还款难度;债务资金还款期限设置不合理,也会加大债务成本,增大债务偿还风险。

此外,长期借款的融资成本一般较高,而且债权人为降低风险还会规定一些限制性条款,这对项目借债形成潜在风险。我国许多高速公路融资采用世界银行、亚洲开发银行贷款,国内银行贷款,日本、德国、沙特等政府长期贷款,债务结构风险在高速公路公司已较为普遍,使得项目财务成本和融资成本居高不下。

9. 运行机制风险

运行机制风险主要指高速公路经营企业由于内部运行机制的缺陷导致的融资风险。运行机制缺陷首先是代理人制度缺陷。高速公路公司80%以上属国家所有,实行所有权与经营权分离管理模式,拥有权和管理权各自独立。企业管理者面对自身利益与股东利益冲突问题时,往往站在自身利益角度,忽视股东利益。

另外,计划体制的影响也增加了项目运营风险。现行的高速公路通行费定价权和价格水平实际上是一种政府计划行为,但定价权和价格水平关系到高速公路公司收益水平,也是融资设计及贷款审批的重要因素。计划体制对定价权的约束增大了项目融资主体对项目未来收入水平的准确估算难度,加大了偿还能力的不确定性,同时也加大了融资风险。

三、项目融资风险分析

(一)风险识别

风险识别是指通过对大量来源可靠的信息资料进行分析处理,识别出项目存在的各种风险因素,进而确定项目所面临的风险性质,并把握其发展趋势的行为。高速公路建设项目投融资风险的识别是各部门进行风险管理的首要步骤和基础,准确识别公路建设项目融资中面临的风险,是融资科学决策的首要前提。公路建设项目融资周期长,涉及多种融资来源,建设及运营期间众多风险相互之间关系错综复杂,表现为直接或间接的、显性或隐性的关联。风险识别就是从项目建设全过程各个阶段,考察项目建设环境、条件,建设方案及参加单位等方面,识别出对项目建设目标有重要影响的因素。风险识别包括确定风险来源、风险产生条件,描述其风险特征和确定影响项目的风险事件。

1. 风险识别方法

高速公路融资风险识别方法主要有以下几种:

(1)分析法。它是通过将融资活动全过程中的各个环节,各项工作和涉及的因素,进行系统地排列,逐个分析,确认可能出现的风险事件,识别出风险事件发生背后的因素。

①环境分析法。环境分析法是分析公路建设内外环境因素变化对项目融资带来的风险和损失,确定出影响项目融资的风险因素。建设外部环境主要包括金融市场结构、市场供求、市场行情、政府管理等情况,内部环境包括人员素质、资本结构、技术水平、管理能力等。

②财务报表分析法。财务报表通常能综合反映一个经济实体的财力状况、财务成果和财务变动原因,通过报表可以了解企业的资金流量、资金流向和资金运动情况。财务报表分析法是根据高速公路建设单位各类财务报表,如资产负债表、损益表和现金流量表等,分析发现潜在的风险因素,确定项目融资风险因素。

③风险分析调查表法。通过问卷表格的方式,用企业信用等级评定表格来评定融资对象的信用级别,进而识别融资有无信用风险或其程度如何,这是借用保险机构常用的一种风险识别办法。

(2)专家意见法。它是一种定性的、依靠直接观察的风险识别方法,其特点是对调查意见逐步收拢,最终达到一致。基本方法是把一组具有特别形式的、非常明确的问题发给专家,专家根据调查并参照有关资料提出各自的意见;然后汇集整理专家的意见,再把各种不同意见及其理由反馈给专家,由专家再提意见;多次反复直至得出基本一致的结果。这种方法是20世纪50年代初美国著名的兰德咨询公司在德尔菲课题中提出,故又被称为德尔菲法。

(3)风暴了解法。它是指用一种集体的、奔放的、集思广益的、运用创造性思维方式认识了解风险的方法,这种方法通过联想、畅所欲言、互相启发、无拘无束及禁止相互指责等方式发现潜在的风险。如利率和汇率波动会增大公路融资成本,延长还贷期限,降低未来经济效益等。

2. 风险识别操作程序

风险识别一般程序为筛选、监测和诊断。筛选即按一定的程序将具有潜在风险的产品、过程、事件、现象和人员进行分类选择;监测是在风险出现后,对事件、过程、现象、后果进行观测、记录和分析的过程;诊断是对风险及损失的前兆、风险后果与各种原因进行评价与判断,找出主要原因并进行仔细检查的过程。具体的风险识别过程见图7-1。

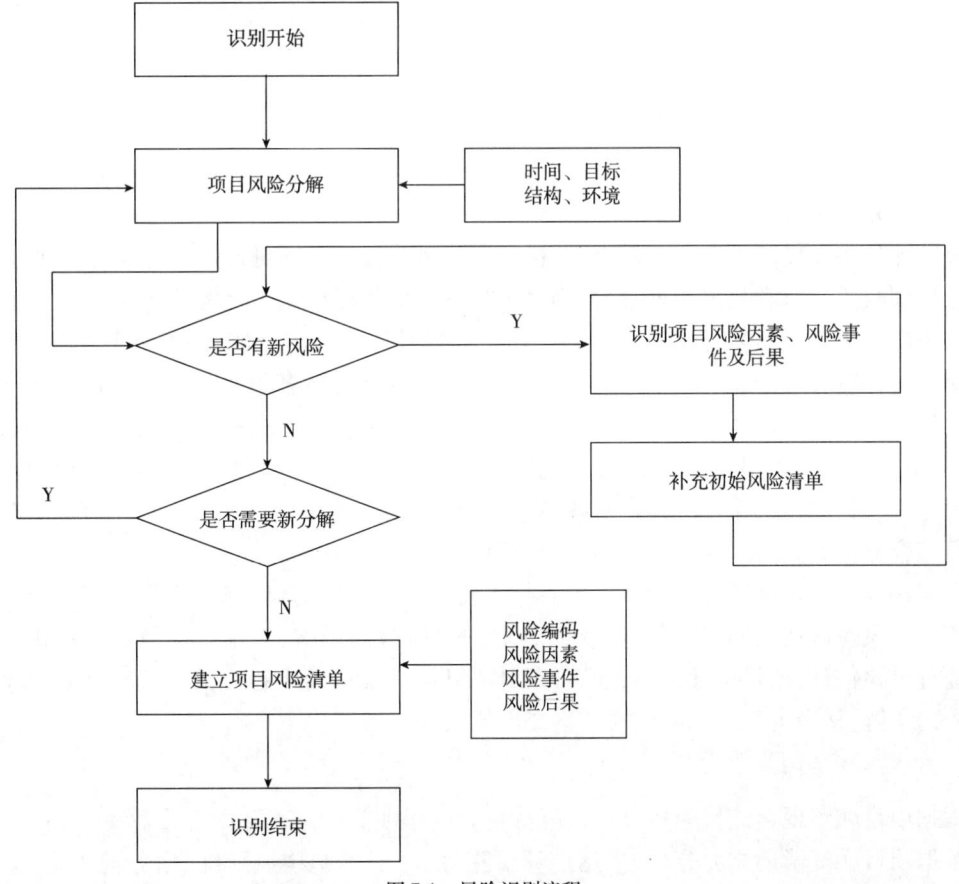

图7-1 风险识别流程

3. 风险识别的成果

风险识别的成果包括下列内容：

（1）风险来源表。风险来源表中应罗列所有的风险。对于每一种风险来源，都要有文字说明。说明中一般要包括：

①风险事件的可能后果；

②对预期发生时间的估计；

③对该来源产生的风险事件预期发生次数的估计。

（2）风险的分类或分组。风险识别之后将风险进行分组或分类，分类结果应便于进行风险分析的其余步骤。公路建设项目全程融资风险识别结果如表7-1所示。

公路建设项目全程融资风险识别结果一览表　　　　表7-1

阶段	施工准备阶段			施工阶段	运营阶段
	决策阶段	设计阶段	招投标阶段		
流程	项目初步规划 / 可行性研究	初步设计 / 技术设计 / 施工图设计	工程施工招标	工程施工控制与监督	运营 养护
风险	政策风险、经济风险、项目实施风险、招投标风险			负债规模风险、融资结构风险、运行机制风险、完工风险	收费管理体制风险、市场竞争风险、维修维护风险、自然环境风险

（二）风险评估

1. 风险评估概念

风险评估是在风险识别的基础上，分析和评价风险损失对项目预期目标的影响程度，通过对风险识别收集资料和数据的处理，得到关于损失发生的概率及其程度的有关信息，为风险决策提供依据。风险评估需要回答"风险有多大"，包括风险估计和风险评价两个方面。风险估计是对项目各阶段单个风险分别进行估计或量化，并没有考虑各单个风险综合起来的总体效果，也没有考虑这些风险能否被项目主体所接受。风险评价关注的是项目所有阶段的整体风险、各风险因素之间的相互影响、相互作用以及对项目的总体影响，判断项目主体对风险的承受能力等。项目整体风险评价是在对各单个风险进行量化估计的基础上，运用科学、合理的方法进行综合分析、运算，以求得项目的综合风险。

公路建设项目融资风险对于项目各参与方而言，其意义和风险价值有所不同。公路项目投融资系统风险评估，要充分考虑系统组合对项目风险的影响，对组合决策风险做出正确估计。通过风险估计，项目决策管理人员可以对项目投资及运营中存在的不确定性和风险有更为深入的了解，从而为项目风险应对方案提出建议及对策。

2. 风险评价指标

根据项目融资现金流量分析，风险评价指标有：净现值（NPV）和内部收益率（IRR）。

根据项目融资偿还能力分析，常用的评价指标有：资本结构风险度、债务覆盖率（包括单一年度债务覆盖率 DCR_t 和累计债务覆盖率 $\sum DCR_t$）、项目债务承受比率 CR 及资源收益覆盖

率 RCR_t。

(1) 现金流量分析。

①净现值(NPV)。净现值(Net Present Value)是项目投资所产生的未来现金流的折现值与项目初始投资的差值。当 NPV≥0 时，表示该项目的收益能够偿还本息，也就是说项目的净收益大于净支出，项目贷款能够回收。需要指出的是，项目融资风险评价的结果是否可靠取决于现金流量数据的质量。作为贷款银行，不仅要考虑风险因素的静态影响，还要考虑风险因素产生影响的起始时间和延续性，也就是动态影响后果。

②内部收益率(IRR)。内部收益率是一个折现率，它表示项目净现值为零时对应的折现率。从经济含义上来讲，IRR 主要表示项目投资获利能力，显示了项目对贷款利率所能承担的最大能力。

项目的风险分析是在可行性研究的基础上，运用可行性研究中所使用的现金流量模型进行风险分析，当确定了风险贴现率后，就可以计算项目的净现值，判断项目的投资能否满足最低风险收益要求。如项目投资能满足最低风险收益要求，对于项目投资者来说，从风险分析的角度看，项目是可行的。但这并不意味着项目一定能满足项目融资要求，为满足投资方和债务方对相应风险的共同要求，需要在现金流量模型的基础上建立项目的融资结构模型，设计合理的融资结构。合理的项目融资结构模型需要考虑项目的债务承受能力和投资者可以得到的投资收益率。通常在一系列债务资金的假设条件下，通过调整现金流量模型中各种变量之间的比例关系，来验证预期的融资结构是否可行。采用的方法是在建立了现金流量模型的基础方案之后，进行模型变量的敏感性分析，考察项目在各种可能条件下的现金流量状况及债务承受能力。

(2) 偿债能力分析。

项目的偿债能力主要考核项目产生的现金流能否偿还贷款的本金与利息。累计债务负债率和项目债务承受比率是经常用来评价项目的债务承受能力的基本指标。

①资本结构风险度(P_2)。项目融资中，投资者往往希望项目建设开发所需要的全部资金尽可能多地采用项目融资形式。因此，可以用项目债务融资比率与项目投资满意率 P_1 的乘积来作为某融资方案资本结构的风险评估。

$$P_2 = \frac{D}{D+E} \times P_1 \tag{7-1}$$

式中：D、E——分别为股本资金和债务资金；

P_1——投资满意率，为净现值大于等于投资者的目标净现值的概率。显然，P_2 越大，方案越好。此指标多用来进行多方案的评选。

②债务覆盖率。项目债务覆盖率是贷款银行对项目风险的基本评价指标，它是指项目可用于偿还债务的有效净现金流量与债务偿还责任的比值，可以很容易地通过现金流量模型计算出来。债务覆盖率可进一步分为单一年度债务覆盖率和累计债务覆盖率两个指标。

a. 单一年度债务覆盖率(DCR_t)。

$$DCR_t = \frac{(CI-CO)_t + RP_t + IE_t + LE_t}{RP_t + IE_t + LE_t} \tag{7-2}$$

式中：$(CI-CO)_t$——第 t 年项目净现金流量；

RP_t——第 t 年到期债务本金；

IE_t——第 t 年应付利息；

LE_t——第 t 年应付的项目租赁费用(存在融资租赁的情况下)。

在项目融资中,贷款银行通常要求 $DCR_t > 1$,如果项目被认为存在较高风险的话,贷款银行则会要求 DCR_t 的数值相应增加。公认的 DCR_t 取值范围在 1.0~1.5 之间。

贷款银行在评价一个项目融资建议时,首先要确定可接受的最低 DCR_t 值,这个值的大小不仅反映出银行对项目自身风险的评估,同时也表现出银行对来自项目之外的各种信用支持结构的有效性评价。

b. 累计债务覆盖率($\sum_{i=1}^{t} DCR_i$)。

$$\sum_{i=1}^{t} DCR_t = \frac{\sum_{i}^{t}(CI-CO)_i + RP_t + IE_t + LE_t}{RP_t + IE_t + LE_t} \tag{7-3}$$

式中:$\sum_{i}^{t}(CI-CO)_i$——自第 1 年开始至第 t 年项目未分配的净现金流量。

项目在某几个特定的年份可能会出现较低的 DCR 值。一种情况发生在项目生产的前期,由于种种原因项目还未达到设计生产水平却面临着较高债务偿还的要求;一种情况发生在项目经营若干年后,由于生产消耗等原因,需要投入较大量的资金更换一部分设备以维持正常生产。为了解决这一问题,项目融资一般采用三种相互联系的方法:

a. 根据项目生产前期现金流量状况,给予项目贷款一定的宽限期。

b. 规定项目一定比例的盈余资金必须保留在项目公司中。这就是引入累计债务覆盖率的一个作用。只有满足累计债务覆盖率以上的资金部分才被允许作为利润返还给投资者,从而保证项目经常性地满足债务覆盖率的要求。通常 $\sum_{i=1}^{t} DCR_i$ 的取值范围在 1.5~2.0 之间。

c. 为了防止实际的现金流量与预测数值差距过大,使 $\sum_{i=1}^{t} DCR_i$ 值根本无法达到,贷款银行有可能要求项目投资者提供一定的偿债保证基金。在有限追索的融资结构中,这种保证基金预先规定金额数量,贷款银行的追索一般不超出这个限额。

③项目债务承受比率。另一种在项目融资中经常使用的指标是债务的承受比率(CR),即项目现金流量的现值与预期贷款金额的比值。

$$CP = \frac{PV}{D} \tag{7-4}$$

式中:PV——项目在融资期间的现金流量现值(采用风险校正贴现率计算);

D——计划贷款的金额。

公路建设项目融资一般要求 CR 的取值范围在 1.35~1.5 之间。

④资源收益覆盖率。对于资源性项目,项目融资的风险与资源储量有直接的关系,因此除了以上几个指标外,还需要增加评价资源储量风险的指标。

$$RCR_t = \frac{PVNP_t}{OD_t} \tag{7-5}$$

式中:RCP_t——t 年资源收益覆盖率;

OD_t——t 年所有未偿还的项目债务总额;

$PVNP_t$——t 年项目未开采的已证实资源储量的现值。

$PVNP_t$ 的计算公式为:

$$PVNP_t = \sum_{i=1}^{n} \frac{NP_i}{(1+K)^i} \qquad (7\text{-}6)$$

式中：NP_i——第 i 年项目的毛利润（即销售收入 – 生产成本）；

K——贴现率，一般采用同等期限的银行贷款利率作为计算标准；

n——项目的经济生命期。

公路建设项目融资一般要求在任何年份 RCP_t 都要大于 2。

3. 风险评价的一般操作程序

在公路项目融资实践中，风险评价的一般步骤是：

(1) 确定风险评价基准。风险评价基准是项目主体对每一种风险后果确定的可接受水平，分为单个评价基准和整体评价基准。风险的可接受水平可以是绝对的，也可以是相对的。

(2) 确定项目整体风险水平。项目整体风险水平是综合了所有的个别风险后得到的综合风险程度。

(3) 将单个风险和整体风险分别与项目单个评价基准和整体评价基准进行比较，看项目风险是否在可接受范围之内。进而确定所评估项目是否可取。

4. 风险评估方法

在实际风险评估中，风险估计和风险评价往往是同时进行的，没有清晰的界限。风险评估方法既是用来进行风险估计的，也同样是用来进行风险评价的。

评估方法有以下几种：

(1) 调查和专家打分法。该法首先将工程项目所有的风险列出，设计风险调查表，然后利用专家经验，对各风险因素的重要性进行评估，再综合成整个项目风险。此种方法简单实用，主要依靠专家的经验，具有较强的主观性，而且由于专家意见不同，有可能产生多种风险的风险值相等的情况，从而加大预知风险大小的难度，只能为项目风险分析决策者提供风险和风险处置措施的优先顺序建议。

(2) 蒙特卡罗模拟方法。蒙特卡罗模拟方法又称统计实验法或随机模拟法。该法是一种通过对随机变量的统计试验、随机模拟求解数学、物理、工程技术问题近似解的数学方法，其特点是用数学方法在计算机上模拟实际概率过程，然后加以统计处理。蒙特卡罗模拟是风险定量分析方法中最常见的方法。蒙特卡罗模拟利用计算机的模拟功能，能够比较方便快捷地计算出最有可能出现的项目风险。不过其事前须知道项目风险适合的概率密度分布；而且模拟的次数也可能影响计算结果的精确度。蒙特卡罗模拟经常与其他定量分析方法结合应用于工程项目风险评估。

(3) 决策树法。决策树法是风险决策时常采用的一种方法，结合计算项目未来现金流量并进行不确定性分析和敏感性分析，此种方法目前已广泛应用在实践中。这种方法通常求出所有变量所有可能变化组合下的 NPV 或 IRR 值，再画出其概率分布图。它的计算规模随变量个数及变化情况多少成指数变化，并且要求有足够有效的数据做基础。该方法不仅可以处理有状态转移的，而且可以处理在某种状态转移前逗留一段时间的风险决策问题；模糊决策树可用于获取在不确定环境下的不精确知识；全局优化决策树可用于不可微分的目标函数，用于构造具有固定结构的多变量决策树，将多变量决策树表示成析取线性不等式集合。全局树优化就是使析取线性不等式中的分类误差最小化。

(4)模糊分析法。所谓模糊就是边界不清晰,外延不明确,以模糊集合代替原来分明的集合。大型工程项目中存在着大量的模糊因素,通过模糊分析法,对这些因素进行模糊评价,可以增加评价结构的可靠性和科学性。

(三)风险控制

风险控制措施主要包括以下几方面:

(1)风险回避。融资活动中的风险回避,主要是指通过在不同种类可供选择的融资方案中进行风险分析,从中筛选出风险较小的融资方案,回避一些风险较大且很难把握的融资活动。同时,通过实施必要的债务互换,采用利率互换、货币互换等方法,防范利率、汇率等变动给公路企业融资带来的风险。风险回避是最简单易行的控制风险的方法,但也有局限性,虽然此方法有时避免了损失,但是也可能失去高利润或高回报的机会。

(2)降低风险等级。针对融资主体中筹资的主要部门负责人或行政人员对融资风险评估及可承受风险的分析能力提供有效的训练,预防风险过高的项目,其措施是把融资风险带来的损失降到可接受的等级。主要预防策略是缩小项目规模,降低风险,并谨慎控制项目进度,务必对发展及变化中带来的边际风险预留足够的时间以便监管和处置。通过债务重组,及时申请破产清算,避免损失扩大。

(3)减少损失。这种控制风险法,是降低潜在未来损失程度,它是在风险出现以后才进行的一种策略。这些策略不可能在损失出现以前已预先准备好,其目的主要是减少损失出现以后所带来的负面影响,所以公司风险管理人员的责任是减少损失所带来的后果。如高速公路上发生连环车祸造成重大人员和财物损失,公司可以通过救助酬金、损失取代、灾难应变计划、备份和风险隔离等具体方法减少损失。

(4)风险转移。融资风险转移是将风险转移到参与该风险项目的其他人身上。这种转移分为财务性风险转移和非财务性风险转移。

财务性风险转移可分为保险类风险转移和非保险类风险转移。

①保险类风险转移是指通过投保对冲风险,以保险的形式将风险转移,分散到其他参与主体身上。高速公路公司一般对工程参建人员的人身安全、工程建设事故安全、责任安全进行了投保,但大多未对投入运营的高速公路经营管理中的自然和人为导致的事故和责任进行投保,在遇到经营事故时只能自己承担全部风险,往往造成有形和无形资产的严重损失。

②非保险类风险转移是指通过项目建设的合作机制将风险分摊到合作伙伴身上,也可选择以对冲的方法将风险转移到衍生工具的参与者身上。

非财务性风险转移是指高速公路公司将部分融资风险转移到第三者身上或者以合同的形式转到其他人身上,同时亦能保留可能产生风险也有较大利润空间的项目。在非财务性风险转移中,只会牵涉到承买人和让买人双方,一般情况下,非财务性风险转移可以免除让买人承担的风险。

(5)风险保留。风险保留是指企业对风险既不回避也不转移,而是自行承担风险及损失发生后的直接财务后果。保留的方式有主动风险保留和被动风险保留两种,前者如提取准备金(如坏账准备)和建立基金(如自设保险基金);后者如疏忽(由于不知道风险的存在而承担)和损失过小(因损失微小而承担)。风险保留的条件是发生频率较小,损失较小的风险;能够直接预测损失大小的风险;除此之外,别无其他方式可供选择。

第二节 公路建设项目融资风险管理

公路建设项目融资风险因素多、持续时间长、涉及面广、金额大,而且风险管理比较复杂,项目融资风险管理应结合公路建设项目融资的特点和程序,运用风险管理理论,深入分析公路建设项目融资存在风险,制定风险管理对策。

一、公路建设项目融资风险管理基本内容

(一)项目融资风险管理概念

项目融资风险管理就是项目管理人员对可能影响项目融资的不确定性进行识别、评估和分析,通过有目的的计划、组织、协调和控制等管理活动防止风险损失的发生,减少风险损失及风险发生的可能性。项目风险管理的目标通常分为两部分:一是损失发生前的目标;二是损失发生后的目标。两者构成了风险管理的系统目标。

1930年,美国宾夕法尼亚大学索罗门·许布纳博士在美国管理协会发起的一次保险问题会议上最早提出了风险管理。20世纪60年代以后,迅速发展成为一门新兴的管理科学。在项目的进行过程中,风险对项目产生的影响具有两面性:一方面是风险对项目预期目标的达成产生消极的影响;另一方面,高风险往往伴随着高收益,风险有时会给项目带来积极的影响和收益。

(二)公路建设项目融资风险管理特点

公路建设项目融资风险管理作为一般的管理活动有着一般风险管理的共性,但是项目融资又决定了这一管理活动有其自己的特点。这主要表现在:

(1)以项目可行性研究报告作为风险分析的首要前提。项目的风险分析是在可行性研究的基础上进行的。项目可行性研究需要分析和评价许多与项目有关的风险因素,并通过对项目原材料供应、技术设备及人力资源的获取、项目产品或服务的需求状况、项目的环境效应等一系列因素的分析,对项目做出综合性的技术评价和经济效益评价。翔实、权威的可行性研究报告,将有助于项目融资的组织以及对项目风险的识别和判断,是风险分析的首要前提。

(2)以风险识别作为设计融资结构的依据。项目融资是根据投资者的融资战略和项目的实际情况"量身定做"的一种结构性融资,其核心部分是融资结构。一个成功的融资结构应当是使项目风险在参与各方之间实现有效合理的分配,其前提是对风险进行识别,从而使风险管理的目标明确化,进而找出控制项目风险的方法和途径,设计出风险分担的融资结构,以实现投资者在融资中的目标。

(3)以项目当事人作为风险分担的主体。项目融资风险处理的核心环节是建立项目风险与项目当事人之间合同关系,形成风险约束体系,从而保证融资结构的稳健。为实现项目融资的有限追索,对项目各种风险要素,需要以某种形式在项目投资者与项目有利益关系的其他参与者和贷款人之间进行分担。一个成功的项目融资结构应该是在项目中没有任何一方单独承担起全部项目债务的风险责任,一旦融资结构建立之后,任何一方都要准备承担各自风险。如图7-2所示。

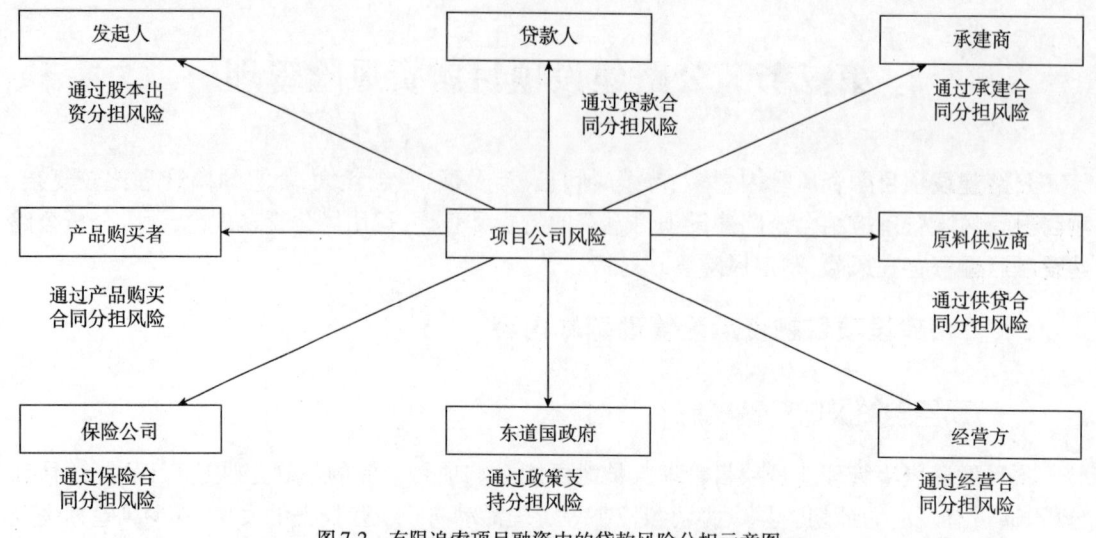

图7-2 有限追索项目融资中的贷款风险分担示意图

(4)以合同作为风险处理的首要手段和主要形式。项目融资的主要特征之一就体现在项目风险的分担上,而合同正是实现这种风险分担的一个关键所在。在项目融资中将各类风险具体化,需要以合同的方式明确规定当事人承担多大程度的风险,用何种方式来承担,并以项目合同、融资合同、担保、支持文件作为风险处理的实现形式。

(三)公路建设项目融资风险管理的意义

(1)公路项目融资风险管理能促进公路建设项目实施决策的科学化、合理化,降低融资决策的风险水平。风险管理贯穿整个项目生命周期,是一个持续改善的过程,其作用是对项目中的不确定性进行分析和管理,如果项目执行过程中,出现了很多的变更和不确定性,但并没有预测和预先设计好应对措施,那么这些变动就会影响到项目的基准计划。因此,项目的风险管理有助于项目管理人员编制项目的基准计划,使得计划更加贴近实际。

(2)公路建设项目融资风险管理能够保障项目投资目标的顺利实现。风险管理满足了项目全过程的需要,将项目划分成多阶段和多步骤,有利于发现项目中风险管理的潜在机会,而且可以有针对性地采取相应的措施。无论在项目过程中的哪个阶段实施风险分析,都需要把它们看成是整体的项目风险管理的有机组成部分。

(3)公路建设项目融资风险管理能为公路建设项目组织提供安全的建设和运营环境,促进公路建设项目经济效益和社会效益的提高。

二、公路建设项目融资风险管理现状

1. 政策变化影响大

当前我国高速公路建设项目投资及融资受政府审批、财税政策和货币政策影响大。公路建设项目属于政府重点投资类项目,政府相应审批程序严格,能否获得政府对项目的授权和建设批复,对整个项目建设投资、融资有直接影响。当前,政府对公路项目投资的一个主要来源是燃油税费,国家的财税政策、货币政策变化,如银行贷款利息调整、信贷规模变动等也对高速公路建设项目融资有重要影响。

2. 建设成本上升，偿债风险大

当前及今后相当长一段时期，我国公路建设将逐步向丘陵、山区推进，隧道、桥梁将明显增多，施工难度不断加大，工程建造成本也将增加，如广东省2011年新建山区高速公路项目建设成本已达1.1亿元/km，中西部地区山区高速公路建设成本更高，例如，川藏地区公路建设成本高达1.3～1.5亿元/km。我国"十二五"规划中，多条在建或新建的高速公路均通向"山高路远地质复杂"的地区，投资成本进一步增大。此外，近年来建设原材料价格上涨也加剧了公路建设成本的增加。工程建造成本的增加，使得某些山区高速公路运营收益很难满足项目债务偿还要求，一些项目已经出现了偿债困难，也加大了后期项目再融资风险。如2011年审计署发布的《全国地方政府性债务审计结果》显示，部分地区的高速公路收费收入不足以偿还债务本息，开始依靠举借新债偿还，全国高速公路的政府负有担保责任的债务和其他相关债务借新还旧率达54.56%。

3. 项目完工风险较高

由于项目前期规划、项目决策、勘察设计、项目招投标管理、工程变更、工程超算及项目建设资金不能及时到位等问题，使得我国高速公路建设项目存在无法完工、延期完工或者完工后无法达到预期的运营标准等风险。某些高速公路因资金短缺而停工或半停工，引发社会问题。

4. 维护及运营风险较高

高速公路运营及维修养护费用主要来源于公路运营收取的车辆通行费，一段时间以来，我国高速公路建设向经济欠发达及人口较少地区发展，这类地区受经济发展水平所限，很难实现公路运营所需达到的通行交通量，给公路运营及维护带来一定风险。

三、公路建设项目融资风险

（一）公路BOT项目融资风险

1. 价格风险

公路BOT项目成功的一个关键因素在于项目能够收取足够且稳定的车辆通行费用，以偿还借贷资金和获得预期收益。车辆通行费收取标准是影响公路运营收入的主要因素。车辆通行费收费标准除需考虑公路项目的建设成本、道路交通量、运营成本、贷款利息等多方面因素外，还受政府价格指导因素影响。公路BOT项目是由政府发起，公路建设项目具有公共基础设施的属性，各地政府考虑到车辆通行费收费标准对当地经济及居民生活影响较大，地方企业及公众对收费价格非常敏感，公路BOT项目的收费价格很大程度上也会受政府指导价格限制，根据当地居民及经济发展水平确定收费标准及调价标准。政府指导价格对公路BOT项目车辆通行费取费标准的影响，增大了项目未来收益的不确定性。

2. 竞争风险

公路BOT项目收取的车辆通行费与公路运营车辆的交通流量大小有关。公路BOT项目建成运营后，相邻区域规划新建或改建的公路项目，将对建成的公路BOT项目形成竞争压力，分流BOT项目公路的交通量，减少BOT项目公路车辆通行费收入，公路BOT项目存在工程建成后运营竞争风险。项目须在合同谈判的前期就应该做好规避竞争风险的准备，在项目合同内加入一些限制性条款,规定一定期限以内禁止相邻地区新建类似公路项目。

3. 交通需求风险

当前,我国高等级公路,特别是在经济发达地区,高速公路路网已基本建成,新建公路项目主要集中在经济欠发达或山区等人口稀少地区。受区域及经济发展限制,这类地区项目建成后的公路运输交通量增长有限,给项目运营收益带来一定风险。因此,项目前期可行性研究中需要认真、仔细做好项目前期交通调查,对地区经济增长、人口变化及迁移、社会发展有一个准确客观的认识,科学准确地预测公路远景交通量。

4. 融资成本风险

公路BOT项目涉及资金巨大,我国公路BOT项目建设资金中的大部分主要来自商业银行贷款,贷款的利率一般都是采用浮动利率方式,且为长期贷款。由于贷款数额巨大,贷款期长,这类贷款利率的微小波动都将对贷款利息产生巨大影响,给项目融资成本控制带来困难。

5. 政策风险

公路BOT项目依靠政府发起,政府对项目的支撑对项目成功意义重大。我国公路BOT项目处于初步探索起步阶段,BOT项目融资的政策及法规也不尽完善,给项目建设、运营带来很大风险。如公路建设项目未来收益存在较大的不确定性,为了鼓励和吸引社会资本参与公路BOT项目,一些地区都会给予较大优惠,项目建成后由于收益较高,引发社会争论,政府将某些BOT项目又变为BT项目,造成某些BOT项目中止。为防止该类风险,一方面国家应加快完善BOT融资相关法律法规,公路管理部门应出台相关配套管理规定;另一方面应尽量做好合同签订,在项目谈判时明确双方责权。

公路BOT融资风险具体实例见章末案例一:京承高速BOT项目融资风险管理研究。

(二)公路BT项目融资风险

1. 管理风险

公路项目建设受气候、地形、地址及其他因素影响,项目不可避免地会出现设计变更、决算超预算等现象,这就要求项目建设单位对项目实施严格管理,合理控制设计变更及建造成本。公路建设项目采用BT模式后,将公路建设的大部分管理工作交由项目公司承担,特别是采用总承包形式的BT项目,项目建设单位主要关注与费用相关的审批事项,而质量、进度等方面的控制问题主要由BT项目公司和监理管理,这对项目全面管理,特别是项目移交之后的运营管理带来风险。

2. 项目公司内部管理风险

公路BT项目公司一般由两家及以上投资方共同出资组成,出资方依据其出资比例在项目公司处于不同地位。某些公路BT项目公司出资方投入大,占有控股地位,但缺乏工程项目管理能力,也没有公路建设项目管理经验,加之项目各投资方参与项目目标不一致,项目建设工程进度、质量、成本、安全管理存在一定风险。

3. 融资风险

当前我国高速公路建设资金普遍短缺,国家宏观政策调整、银根缩紧,银行放贷困难,项目公司获得银行贷款的难度增大。公路建设项目建设周期比较长,对资金的需求量较大,项目公司如果自身没有充足的资本和较强的融资能力,不但使 BT 项目可能因为资金缺乏而导致无法完成,可能还会严重地影响到企业自身的发展。宏观上,项目公司可开辟新融资渠道,如积极争取获得中央及地方财政资金的支持,加以解决。通过引入公路建设专业队伍,加强项目管理,加强资金使用监管,优化施工组织及进度安排,控制项目建设成本。

4. 监管风险

公路 BT 项目中投资方和施工承包单位有时同属于同一大型集团公司,这一特殊关系容易导致项目监管风险,如项目管理缺乏严肃性、公正性。如果双方之间的合作关系不能通过合同方式进行明确化、正规化,工作流程的审批环节没有得到严格的制度保证和制约,最终就有可能造成管理混乱,导致出现项目的质量、进度、费用等方面失控的局面。

公路 BT 融资风险具体实例见章末案例二:桂来高速公路 BT 项目融资风险案例分析。

(三)公路 TOT 项目融资风险

1. 移交项目风险

TOT 项目融资是以建成公路项目为基础,所移交项目的建设风险则全由运营方承担,包括项目前期设计质量、工程建设质量、运营质量及维修养护成本费用等风险都由运营方承担。

2. 运营损耗风险

公路建设项目经营期满转交给建设单位后,项目的损耗风险由项目建设单位承担。基础设施项目都有设计使用寿命,实施 TOT 后项目所有权不归属运营方,运营方为了满足经营期内利润目标的最大化,在经营期内会出现所谓经营短期化倾向,不考虑或很少考虑对工程设施实施技术改造、维护和保养等工作,使得最终交回的公路项目损耗加大,残值变小,后期使用寿命缩短。

3. 运营风险

首先,公路 TOT 项目运营时间长,未来市场收益的不确定性也是经营者面临的重要风险,政府是否能够提供一定的收益保证是经营者考虑的一个重要方面;其次,项目的技术改造和经营成本也是经营风险的一方面,移交项目往往会存在设计的技术水平不够先进、原材料成本高、管理水平与经营者的要求有差别等问题,使得经营者在移交承接后需要重新对项目进行技术改造,以适应经营者的市场开拓需要;最后,由于市场利益驱动,在经营期内,项目所在地附近新建或改建公路项目也将对 TOT 项目运营收益带来影响。

四、公路建设项目融资风险管理

(一)公路建设项目融资前期风险管理

公路建设项目融资前期风险管理的目的在于确保公路建设项目融资成功,组建项目公司,正式启动项目,项目前期最大的风险在于项目"流产"。融资前期风险管理时间为自项目提出开始至项目公司组建结束。

(1)加强政策研究,控制好政策风险。应当加强对现行政策的研究和未来政策的前瞻性分析,时刻关注国家政策的形势变化和相关政策的出台,积极与当地政府和相关部门沟通,如果企业本身对政策风险把握能力较弱,可以聘请当地的咨询机构进行分析评价。

(2)做好市场的调查分析,控制好经济风险。应当加强对市场的调查了解,做好行业内变化趋势分析,充分运用各种财务手段盘活资产,积极和政府及金融机构沟通联系,根据变化及时做出调整。

(3)切实加强财务管理。建立完善融资财务管理的制度,控制好融资成本,做好资金流通,切实做好资金调配和使用计划,全面加强资金的使用和监管力度,保障资金足额及时到位。

(4)聘请项目专家组对项目进行技术论证和可行性分析,充分考虑公路项目所在区域经济发展状况、施工时间安排、地质地形条件、施工难度、重要施工机械调配等因素,做好各方面的沟通协调工作,保证项目实施技术措施可靠性。

(5)加强融资工作管理,加强内部管理制度建设,搭建良好的项目融资工作班子,加强同银行等金融机构的沟通合作,盘活固定资产,构建良好的再融资渠道,引入保险等保障性资金,降低风险控制难度。

(二)公路建设项目建设期风险管理

公路建设项目建设期风险管理的目的在于确保公路建设项目的顺利实施,确保融资产品在规定时间、规定质量要求下按照规定程序完成,项目建设最大的风险在于项目不能通过竣工验收。其时间为自项目准备开始至项目竣工验收结束。

(1)选择良好的项目参建单位。在项目建设阶段,选择良好的参建单位非常重要,应通过招投标等程序选定最优项目实施单位组合,参建单位包括设计、施工、监理、咨询以及项目管理等单位。通过先进组织管理,从公路建设整体利益角度出发,最大限度地发挥各方积极性。

(2)强化合同管理,确保公路建设项目责、权、利均衡。强化合同管理,明晰责任,确定分工。

①公路建设工程的风险责任和权力应是平衡的。承担责任也应该享有权力,同样,拥有某种权力,也要承担相应的责任。

②风险与收益要对等。对于风险的承担者,应享受风险控制获得的收益和机会收益。

③风险承担可行性。风险的承担应当拥有预测、计划、控制的条件和能力,有迅速采取控制风险措施的时间、信息等,只有这样,公路建设工程的参与者才能理性地承担风险。

(3)拟订先进的项目组织方案。为减少风险产生的可能性,应选择有弹性的、抗风险能力强的技术方案,进行预先的技术模拟试验,采用可靠的保护和安全措施。公路建设工程项目管理应选择优秀的技术和管理人员,采取有效的管理组织形式,并在实施的过程中进行严密控制。

(4)做好招投标工作。招标文件应由业主自身编制或委托有资质的中介机构、设计院编制。招标文件是合同文件的重要组成部分,是业主对投标者就该合同工程发出的要约,也是对投标者对其响应和承诺的依据,是选择中标者的条件要求。因此,业主要给招标文件编制一个合理的工作周期,合同条款尽量引用合同范本的条款,合同文件应请专家会审,标段划分应科学,各标段基本是独立的,避免施工干扰。

(5)提供担保并购买保险。对于合作伙伴在公路建设工程中可能产生的资信风险,可要求对方出具担保,提出合理的风险保证金。在项目估价中增加一笔不可预见的风险保证金,以抵消或降低风险发生时的损失。对于一些无法排除的风险,可以通过购买保险的方法解决。因为公路建设工程合同中虽然规定了业主和承包人的权利、义务,也明确各自承担的风险,但在公路建设工程合同实施过程中不可避免地会出现不可抗力等造成的损失。因此,可以根据公路建设工程合同的规定购买工程保险、财产保险等保险,以转移风险减少损失。

(6)加强风险预警和处置。公路建设项目实施过程中,要不断地收集和分析各种信息和动态,捕捉风险的前期信号,以便更好地准备和采取有效的风险对策,对抗可能发生的风险。公路建设项目工程风险发生时,及时采取措施以控制风险的影响,是降低损失、防范风险最为有效的方法。

(三)公路建设项目运营期风险管理

公路建设项目运营期风险管理的目的在于确保公路项目融资产品能获得期望收益,按期偿还融资债务。项目运营最大的风险在于项目无法获得期望收益。公路建设项目运营期风险管理时间为自项目运营开始至项目期结束。

(1)加强与政府及相关部门的沟通,与公路交通主管部门建立长期稳定的合作关系,构建畅通便捷的信息渠道,积极争取在收费价格调整、运营管理权限等方面的利益。

(2)完善公路配套设施,提高服务质量。加强公路运营管理,继续完善公路设施和其他配套措施,不断改进服务态度,提高服务水平,提高高速公路的车流量诱增能力,降低普通公路的分流能力,增强运营公司抵御市场风险的能力。

(3)强化内部管理。坚持预防为主的原则,加强对公路的养护及维修工作,定期对公路进行检查和清洁保养,保证路况良好和通行无阻。实施科学标准化管理、维护,尽量降低养护成本和管理成本。同时,加强对路况的监控,尽可能在道路出现问题的初期及时进行维修,并将定期大修工作安排在车流量淡季进行,减少长时间、大范围维修对公路正常通车造成的影响。

(4)强化自身优势,做好市场区分。高速公路具有封闭、节油、省时、重载、安全、高效等特有的通行特征,高速公路与普通公路存在明显目标用户差别。运营公司应强化优势,在道路沿线配备完善的道路抢修、清理积雪、路面防滑的设备,制定有效的恶劣天气、交通事故应急措施,并注重加强与气象部门的联系,以尽量减少和杜绝因自然条件而引发的交通事故。

(四)公路建设项目融资风险管理措施

公路建设项目融资风险管理措施包括以下几方面:

(1)加强对公路建设项目可行性分析。加强对公路建设项目所在地投资环境、运输市场需求、投资收益等分析,对可能产生的风险进行评价,通过增加收入,降低成本,增加息税前利润,增加现金流量,提高债务偿付能力,规避风险。

(2)控制投资规模及工程造价。控制投资规模是控制债务增加的有效途径,从项目决策阶段开始就严格依据运输发展需求确定项目投资规模,通过限额设计、价值工程等加强对公路建设项目设计方案的审批和控制。

(3)转移债务,拓宽融资渠道,分散风险。从贷款期限、利率、内债与外债等方面降低债务风险。BOT、ABS项目融资方式等既能为偿还收费公路债务筹措大量资金,也能转移债务风险,但需要公路主管部门以合理的价格转让具有较好收益前景的项目给投资者。对于有较好收益前景的收费公路,应吸引民间资本和外资的投入,提倡债务风险承担的多元化。

另外,在公路建设项目融资中,政府主要是以特许权或特许合约的形式介入,因此公路建设项目风险控制应包括明确政府的担保责任。政府应明确其在担保中的责任和限度,责任规定得越明确、越正式,就越能够减少和防止风险的出现。政府可以建立专项基金。通过各级政府财政出资一部分,公路税费出资一部分来设立专项基金用于偿还各级政府原有的债务及取消部分收费公路而转移给政府的债务。收费公路的债务可以向收益好的收费公路转移。对于经营性公路的补偿,可以结合经营权转让时的预测回报率和实际运营情况进行补偿或者以近三年净收益为基数进行补偿。

在取得公路的特许经营权时,须促成有关交通部门承诺在特许经营期限内,对公路不进行国有化,不在经营性公路旁修建收费更低或者不收费的公路,以确保公路的车流量,或对变化进行风险分担承诺;得到物价部门的承诺,在特许经营期限内不调低公路的收费标准,收费标准能够随着通货膨胀率的变化有所调整,或对变化进行风险分担承诺;得到税务部门承诺,在特许经营期限内不得改变税收优惠政策,或对变化进行风险分担承诺等。

五、案例分析

案例一 京承高速BOT项目融资风险管理研究

1. 项目概况

京承高速是国家高速公路干网北京至承德的重要路段。依据《北京城市总体规划》,京承高速公路(北京段)共分三期建设,其中从四环路到高丽营段一期工程全程约21km,采用双向六车道加连续停车带,已于2002年建成通车。从六环路至密云为二期工程,全程约46.7km,2004年开工,2006年9月底建成通车;京承高速公路三期(密云沙峪沟—市界段)路线全长约62km,位于密云县境内,全线为双向四车道,设计时速80km。

京承高速二期工程,是北京市实施投资主体多元化的第一条高速公路项目,打破以往单纯依靠贷款的模式。由中国铁道建筑总公司和北京市首都公路发展有限责任公司合作投资。2004年3月,首发公司与中铁建公司正式签订《京承公路北京高丽营至沙峪沟段项目合作经营协议》,双方共同组建了京承高速公路二期项目公司(北京通达京承高速公路有限公司)。其中中国铁道建筑总公司出资70%,北京首都公路发展有限责任公司出资30%。通过引进中国铁道建筑总公司,北京首都公路发展有限责任公司只需投入大约4亿元的资本金,就可以引导项目公司完成其余35亿元的投资,有效减轻了政府负担。北京通达京承高速公路有限公司对该路段的资金筹措、建设实施、运营管理、养护维修、债务偿还和资产管理等全过程负责,自主经营,自负盈亏。经营期为28年,经营期满后,将项目无偿移交市政府。

中国铁道建筑总公司与中国工商银行北京市分行签署了银企战略合作协议,北京通达京承高速公路有限公司与中国工商银行北京分行翠微路支行就该公路二期项目签署了20亿元贷款合同。

2. 京承高速二期BOT项目融资的风险识别

通过对京承高速二期BOT项目风险因子的识别并结合我国基础设施项目融资活动的实际风险,项目主要有以下六个方面风险因素:政治与获准风险、法律与违约风险、经济风险、不可抗力风险、建设和开发风险、经营和维护风险,建立基础设施项目融资风险的层次结构模型,如图7-3所示。

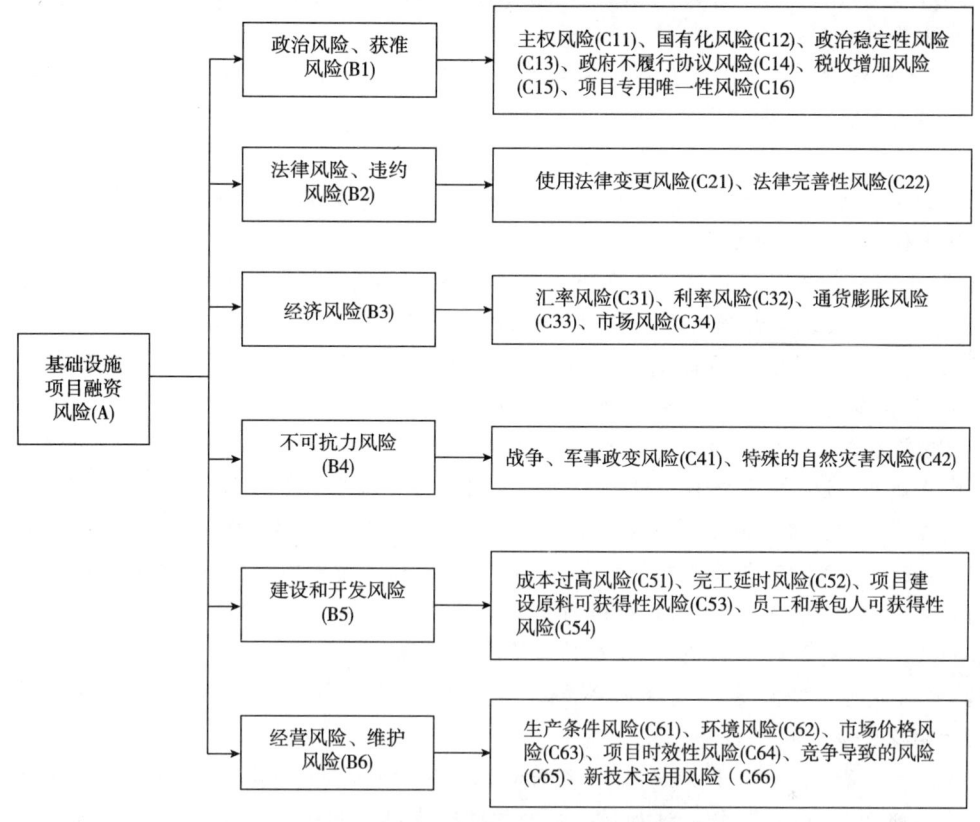

图7-3 基础设施项目融资风险的层次结构模型

3. 京承高速二期BOT项目融资风险评估

基础设施项目融资风险因素中有些是较难进行定量分析的,并且在风险之间有些是难以直接比较或缺乏可比性的,运用模糊综合评价法能够较好地解决这个问题。模糊综合评判法是综合运用层次分析法和模糊数学方法对各种模糊数学信息进行处理,达到量化风险的方法。下面运用以上方法对某项目融资风险进行评价,基本步骤如下:

(1)确定评价指标集。根据风险因子识别,建立基础设施项目融资风险的层次结构模型,确定该项目的风险评价指标体系。

(2)确定评价集(风险状态集)。根据基础设施项目风险评价指标体系建立评价集V。评价集是对评判对象可能做出的各种总的评价结果组成的集合。

我们把风险程度划分为5个等级:低风险$V_1(0\% \sim 15\%)$;较低风险$V_2(15\% \sim 30\%)$;一般风险$V_3(30\% \sim 45\%)$;较高风险$V_4(45\% \sim 70\%)$;高风险$V_5(70\%$以上$)$。这里采用二级评估模型。设风险状态集为$V = \{V_1, V_2, V_3, V_4, V_5\} = \{$低,较低,一般,较高,高$\}$。

(3)确定权重集。对各级风险评价指标分别采用两两因素比较法,构造判断矩阵M,然后求解矩阵M的特征根问题$M_w = \lambda_{max} w$,其解w^*(特征向量)即为同一层次各评价指标相对于其上一级评价指标的权重,并进行一致性检验。

(4)确定隶属度(模糊关系)矩阵。一般通过德尔菲法来确定隶属度的大小,即通过专家分析判断风险评价指标的隶属程度,然后把结果汇总起来反馈给各个专家,每位专家可以修改自己分析判断的风险指标的隶属程度,再经过集体讨论,以期达到一个在专家现有水平下认为最可能的结果。

(5)确定最终评价结果。按照模糊数学中最大隶属度原则,选取最大隶属度对应的风险状态即为该基础设施项目融资所处的风险状态。

4. 风险控制

通过本项目的风险评估,最主要的是法律和违约风险。本项目的风险处理方法采用风险控制与风险转移相结合的方法。

(1)政治风险。政治环境的风险虽然后果很严重,但对于本项目来说,发生概率比较小。采用风险转移的方法,与政府签订特许权协议,进行风险分担。

(2)法律和违约风险。项目公司与各相关方签订合同,在合同中将风险与相关方进行转移,对权利和义务进行了详细规定,进行了风险的控制。

(3)经济风险。本项目为内资BOT,因此汇率风险几乎没有,主要风险为利率风险、市场和通货膨胀风险;项目公司采取与银行签订固定利率的贷款合同等方式转移利率风险,事先把利率锁定在一个双方都可以接受的价位上;项目公司与政府签订相关保证,要求政府提供竞争保护政策,在若干年内不再兴建类似的、与在建BOT项目有竞争的同类项目,以保证项目获得必要的收益,以转移市场风险;项目公司与供货商签订相关协议或购买相关度较大的期货等金融产品,保证原材料等价格的稳定,以转移通货膨胀风险。

(4)不可抗力风险。这类风险无法控制,虽然发生的概率小,但是一旦发生,损失巨大。可以通过向保险公司投保转移风险。

(5)非系统风险。建设和开发风险、经营和维护风险是BOT项目均需面临的,采用签订合同的方式将风险进行转移,并通过加强项目的管理减少风险的损失。

案例二 桂来高速公路BT项目融资风险案例分析

1. 项目概况

桂平至来宾高速公路是广西公路网布局中"横四纵三"的重要组成部分。项目主线全线采用双向六和四车道,设计速度100km/h,路基宽33.5m(六车道)和26m(四车道),武宣、来宾南联线为双车道二级公路标准,设计速度80km/h,路基宽15m。

2009年9月,工可批复项目总投资42.5亿元,2010年5月13日,初步设计批复项目总概算为45.53亿元。其中项目资本金占概算总金额的25%,项目向银行贷款金额占概算总金额的75%。截至2012年3月31日,项目累计完成概算投资共19.990 9亿元,占项目投资决概算的44%。

2. 桂来高速公路BT项目融资情况

广西交通投资集团有限公司于2010年6月与北京国际信托有限公司签订桂来高速公路项目融资建设合同书。北京国际信托有限公司拟设立北京信托——泉源5号高速公路建设投资集合信托计划,并以信托计划受托人名义与广西交通投资集团有限公司合资成立项目公司,合作建设广西桂平至来宾高速公路。

北京信托——泉源5号高速公路建设投资集合信托计划成立于2010年9月21日,目前规模4亿元。其中,信托计划成立日为7 143万元,第一次扩募32 857万元。该信托计划预计期限为此信托计划成立之日起6年左右。

2010年9月29日,北京国际信托有限公司按照信托合同约定将信托计划资金人民币25 000万元作为出资款与广西交通投资集团有限公司共同设立项目公司广西桂来高速公路有限公司(以下简称"项目公司"),项目公司成立时注册资金为人民币31 250万元,北京国际信托有限公司持股比例为80%。

2010年12月7日,北京国际信托有限公司按照信托合同约定将信托计划第一次扩募的剩余信托资金人民币15 000万元作为增资款支付至项目公司验资账户,广西交通投资集团有限公司增资3 750万元,增资后项目公司注册资本变更为人民币5亿元,受托人持股比例为80%。

除项目资本金外的其他建设资金(概算总额的75%),由广西交通投资集团有限公司向国内金融机构统一贷款并提供给项目公司使用。

3. 桂来高速公路BT项目融资风险

(1)项目公司建设管理风险。由于桂来高速公路投资方北京信托国际有限公司没有施工资质也没有施工能力,所以项目公司用招投标的方式确定了总承包方,总承包方为西部中大建设集团有限公司。从整个项目的框架来看,投资方北京信托国际有限公司在项目公司占有控股地位,但其没有施工能力更无项目建议管理经验,广西交通投资集团虽有项目建设管理经验,但并不拥有决策权,这两者对立影响以后决策的科学性及制度执行的有效性。

采用总承包方的方式进行施工,总承包方对工程进度、质量管理等决策权有一定的影响力,加上其可利用项目公司管理存在的不足,其讨价还价的能力得到提高,项目公司存在被总承包方架空的风险。总的来讲,桂来高速的项目建设模式,由于众多参与者目标的不一致,加上项目公司管理职能的不完善,将进一步加强在项目建设中各利益主体的矛盾,项目建设的风险将进一步加大。

(2)建设资金短缺紧张风险。从宏观上来讲,造成桂来高速公路资金短缺的原因主要有:一是国家宏观政策调整、银根缩紧,银行放贷困难,项目公司无法按计划提取银行贷款;二是建筑材料价格上涨,如钢筋、水泥等价格居高不下,造成各参建单位成本支出不断增加。从微观上来讲,是整个项目建设管理不善,人员素质不高,不能严格执行管理出效益的管理思想,致使部分资金支出后不能发生较好的效益。

(3)项目建设进度滞后风险。受征地拆迁、工程变更、勘测不细等原因,桂来路总体进度前不顺利,与2013年通车的计划目标相差比较大。若建设进度不能按预期目标实现,将会产生以下影响:一是建设周期延长,将会增加贷款利息资本化的金额,另外其他的建设成本也会上升,整个工程的投资就会加大;二是对投资方设立的泉源5号高速公路建设投资集合信托计划而言,由于期限为6年,若建设工期延长,其股权转让的期限也会相应地延后,存在信托计划要偿还完毕但股权转让还没完成的情况。

(4)工程勘察设计变更风险。受项目前期工作的影响及项目的特殊性,桂来高速公路的设计变更过多,对工程投资及工程进度的影响很大。如目前,因桂林至南宁高速公路改扩建工程需四车道改八车道,影响了良江枢纽互通立交近2km的工程施工进度以及暂停施工来宾南互通立交匝道和来宾南联线工程。另外,设计单位在对高速公路线路经尾砂库路段进行勘探时,发现高速公路红线范围内的尾砂库地质情况复杂,所以搬迁尾砂库还涉及环保、安全等各方面的问题。

本章小结

  风险是指未来事务结果的不确定性或波动性,是在事务发展过程中,预期目标与实际出现结果之间的差距。公路建设项目融资风险是指应用项目融资模式筹集公路建设资金,在筹资、建设及运营养护过程中所面临的各种风险。

  项目融资风险主要分为系统风险和非系统风险。

  高速公路建设项目融资风险识别方法主要有分析法、专家意见法、风暴了解法。风险识别的一般程序为筛选、监测和诊断。风险识别之后,应将风险进行分组或分类。

  根据项目融资现金流量分析,融资风险评估指标有净现值(NPV)和内部收益率(IRR)。风险评价的一般步骤是:①确定风险评价基准;②确定项目整体风险水平;③将单个风险和整体风险分别与项目单个评价基准和整体评价基准进行比较,看项目风险是否在可接受范围之内。风险评估方法分为调查和专家打分法、蒙特卡罗模拟方法、决策树法、模糊分析法。风险控制措施需要熟悉。

  项目融资风险管理就是参与项目融资风险管理的人员对可能影响项目融资的不确定性进行识别、评估和分析,通过有目的的计划、组织、协调和控制等管理活动防止风险损失的发生。

  我国建设公路项目 BOT、BT、TOT 融资模式风险类型需要熟悉掌握。

  公路建设项目融资风险管理包括公路建设项目融资前期风险管理、公路建设项目建设期风险管理、公路建设项目运营期风险管理。公路建设项目融资风险管理的措施主要包括风险回避、避免损失、减少损失程度、风险转移、风险保留。

复习思考题

  1. 试分析公路建设项目融资的风险类型和特性。
  2. 简述公路建设项目融资风险识别的方法,风险评估的指标及风险控制的措施。
  3. 简述公路建设项目融资风险管理的特点和意义。
  4. BOT、BT 和 TOT 融资模式风险各有什么特点?
  5. 你认为,目前我国公路建设项目主要的融资风险是什么?为了防范融资风险,可以采取的措施有哪些?

第八章
公路建设项目融资信用保证结构

【学习目的与要求】

通过本章学习,熟悉信用保证追索权等相关概念,了解项目融资信用保证形式,掌握公路建设项目融资信用担保体系构筑要点、主要形式及特点。

本章内容包括项目融资信用保证概念、分类;债务担保基本形式;公路建设项目融资信用担保主要形式;项目融资中的物权担保类型;公路建设项目其他担保类型。

第一节 项目融资信用保证概述

项目融资信用保证是借款方或第三方以自己的信用或资产向贷款或租赁机构做出的偿还保证。项目融资采用一种无追索权或有限追索权方式,与传统融资方式相比,货款银行将面临更大风险。公路建设项目融资方案获得融资成功的关键是设计出科学合理的项目信用保证结构,使得项目风险在投资者、货款银行和与项目利益有关的第三方之间进行合理分配。项目风险的合理分配和严格控制是项目贷款银行放贷,项目投资人投资考察的重点。

一、项目融资信用保证形式

(一)按法律范畴分类

项目融资信用保证结构的核心是对债务的担保。债务担保按其所属的法律范畴可分为物的担保和人的担保两种基本形式。

1. 物的担保

物的担保是指借款人或担保人以其有形资产或权益担保债务的履行。如果借款人到期不能履行债务而违约,享有担保权益的贷款人可以取得对担保条件下的资产的直接占有,或者将这些项目资产出售来优先清偿贷款人的债务。物的担保形式有财产抵押和质押等。

2. 人的担保

人的担保是指担保人以其资信向债权人保证债务的履行,亦称为信用担保。在项目融资中,当债权人认为项目物的担保不够充分时,往往要求债权人提供人的担保,这为项目实施提供了附加保障,同时也将降低债权人在项目融资中的风险。人的担保包括借款人或股东承诺、安慰信与支持信、项目合同保证等形式。

人的担保包括以下两种情况:

(1)担保人的担保义务依附于债权人和债务人的合约之上。在债权人和被担保人约定的条件下,当被担保人不履行其对债权人所承担的义务时,担保人必须承担起被担保人的合约义务。

(2)担保人的担保义务相对独立于债权人和债务人之间的合约。在担保受益人的要求之下,不管债务人是否真正违约,担保人都应立即履行担保责任,或支付给担保受益人规定数量的资金。

(二)按承担的经济责任分类

按所承担的经济责任不同,融资信用保证可分为直接保证、间接保证和意向性保证。

1. 直接保证

直接保证是指以直接的财务担保形式作为向项目提供的一种财务支持。在项目融资中,这种直接保证所承担的直接经济责任不是无限的,而是有限的,可以体现在时间上的限制和金额上的限制。

2. 间接保证

间接保证是指担保人不以直接财务担保形式向项目提供财务支持,而是采取项目合同保证和借款人(股东)承诺形式取得间接的支持。

(1)项目合同保证。项目融资中,参与项目实施的各方,就项目的实施签订了一系列合同,对于项目的实施成功提供了保证,间接对项目的债务融资提供了支持。这类合同主要有以下几种:

①项目建设工程总承包合同。这种合同实际上可将项目建设风险转移至承包人。有足够实力的工程承包人可以降低项目融资人的风险,对项目融资提供间接的保证。建设承包合同要求工程承包方承担的责任主要应当有:完工保证、项目的规划和设计责任、项目应达到的技

术经济指标和赔偿责任等。

②项目产品长期销售和服务合同。这类合同可以将项目产品的市场风险转移至下游客户。有足够实力的下游客户签订有约束力的订货合同可降低项目的市场风险。

③项目主要原材料长期供给合同。这种合同可以将原材料采购的数量及价格风险转移给供货方。当项目原材料市场价格波动较大时,这种合同对降低项目风险有着重要意义。

④项目经营管理合同。对于一些特殊行业项目,其投资管理和投入使用后的经营管理可委托专业公司承担。专业公司可以保证项目成功,间接降低项目风险。

⑤项目技术转让及技术服务合同。这种合同可以将项目的技术风险转移给技术提供方,由技术提供方对于技术使用的效果提供保证,并约定赔偿方式。

由于间接担保所涉及的合同定价仍然是以项目产品市场价格为基础、以符合质量标准为前提,属于公平的市场交易,因此在国际会计准则中,间接担保不作为担保人的直接债务责任,在资产负债表中不予反映。

(2)借款人或股东承诺。借款人及其股东承诺可以对贷款提供约束力较弱的间接保证。

常见的借款人承诺包括:在贷款偿清之前借款人保持一定的财务指标限制,如资产负债率、最低所有者权益、最高借款比率等;财产不对任何其他人抵押;保证某些约定财产不出售转让。这种承诺在贷款合同中约定,如果借款人对其承诺违约,债权人有权采取措施提前收回贷款。

借款人(项目公司)控股股东承诺也是对借款的一种保证措施。常见的控股股东承诺有:在贷款偿清之前保持对借款人的控制权,保持借款人最低所有者权益额;保持对借款人提供一定额度的股东借款,并且银行贷款优先于股东借款得到偿还。这种承诺常以附加合同的形式加以约定。

我国法律规定政府机关不可以对国内贷款融资提供担保。而对于一些基础设施建设项目,政府为表明对项目建设的支持,可出具政府机关承诺,安排财政资金或其他资金。这种情况下,政府资金成为项目贷款偿还的一个资金来源。

3. 意向性保证

意向性保证是指担保人虽然具有对项目提供一定的支持意愿,但这种意愿不具备法律上的约束力,更不需体现在担保人公司的报告中。因此,这种保证形式受到普遍欢迎,在项目融资中经常应用。

意向性保证的常用形式是借款人控股母公司向贷款银行出具安慰信或支持信。安慰信和支持信通常不具有法律约束力,项目发起人不必承担担保责任或有负债项目。

安慰信和支持信能够被银行接受的原因在于:信誉良好的大公司发出安慰信表示对其支持,必要时可以采取措施保证项目正常实施,提供资金支持。

对于一些基础设施建设项目,采取由政府机关对贷款银行出具安慰信或支持信方式,表明政府对项目建设的支持。

除安慰信外,贷款银行还可以利用项目投资人之间的"交叉担保",实现项目贷款意向性保证。在某些合资项目中,投资者承担双重责任,既包括项目建设、经营、市场销售责任,又包括项目贷款的偿还责任。贷款银行在对项目中某一资金实力较弱的投资者安排融资时,很关注项目合资结构中有无交叉担保条款,有无资信较强投资者参与其中。因为资信较强投资者的参与将保证项目正常运行。尽管这种交叉担保并没有为贷款银行提供直接的财务保证,但这本身就是一种意向性的保证。

二、项目担保人

在项目融资中,充当项目担保的担保人主要有:项目发起人、与项目利益有关的第三方和商业担保人三类。

1. 项目发起人

项目发起人作为担保人是项目融资结构中最主要和最常见的一种形式(图 8-1)。项目发起人通过建立一个专门的项目公司来建设、拥有和经营项目。但是,项目公司由于存在资金、经营管理经验等方面的不足,难以满足项目融资担保的要求,在实际操作中贷款人往往要求项目公司的发起人提供某种形式的担保。项目发起人担保可以采用多种形式以满足项目融资担保的要求。

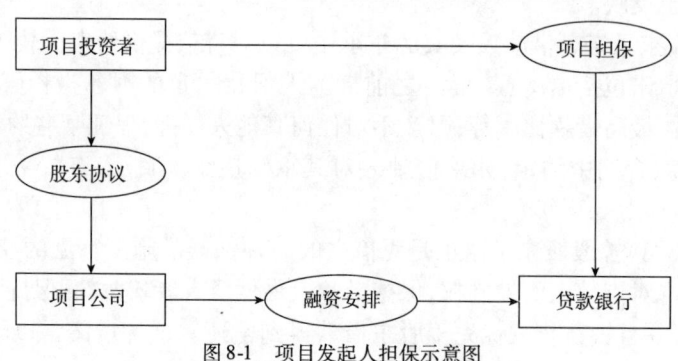

图 8-1 项目发起人担保示意图

2. 第三方当事人

当贷款人认为项目发起人提供的担保仍然不充分时,可要求第三方当事人提供担保(图 8-2);第三方担保人提供的担保多为有限责任的间接担保。

第三方担保人一般有:

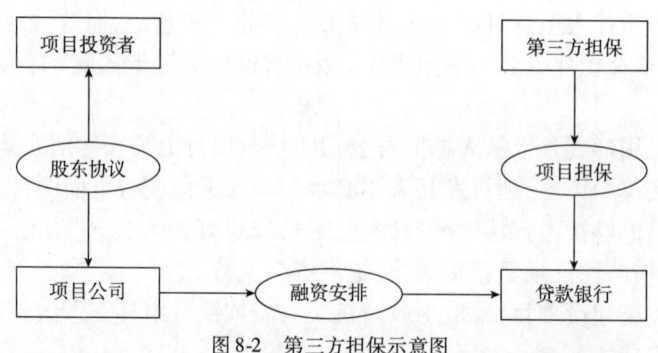

图 8-2 第三方担保示意图

(1)工程承包公司。

(2)供应商,与项目有关的某些供应商急于推销自己的产品或副产品,愿意为使用其产品的建设项目提供担保;有的供应商希望自己的产品得到深加工,愿意为加工项目提供担保。

(3)产品购买者或用户,如需要某种产品或服务的公司愿意为生产此种产品或提供此种服务的建设项目提供担保。

(4)世界银行、地区开发银行、多边担保机构等国际性金融机构。

第三方项目担保人主要是想通过为项目融资提供担保而换取自己在项目中的长期商业利益:

(1)获得项目建设合同。
(2)获得项目设备供应安装合同。
(3)为其产品提供长期稳定市场。
(4)保证获得长期稳定的原材料或能源供应。
(5)保证对项目设施的长期使用权等。

这类机构的担保可以起到政府机构担保的作用,以减少项目的政治、商业风险,增强商业银行对项目贷款发放的信心。

3.商业担保人

商业担保人将提供担保作为一种盈利手段,承担项目的风险并收取担保服务费用。它们通过分散化经营来降低自己的风险。商业银行、保险公司和其他的一些专营商业担保机构是主要的商业担保人。商业担保人提供担保的方式如下:

(1)以银行信用证或银行保函的方式担保项目投资者在项目融资中所必须承担的责任和义务。

(2)以各种信用方式担保项目投资者对项目公司所承担的义务和责任。

(3)为防止项目意外事件发生而提供保险服务。

项目融资担保相关参与方如图8-3所示。

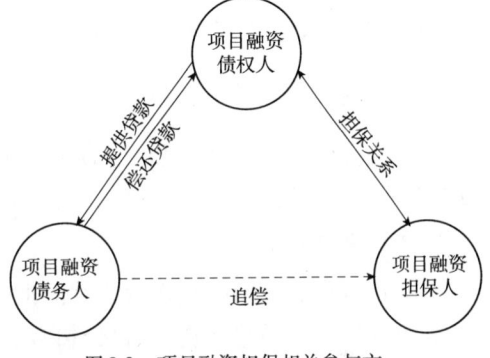

图8-3 项目融资担保相关参与方

三、项目融资担保体系

(一)项目融资担保体系构建要点

1.项目融资担保体系构建目的

为成功引入项目融资,需要构建一个完整而严谨的项目融资担保体系,保护投资各方的利益。项目融资担保体系必须以保证项目成功为初衷,以项目现金流量和收益作为贷款偿还的资金来源,只有项目取得最终成功,投资各方的利益才能得到根本保证;项目融资担保体系必须实现保护投资各方利益的机制,这是项目融资的前提,也是项目融资担保体系设计的目标。

2.项目融资担保体系构建原则

项目融资担保体系构建的原则是风险分担、利益共享。对于项目建设中存在的各种风险及项目带来的各种收益,需要以某种形式在项目投资者(借款人)、与项目开发有直接或间接利益关系的其他参与者及项目贷款人之间进行合理分配。一个成功的项目融资结构应该是任何一个项目参与方所承担的风险与其所取得的收益均衡,并且其所承担的风险应是该参与人最有能力控制的风险。

3. 项目融资担保体系构建步骤(图8-4)

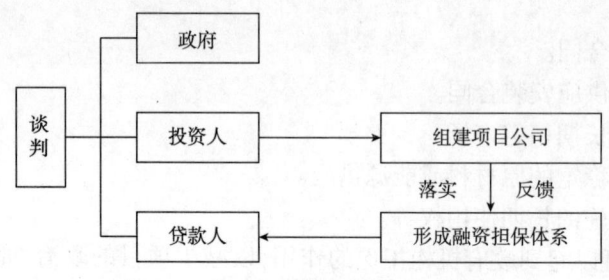

图8-4 项目项目融资担保体系构建步骤

(1)通过政府、投资人和贷款人三方之间的谈判,进行大体担保责任的确定和分配,并对担保责任落实做出总体安排。

(2)项目投资人组建项目公司,负责落实项目各建设经营活动中当事人具体担保责任,通过与当事人不间断地互相反馈与沟通磋商,逐步形成项目融资担保条款。

(3)由项目发起人或项目公司将一揽子担保安排转移给贷款人获得项目融资。

(二)项目融资担保体系

项目融资担保体系是指将项目融资担保的基本要素通过一定机制(风险和利益平衡机制)组合而成。具体见表8-1。

1. 项目自身担保

以项目资产和预期收益作为贷款的抵押,为项目自身提供担保,构成了项目融资的资信基础。为更好地实现项目融资,项目公司必须充分利用和发挥项目自身的担保价值。

项目资产按资产存在形态可分为:

(1)有形资产,指具有价值形态和实物形态的资产,包括固定资产、流动资产和资源性资产。

(2)无形资产,指不具备实物形态却能在一定时期内提供收益的资产,包括知识产权、工业产权和金融性产权。

项目收益包括经营性收益和非经营性收益,项目收入的多少反映了项目运营效益的好坏(经济强度),关系到还本付息的能力。

项目公司进行项目融资时,除了可以抵押项目固定资产(包括土地、建筑物和其他固定资产等)、浮动抵押项目的动产(包括库存、应收款、无形资产等)外,还要将所涉及的一系列项目合同权益,及相应的担保或保险权益转让给贷款银行。

2. 项目合同/协议支持

项目合同/协议包含与项目相关的主要技术、商业以及经济方面的协定,是项目融资的核心部分,主要包括特许权协议、股本支持协议、包销协议、设计—采购—建设协议、原材料/燃料/资源供应合同以及运营和维护协议等。项目发起人在最初安排项目融资时,必须特别注意合同/协议的可融资性及其相互之间的关系,消除项目实体的重大风险,提高现金流的可预见性,充分实现项目协议的担保价值,大体原则见图8-5。

第八章 公路建设项目融资信用保证结构

项目融资担保体系表

表 8-1

项目融资担保风险		第一层次的担保项目自身担保		第二层次的担保合同协议支持		第三层次的担保资信增级	
		担保人	提供的担保	担保人	提供的担保	担保人	提供的担保
商业风险	完工风险	项目公司		承建商	项目建设合同（通常为 EPC 合同）：固定价格；固定工期；商业完工标准；不可抗力造成的延期应控制在有效的范围内；违约支付等	项目发起人	安慰函/支持信；完工担保（担保存款/备用信用证/本票）
						承建商	完工担保（投标保函＋履约保函＋预约款保函＋留置金保函＋维修保函）
	生产风险		项目资产：固定资产抵押；浮动抵押；股权质押	原材料/能源供应商	长期、稳定、价格优惠的供应协议：供货或付款条款	项目发起人	安慰函/支持信；资金缺额担保；（担保存款/备用信用证＋留置基金）（最小净现金流量的担保）
				设备供应商	卖方信贷：设备质量担保		
				运营商	运营维护协议：带有最高价格和激励费用；贷款人有权行使对经营者的开除权		
	市场风险		预期收益：合同权益转让；保险权益转让；托管账户	包销商	长期销售协议："无论提货与否均需付款"条款；"提货与付款"条款；最低价格保证；保证最小购买条款	合同签约方（或母公司）	履约担保
政治风险				政府	特许权协议：财产权保证；税收待遇在一定期限内不变；外汇自由兑换与汇出国外；进出口制度保证；法律稳定性保证；不可抗力延长项目特许期等	政府	安慰函/支持信保证项目一定程度的需求，如最低需求担保，无第二设施担保
						政府	安慰函/支持信
						出口信贷机构	政治风险担保或保险
						多边/双边机构	部分政治风险担保
						海外投资机构	政治风险保险
不可抗力风险				合同签约方	相关合同不可抗力条款	保险公司	商业保险

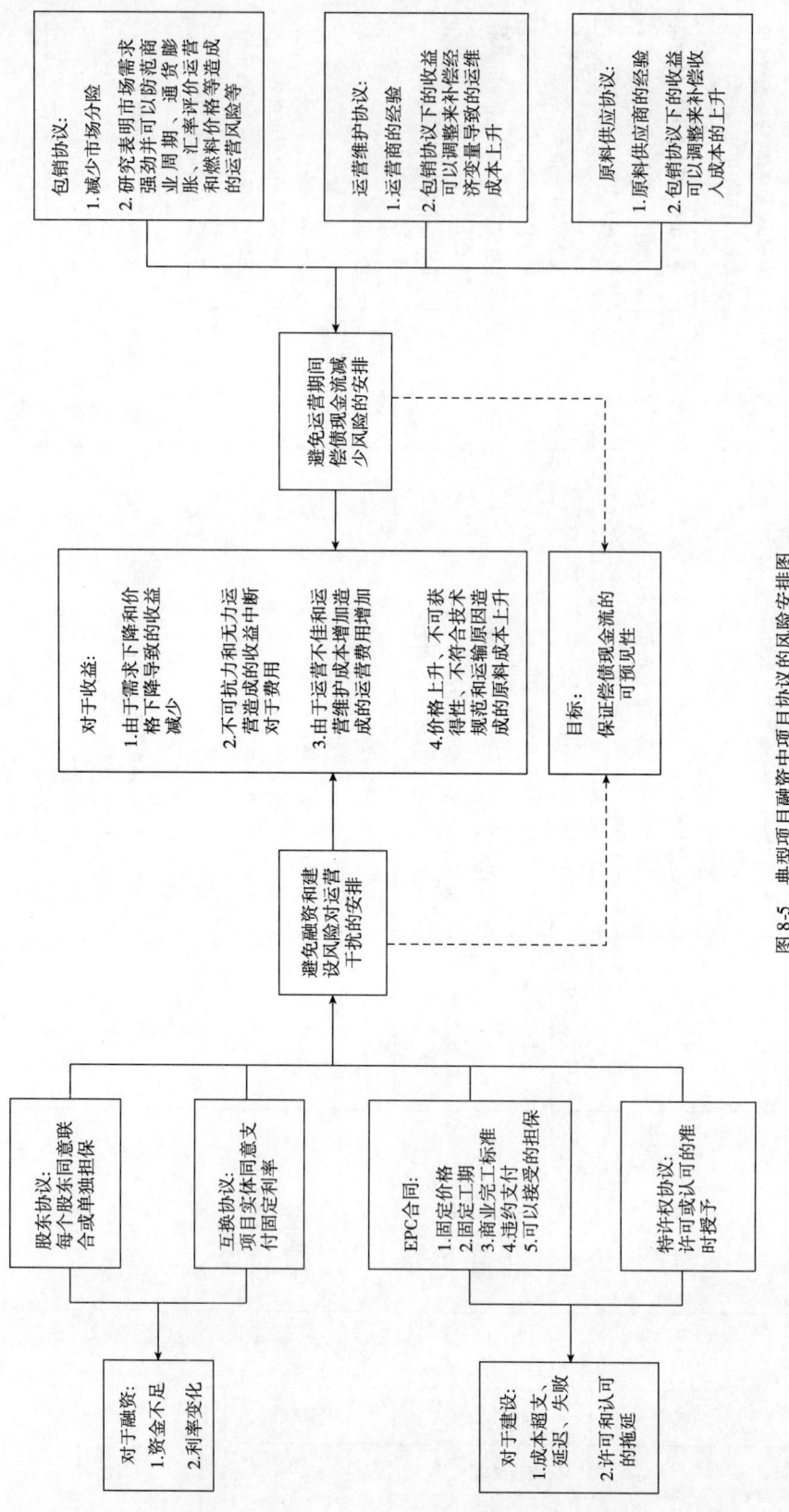

图 8-5 典型项目融资中项目协议的风险安排图

第二节　公路建设项目融资信用保证主要形式

一、信用担保

(一)完工担保

为防止项目资金短缺而未能按期完工,需有人承担项目建设成本和生产成本超支风险,以此提供的担保即为完工担保。完工担保主要由两类当事人提供:一类是项目发起人,另一类是承建项目工程的承包人。

项目发起人提供的完工担保的主要内容是:项目发起人向贷款人保证,除原计划内的融资以外,必要时项目发起人将增加项目能按预定日期完工的资金。若项目未能按期完工,发起人代替借款人偿还贷款人的贷款。在项目完工担保期间,贷款人实际上拥有完全追索权。

根据完工担保协议,一旦项目出现成本超支现象,项目发起人应采取行动履行其担保义务,一般有以下方式:

(1)向项目公司注入补充股本资金,直至项目按期完工并达到商业经营状态。

(2)项目发起人或通过其他金融机构向项目公司提供无担保贷款(初级债务),这种贷款必须在高级债务被偿还后才有权要求清偿。

(3)如果项目发起人不采取任何措施以致使项目无法完工,则必须代替项目公司偿还银行债务。

项目承包人提供的完工担保的主要内容是:为减轻项目发起人作为完工担保人的担保责任,由承包人及其背后的金融保险机构提供项目完工担保,以此作为项目发起人完工担保的一种补充,从而减少项目发起人在完工担保方面所需承担的压力,起到保护项目发起人利益的作用。

这种担保方式除由工程承包公司与项目公司直接签订"完工担保"外,通常是由承包人提供金融机构签发的担保合同来代替完工担保协议,这种担保协议通常称为银行保函。主要种类包括:

(1)投标保函。东道国政府都要求投资者在工程投标中出具投标保函,以保证工程投标者对投标是认真的,不中途撤标,准备按照投标条件执行合同,并且有能力执行合同投标保函的金额随项目不同而不同,一般相当于投标价的1%~2%。

(2)履约保函。履约保函是与工程承包合同联系在一起的一种信用担保方式,即工程承包人向项目公司保证履行工程承包合同的一种担保方式。一般地,项目公司再将其转让给贷款人,也就是说,贷款人是履约保函的最终受益人。一旦工程承包人不能履行建设合同时,便向担保受益人提供一定的资金补偿,其金额一般相当于工程合同价款的5%。

(3)预付款保函。预付款保函的作用是帮助承包人安排流动资金用于在项目开始时购买设备、材料及支付员工费用,使得承包人可以启动项目建设,并从项目公司获得对工程公司的分期付款。预付款保函的担保金额通常与发包人的预付款是等值的,即合同金额的10%左右(一般情况下不低于5%,不高于15%)。预付款一般逐月从工程进度支付中扣除,预付款的担保金额也相应地逐月减少。

(4)留置金保函。在大型工程项目建设中,国际上通行的做法是项目业主将部分到期应付款搁置暂时不支付给承包人,作为由于承包人原因而造成的任何不可预见费用开支的准备金。但是,如果工程公司希望能够尽快收回资金,它可以提供留置金保函作为实际留置资金的替代,以提前取得全部承包款项,解决资金周转问题。

(5)维修保函。在工程完工并投入试生产后的一定时间内,项目公司要求承包人提供项目维修担保资金,以修复在工程完工后才有可能发现的工程设计或工程合同执行中的任何错误,起到项目运行担保的作用。一般的做法是在工程实际完工后,履约保函和留置金保函将自动转成项目维修保函。

(二)资金缺额担保

资金缺额担保有时也被称为现金流量缺额担保,是一种在担保金额上有所限制的直接担保,主要作为一种已进入正常生产阶段的项目融资结构的有限担保。

1. 以保证项目正常运行为出发点的资金缺额担保

维持一个项目正常运行所需要的资金有三个方面:日常生产经营性开支;必要的大修、更新改造等资本性开支;如果项目资金构成中有贷款部分,还包括到期债务利息和本金的偿还。

项目投资者在指定的银行中存入一笔预先确定的资金作为担保存款,或者由指定银行以贷款银团为受益人开出一张备用担保信用证,是资金缺额担保的一种形式。这种担保形式在新建项目融资中较为常见。

在项目融资结构的资金管理上建立留置基金,并对项目投资者使用该基金加以严格的限制和规定是贷款银行常用的资金缺额担保的另一种形式。项目公司的年度收入是在扣除全部的生产费用、资本开支以及到期债务本息和税收之后的净现金流量,不能被项目投资者以分红或其他形式从项目公司中提走,而是全部或大部分被放置在一个被称为"留置基金"的账户中,以备项目出现任何不可预见的问题时使用。对于新建项目,多数情况下留置基金是与担保存款或备用担保信用证共同使用作为项目融资的资金缺额担保的。贷款银行对于该基金的释放条件一般按下列公式确定:

$$F_r = F_o - F_m \quad (F_o > F_m) \tag{8-1}$$

其中:

$$F_o = Fd_o - R_o \tag{8-2}$$

$$F_m = Fd_m + R_m > DF + PC + IP \tag{8-3}$$

$$R_m > PC + IP \tag{8-4}$$

式中:F_r——可释放基金部分(即项目投资者可以从项目公司提取的资金额);

F_o——项目可支配资金总额,包括两个部分:现有可支配担保存款(或备用担保信用证)总额(Fd_o)、现有留置基金总额(R_o);

F_m——项目最小资金缺额担保额,包括两个部分:最低担保存款(或备用担保信用证)金额(F_{dm})、最低留置基金金额(R_m);

DF——占全部未偿还债务的比例(一般为债务总额的20%~60%);

PC——资金释放日之后3~6个月生产费用准备金;

IP——资金释放日之后3~9个月内的到期债务。

由此可见,只有当 $F_o > F_m$ 时,投资者才能够从项目中获得利润或其他形式的资金分配。

资金缺额担保的第三种形式是由投资者提供对项目最小净现金流量的担保。项目净现金流量的计算公式为:

$$项目净现金流量 = 项目总收入 - 项目总支出 \qquad (8-5)$$

其中,项目总收入为以下几项的总和:项目产品销售收入、项目其他收入(如利息收入等)。

无论采用何种担保形式,项目投资者的资金投入方式以及在项目公司资金结构中的序列,均与完工担保中的资金投入性质一致。

2. 以降低贷款银行损失为出发点的资金缺额担保

项目的投资者和开发者对不同类型项目的开发战略存在明显差异。贷款银行在考虑这种类型项目融资时,要求项目投资者提供资金缺额担保的侧重是放在项目出售、重组或项目出现违约情况下如何保护贷款人利益的方面。

贷款人在项目出售、重组或违约拍卖情况下出现的损失有三种可能性:①项目资产处理费用损失;②资产处理费用加上利息损失;③前两种损失再加上贷款本金损失。针对这些情况,资金缺额担保要求项目投资者在进入项目融资结构时除投入相应的股本资金之外,还需承担一定的未来项目资产价值波动风险。这种类型担保通常有一个上限,或者按贷款原始总额的百分比确定(惯例为贷款总额的20%~50%),或者按预期项目资产价值的百分比确定。

根据资金缺额担保的有限担保责任在项目融资期间是否发生变化,可以把资金缺额担保进一步划分为两种形式:第一种形式的资金缺额担保责任随着贷款的偿还而逐步降低,这种形式多用于以保证项目正常运行为出发点的资金缺额担保。在项目融资的还贷期间,随着 DF 和 IP 总金额的不断减少,项目资金缺额担保额也逐步降低。第二种形式的资金缺额担保责任则在整个贷款期间保持固定不变,这种形式多用于以降低贷款银行损失为出发点的资金缺额担保。

(三)以"无论提货与否均需付款"和"提货与付款"协议为基础的项目担保

"无论提货与否均需付款"协议和"提货与付款"协议既有共性又有区别,是国际项目融资所特有的项目担保形式。"无论提货与否均需付款"协议和"提货与付款"协议是项目融资结构中的项目产品(或服务)的长期市场销售合约的统称,两者在法律上体现的是项目产品买方与卖方之间的商业合同关系,实质上是由项目产品买方对项目融资提供的一种担保,但是这类协议仍被视作商业合约,因而是一种间接担保形式。

"无论提货与否均需付款"被定义为一种由项目公司与项目有形或无形产品购买者之间所签订的长期的无条件的供销协议。"无论提货与否均需付款"协议中,项目产品购买者承担绝对的、无条件的根据合同付款的义务,只要在协议中没有做出相应规定,项目产品购买者仍须按合同规定付款。协议实质上是由项目产品购买者为项目公司所提供的一种财务担保,项目公司可以利用其担保的绝对性和无条件性进行融资,这种协议被列为是一种间接有限责任担保。

"提货与付款"协议与"无论提货与否均需付款"协议十分相似,主要区别为在"提货与付款"协议中,项目产品购买者承担的不是无条件的、绝对的付款责任,而是在取得产品的条件下才履行协议确定的付款义务。"提货与付款"协议在性质上更接近传统的长期销售合同,在形式上更容易被项目产品的购买者,特别是那些对项目产品具有长期需求的购买者所接受,在项目融资中得到越来越广泛地应用,有逐步取代"无论提货与否均需付款"协议的趋势。但是,由于"提货与付款"协议在项目融资中所起到的担保作用是有条件的,因而从贷款银行的角度,该种协议与"无论提货与否均需付款"协议相比所提供的项目担保分量要相对轻一些。

二、物权担保

物的担保比较直接。项目资产设定担保物权之后,当借款人发生违约事件时,贷款人有权出售担保物及其与之相关的利益,从出售所得中优先于其他债权人得到补偿。

在项目融资中,物的担保主要是指项目公司或第三方以自身资产为银行贷款债务提供的担保。通过提供物权担保来约束项目有关参与方认真履行合同,保证项目顺利建成和运营。

项目融资中的物权担保按担保标的物的性质不同可分为不动产物权担保和动产物权担保;按担保方式可分为固定抵押和浮动抵押。

(一)不动产物权担保

不动产指土地、建筑物等难以移动的财产。在项目融资中,项目公司一般以项目资产作为不动产担保。但其不动产仅限于项目公司的不动产范围内,而不包括或仅包括很少部分项目发起人的不动产。在一般情况下,如果借款方违约或者项目失败,贷款方往往接管项目公司,或者重新经营,或者拍卖项目资产,弥补其贷款损失。但这种弥补对于大额贷款来说,往往是微不足道的。因为项目的失败往往导致项目资产,特别是不动产本身价值的下降,难以弥补最初的贷款额。

(二)动产物权担保

动产物权担保指借款人以自己或第三方的动产作为履约的保证。动产又可分为无形动产和有形动产两种。

1. 无形动产物权担保

无形动产物权担保包括担保项目发起人取得的各种协议和合同、特许权协议、股份和其他保函、保险单、银行账户。

2. 有形动产物权担保

有形动产物权担保包括项目生产中的仪器、机械设备等动产以及项目产品。

相对而言,无形动产物权担保的意义更大些,一方面有形动产的价值往往因为项目的失败而价值大减;另一方面,也因为无形动产涉及多个项目参与方,其权利具有可追溯性,而且这种追溯是有合同等文件作为书面保证的。无形动产物权担保和信用担保相比往往具有同等的作用。

(三)固定担保和浮动担保

常见的担保形式主要是抵押,它不需要资产和权益占有的移转或者所有权的移转,而是债权人与债务人签署一项协议,根据该协议债权人有权使用该项担保条件下资产的收入来清偿债务人对其的责任,这种担保又可进一步分为固定担保和浮动担保两种形式。

固定抵押是指债务人以不动产为债权人设定担保物权。浮动抵押是指抵押人以其现有的或将有的全部财产或者部分财产为标的设定抵押的一种担保制度。

固定抵押与浮动抵押的区别如下：

1. 适用主体和范围的区别

浮动抵押只能适用于企业、个体工商户、农业生产经营者,范围较窄。固定抵押适用于在经济活动中的任何债权人与债务人之间,范围较宽。

2. 抵押客体的主要区别

(1)可以设定浮动抵押的资产只限生产设备、原材料、半成品、产品动产,允许浮动抵押的物范围较窄。凡法律、行政法规不禁止抵押的动产、不动产都可以拥有固定抵押,固定抵押物的范围较宽。

(2)抵押物的确定性不同。在设定抵押时,浮动抵押的抵押物具有不确定性,只有约定或者法定的实现抵押权的条件成熟时,抵押资产才确定。固定抵押在一开始订立抵押合同时,抵押物就是确定的,抵押物本身数量、价值也是确定的。

固定抵押的抵押权只能设定在已经特定化的抵押财产上,而浮动抵押的抵押权是设定在尚不能确定的动产上。之所以说浮动抵押制度的创设是对传统担保制度的突破,正是由于浮动抵押与固定抵押在客体上的这一主要区别。

3. 抵押人在抵押期间处分抵押财产的权力不同

抵押权人不得对抗正常经营活动中已支付合理价款并取得抵押财产的买受人。在浮动抵押期间,法律允许抵押人在正常生产经营活动中可以自由处分抵押财产;抵押人处分抵押财产不必经抵押权人同意,抵押权人对于抵押期间生产经营活动中以合理的价款处分的财产不能追及,而固定抵押期间,抵押人转让抵押物须经抵押权人同意;抵押人未经抵押权人同意,不得转让抵押财产。

三、其他担保

(一)准担保交易

在项目融资中除了上述各种担保形式外,还有许多类似担保的交易。这些交易一般在法律上被排除在物权担保范围之外,而被视为贸易交易。但由于这些交易的经济效果类似物权担保,而且在很大程度上是为了规避物权担保法的限制而进行的,故也应归入广义的担保范围内。

1. 融资租赁

卖方(名义上是出租人)将设备租给买方(名义上的承租人),卖方仍保留有对设备的所有权,买方则拥有设备的占有权;或者卖方将设备出售给一家金融公司或租赁公司并立即得到价款,然后该金融公司或租赁公司将设备租给买方。无论以何种形式出租,卖方都足以在租期内收回成本。这实际上是一种商业信用,买方以定期交租金的方式得到融资,而设备本身则起到担保物的作用。

2. 出售和租回

借款方将资产卖给金融公司,然后按与资产使用寿命相应的租期重新租回。在这里价款起了贷款的作用,租金交纳是分期还款,而设备则是"担保物"。

3. 出售和购回

借款方将资产卖给金融公司而获得价款,然后按事先约定的条件和时间购回。购回实际上就是还款,而资产在此也起了担保作用。

4. 所有权保留

所有权保留也称有条件出售,即卖方将资产卖给债务人,条件是债务人只有在偿付资产债务后才能获得资产所有权。资产同样也成为"担保物"。

(二)东道国政府的支持

东道国政府在项目融资中所起的作用是非常重要的,在许多情况下,东道国政府颁发的开发、运营的特许权和执照是项目开发的前提。虽然东道国政府一般不直接以借款人或项目公司股东的身份参与项目融资,但可能通过代理机构进行权益投资,或者是项目产品的最大买主或用户。我国的一些项目,特别是基本建设项目,如公路、机场、地铁等尤其如此。我国政府将参与项目的规划、融资、建设和运营各个阶段,BOT 项目就是一个典型,在项目运营一定时期后由政府部门接管项目。

对于项目融资,政府的支持可能是间接的,但对项目的成功仍然至关重要。例如,自然资源开发和收费交通项目均须得到政府的特许。在多数国家,尤其是发展中国家,能源、交通、土地、通信等资源均为国家所有,而这些资源是任何项目成功所必不可少的。因此只有得到东道国政府的支持,才能保证项目顺利进行。

由于项目融资主要用于基础设施、能源等大型项目,投资者通常需要获得来自政府有关部门某种方式的担保,以防范因政策和管理环境变动、国有企业违约、费用超支、需求不足,或者汇率和利率变动带来的风险。

(三)交叉担保

交叉担保是与交叉违约条款相联系的一个概念。基本含义是:在借款合同中,当借款人因违约而被某一个债权人(贷款银行)宣告加速到期时,借款人的其他债权人亦有权随即宣告他们各自给予借款人的贷款同时加速到期。交叉违约的基本出发点是:在合资项目中,任何投资者都承担着双重责任,一方面承担项目责任,即项目的建设、运营;另一方面又承担项目贷款的财务责任,即还本付息责任。项目投资者无力承担项目责任或是无力承担财务责任,都会构成违约,这种违约会造成连锁反应,影响到其他投资者和贷款人的利益。

交叉担保的思路是,当一个投资者对项目公司违约时,就构成了对项目贷款人的违约,那么,根据交叉担保协议,贷款人就有权得到该投资者在项目中的资产,或出售该违约方的资产以收回贷款。

第三节 公路建设项目融资担保实例

SD(蒙晋界)公路位于内蒙古自治区鄂尔多斯市境内,该项目所需资金由交通运输部补助、自治区自筹及金融融资等渠道筹措解决。交通运输部补助、自治区自筹占投资估算总额的32%,其余68%为融资获得。资金融资方式由项目公司自主选择,内蒙古交通厅负责监督。除了项目的 126 845.26 万元启动资金之外,项目的资金来源取决于 SD 高速公路建设项目的筹资方式和渠道,缺口资金为 276 848.23 万元。

一、SD 高速公路建设项目融资概述

1. SD 高速公路建设项目融资渠道及成本分析

SD 人民币贷款资金来源主要为国家开发银行、商业银行联合或单独提供。在项目其他条件和经济性预测指标可接受的情况下,贷款银行提供的人民币的贷款额度将根据项目用款比例提供。各类渠道资金融资成本如表 8-2 所示。

各类渠道资金融资成本对比表　　　　　表 8-2

来源	方式	利率水平	融资费用	综合融资成本	贷款偿还安排
国家开发银行政策性贷款	政策性贷款	7.83%下浮10%	0	7.047%	宽限期外每半年偿还本金
商业银行人民币中长期贷款	公路收费权质押贷款	7.83%	0	7.83%	宽限期外每半年偿还本金
商业银行流动资金贷款	人民币循环贷款	7.47%	0	7.47%	循环利用
商业承兑汇票	定期存单100%质押	0	0.5‰	0.5‰	每半年循环使用
票贴现据	商业承兑汇票	6.66%	0	6.66%	根据项目建设期投资需求

2. SD 高速公路建设项目融资风险分析

(1) SD 高速公路建设项目融资风险的可控因素主要有负债规模、负债利息率、负债期限结构等方面。

(2) SD 高速公路建设项目融资的不可控因素主要有经营风险、预期现金流入量、金融市场、项目建设等方面。

二、SD 高速公路建设项目融资方案的构建

项目融资各时期内融资结构及成本配置如表 8-3 所示。

SD 高速公路建设项目各时期融资结构配置表(单位:万元)　　　　　表 8-3

建设进度	融资渠道	国家开发银行贷款	商业银行中长期贷款	商业银行短期流动资金贷款或票据贴现	银行承兑汇票	设备租赁	融资总额
项目准备期(2006年6月—2008年8月)		0	0	0	0	0	8 364.11
项目建设期(2008年8月—2011年3月)	第1个月	62 726.37	0	0	20 000	11 545.97	362 415.03
	第7个月	0	0	0	20 000	0	
	第13个月	0	80 000	0	20 000	0	
	第19~21个月	0	0	0	20 000	0	
	第25~27个月	0	0	0	20 000	0	
项目保障期(2011年3月—2016年3月)		0	0	22 369.34	0	0	362 415.03

三、SD 高速公路建设项目融资保障体系的构建

项目融资保障从政治保障、运营保障以及工程建设保障等三个方面来构建。SD 高速公路建设项目融资保障体系构建如下：

1. 政治保障

(1)通过纯商业性质的保险和政府机构的保险，将政治风险转给商业机构和政府机构。

(2)在进行高速公路项目融资时，尽量得到政府、中央银行、税务部门和交通部门的书面保证，或者出具贷款兜底进行担保等来规避风险；保证特许经营权的有效性和可转让性以及对特殊税收结构的批准认可等。

SD 高速公路建设项目融资中的担保是建立在达成合资协议的基础之上，项目投资者之间有着正式的法律关系。做出的担保也是仅限于项目本身，对公司经营的延伸并没有做出限制。SD 高速公路建设项目中的项目融资担保作为合作协议的一部分是各家投资者的义务，为其他投资者进行担保或者直接为项目做出担保，也是项目顺利开展和进行的有力保障。

2. 运营保障

对于 SD 高速公路建设项目来说，在未确定具体投资者的情况下，项目采用了 BOT 方式进行融资，即可以考虑采用高速公路收费权抵押的方式向商业银行进行资金债务融资，SD 高速公路建设的政府行为这一背景，对于国家政策性银行的银行信誉度而言也具有较强保障，一旦投资比例确定之后项目资产权益分配也会确定下来。有了项目资产作抵押，无论是申请贷款或者是进行项目资产抵押的贷款担保都是十分可行的。因此首先要对以下几个方面进行有效控制。

(1)信任风险的控制。通过考察高速公路项目融资有关参与方的资信、业绩、管理水平，并通过信任度比较高的第三方(如银行、政府、有关交通部门等)的各类资金承诺函和支持函等文件获得保障。

(2)收入风险控制。通过相关管理部门的担保或承诺降低公路建设项目的收入风险。在取得高速公路的特许收费经营权时，须促成有关交通部门承诺在特许经营期限内，保证公路的收费经营连续、正常，不在高速收费公路旁修建收费更低或者不收费的公路，以确保高速公路的车流量，或对变化进行风险分担承诺；得到物价部门的承诺，在特许经营期限内不调低公路的收费标准，甚至收费标准随着通货膨胀率变化能有所调整，或对变化进行风险分担承诺，得到税务部门承诺，在特许经营期限内不改变税收优惠政策，或对变化进行风险分担承诺等。

(3)利率风险的控制。运用金融工具降低利率，优化贷款的利率结构，控制融资成本，通过新型的金融衍生工具对金融风险进行管理。

(4)资金使用效益保障。SD 项目公司要进行充分的可行性分析，同时进行周密的市场调查来减少失误，根据项目投资概算及项目资本金的到位情况，确定借款额度；借入的资金要切实用到项目建设上，并根据项目进度合理安排资金，减少资金沉淀，尽量用好、管好资金，要把项目建设的人、财、物、技术、管理与融资协调配合。

(5)现金预算保障。制定现金预算并按预算安排现金收支。因为对负债还本付息的即付性约束较强，这就要求有足够的现金流，并努力提高通行费征收额度，保证项目达到预期收益。要严控高速公路项目的概算外支付，确保建设投资不超概算，不增加额外的贷款。

3. 工程建设保障

(1) 完工保障。

①完工担保。承建方有权利也有义务为 SD 高速公路建设项目做出项目工程的完工担保。作为项目工程的验收方,内蒙古自治区交通厅代表政府提供只要按照协议交付,就一定会支付项目工程款的担保。贷款方要求政府部门提供相关的担保,就是为了尽量规避项目融资中的市场风险和政治风险。政府支付项目款项是其主要的责任和义务,也为促成项目融资顺利进行提供了有力保障。作为 SD 高速公路建设建设项目的主要投资者,通过 SD 高速公路项目公司与贷款方签订偿还贷款的担保,这也是项目合资协议中的一个组成部分。

②完工风险的化解。高速公路开工后,项目的资金开始逐步投入到建设上,风险也与日俱增,可以采取的措施有:要求项目有关投资方提供额外的保证资金以备不测之需,保证意外事件发生后,项目能够及时完工;选择技术实力雄厚、管理经验、信誉等级高的施工单位承建高速公路建设,通过固定价格、固定工期的"交钥匙"合同,将高速公路的建设控制权和建设期间的风险,与工程承包的施工单位捆绑。合同中应包含激励与惩罚条例,完工情况的奖惩条款;投资方共同建立单独的质量监督部门,加强在建公路质量的监管,以保证公路能保质完工。

③风险转移。灵活运用商业保险转移不可抗力的自然风险。在开工前加强对公路经过地段的地质灾害的了解,进行事前预防;开工后利用商业保险将风险转移给第三者,使不可抗拒的自然风险对项目投资方造成的损失降到最小。

(2) 建设成本保障。

除了项目的商业风险、市场风险和政治风险之外,项目还需要担保的是生产建设风险和成本风险,项目担保的主要承担方则可以选择与 SD 高速公路建设项目利益相关的第三方。当项目进入正常建设阶段之后,SD 高速公路建设项目是否能够实现自我融资,关键在于项目建设成本能否控制或者能否提前预测。SD 高速公路建设项目建设成本控制方面的担保,可以避免或者减少贷款方对项目其他担保的要求。

(3) 资金或缺担保。

通常也会要求项目公司或者项目的投资者提供项目资金或缺担保,这是 SD 高速公路建设项目融资方案中担保体系的重要组成部分。SD 高速公路建设项目的贷款方会要求投资者提供一个固定金额的资金缺额担保,作为有限追索融资结构信用保证体系中的一个组成部分。

本 章 小 结

项目融资采用一种无追索权或有限追索权方式,将面临更大风险,项目风险的合理分配和严格控制是项目贷款银行放贷及项目投资人投资考察关注的重点。设计科学有效的项目信用保证结构,将项目风险在投资者、贷款银行和与项目有利益关系的第三方之间进行合理分配,是公路建设项目融资方案得以成功的关键。

项目融资保证是借款方或第三方以自己的信用或资产向贷款或租赁机构做出的偿还保证。项目融资信用保证结构的核心是对债务的担保。债务担保按其所属的法律范畴可分为物的担保和人的担保两种基本形式。按所承担的经济责任不同,融资信用保证可分为直接保证、间接保证和意向性保证。在项目融资中,充当项目担保的担保人主要有:项目发起人、与项目利益有关的第三方和商业担保人三类。

公路建设项目融资信用担保的形式有完工担保、资金缺额担保、以"无论提货与否均需付款"和"提货与付款"协议为基础的项目担保等。

项目融资中的物权担保按担保标的物的性质不同可分为动产物权担保和不动产物权担保;按担保方式可分为固定担保和浮动担保。

公路建设项目其他担保有准担保交易、东道国政府的支持和交叉担保等。

复习思考题

1. 简述公路建设项目融资担保的类型及其划分依据。
2. 你认为,应如何构建项目融资担保体系?
3. 公路建设项目融资信用保证的基本形式有哪些?
4. 结合本章第三节融资担保实例,试分析该项目中的资金缺额担保的作用?

参 考 文 献

[1] 段世霞．项目投资与融资[M]．郑州：郑州大学出版社,2009．
[2] 吕文学．国际工程承包[M]．北京：中国建筑工业出版社,2008．
[3] 王永祥,陈进．工程经济分析[M]．北京：北京理工大学出版社,2011．
[4] 唐涌．高速公路投融资研究[M]．成都：电子科技大学出版社,2010．
[5] 郑立群．工程项目投资与融资[M]．2 版．上海：复旦大学出版社,2011．
[6] 过秀成．公路建设项目可行性研究[M]．北京：人民交通出版社,2007．
[7] 陆宁,史玉芳．建设项目评价[M]．北京：化学工业出版社．2009．
[8] 石振武．道路经济与管理[M]．武汉：华中科技大学出版社．2007．
[9] 朱红章．工程项目经济评价[M]．武汉：武汉大学出版社．2010．
[10] 曲娜,陈顺良．工程项目投资控制[M]．北京：北京大学出版社,2013．
[11] 周伟,王选仓．道路经济与管理[M]．北京：人民交通出版社,1998．
[12] 袁剑波．公路经济学教程[M]．北京：人民交通出版社,2002．
[13] 周颖,孙秀峰．项目投融资决策[M]．北京：清华大学出版社,2010．
[14] 住房和城乡建设部标准定额所．公路建设项目经济评价方法与参数[M]．北京：中国计划出版社,2010．
[15] 马秀岩,卢洪生．项目融资[M]．大连：东北财经大学出版社,2002．
[16] 蒋先玲．项目融资[M].2 版．北京：中国金融出版社,2004．
[17] 段世霞．项目投融资管理[M]．北京：对外经贸大学出版社,2007．
[18] 张极井．项目融资[M].2 版．北京：中信出版社,2003．
[19] 孙黎,刘丰元,陈益斌．国际项目融资[M]．北京：北京大学出版社,2002．
[20] 李波,冯革,徐萍．项目融资管理[M]．上海：上海交通大学出版社,2010．
[21] 杨青．工程项目融资[M]．武汉：华中科技大学出版社,2010．
[22] 邢恩森．基础设施建设项目投融资操作实务[M]．上海：同济大学出版社,2005．
[23] 张正华．项目融资理论与实务[M]．北京：冶金工业出版社,2012．
[24] 孙成双,韩喜双．建设项目风险管理[M]．北京：中国建筑工业出版社,2013．
[25] 汤伟刚,李丽红．工程项目投资与融资[M]．北京：人民交通出版社,2008．
[26] 王立国．工程项目融资[M]．北京：人民邮电出版社,2002．
[27] 王守清,柯永健．特许经营项目融资(BOT、PFI 和 PPP)[M]．北京：清华大学出版社,2008．
[28] 戴时清．高速公路项目投融资研究[D]．长沙：中南大学．2011．
[29] 阮陆隍．公路建设项目环境影响分析与评价研究[D]．福州：福建农林大学,2008
[30] 袁玉玮．高速公路环境保护技术优化研究[D]．西安：长安大学,2011．
[31] 袁玉玲,王选仓,王朝辉．公路建设投资决策系统分析及评价[J]．公路,2008(5)．
[32] 交通部公路工程定额站．公路工程预算定额[M]．北京：人民交通出版社,2007．
[33] 中交公路规划设计院有限公司．公路工程基本建设项目投资估算编制办法[M]．北京：人民交通出版社,2011．

[34] 交通部公路工程定额站. 公路工程机械台班费用定额[M]. 北京:人民交通出版社,2007.
[35] 王景华,曹剑波. 公路工程施工图预算的审核方法[J]. 公路交通技术,2006(3):146-149.
[36] 彭雄兵. 工程建设项目招标评标方法的选择研究[J]. 中国高新技术企业,2009(19).
[37] 代新涛. 天津高速公路工程招标评标方法研究[D]. 天津:天津大学,2012.
[38] 胡振山. 公路工程变更控制研究[D]. 长沙:长沙理工大学,2009.
[39] 董明辉. 高速公路融资结构优化研究[D]. 西安:长安大学,2011.
[40] 戴时清. 高速公路项目投融资研究[D]. 长沙:中南大学,2011.
[41] 袁玉玲. 我国公路建设资金及投融资政策研究[D]. 西安:长安大学,2009.
[42] 杜静芝. 我国高速公路项目融资问题研究[D]. 成都:四川大学,2004.
[43] 史炳中. 高速公路建设项目融资研究[D]. 天津:天津大学,2006.
[44] 袁剑波. 公路建设项目管理模式与方法研究[D]. 长沙:中南大学,2006.
[45] 刘瑞波,赵宁. 欧美国家高速公路融资模式及其借鉴[J]. 世界经济与政治论,2008(4).
[46] 吕俊博. 公路项目融资风险管理研究[D]. 天津:天津大学,2008.
[47] 唐涌. 高速公路融资风险管理[J]. 交通财会,2006(4).
[48] 刘媛媛. 项目融资担保体系及实施研究[D]. 南京:东南大学,2009.
[49] 马焱. SD高速公路建设项目融资融资方案研究[D]. 哈尔滨:哈尔滨工程大学,2008.
[50] 单晓丽. 项目融资动态担保模型研究[D]. 大连:大连理工大学,2009.
[51] 王晓晶. 我国项目融资风险管理相关问题研究[D]. 大连:东北财经大学,2002.
[52] 沈晓琴. 高速公路建设项目融资问题研究[D]. 西安:长安大学,2012.
[53] 韦星. 高速公路建设融资问题的研究及案例分析[D]. 长春:吉林大学,2008.
[54] 王治,刘苾兰. 我国高速公路投融资风险防范与体制改革思考[J]. 长沙理工大学学报(社会科学版),2013,28(3).
[55] 张彩霞. BOT项目融资及风险分析:基于咸阳渭河三号桥的研究[D]. 成都:西南财经大学,2012.
[56] 褚耀光. TOT模式在渝涪高速公路项目融资中的应用研究[D]. 重庆:重庆大学,2008.
[57] 李纳. 高速公路项目代建制管理模式研究——以浦南高速公路项目为例[D]. 西安:西北大学,2011.
[58] 李博. 高速公路项目代建制模式研究[D]. 大连:大连理工大学,2006.
[59] 杨艳荣. 公路工程标底编制作业指导书研究[D]. 天津:天津理工大学,2011.

人民交通出版社 公路出版中心
工程管理类教材

1. 工程经济学(李雪淋) ··· 22元
2. 木工程造价控制(石勇民) ··· 30元
3. 公路工程造价(第二版)(周世生) ··································· 48元
4. 公路工程定额原理与估价(第二版)(石勇民) ···················· 39.5元
5. ◆工程质量控制与管理(第二版)(邬晓光) ························ 30元
6. 公路工程造价编制与管理(第三版)(刘 燕) ····················· 52元
7. 管理信息系统(李友根) ·· 31元
8. 道路管理与系统分析方法(黄晓明) ································ 28元
9. 工程风险管理(邓铁军) ·· 21元
10. 工程项目招标与投标(周 直) ······································ 30元
11. 高速公路管理(第二版)(王选仓) ·································· 38元
12. 公路经济学教程(袁剑波) ··· 23元
13. ◆工程项目融资(第二版)(赵 华) ································· 29元
14. 公路建设项目投资与融资 ·· 36元
15. 工程财务管理(杨成炎) ·· 37元
16. 工程项目投融资决策案例分析(王 治) ··························· 35元
17. 工程项目成本管理学(贺云龙) ······································ 42元
18. 工程项目审计学(张鼎祖) ·· 32元

教材详细信息,请查阅"中国交通书城"(www.jtbook.com.cn)
咨询电话:(010)85285867,85285984
道路工程课群教学研讨QQ群(教师)　328662128
桥梁工程课群教学研讨QQ群(教师)　138253421
交通工程课群教学研讨QQ群(教师)　185830343
交通专业学生讨论QQ群 433402035

注:◆教育部普通高等教育"十一五"、"十二五"国家级规划教材